Ethem Yılmaz

Mein Sprach- und Integrationsbegleiter Deutsch

Almanca Konuşma ve Uyum Rehberim

Türkische Ausgabe

Hueber Verlag

Ethem Yılmaz

Bochum Ruhr Üniversitesi Alman Dili ve Edebiyatı Enstitü Profesörü em. Dr. Harro
Müller-Michaels'e verdiği eğitimsel ve uzman tavsiyeleri için çok teşekkür ederim.

Dank für die fachliche und didaktische Beratung gilt Professor em. Dr. Harro
Müller-Micheals vom Germanistischen Institut der Ruhr-Universität Bochum.

Tereddütlü durumlarda standart dil normlarını ve konuşma dilini esas aldık.

In Zweifelsfällen orientieren wir uns an den Normen der Standardsprache
und Konventionen der Rede.

3. 2. 1. | Die letzten Ziffern
2015 14 13 12 11 | bezeichnen Zahl und Jahr des Druckes.
Alle Drucke dieser Auflage können, da unverändert, nebeneinander benutzt werden.
1. Auflage
© 2011 Hueber Verlag, 85737 Ismaning, Deutschland
Mit freundlicher Genehmigung von Ethem Yılmaz, Verlag für Kommunikation, Hellweg 1, 44787 Bochum
Covergestaltung: Parzhuber und Partner, München
Coverfotos von links: © iStockphoto/PhotonStock; © iStockphoto/PhotonStock;
© iStockphoto/style-photographs
Layout und Satz: Yılmaz Atalay, miDisayn Print&Puplish, 44653 Herne
Redaktion: Alize Yılmaz und Devin Yılmaz, Bochum
Druck und Bindung: Laupenmühlen Druck, 44787 Bochum
Printed in Germany
ISBN 978–3–19–007919–3

Liebe Leserinnen und Leser,

mit dem vorliegenden Buch möchten wir Ihnen den Aufenthalt in Deutschland erleichtern.

Das Buch soll Ihnen dabei helfen, sich gut zurechtzufinden: Beim Einkaufsbummel und bei den Behörden, ebenso wie beim Arztbesuch oder in anderen wichtigen Situationen.

In diesem Buch werden **Mustersätze für die wichtigsten Lebenssituationen** vorgestellt. Parallel dazu finden Sie Beispielwörter, die Sie mit den Mustersätzen kombinieren können. Mit den Formulierungshilfen lassen sich Ihre Ausdrucksmöglichkeiten beträchtlich erweitern.

In Zweifelsfällen orientieren wir uns an den Normen der Standardsprache und Konventionen der Rede.

Das zweisprachige Fachvokabular im Anschluss an die jeweiligen Hauptkapitel fasst den gesamten Wortschatz des Buches zusätzlich zu den fachbezogenen Wortlisten noch einmal zusammen.

Das Buch enthält außerdem **Informationen über das gesellschaftliche Leben in Deutschland** sowie zahlreiche Tipps für einen angenehmen Aufenthalt in Deutschland und viele interessante Begegnungen.

Sollten Sie jedoch Informationen benötigen, die über die in diesem Buch hinausgehen, haben Sie die Möglichkeit, sich im Internet weitere Informationen zu beschaffen. Um Ihnen die Suche zu erleichtern, haben wir hilfreiche Internetadressen für Sie zusammengestellt. Sie finden diese Adressen im Anhang des Buches. Dort finden Sie außerdem einige nützliche Sätze zu unterschiedlichen Themen. Mit jedem Satz erhalten Sie zudem einen Hinweis, in welchem der Kapitel Sie weitere Sätze zu dem jeweiligen Thema finden können.

Ethem Yılmaz

Değerli Okurlar,

Elinizde bulunan bu kitap ile Almanya'da yaşamanızı kolaylaştırmak istiyoruz.

Bu kitap, alışverişte, resmi dairelerde işlerinizi takip ederken, sağlıkla ilgili veya diğer başka önemli konularda size yardımcı olacak ve iletişiminizi kolaylaştıracaktır.

Bu kitapta **günlük yaşamın çeşitli bölümlerinde kullanılabilmesi için örnek cümleler** kurulmuştur. Buna paralel olarak duruma göre gerekli olan kelimeyi seçerek örnek cümlelerle birleştirebilmeniz için kelime listesi sunulmaktadır. Bu kelimelerle durumun gerektirdiği şekilde değişik cümleler kurarak ifade etme olanağınızı da genişletebilirsiniz.

Tereddütlü durumlarda standart dil normlarını ve konuşma dilini esas aldık.

Ana bölümlerin sonunda yer alan **Türkçe – Almanca / Almanca – Türkçe sözlükler** kitapta kullanılan kelimelerin hepsini alfabetik sıra halinde sunmaktadır.

Bu kitap, **toplumsal yaşam hakında bilgilerin** yanısıra Almanya'da yaşamı kolaylaştıracak ve birçok karşılaşmalarda kullanılabilecek önerileri de kapsamaktadır.

Kitapta sunulanlardan daha fazla bilgiye gerek duymanız halinde, ihtiyaç duyduğunuz bilgileri internetten alabilirsiniz. Yararlı internet adreslerini daha kolay bulabilmeniz için bu adresler kitabın arka sayfalarında biraraya getirilmiştir. Bu sayfalarda sizin için yararlı olabilecek bazı cümleler sunulmakta ve konulara ilişkin daha fazla hazır cümlelerin bulunduğu sayfa numaraları da belirtilmektedir.

Ethem Yılmaz

Liebe Leser und Leserinnen,

meine langjährigen Erfahrungen als Sprachlehrer für Deutsch als Fremdsprache und meine Tätigkeiten als Dolmetscher und Übersetzer zeigen mir immer wieder, wie wichtig die gesellschaftliche Integration ausländischer Mitbürger in Deutschland ist. In Deutschland bilden wir Türken die größte ausländische Gruppe. Diese Gruppe vergrößert sich nach und nach und in gleichem Maße erweitern sich auch die zwischenmenschlichen Beziehungen.

Unzureichende Deutschkenntnisse erschweren die Beziehungen zu unseren Mitmenschen im täglichen Miteinander. Das dürfen wir nicht außer Acht lassen. Ich empfehle Ihnen den Besuch eines Deutschkurses, damit Sie verstehen und verstanden werden. Nach dem erfolgreichen Abschluss eines Sprachkurses können Sie Ihre Gefühle, Gedanken und Wünsche direkt und ohne Dolmetscher ausdrücken, positive Erfahrungen sammeln und sehr stolz auf sich sein.

Wenn Sie die deutsche Sprache lernen, Ihre Deutschkenntnisse ständig erweitern und dafür sorgen, dass Ihre Kinder die deutsche Sprache erlernen, werden Sie sehen, dass Sie am Ende der Gewinner sind. Zusätzlich zu den Sprachkenntnissen wirken sich natürlich auch eine gute Schulbildung und Berufsausbildung positiv auf Ihre Chancen oder die Ihrer Kinder auf dem Arbeitsmarkt aus.

In diesem Buch finden Sie viele wichtige Informationen zu ausgewählten Themen, mit denen ich Ihnen eine Hilfe sein möchte.

Nun wünsche ich Ihnen und Ihrer Familie mit dem vorliegenden Buch alles Gute für ein angenehmes Leben in Deutschland.

Mit freundlichen Grüßen
Ethem Yılmaz

Değerli Okurlar,

Uzun yıllardan beri Almanca öğretmenliği ve mütercim/tercüman olarak yaptığım çalışmalar yabancı kökenli vatandaşların Almanya'da toplumsal uyum sağlamalarının çok önemli olduğunu göstermektedir. Biz, Türkler Almanya'da en büyük yabancı kökenli grubu oluşturmaktayız ve bu sayımız gittikçe daha da artmaktadır. Bu nedenle birlikte yaşadığımız toplumla olan ilişkilerimiz de her konuda çoğalmaktadır. Günlük hayat ve genel yaşamımız için gerekli olan Almanca'yı yeterli derecede bilmememiz içinde yaşadığımız toplumla olan ilişkilerimizi olumsuz yönde etkileyen önemli sebeplerden biridir.

Bu durumu önemle göz önünde bulundurmamız gerekmektedir. Söyleneni anlayamayan ve düşündüklerini ifade edemeyen bir insan durumuna düşmemek veya en azından bu durumdan kurtulabilmek için sizin de bir Almanca kursuna katılmanızı tavsiye ederim. Böylece, duygu, düşünce ve arzularınızı tercümansız bir şekilde ifade edecek, görüştüğünüz konulardan daha olumlu neticeler alacak ve kendinizle gurur duyacaksınız.

Almanca öğrenerek bilginizi genişletir, kendinizi eğitir ve çocuklarınızın Almanca öğrenmelerini sağlarsanız, kârlı çıkacağınızı mutlaka görürsünüz. Almanca bilginizi geliştirmenin yanısıra iyi bir okul ve meslek eğitimi de sizin ve çocuklarınızın iş bulma şansını mutlaka artıracaktır.

Hizmetinize sunduğum bu kitaptaki bilgiler ve seçtiğim konular vasıtasıyla sizlere yardımcı olabileceğim kanısındayım.

Elinizdeki kitap ile size ve ailenize Almanya'da yaşamınız boyunca her şeyin gönlünüzce olmasını dilerim.

Saygı ve sevgilerimle
Ethem Yılmaz

İçindekiler
Inhaltsverzeichnis

İçindekiler
Inhaltsverzeichnis

İçindekiler
Inhaltsverzeichnis

İçindekiler
Inhaltsverzeichnis

BİLMEK YARARLIDIR
GUT ZU WISSEN *Harfler ve okunuşları*
Buchstaben und ihre Aussprache

Almanca yazı dilinde kullanılan harfler:

a / A	ä / Ä	b / B	c / C	d / D	e / E	f / F	g / G	h / H
i / I	j / J	k / K	l / L	m / M	n / N	o / O	ö / Ö	p / P
q / Q	r / R	s / S	ß	t / T	u / U	ü / Ü	v / V	w / W
x / X	y / Y	z / Z						

Bu harflerin Almanca adları:

a = a	ä = e	b = be	c = tse	d = de	e = e
f = ef	g = ge	h = ha	i = i	j = yot	k = ka
l = el	m = em	n = en	o = o	ö = ö	p = pe
q = ku	r = er	s = es	ß = estset	t = te	u = u
ü = ü	v = fau	w = ve	x = iks	y = üpsilon	z = tset

Sesli harfler - **Vokale:**
a, e, i, o, u

Sessiz harfler - **Konsonanten:**
b, c, d, f, g, h, j, k, l, m, n, p, q, r, s, t, v, w, x, y, z

Harfler ve okunuşları
Buchstaben und ihre Aussprache

A

1. Uzun ve vurgulu okunur:
sagen (za...gen) = söylemek,
Sprache (spra...he) = lisan

2. Kısa ve yumuşak okunur:
Mann (man) = adam,
Hand (hand) = el

3. Çift A (AA) harfi, tek A harfi gibi fakat uzun okunur:
Waage (va...ge) = terazi,
Haare (ha...re) = saç, tüy

4. Aİ = AY / A harfi İ harfinden önce gelir ve beraber yazılırsa AY gibi okunur:
Mai (may) = mayıs,
Mais (mays) = mısır

5. AU = AU / A harfi U harfinden önce gelir ve beraber yazıldığı gibi , fakat biraz birbirine bağlı olarak telaffuz edilir.
Frau (frau) = bayan,
blau (blau) = mavi

Harfler ve okunuşları
Buchstaben und ihre Aussprache
BİLMEK YARARLIDIR
GUT ZU WISSEN

Ä

1. Uzun ve açık bir E harfi gibi okunur:
wählen (ve...len) = seçmek,
Käse (ke...ze) = peynir

2. ÄU = OY / Ä harfi U harfinden önce bulunur ve beraber yazılırsa OY gibi okunur:
Häuser (hoyzer) = evler,
Säugling (zoygling) = bebek

B

1. B harfi bazı sözcüklerde ve hecelerin son harfi olması halinde yumuşak P gibi okunur:
Republik (republik) = cumhuriyet,
Dieb (di...b) = hırsız

C

1. C harfi Almancaya yabancı dillerden gelen sözcüklerde bulunmaktadır. Bu nedenle, bu sözcükler geldiği dildeki telaffuzunu muhafaza etmiştir. C harfi, yabancı dillerden gelen sözcüklerde A (CA) ve O (CO) harflerinden önce gelirse K harfi gibi okunur:
Café (kafe) = kahvehane,
Cocktail (kokteyl) = kokteyl

2. Almancaya yabancı dillerden gelen sözcüklerde bulunan C harfi, E harfinden (CE) ve İ harfinden (Cİ) önce gelirse, Türkçede vurgulu okunan S harfi gibidir:
Ceylon (seylon) = Seylan,
Cinema (sinema) = sinema

3. C harfi, sözcük ortasında ve sonunda H harfinden önce gelir ve CH gibi beraber yazılır ve ondan önceki sesli harf e veya i harfleriyse, H harfini daha keskin okutur:
ich (ih) = ben, dich (dih) = seni

4. C harfi, sözcük ortasında ve sonunda H harfinden önce gelir ve CH gibi beraber yazılırsa ondan önceki sesli harf a, o veya u harfleriyse, H harfi daha keskin gırtlakta vurgulanır:
lachen (lahen) = gülmek, machen (mahen) = yapmak

5. CH harfleri yabancı dillerden gelen sözcüklerde bazende S harfi gibi okunur:
Chance (şongs) = şans,
Champagner (şampanya) = şampanya

6. CH harfleri bazende K gibi okunur:
Charakter (karakter) = karakter,
Chaos (kaos) = kargaşalık

7. CH harflerinin beraber yazılışından sonra S harfi gelirse, KS harfleri gibi fakat kısa okunur:
sechs (zeks) = altı,
Sachsen (zaksen) = Saksonya

8. C harfi K harfinden önce gelir ve CK harfleri gibi beraber yazılırsa, çift K harfi gibi okunur ve kendisinden önce gelen sesli harfi, kısa okutur:
Sack (zak) = torba, çuval,
Decke (deke) = tavan, örtü

D

1. Sözcük ve hecelerin sonunda bulunması halinde, T harfi gibi fakat yumuşak okunur:
Bad (bad) = banyo,
tausend (tauzend) = bin

E

1. Uzun, gergin ve kapalı okunur:
Regen (re...gen) = yağmur,
geben (ge...ben) = vermek

2. Kısa, yumuşak ve açık okunur:
Menschen (menşen) = insanlar,
senden (zenden) = göndermek

4. EE = E iki E harfi beraber yazılırsa, uzun bir E gibi okunur:
Meer (me...r) = deniz,
Seeluft (ze...luft) = deniz havası

5. Eİ = AY, E harfi İ harfinden önce gelir ve beraber yazılırsa AY gibi okunur:
Ei (ay) = yumurta, Eisen (ayzen) = demir

6. EU = OY, E harfi U harfinden önce gelir ve beraber yazılırsa OY gibi okunur:
heute (hoyte) = bugün,
Europa (oyropa) = Avrupa

F

2. FF harfleri Türkçede tek F harfi gibi fakat biraz vurgulu telaffuz edilir.
Schiff (şif) = gemi,
Griff (grif) = tutma, yakalama

3. F harfinden önce P harfi gelir ve PF gibi beraber yazılırsa, F harfi gibi fakat vurgulu okunur:
Pferd (ferd) = at,
Pfiff (fif) = ıslık, düdük

BİLMEK YARARLIDIR
GUT ZU WISSEN
Harfler ve okunuşları
Buchstaben und ihre Aussprache

H

1. H harfi, sözcük ve hecelerin başında bulunduğu zaman açık ve boğazdan okunur:
Haus (haus) = ev, halb (halb) = yarım

2. H harfi, kendinden önce gelen sesli harfi uzun okutur:
mahnen (ma...nen) = ihtar etmek,
gehen (ge...n) = gitmek

i

1. İ harfinden sonra E harfi gelir ve İE harfleri gibi beraber yazılırsa, İ harfi uzun okunur:
Brief (bri...f) = mektup, lieben (li...ben) = sevmek

J

1. J harfi, Türkçede Y harfi gibi okunur:
ja (ya) = evet, jagen (yagen) = av etmek

K

1. K harfi C harfinden sonra gelir ve CK gibi beraber yazılırsa, çift K gibi okunur:
backen (bakken) = fırında pişirmek,
Jacke (yakke) = ceket

L

1. Çift L (LL) harfi sözcük ve hecelerin sonunda tek L harfi gibi fakat biraz sert okunur:
hell (hel) = aydın, açık renk,
voll (fol) = dolu

2. Çift L (LL) harfi sözcük ortasında Türkçedeki çift L harfi gibi okunur:
wollen (vollen) = istemek,
sollen (zollen) = mecbur olmak

M

1. Çift M (MM) harfi sözcük ve hecelerin sonunda kapalı ve biraz vurgulu okunur:
krumm (krum) = eğri,
dumm (dum) = aptal

2. Çift M (MM) harfi sözcük ortasında çift M (MM) harfi gibi okunur ve kendilerinden önce gelen sesli harfi kısa okutur:
kommen (kommen) = gelmek,
schwimmen (şvimmen) = yüzmek

N

1. Türkçede olduğu gibi okunur.
2. Çift N (NN) harfi, sözcük ve hecelerin sonunda tek N harfi gibi okunur:
Mann (man) = adam,
dünn (dün) = ince, zayıf

3. Çift N (NN) harfi, sözcük ortasında bulunursa çift N (NN) harfi gibi okunur:
Männer (menner) = adamlar,
können (können) = muktedir olmak

O

1. Çift O (OO) harfi, tek O harfi gibi fakat uzun okunur:
Boot (bo...t) = kayık, Moos (mo...s) = yosun

Ö

1. Ö harfi uzun, vurgulu ve kapalı okunur:
Möbel (mö...bel) = mobilya,
schön (şö...n) = güzel

2. Kısa, vurgusuz ve açık okunur:
möchten (möhten) = istemek, arzu etmek,
löschen (löşen) = söndürmek

P

1. P harfi, H harfinden önce gelir (PH) ve beraber yazılırsa, F harfi gibi okunur. (Bu durum yabancı dillerden gelen sözcüklerde mevcuttur.):
Foto (foto) = fotoğraf,
Philosoph (filozof) = felsefeci

2. Çift P (PP) harfi, sözcük ve hecelerin sonunda P harfi gibi fakat, sözcük ortasında çift P harfi gibi okunur:
Teppich (teppih) = halı,
Grippe (grippe) = grip

Q

1. Q harfi, devamlı U harfinden önce bulunur ve KV harfleri gibi seslendirilerek okunur:
Qualm (kvalm) = duman, Qual (kval) = eziyet

R

1. Çift R (RR) harfi, Türkçede olduğu gibi, fakat biraz daha birbirinden ayırmadan okunur:
Herren (herren) = baylar,
sperren (şperren) = kapatmak

S

1. S harfi sessiz harften sonra gelirse, Türkçedeki S harfi gibi okunur:
sechs (zeks) = altı, links (links) = sol

2. S harfi, sesli harften önce gelir ve sözcük başında bulunursa, Z harfi gibi okunur:
sieben (zi...ben) = yedi, sein (zayn) = olmak

3. Çift S (SS) harfi, tek S harfi gibi, fakat vurgulu telaffuz edilir ve ondan önce gelen sesli harfi kısa okutur:
wissen (visen) = bilmek,
Wasser (vaser) = su

4. S harfine C ve H harfleri ilave edilir ve beraber (SCH) yazılırsa, Türkçedeki Ş harfi gibi okunur:
Schule (şule) = okul,
falsch (falş) = yanlış

5. S harfinden sonra, P harfi gelir ve beraber (SP) yazılırsa, Türkçedeki Ş harfi gibi okunur:
sprechen (şprehen) = konuşmak,
sparen (şparen) = tasarruf etmek

6. S harfinden sonra, T harfi gelir ve beraber (ST) yazılırsa, Türkçedeki Ş harfi gibi okunur:
Straße (ştrase) = sokak,
Stuhl (stu...l) = sandalye

ß

1. Almancada hiç bir kelime ß harfiyle başlamaz.

2. ß harfinden önce gelen sesli harfi vurgulu ve uzun okutur:
grüßen (grü...sen) = selamlamak,
Straße (ştra...se) = sokak,
Fuß (fu...s) = ayak

T

1. Çift T (TT) harfi, sözcük ortasında Türkçedeki çift T harfi gibi okunur:
Mutter (mutter) = anne, Mitte (mitte) = orta,

2. Çift T (TT) harfi, hecelerin sonunda tek T harfi gibi fakat biraz vurgulu okunur:
Bett (bet) = yatak, Gott (got) = Tanrı

3. T harfini S, C ve H harfleri takip eder ve beraber (TSCH) yazılırsa, Türkçedeki Ç harfi gibi okunur:
Deutschland (doyçland) = Almanya,
Tschechoslowakei (çekoslovakay) = Çekoslovakya

U

1. Uzun, gergin ve kapalı okunur:
rufen (ru...fen) = çağırmak,
suchen (zu...hen) = aramak

2. Kısa, yumuşak ve açık okunur:
Mund (mund) = ağız, Kunde (kunde) = müşteri

Ü

1. Ü harfi uzun, gergin ve kapalı okunur:
lügen (lü...gen) = yalan söylemek,
Schüler (şü...ler) = (erkek) öğrenci

2. Kısa, yumuşak ve açık okunur:
fünf (fünf) = beş, Küste (küste) = ada

V

1. V harfi, hakiki Almanca sözcüklerde Türkçedeki F harfi gibi okunur:
Vater (fater) = baba,
vergessen (fergesen) = unutmak

2. Almancaya yabancı dillerden gelen sözcüklerde V harfi geldiği dildeki telaffuz şeklini muhafaza eder.

W

1. W harfi, Türkçedeki V harfi gibi okunur:
Wagen (vagen) = araba,
West (vest) = batı

X

1. Almancada kullanılan sözcüklerde pek fazla rastlanmaz. X harfi, KS harfleri olarak okunur:
Taxi (taksi) = taksi, boxen (boksen) = boks yapmak

Y

1. Yalnız Almancaya yabancı dillerden gelen sözcüklerde bulunur. Ü ve İ harflerinin karışımına benzeyen bir telaffuz şekli vardır:
System (züstem) = sistem,
Physik (füzik) = fizik

Z

1. Türkçedeki TS harfleri birleşimi gibi, fakat vurgulu bir şekilde okunur:
Zeit (tsayt) = zaman, zwei (tsvay) = iki

Der Artikel - *Tanımlayıcı*

Almanca'da bütün adların Artikel'i - Tanımlayıcısı bulunmaktadır. Artikel - Tanımlayıcı adların cinsini, şekillerini, tekil veya çoğul durumlarını, onların belirli veya belirsiz olduklarını ve adlarla birlikte çekilen sıfat ya da ortaçların çekimlerini belirler. Adların çoğul hallerinde Artikel - Tanımlayıcı daima „die" olur.

Almanca'da adlar üç cinse ayrılır ve bunları Artikel - Tanımlayıcı belirler:			
das Maskulinum	*(männlich)*	*Eril*	*(Erkek)*
das Femininum	*(weiblich)*	*Dişil*	*(Dişi)*
das Neutrum	*(sächlich)*	*Yansız*	*(Tarafsız)*

Artikel'ler - Tanımlayıcılar ikiye ayrılır:	
Der bestimmte *Artikel*	*Belirli tanımlayıcı*
Der unbestimmte *Artikel*	*Belirsiz tanımlayıcı*

1. Der bestimmte Artikel - Belirli tanımlayıcı

Tekil - Singular	maskulin - Erkek	feminin - Dişi	neutral - Tarafsız
Nominativ Yalın hali	*der Mann* *Adam*	*die Frau* *Kadın*	*das Kind* *Çocuk*
Akkusativ i hali	*den Mann* *Adamı*	*die Frau* *Kadını*	*das Kind* *Çocuğu*
Dativ e hali	*dem Mann* *Adama*	*der Frau* *Kadına*	*dem Kind* *Çocuğa*
Genitiv in hali	*des Mannes* *Adamın*	*der Frau* *Kadının*	*des Kindes* *Çocuğun*

Çoğul - Plural	maskulin - Erkek	feminin - Dişi	neutral - Tarafsız
Nominativ Yalın hali	*die Männer* *Adamlar*	*die Frauen* *Kadınlar*	*die Kinder* *Çocuklar*
Akkusativ i hali	*die Männer* *Adamları*	*die Frauen* *Kadınları*	*die Kinder* *Çocukları*
Dativ e hali	*den Männern* *Adamlara*	*den Frauen* *Kadınlara*	*den Kindern* *Çocuklara*
Genitiv - in hali	*der Männer* *Adamların*	*der Frauen* *Kadınların*	*der Kinder* *Çocukların*

2. Der unbestimmte Artikel - Belirsiz Tanımlayıcı

Der unbestimmte Artikel - Belirsiz tanımlayıcı bir varlığın özelliklerini belirtmeden tanımlar.
Belirsiz tanımlayıcının çoğul şekli yoktur.

Tekil - Singular			
	maskulin - Erkek	*feminin - Dişi*	*neutral - Tarafsız*
Nominativ	ein Mann	eine Frau	ein Kind
Akkusativ	einen Mann	eine Frau	ein Kind
Dativ	einem Mann	einer Frau	einem Kind
Genitiv	eines Mannes	einer Frau	eines Kindes

Der unbestimmte Artikel'in - Belirsiz tanımlayıcının bir de olumsuz şekli vardır.
Bu „hiçbir, yok, değil" anlamına gelir.

Tekil - Singular			
	maskulin - Erkek	*feminin - Dişi*	*neutral - Tarafsız*
Nominativ	kein Mann	keine Frau	kein Kind
Akkusativ	keinen Mann	keine Frau	kein Kind
Dativ	keinem Mann	keiner Frau	keinem Kind
Genitiv	keines Mannes	keiner Frau	keines Kindes

Çoğul - Plural			
	maskulin - Erkek	*feminin - Dişi*	*neutral - Tarafsız*
Nominativ	keine Männer	keine Frauen	keine Kinder
Akkusativ	keine Männer	keine Frauen	keine Kinder
Dativ	keinen Männern	keinen Frauen	keinen Kindern
Genitiv	keiner Männer	keiner Frauen	keiner Kinder

İsimleri Çoğul Yapma - *Die Pluralbildung der Nomen*

Genel olarak adların tekil ve çoğul şekilleri vardır. Adlar tekil ve çoğul olarak ikiye ayrılırlar. Almanca'da adları çoğul yapmak için belirli kurallar yoktur.

Bir sözcük öğrenilirken Artikel'ler – Tanımlayıcı'lar gibi çoğul ekinin de birlikte öğrenilmesi gerekir. Çoğul isimlerin Artikel'i her zaman „die" olur ve aşağıda görüldüğü gibi yapılır.

Çoğul ekleri - Pluralendungen

	der Lehrer	Öğretmen
—	die Lehrer	Öğretmenler
	die Mutter	Anne
¨	die Mütter	Anneler
	der Lehrling	Çırak
— e	die Lehrlinge	Çıraklar
	die Stadt	Şehir
¨ e	die Städte	Şehirler
	das Kind	Çocuk
— er	die Kinder	Çocuklar
	das Haus	Ev
¨ er	die Häuser	Evler
	der Hase	Tavşan
— n	die Hasen	Tavşanlar
	die Übung	Alıştırma
— en	die Übungen	Alıştırmalar
	die Schülerin	Kız öğrenci
— nen	die Schülerinnen	Kız öğrenciler
	das Auto	Otomobil
— s	die Autos	Otomobiller

Tekil ve çoğul olarak kullanılan isim gruplarından birkaç örnek
Einige Beispiele von Wortgruppen, die nur in Singular- oder Pluralformen gebraucht werden.

Sayılamayan soyut isimler tekil şeklinde kullanılırlar:

der Hunger	das Glück	die Gesundheit
Açlık	Şans	Sağlık

Cins, tür ve topluluk ifade eden isimler tekil olarak kullanılırlar:

das Gepäck	das Getreide	das Wild
Bagaj	Tahıl	Yaban hayvanı

Hayvansal ve bitkisel ürünlerin isimleri tekil olarak kullanılırlar:

die Milch	das Leder	das Obst
Süt	Deri	Meyve

Cins, tür ve topluluk ifade eden kişi gruplarını belirleyen isimler tekil olarak kullanılırlar:

das Publikum	die Polizei	die Verwandtschaft
Halk, izleyici	Polis	Akrabalık

Hava ile ilgili olan isimler tekil olarak kullanılırlar:

der Schnee	der Regen	der Nebel
Kar	Yağmur	Sis

Fiilden türemiş isimler tekil şeklinde kullanılırlar:

das Lernen	das Schreiben	das Laufen
Öğrenmek	Yazmak	Koşmak

Miktar ve ölçü belirten isimler tekil olarak kullanılırlar:

500 Gramm Zucker	2 Meter Stoff	2 Liter Milch
500 gram şeker	2 metre kumaş	2 litre süt

Kişilerden oluşan topluluğu ifade eden isimler çoğul şeklinde kullanılırlar:

die Eltern	die Leute	die Geschwister
Ebeveyn	İnsanlar, halk	Kardeşler

Bazı isimler sadece çoğul olarak kullanılırlar:

die Kosten	die Ferien	die Einkünfte
Masraf	Tatil	Gelir

DİL
BİRLEŞTİRİR
SPRACHE
VERBINDET

0	null		
1	eins		
2	zwei		
3	drei	30	dreißig
4	vier	31	einunddreißig
5	fünf	32	zweiunddreißig
6	sechs	40	vierzig
7	sieben	50	fünfzig
8	acht	60	sechzig
9	neun	70	siebzig
10	zehn	80	achtzig
11	elf	90	neunzig
12	zwölf	100	(ein)hundert
13	dreizehn	101	hunderteins
14	vierzehn	102	hundertzwei
15	fünfzehn	110	hundertzehn
16	sechzehn	120	hundertzwanzig
17	siebzehn	130	hundertdreißig
18	achtzehn	140	hundertvierzig
19	neunzehn	200	zweihundert
20	zwanzig	300	dreihundert
21	einundzwanzig	400	vierhundert
22	zweiundzwanzig	999	neunhundert-
23	dreiundzwanzig		neunundneunzig
24	vierundzwanzig	1000	(ein)tausend
25	fünfundzwanzig	1001	tausendeins
26	sechsundzwanzig	1010	tausendzehn
27	siebenundzwanzig	2000	zweitausend
28	achtundzwanzig	10 000	zehntausend
29	neunundzwanzig	20 000	zwanzigtausend
		100 000	hunderttausend
		1 000 000	eine Million
		1 000 000 000	eine Milliarde

Sayılar - Zahlen

1.	erste
2.	zweite
3.	dritte
4.	vierte
5.	fünfte
6.	sechste
7.	siebte
8.	achte
9.	neunte
10.	zehnte
11.	elfte
13.	dreizehnte
20.	zwanzigste
22.	zweiundzwanzigste
30.	dreißigste
32.	zweiunddreißigste
100.	hundertste
1000.	tausendste

0,5	null Komma fünf
2,6	zwei Komma sechs
4m^2	vier Quadratmeter
4m^3	vier Kubikmeter
25°C	fünfundzwanzig Grad Celsius
0°C	null Grad Celsius
-5°C	minus fünf Grad Celsius
10%	zehn Prozent
100%	hundert Prozent
1977	neunzehnhundert-siebenundsiebzig
1982	neunzehnhundert-zweiundachtzig
1985	neunzehnhundert-fünfundachtzig
(+)	plus, addieren
(-)	minus, subtrahieren
(x)	mal, multiplizieren
(:)	durch, dividieren
4 + 4 = 8	vier plus vier ist gleich acht
8 - 4 = 4	acht minus vier ist gleich vier
4 x 4 = 16	vier mal vier ist gleich sechzehn
8 : 4 = 2	acht durch vier ist gleich zwei
1/2	ein Halb
1/3	ein Drittel
1/4	ein Viertel
3/4	drei Viertel
1 1/2	anderthalb
2 1/2	zweieinhalb
2 2/3	zwei zwei Drittel
1/100	ein Hundertstel
1/1000	ein Tausendstel
1/10 000	ein Zehntausendstel
1/100 000	ein Hunderttausendstel
1/1 000 000	ein Millionstel

Ölçüler ve Ağırlıklar
Maße und Gewichte

1 milimetre	1 Millimeter (mm)
1 santimetre	1 Zentimeter (cm)
1 desimetre	1 Dezimeter (dm)
1 metre	1 Meter (m)
1 kilometre	1 Kilometer (km)
1 inç	1 Zoll (in)
1 ayak	1 Fuß (ft)
1 mil	1 Meile (sm)
1 miligram	1 Milligramm (mg)
1 gram	1 Gramm (gr)
1/2 kilogram	1 Pfund (lb)
1 kilogram	1 Kilogramm (kg)
50 kilogram	1 Zentner (Ztr.)
1 ton	1 Tonne (t)
1 santilitre	1 Zentiliter (cl)
1 mililitre	1 Milliliter (ml)
1 litre	1 Liter (L)
1 galon (4,5 l)	1 Gallone (gal)
1 metre küp	1 Kubikmeter (m^3)
1 metre kare	1 Quadratmeter (m^2)
1 kilometre kare	1 Quadratkilometer (km^2)
1 dekar (dönüm)	1 Hektar (ha)
1 tane	1 Stück (stck.)
1 parça	1 Teil
1 düzine	1 Dutzend
1 porsiyon	1 Portion
1 çift	1 Paar
1 paket	1 Packung
1 torba	1 Sack

Saat - *Uhrzeit*

Saat Uhr (alet olarak); Stunde (zaman olarak)
Dakika   Minute

Saat kaç (tır)?   Wie viel Uhr ist es?
Saatiniz kaç?   Wie viel Uhr haben Sie?
Saatin kaç?   Wie viel Uhr hast Du?

Saat 7.55   Es ist fünf vor acht (Uhr).
Saat 8.00   Es ist acht (Uhr).
Saat 8.10   Es ist zehn nach acht (Uhr).
Saat 8.15   Es ist viertel nach acht (Uhr).
Saat 8.30   Es ist halb neun (Uhr).
Saat 8.45   Es ist viertel vor neun (Uhr).
Saat 8.55   Es ist fünf vor neun (Uhr).
Saat 9.00   Es ist neun (Uhr).

Bu saat doğru mu?
Geht diese Uhr richtig?
Evet, bu saat doğru.
Ja, diese Uhr geht richtig.
Hayır, bu saat doğru değil.
Nein, diese Uhr geht nicht richtig.
Hayır, bu saat geri kalıyor/ileri gidiyor.
Nein, diese Uhr geht nach/vor.
Saatiniz doğru mu?
Geht Ihre Uhr richtig?
Evet, saatim doğru gidiyor.
Ja, meine Uhr geht richtig.
Hayır, saatim doğru gitmiyor.
Nein, meine Uhr geht nicht richtig.
Hayır, saatim geri kalıyor/ileri gidiyor.
Nein, meine Uhr geht nach/vor.
Saat kaçta buluşuyoruz?
Um wie viel Uhr treffen wir uns?
Ne zaman buluşuyoruz?
Wann treffen wir uns?
Saat 11.00'de/12.00'de buluşuyoruz.
Wir treffen uns um 11:00 Uhr/12:00 Uhr.
Bir saat/iki saat içinde buluşuyoruz.
Wir treffen uns in
einer Stunde/zwei Stunden.
Saat 11.00 ile 11.30 arası buluşuyoruz.
Wir treffen uns zwischen 11:00
und 11:30 Uhr.
Saat 13.00'de buluşuyoruz.
Wir treffen uns um 13:00 Uhr.
Buluşmamız saat 13.00'ten önce değil.
Wir treffen uns nicht vor 13:00 Uhr.
Öğleden sonra saat 5.00'te
buluşuyoruz.
Wir treffen uns um 5:00 Uhr
nachmittags.

Akşam saat 9.00'da buluşuyoruz.
Wir treffen uns um 9:00 Uhr abends.
Saat 10.00'u az geçe buluşuyoruz.
Wir treffen uns kurz nach 10:00 Uhr.
Saat 10.00'a az kala buluşuyoruz.
Wir treffen uns kurz vor 10:00 Uhr.
Saat 1.00'e doğru buluşuyoruz.
Wir treffen uns gegen 1:00 Uhr.
Bugün öğleyin saat 2.00'ye
doğru buluşuyoruz.
Wir treffen uns gegen 2:00 Uhr
heute Mittag.
Geç.
Es ist spät.
Çok geç.
Es ist zu spät.
Erken.
Es ist früh.
Çok erken.
Es ist zu früh.
Henüz çok erken.
Es ist noch zu früh.
… 'ya yolculuk ne kadar sürer?
Wie lange dauert die Fahrt nach … ?
Yolculuk 30 dakika sürer.
Die Fahrt dauert 30 Minuten.
Yolculuk yarım saat sürer.
Die Fahrt dauert eine halbe Stunde.
Yolculuk 3 saat sürer.
Die Fahrt dauert 3 Stunden.
Yolculuk saat 10.00'dan 11.00'e
kadar sürer.
Die Fahrt dauert
von 10:00 Uhr bis 11:00 Uhr.
Ne zamandan beri buradasınız?
Seit wann sind Sie hier?
Sabah saat 9.00'dan beri buradayım.
Ich bin seit 9:00 Uhr morgens hier.
20 dakikadan beri buradayım.
Ich bin seit 20 Minuten hier.
Yarım saatten beri bekliyorum.
Ich warte seit einer halben Stunde.

Değişik Zamanlar
Verschiedene Zeitangaben

Tren ... 'ya ne zaman gidiyor?
Wann fährt der Zug nach ... ?
Tren gündüz/gündüzleyin/
sabahları gidiyor.
Der Zug fährt am Tage/
tagsüber/morgens.
Tren öğleden önceleri/öğlenleri/
öğleden sonraları gidiyor.
Der Zug fährt vormittags/
mittags/nachmittags.
Tren akşamları/geceleri/gece
yarısında gidiyor.
Der Zug fährt abends/nachts/
um Mitternacht.
Tren her gün/bugün/
yarın gidiyor.
Der Zug fährt täglich/
heute/morgen.
Tren öbür gün/her yarım saatte bir/
öğlene doğru gidiyor.
Der Zug fährt übermorgen/alle
halbe Stunde/gegen Mittag.
Tren bir saat içinde/hafta
sonları/iki saatte bir gidiyor.
Der Zug fährt innerhalb einer
Stunde/an Wochenenden/
alle zwei Stunden.
Tren iki günde bir/bir hafta sonra/
bir ay sonra gidiyor.
Der Zug fährt alle zwei Tage/in
einer Woche/in einem Monat.
Tren bir hafta içinde/saatte bir/
bu saatlerde gidiyor.
Der Zug fährt innerhalb einer Woche/
stündlich/um diese Zeit.
Tren dün/önceki gün/dün öğlen gitti.
Der Zug ist gestern/vorgestern/
gestern Mittag abgefahren.
Tren dün öğleden önce/dün öğleden
sonra/dün akşam gitti.
Der Zug ist gestern Vormittag/gestern
Nachmittag/gestern Abend abgefahren.

Tren dün gece/geçen pazartesi gitti.
Der Zug ist gestern Nacht/am letzten
Montag abgefahren.
Arasıra/akşamleyin/akşamları
ab und zu/am Abend/abends
Pazar günü/gündüz/hafta
sonunda/yakında
am Sonntag/Tage/Wochenende/bald
Dün/bugün sabah/bugün akşam
gestern/heute Morgen/heute Abend
... gün/... hafta sonra
in ... Tagen/... Wochen
Her gün/şimdi/bazen
jeden Tag/jetzt/manchmal
Öğlenleri/yarın akşam/yarın sabah
mittags/morgen Abend/
morgen früh
Sabahları/öğleden sonraları
morgens/nachmittags
Bir yıl/ay/hafta önce
vor einem Jahr/Monat/einer Woche
Bir yıl/ay/hafta sonra
nach einem Jahr/Monat/einer Woche
Gelecek hafta/yıl
nächste Woche/nächstes Jahr
Geceleri/daha geç (sonra)/
saatte bir
nachts/später/stündlich
Günlük (her gün)/gündüzleri
 täglich/tagsüber
Önceki gün/öğleden önceleri
vorgestern/vormittags
Kısa bir süre önce
vor kurzem

Tarih
Datum

Bugün/Yarın ayın kaçı?
Den wievielten haben wir
heute/morgen?
Bugün/Yarın on iki Aralık.
(veya) Bugün/Yarın Aralığın on ikisi.
Heute/Morgen ist der 12. Dezember.
Ben bu/gelecek ayın beşinde geliyorum.
Ich komme am Fünften diesen/nächsten
Monats.
Ben on Marta kadar kalıyorum.
Ich bleibe bis zum zehnten März.
Ben otuz Temmuzda yola çıkıyorum
(gidiyorum).
Ich reise am dreißigsten Juli ab.
Bochum, 05.11.2011.
Bochum, den fünften elften
zweitausendelf.

Mevsimler
Jahreszeiten

İlkbahar	Frühling
Yaz	Sommer
Sonbahar	Herbst
Kış	Winter

Aylar
Monate

Ocak	Januar
Şubat	Februar
Mart	März
Nisan	April
Mayıs	Mai
Haziran	Juni
Temmuz	Juli
Ağustos	August
Eylül	September
Ekim	Oktober
Kasım	November
Aralık	Dezember

Haftanın Günleri
Wochentage

Pazartesi	Montag
Salı	Dienstag
Çarşamba	Mittwoch
Perşembe	Donnerstag
Cuma	Freitag
Cumartesi	Samstag
Pazar	Sonntag

27

SOSYAL İLİŞKİLER
SOZIAL-KONTAKTE

Selamlaşma
Begrüßung

Günaydın!
Guten Morgen!
İyi Günler!
Guten Tag!
Merhaba!
Hallo!
İyi akşamlar!
Guten Abend!
Nasılsınız?
Wie geht es Ihnen/euch?
Nasılsın?
Wie geht es dir?
Teşekkür ederim, iyiyim.
Danke, gut.
Hoş geldiniz!
(Sie) Herzlich willkommen!
Hoş geldin!
(Du) Herzlich willkommen!
Hoş bulduk! (Ben)
Ich freue mich!
Hoş bulduk! (Biz)
Wir freuen uns!

Anlaşma Kelime Listesi
Wortliste Verständigung

Almanca (sıfat) **deutsch** | (isim) das **Deutsch**,-
anlamak **verstehen**
anlam die **Bedeutung**,-en
anlaşma die **Verständigung**,-en
çabuk **schnell**
dil die **Sprache**,-n
hızlı **schnell**
konuşmak **sprechen**
lisan die **Sprache**,-n
okumak **lesen**
öğrenmek **lernen**
söylemek **aussprechen**
tekrar die **Wiederholung**,-en
tekrarlamak **wiederholen**
telaffuz die **Aussprache**,-n
telaffuz etmek **aussprechen**
tercümanlık etmek **dolmetschen**
tercüme die **Übersetzung**,-en
tercüme etmek **übersetzen**
yabancı dil die **Fremdsprache**,-n
yavaş **langsam**
yazmak **schreiben**

Anlaşma - *Verständigung*

Burada Türkçe/İngilizce/ … bilen var mı?
Spricht hier jemand Türkisch/
Englisch/…?
Beni/Bizi anlıyor musunuz?
Verstehen Sie mich/uns?
Yavaş konuşun lütfen.
Sprechen Sie bitte langsam.
Ben sizi anlıyorum.
Ich verstehe Sie.
Ben sizi anlamıyorum.
Ich verstehe Sie nicht.
Bunun Almancası ne?
Wie heißt das auf Deutsch?
Onu (Bunu) bana yazın lütfen.
Schreiben Sie es mir bitte auf.
Tekrar edin lütfen.
Wiederholen Sie das bitte.

Kişi Hakkında - *Persönliches*

Siz Bay/Bayan Müller/ … misiniz?
Sind Sie Herr/Frau Müller/…?
Evet, ben Bay/Bayan Müller/…
Ja, ich bin Herr/Frau Müller/…
Hayır, ben Bay/Bayan Koch/…
Nein, ich bin Herr/Frau Koch/…
Adınız (İsminiz) nedir?
Wie ist Ihr Name?
Adım (İsmim) Gerd/…
Ich heiße Gerd/…
Soyadınız ne?
Wie ist Ihr Familienname?
Soyadım Müller/…
Mein Familienname
ist Müller/…
Doğum tarihiniz ne?
Wann sind Sie geboren?
Doğum tarihim …
Mein Geburtsdatum ist am …
Doğum yeriniz neresi?
Wo sind Sie geboren?
Doğum yerim Bochum/…
Mein Geburtsort ist Bochum/…

Nerede oturuyorsunuz?
Wo wohnen Sie?
Bochum'da/… oturuyorum.
Ich wohne in Bochum/…
Evli misiniz?
Sind Sie verheiratet?
Hayır, bekarım.
Nein, ich bin ledig.
Evet, evliyim.
Ja, ich bin verheiratet.
Boşandım/Dulum.
Ich bin geschieden/Witwe (Witwer).
Çocuğunuz var mı?
Haben Sie Kinder?
Hayır, çocuğum yok.
Nein, ich habe keine Kinder.
Evet, bir/… çocuğum var.
Ja, ich habe ein Kind/… Kinder.

Kişi Hakkında Kelime Listesi
Wortliste Persönliches

ad	der **Vorname**,-*n*
adı olmak	**heißen**
aile	die **Familie**,-*n*
bay	der **Herr**,-*en*
bekar	**ledig**
çocuk	das **Kind**,-*er*
din	die **Religion**,-*en*
doğum tarihi	das **Geburtsdatum/Geburtsdaten**
doğum yeri	der **Geburtsort**,-*e*
erkek	**männlich**
erkek çocuğu	der **Junge**,-*n*
erkek eş	der **Ehemann**,-̈*er*
evli	**verheiratet**
evli çift	das **Ehepaar**,-*e*
ikamet etmek	**wohnen**
ikamet yeri	der **Wohnort**,-*e*
isim	der **Vorname**,-*n* | der **Name**,-*n*
kadın	die **Frau**,-*en*
kadın eş	die **Ehefrau**,-*en*
kimlik	der **Ausweis**,-*e* | die **Identität**,-*en*
kız çocuğu	das **Mädchen**
kız evlat	die **Tochter**,-̈*er*
medeni hal	der **Familienstand** [tekil]
milliyet	die **Nationalität**,-*en*
oğul	der **Sohn**,-̈*e*
oturmak	**sitzen**; **(sich) setzen**; **wohnen**
soyad	der **Familienname**,-*n* |
	der **Nachname**,-*n*
yaş	das **Alter** [tekil]

Ziyaret - *Besuch*

Affedersiniz, Bay/Bayan … evde mi?
Entschuldigen Sie, ist Herr/
Frau … zu Hause?
Evet, O evde. Ja, er/sie ist zu Hause.
Hayır, O evde değil.
Nein, er/sie ist nicht zu Hause.
İçeri giriniz lütfen.
Kommen Sie bitte herein.
Oturun lütfen. Nehmen Sie bitte Platz.
O ne zaman gelecek?
Wann kommt er/sie wieder?
O … tarihinde/saat … gelecek.
Er/Sie kommt am …/um/gegen … Uhr.
Ona burada olduğumu söyleyin lütfen.
Sagen Sie ihm/ihr bitte,
dass ich hier bin.
Adım … Mein Name ist …
Buyurun, kartvizitim buradadır.
Hier ist meine Visitenkarte.
Bir şey içmek ister misiniz?
Möchten Sie etwas trinken?
Teşekkür ederim, şu anda
bir şey içmek istemiyorum.
Danke, ich möchte im Augenblick
nichts trinken.

… içmek isterim.
Ich würde gerne … trinken.
Zahmete girmeyin lütfen.
Machen Sie sich bitte keine Umstände.
Size nasıl yardımcı olabilirim?
Wie kann ich Ihnen behilflich sein?
Bu mektup size ziyaretimin sebebini
açıklayacaktır.
Dieser Brief erklärt Ihnen den Grund
meines Besuches.
Size Bay/Bayan … 'dan selam getirdim.
Ich soll Sie von Herrn/Frau … grüßen.
Size … ailesinden selam getirdim.
Ich soll Sie von Familie … grüßen.
Size … söylemek için geldim.
Ich bin gekommen, um Ihnen
mitzuteilen, dass …
Affedersiniz, Bay/Bayan burada mı
oturuyor?
Entschuldigen Sie, wohnt Herr/
Frau … hier?
Affedersiniz, … ailesi burada mı
oturuyor?
Entschuldigen Sie, wohnt
Familie … hier?
Evet, Bay/Bayan … burada oturuyor.
Ja, Herr/Frau … wohnt hier.

Evet, … ailesi burada oturuyor.
Ja, Familie … wohnt hier.
Hayır, Bay/Bayan … burada oturmuyor.
Nein, Herr/Frau … wohnt nicht hier.
Hayır, … ailesi burada oturmuyor.
Nein, Familie … wohnt nicht hier.
Hayır, Bay/Bayan … taşındı.
Nein, Herr/Frau … ist umgezogen.
Hayır, … ailesi taşındı.
Nein, Familie … ist umgezogen.
Bana yeni adresini verebilir
misiniz, lütfen?
Können Sie mir bitte die
neue Adresse geben?
Evet, yeni adresi …
Ja, die neue Adresse ist …
Hayır, maalesef ben de bilmiyorum.
Nein, tut mir leid, das weiß
ich auch nicht.
Öğlen yemeğine kalabilir misiniz?
Können Sie zum Mittagessen bleiben?
Akşam yemeğine kalabilir misiniz?
Können Sie zum Abendessen bleiben?
Teşekkür ederim. Severek kalırım.
Vielen Dank. Ich bleibe gern.
Ne yazık ki gitmem lazım.
Es tut mir Leid, aber ich muss gehen.
Bu güzel akşam için teşekkür ederim.
Vielen Dank für den netten Abend.
Bu güzel öğleden sonrası için
teşekkür ederim.
Vielen Dank für den netten
Nachmittag.
Sizi yakında tekrar görmek
umuduyla.
Ich hoffe Sie bald wiederzusehen.
Yakında bizi tekrar ziyaret edin.
Besuchen Sie uns bald wieder.
Sizinle haberleşirim.
Ich bleibe mit Ihnen in Kontakt.
Size sonra tekrar uğrarım.
Ich komme gern wieder bei
Ihnen vorbei.

Aile ve Akrabalar Kelime Listesi
Wortliste Familie und Verwandte

amca   der **Onkel**,- (väterlicherseits)
anne   die **Mutter**,¨
baba   der **Vater**,¨
Bay   der **Herr**,-en
Bayan   die **Dame**,-n | die **Frau**,-en
Bayan eş   die **Ehefrau**,-en
bekar   **ledig**
büyük anne   die **Großmutter**,¨
büyük baba   der **Großvater**,¨
çocuk   das **Kind**,-er
damat   der **Schwiegersohn**,¨e
dayı   der **Onkel**,- (mütterlicherseits)
delikanlı   der **Knabe**,-n
doğurmak   **gebären**
dul erkek   der **Witwer**,-
dul kadın   die **Witwe**,-n
ebeveyn (ana-baba)   die **Eltern** [çoğul]
erkek   der **Mann**,¨er
erkek eş   der **Ehemann**,¨er
erkek kardeş   der **Bruder**,¨er
erkek yeğen   der **Neffe**,-n
gebe   **schwanger**
gelin   die **Schwiegertochter**,¨
genç   der **Junge**,-n
genç olmak   **jung sein**
hala   die **Tante**,-n
kadın   die **Frau**,-en
kardeşler   die **Geschwister** [çoğul]
kaynana   die **Schwiegermutter**,¨
kayınbaba   der **Schwiegervater**,¨
kaynana-kayınbaba   die **Schwiegereltern** [çoğul]
kız   das **Mädchen**,-
kız kardeş   die **Schwester**,-n
kız yeğen   die **Nichte**,-n
oğlan   der **Junge**,-n | der **Knabe**,-n
teyze   die **Tante**,-n
üvey anne   die **Stiefmutter**,¨
üvey baba   der **Stiefvater**,¨
üvey erkek kardeş   der **Stiefbruder**,¨
üvey kız kardeş   die **Stiefschwester**,-n
vaftiz anası   die **Patin**,-nen
vaftiz babası   der **Pate**,-n
vaftiz evladı   das **Patenkind**,-er
yaş   das **Alter** [tekil]
yaşlı   **alt**

Engellilere Yardım
Hilfe für Behinderte

Orada/Burada/ … engellilere
uygun tesisler var mı?
Gibt es dort/hier/in … behinder–
tengerechte Einrichtungen?
Orada/Burada/… engellilere
uygun asansör/… var mı?
Gibt es dort/hier/in … einen
behindertengerechten Aufzug/…?
Ben bedensel/yürüme/
görme engelliyim.
Ich bin körperbehindert/
gehbehindert/sehbehindert.
Benim için tekerlekli
sandalyeniz/… var mı?
Haben Sie einen Rollstuhl/…für mich?
Lütfen bana binerken/inerken
yardımcı olur musunuz?
Können Sie mir bitte beim Einsteigen/
Aussteigen behilflich sein?
Lütfen bana kapıyı açar mısınız?
Können Sie mir bitte die Tür öffnen?
Kulaklarım iyi duymuyor.
Ich höre schlecht.

Gözlerim iyi görmüyor.
Ich sehe schlecht.
Lütfen biraz yüksek sesle/
yavaş/… konuşun.
Sprechen Sie bitte etwas
lauter/langsamer/…
Lütfen yazın.
Schreiben Sie das bitte auf.
Engelliler için müsait giriş/… nerede?
Wo ist der behindertengerechte
Zugang/…?
Tekerlekli koltuk kullanan
için müsait mi?
Ist er für Rollstuhlfahrer geeignet?
Bana yardım edecek/… birine
ihtiyacım var.
Ich brauche jemanden, der mir hilft/…
Lütfen benim için havalimanında/…
tekerlekli sandalye hazırlattırın.
Lassen Sie bitte für mich einen
Rollstuhl am Flughafen/
… bereitstellen.
Tekerlekli koltuk kullananlara uygun
taksiniz/… var mı?
Haben Sie ein für Rollstuhlfahrer
geeignetes Taxi/…?

Özür Dileme - *Entschuldigung*

Affedersin! (Özür dilerim!)
Entschuldigung! Entschuldige bitte!
Affedersiniz!
Entschuldigen Sie bitte!
Sizden/Senden özür dilemem lazım!
Ich muss mich bei Ihnen/bei dir
entschuldigen!
Öyle kastetmemiştim!
Es war nicht so gemeint!
(Çok) Üzgünüm!
Das tut mir (sehr) leid!
(Çok) Mahcubum.
Das ist mir (sehr) unangenehm.
Bu maalesef mümkün değil.
Das ist leider nicht möglich.

Rica - *Bitten*

Lütfen. Bitte.
Evet, lütfen.
Ja, bitte.
Sizden/Senden bir şey rica
edebilir miyim?
Darf ich Sie/dich um einen
Gefallen bitten?
Bana/Bize yardım eder misiniz?
Können Sie mir/uns bitte helfen?
Bana bir Almanca gazete getirin/
verin, lütfen.
Bringen/Geben Sie mir bitte eine
deutsche Zeitung.
Affedersiniz, bana/bize otogarı/…
gösterin, lütfen.
Verzeihung, zeigen Sie mir/uns
bitte den Busbahnhof/…
Affedersiniz, istasyona/
… nasıl giderim?
Entschuldigen Sie, wie komme
ich zum Bahnhof/…?
Müsaade eder misiniz?
Gestatten Sie?
Size bir şey sorabilir miyim?
Darf ich Sie etwas fragen?

Teşekkür Etme - *Danken*

Teşekkür ederim.
Danke.
Çok teşekkür ederim!
Vielen Dank!
Yardımınız/Zahmetiniz için
teşekkür ederim.
Vielen Dank für Ihre Hilfe/Mühe.
Bir şey değil!
Keine Ursache!
Memnuniyetle.
Gern geschehen.
Bir şey değil.
Bitte sehr.

Engellilere Yardım Kelime Listesi
Wortliste Behindertenhilfe

bakım servisi   der **Betreuungsdienst**,-e
bakıma muhtaç   **pflegebedürftig**
banyo oturağı   der **Duschsitz**,-e
basamak   die **Stufe**,-n
basamaksız   **stufenlos**
basamaksız geçit   der **stufenlose**,-n **Zugang**,-̈e
bedensel özürlü   **körperbehindert**
engelli kimliği   der **Behindertenausweis**,-e
engelliler için özel park yeri
der **Behindertenparkplatz**,-̈e
engelliler tuvaleti   die **Behindertentoilette**,-n
engellilere uygun   **behindertengerecht**
eşik   die **Türschwelle**,-n
görme özürlü   **sehbehindert**
işitme özürlü   **hörgeschädigt**
koltuk değneği   die **Krücke**,-n
koridor genişliği   die **Flurbreite**,-n
refakatçı   die **Begleitperson**,-en
sağır   **taub**; **gehörlos**
sağır ve dilsiz   **taubstumm**
sağırlar dili   die **Gebärdensprache**,-n
şoför hizmeti   der **Fahrdienst**,-e
tekerlekli sandalye   der **Rollstuhl**,-̈e
tekerlekli sandalye kullanan
der **Rollstuhlfahrer**,-
yarı felç   **querschnittsgelähmt**
yerlebir düz   **ebenerdig**
yokuş   die **Steigung**,-en
zihinsel özürlü   **geistig behindert**

Onay - Zustimmung

Evet. Ja.
Şahane. Hervorragend.
Harika Prima.
İyi. Gut.
Çok iyi. Sehr gut.
Mükemmel. Hervorragend.
Memnuniyetle! Gern!
Hay, hay!
Selbstverständlich! Natürlich!
Tabi! Natürlich!
Doğru! Richtig!
Tamam! Einverstanden!
Kabul! Okay!
Olur! Okay! In Ordnung!
Peki! In Ordnung! Sehr gut!
Hoşuma gidiyor. Das gefällt mir.
Beğeniyorum. Das gefällt mir.
Benim de hoşuma gidiyor.
Das gefällt mir auch.
Ben de beğeniyorum.
Das gefällt mir auch.
Ben çok memnunum.
Ich bin sehr zufrieden.
İyi bir fikir. Gute Idee.
İyi bir öneri. Guter Vorschlag.
Tam. Genau.
Doğru. Richtig. Genau.
Tam böyle. Genauso.
Benim fikrim de böyle.
Ganz meine Meinung.
Aynı fikirdeyiz.
Da sind wir einer Meinung.
Buna karşı bir itirazım yok.
Dagegen habe ich keine Einwände.
İyi buluyorum.
Das finde ich gut.
Doğru buluyorum.
Das finde ich richtig.
Öyle. Das stimmt.
Hoşuma gidiyor.
Das macht Spaß. Ich mag das.
Eğlenceli.
Das macht Spaß.

Ret - Ablehnung

Hayır. Nein.
Hayır, istemiyorum.
Nein, ich möchte das nicht.
Bunu istemiyorum.
Das möchte ich nicht.
Kesinlikle (Asla) olmaz.
Auf gar keinen Fall.
Hiç bir zaman. Niemals.
Çok kötü (fena).
Das ist sehr schlecht.
Beğenmiyorum.
Das gefällt mir nicht.
Güzel değil.
Das gefällt mir nicht.
Das ist nicht schön (hübsch).
Maalesef yapamam.
Das kann ich leider nicht machen.
Üzgünüm, fakat yapamam (olmaz).
Es tut mir leid, aber ich kann nicht.
İsteksizim.
Dazu habe ich keine Lust.
Kabul etmiyorum.
Damit bin ich nicht einverstanden.
Olamaz.
Das kommt nicht in Frage.
Das geht nicht.
Kabul edilemez.
Das kommt nicht in Frage.
Zamanım (Vaktim) yok.
Ich habe keine Zeit.
Maalesef iptal etmem gerekiyor.
Ich muss leider absagen.

Kararsızlık
Unentschlossenheit

Belki. Vielleicht.
Belki bir başka zaman.
Vielleicht ein anderes Mal.
Henüz bilmiyorum.
Ich weiß noch nicht.
Kim bilir.
Wer weiß.

Bilmem.
Keine Ahnung.
Benim için fark etmez.
Das ist mir egal.
Fark etmez.
Es ist egal.
Nasıl isterseniz.
Wie Sie möchten.
Olabilir.
Wahrscheinlich.
Es könnte sein.
Bilmiyorum.
Das weiß ich nicht.
Bakalım! Mal sehen!
Şüphe ediyorum.
Das bezweifle ich.
Emin değilim.
Das bezweifle ich.
Ich bin (mir) nicht sicher.
Ben başka fikirdeyim.
Ich bin anderer Meinung.
Benim fikrim farklı.
Ich bin anderer Meinung.

Davet - Einladung

Sizi/Seni yemeğe/kahveye/bir şey
içmeye … davet edebilir miyim?
Darf ich Sie/dich zum Essen/Kaffee/
Drink/… einladen?
Sizi/Seni konsere/tiyatroya/… davet
edebilir miyim?
Darf ich Sie/dich ins Konzert/
Theater/… einladen?
Sizi/Seni evime/… davet
etmek istiyorum.
Ich würde Sie/dich gerne zu
mir nach Hause/… einladen.
Sizi/Seni doğum günüme/düğünüme/…
davet etmek istiyorum?
Ich möchte Sie/dich/… zu meiner
Geburtstagsfeier/Hochzeitsfeier/…
einladen.
Memnuniyetle gelirim/geliriz.
Ich komme/Wir kommen gern.

Akşam yemeğine/öğlen yemeğine/…
kal/kalın.
Bleib/Bleiben Sie zum Abendessen/
Mittagessen/…
Biraz daha kal/kalın.
Bleib/Bleiben Sie noch ein bisschen.
Davetiniz için çok teşekkür ederim.
Vielen Dank für die Einladung.

Randevu - Verabredung

Ne zaman/Nerede buluşabiliriz?
Wann/Wo können wir uns treffen?
Yarın akşam/… buluşalım mı?
Wollen wir uns morgen Abend/…
treffen?
Yarın akşam beraber sinemaya/…
gidelim mi?
Wollen wir morgen Abend zusammen
ins Kino/… gehen?
Hayır, benim randevum var.
Nein, ich habe schon eine
Verabredung.
Cuma günü akşam/… buluşabiliriz.
Wir können uns Freitag Abend/…
treffen.
Saat … restoranda/… buluşalım mı?
Wollen wir uns um … Uhr im
Restaurant/… treffen?
Ben sizi/seni otelden/… alayım.
Ich hole Sie/dich vom Hotel/… ab.
Ben sizi/seni evinize/… götüreyim.
Ich bringe Sie/dich nach Hause/…
Bir kere daha buluşalım mı?
Wollen wir uns noch einmal treffen?
Bu güzel akşam için teşekkür ederim.
Vielen Dank für den netten Abend.
Hayır, istemiyorum.
Nein, ich möchte nicht.
Hayır, lütfen beni rahat bırakın.
Nein, lassen Sie mich bitte in Ruhe.

İltifat - Komplimente

Şahane.
Das ist wunderbar.
Çok güzel.
Das ist sehr schön.
Çok naziksin/naziksiniz.
Das ist sehr nett von
dir/Ihnen.
Sevimlisin/Sevimlisiniz.
Das ist sehr lieb von dir/Ihnen.
Seni/Sizi çok sempatik
buluyorum.
Ich finde dich/Sie sehr
sympathisch.
Seni/Sizi çok nazik buluyorum.
Ich finde dich/Sie sehr
nett/höflich.
Sana/Size yakışıyor.
Das passt zu deinem/Ihrem Typ.
Gözlerin/Gözleriniz çok güzel.
Du hast/Sie haben sehr
schöne Augen.
Güzel elbise, sana/size
çok yakışıyor.
Schickes Kleid, das steht dir/
Ihnen sehr gut.
Yemek çok lezzetliydi.
Das Essen hat ausgezeichnet
geschmeckt.
Sen/Siz çok misafırperversin/
misafırperversiniz.
Du bist/Sie sind ein
ausgezeichneter Gastgeber.
Çok güzeldi.
Es ist sehr gut gewesen.
Sen/Siz çok iyi Almanca/
Türkçe/... konuşuyorsun/
konuşuyorsunuz.
Du sprichst/Sie sprechen
sehr gut Deutsch/Türkisch/...
Ben kendimi/Biz kendimizi
burada çok iyi hissediyor/-um/-uz.
Ich fühle mich/Wir fühlen uns
hier sehr wohl.

Flört Etmek - Flirten

Yanınıza/Yanına oturabilir miyim?
Darf ich mich zu Ihnen/dir setzen?
Kendimi tanıtabilir miyim?
Darf ich mich vorstellen?
Ben ... Ich bin ...
Sen diye hitap edebilir miyiz?
Ist es Ihnen recht, wenn wir uns duzen?
Yalnız mı seyahat ediyorsun/
ediyorsunuz?
Reist du/Reisen Sie allein?
Burada yalnız mısın/mısınız?
Bist du/Sind Sie allein hier?
Burada ne kadar kalacaksın/
kalacaksınız?
Wie lange bleibst du/bleiben Sie hier?
Sizinle/Seninle tanıştığıma çok
memnun oldum.
Schön Sie/dich kennengelernt zu haben.
Direkt olduğum için özür dilerim.
Entschuldigung, dass ich so direkt bin.
Seni/Sizi bir şey içmeye davet edebilir
miyim?
Darf ich dich/Sie zu einem Drink
einladen?
Evli misin/misiniz?
Bist du/Sind Sie verheiratet?
Erkek/Kız arkadaşın var mı?
Hast du einen Freund/eine Freundin?
Sen/Siz çok sempatiksin/sempatiksiniz.
Ich finde dich/Sie sehr sympathisch.
Çok hoşuma gidiyorsun.
Du gefällst mir sehr.
Seni çok beğeniyorum.
Ich mag dich sehr.
Seni seviyorum. Ich liebe dich.
Sana aşık oldum.
Ich habe mich in dich verliebt.
Gözlerin/saçların/ellerin/... çok güzel.
Du hast schöne Augen/Haare/Hände/...
Vücudun çok güzel (şahane).
Du hast eine traumhafte Figur/...
Seninle birlikte olmaktan memnunum.
Ich bin gerne mit dir zusammen.

Bir şeyler içelim mi?
Wollen wir etwas trinken?
Bana gidelim mi?
Kommst du mit zu mir?
Tekrar ne zaman görüşürüz?
Wann sehen wir uns wieder?
Hayır, bu kadar çabuk olmaz.
Nein, das geht nicht so schnell.
Beni rahat bırakın lütfen.
Lassen Sie mich bitte in Ruhe.

Veda - Abschied

Veda etmem gerekiyor.
Ich muss mich verabschieden.
Allaha ısmarladık! Auf Wiedersehen!
Güle güle! Auf Wiedersehen!
Eyvallah! Tschüss!
Hoşca kal/kalın! Tschüss!
Yarın görüşmek üzere! Bis morgen!
Yakında görüşmek üzere! Bis bald!
İyi geceler! Gute Nacht!
İyi yolculuklar! Gute Reise!
Eşinize benden/bizden selam söyleyin.
Grüßen Sie Ihre Frau/Ihren Mann von
mir/uns!
İyi eğlenceler! Viel Spaß!
Viel Vergnügen!

İyi Dilekler - Gute Wünsche

Kalpten tebrikler!
Herzlichen Glückwunsch!
Doğum günün/gününüz/… kutlu olsun!
Herzlichen Glückwunsch zum
Geburtstag/…!
Bayramın/Bayramınız kutlu olsun!
Frohes Fest! Schöne Feiertage!
Geçmiş olsun! Gute Besserung!
Her şey gönlünce/gönlünüzce olsun!
Alles Gute!
Bol şanslar! Viel Glück!
Yeni yılın/yılınız kutlu olsun!
Ein frohes neues Jahr!
Başarılar dilerim! Viel Erfolg!

İyi eğlenceler! Viel Spaß!
Güle güle kullan/kullanın!
Viel Spaß damit!

Sorunlar - Probleme

Sorunum/Sorunumuz var.
Ich habe/Wir haben ein Problem.
Lütfen bana/bize yardım edin!
Bitte helfen Sie mir/uns!
Ben iyi duymuyorum/görmüyorum.
Ich höre/sehe schlecht.
Kendimi iyi hissetmiyorum.
Ich fühle mich nicht gut.
Lütfen bir doktor/… çağırın.
Bitte rufen Sie einen Arzt/…
Ben/Biz rahatsız ediliyor/-um/-uz/…
Ich werde/Wir werden belästigt/…
Lütfen polise/… haber verin.
Bitte rufen Sie die Polizei/…
Burada Almanca/Türkçe/…
konuşan var mı?
Spricht hier jemand
Deutsch/Türkisch/…?

Kızgınlık, Hiddet
Ärger, Empörung

Kötü. Schlecht.
Bu çok kötü.
Das ist sehr schlecht.
Can sıkıcı. Ärgerlich.
Yeter artık! Jetzt reicht's!
Böyle bir şey olamaz!
Das darf ja wohl nicht wahr sein!
Bu utanmazlıktır!
Eine Unverschämtheit ist das!
Bu terbiyesizliktir!
Das ist unverschämt!
Terbiyesizlik!
So eine Frechheit!
Saçma! Quatsch!
Bu bir saçmalıktır!
So eine Dreistigkeit!
Bırakın! Lassen Sie das!

Allah kahretsin!
So ein Mist!
İnanılmaz, başıma böyle bir
şey gelmedi!
Unglaublich, so etwas ist mir
noch nie passiert!

Üzgünlük - *Bedauern*

Hay Allah!
Oh je! Oh mein Gott!
Korkunç bir şey!
Wie schrecklich!
Nasıl böyle bir şey nasıl olabilir?
Wie kann so etwas passieren?
Böyle bir şeye hiç bir kimse
ihtimal vermemişti!
Damit hat keiner gerechnet!
Çok üzgünüm.
Das tut mir sehr leid.
… için çok üzgünüm.
Es tut mir sehr leid für …
Yazık! Schade!
Başınız sağolsun!
Mein aufrichtiges Beileid!

Hayrete Düşmek - *Erstaunen*

Öyle mi? Ist das so?
Gerçekten mi?
Wirklich? Tatsächlich?
Bu inanılmaz bir şey!
Das ist ja nicht zu fassen/glauben!
İnanılmaz! Unglaublich!
Gerçek mi? Echt?

Sakinlik - *Gelassenheit*

Merak etme.
Mach dir keine Sorgen.
Merak etmeyiniz.
Machen Sie sich keine Sorgen.
Paniğe kapılma/kapılmayın!
Nur keine Panik!
Keine Aufregung!

Telaş etme/etmeyin.
Kein Grund zur Beunruhigung.
Boş ver.
Mach dir nichts daraus.
Boş verin.
Machen Sie sich nichts daraus.
Kusura bakma.
Nimm es mir nicht übel.
Kusura bakmayın.
Nehmen Sie es mir nicht übel.
Ne zaman/Nasıl isterseniz.
Wann/Wie Sie wollen.
İsterseniz.
Wenn Sie wollen.
(Evet) Anladım.
Ich verstehe schon.

Can Sıkıcı - *Langeweile*

Sıkıcı! Langweilig! Eintönig!
Ne sıkıcı! Wie langweilig!
Monoton! Eintönig!
Ben biraz değişiklik istiyorum!
Ich brauche etwas Abwechslung!

Coşku - *Begeisterung*

Hoş! Angenehm!
Şahane! Ausgezeichnet!
Hervorragend!
Etkileyici! Beeindruckend!
Mükemmel! Herrlich!
Harika! Herrlich!
Cana yakın! Freundlich!
Güzel! Schön! Hübsch!
Şirin! Hübsch! Süß!
Nazik! Liebenswürdig!
Sevimli! Liebenswürdig!
Şahane! Prima! Super!
Müthiş! Prima!
Fevkalade! Großartig!/Toll!
Mükemmel! Hervorragend! Prima!
Süper! Super!
Delilik! Wahnsinn!
Çılgınlık! Wahnsinn!

Harika! Wunderbar!
Hayret! Erstaunlich!
İnanılmaz bir şey! Unglaublich!

Tercih - *Vorlieben*

Beğeniyorum.
Das gefällt mir.
Beğenmiyorum.
Das gefällt mir nicht.
Tam benim istediğim!
Genau mein Geschmack!
Hayran kaldım!
Ich bin begeistert!
Tabiki güzel olurdu.
Es wäre natürlich schön.
Yüzmeyi/… tercih ederim.
 Ich schwimme/… lieber.

Rahatlama - *Erleichterung*

Allaha şükür! Gott sei Dank!
Bu ne biçim şans!
Was für ein Glück!
Nihayet! Endlich!
İyi ki oldu!
Gut, dass es noch geklappt hat!
Çok şükür! Na endlich!

Memnuniyet - *Zufriedenheit*

Ben memnunum.
Ich bin zufrieden.
Ben fazlasıyla memnunum.
Ich bin voll und ganz zufrieden.
Daha iyisi olamazdı!
Besser hätte man es nicht machen können!
Hiç bir şikayetim yok.
Ich kann mich nicht beklagen.
Çok iyi oldu.
Das hat gut geklappt.
Güzel! Fein!
İyi! Gut!/Fein!

His ve Özellikler Kelime Listesi
Wortliste Gefühle und Eigenschaften

acı   der **Schmerz**,-en
açık   **offen**
açık sözlü   **offen**
acıma   das **Mitleid** [tekil]
ağrı   der **Schmerz**,-en
ahlak   der **Charakter**,-e | die **Sitte**,-n
alışkanlık   die **Gewohnheit**,-en
ani   **spontan; plötzlich**
anlayışlı   **verständnisvoll**
arzu   die **Lust**,¨e | der **Wunsch**,¨e
aşık   **verliebt**
aşk   die **Liebe** [tekil]
azimkarlılık   die **Entschlossenheit** [tekil]
azimli   **entschlossen sein**
bağımlı   **abhängig**
bağımlılık   die **Abhängigkeit**,-en
benzerini yapmak   **nachahmen**
burnu havalı   **eitel; eingebildet**
büyüklük   die **Arroganz** [tekil]
can   die **Seele**,-n
cana yakın   **liebenswert; nett; gesellig**
candan   **herzlich**
cesaret   der **Mut** [tekil]
cesur   **mutig**
coşku   die **Begeisterung** [tekil]
çalışkanlık   der **Fleiß** [tekil]
çaresiz   **hilflos**
çaresizlik   die **Hilflosigkeit** [tekil]
çekingenlik   die **Schüchternheit** [tekil]
çılgın   **verrückt**
deli   **verrückt**
derin düşünceli   **sehr nachdenklich**
dert çekmek   **leiden; erleiden**
dert   der **Kummer** [tekil]
dik kafalı   **eigensinnig**
dikkat   die **Achtung** [tekil] | die **Vorsicht** [tekil]
doğruluk   die **Ehrlichkeit** [tekil]
duygu   das **Gefühl**,-e
duygulu   **einfühlsam; sensibel; empfindlich**
düşmanca   **feindselig**
dürüstlük   die **Ehrlichkeit** [tekil]
eğlendirici   **amüsant; lustig; unterhaltend**
edepsiz   **gemein; unverschämt**
endişe   die **Angst**,¨e | die **Sorge**,-n
enerji   die **Energie**,-n
fedarkarlık   die **Opferbereitschaft** [tekil]
fedarkarlık yapmak   **Opfer bringen**
gaddar   **grausam**
gam   der **Kummer** [tekil] | der **Schmerz**,-en
gayret   der **Fleiß** [tekil]
gayret etmek   **(sich) anstrengen**
gerginlik   die **Spannung**,-en
gönül   das **Herz**,-en | das **Gefühl**,-e

gönül kırmak **verletzen**
gülmek **lachen**
güven das **Vertrauen** [tekil]
güvenmek **vertrauen**
güzel **hübsch; schön**
hasret die **Sehnsucht**,⸚e
hassas **empfindlich; sensibel; zart**
hayal kırıklığına uğramak **enttäuscht sein**
heyecan die **Begeisterung** [tekil] |
die **Spannung**,-en
heyecanlanmak **aufgeregt sein**
hiddetli **wütend; zornig**
hınç der **Hass** [tekil]
hırs die **Gier** [tekil] | die **Habsucht** [tekil] |
die **Wut** [tekil]
his das **Gefühl**,-e
hisli **einfühlsam**
hoşgörü die **Toleranz**,-en
hoşgörülü **nachsichtig; tolerant**
hoşnut **zufrieden**
hürmet die **Achtung** [tekil]
huzursuzluk die **Unruhe** [tekil]
içten **herzlich**
ihtiyatlı **zurückhaltend**
inat **eigensinnig**
incelik die **Liebenswürdigkeit**,-en
insaf das **Mitleid** [tekil]
istek die **Lust**,⸚e
itham der **Vorwurf**,⸚e
itimat das **Vertrauen** [tekil]
itimat etmek **vertrauen**
itimatsızlık das **Misstrauen** [tekil]
itina die **Vorsicht** [tekil]
kaba **gemein; grob; unhöflich**
kabiliyet die **Begabung**,-en | die **Fähigkeit**,-en
kalp das **Herz**,-en
karakter der **Charakter**,-e
kendiliğinden **von sich aus; automatisch**
keyif die **Stimmung**,-en
kibirlilik die **Arroganz** [tekil]
kin der **Hass** [tekil]
kıymet die **Achtung** [tekil] |
die **Wertschätzung**,-en
konuşkan **gesprächig**
korkak **ängstlich; feige**
korkmak **Angst haben; (sich) fürchten**
korku die **Angst**,⸚e | der **Schreck**,-en
kuşku die **Angst**,⸚e
kurban das **Opfer**,-
kurumlu **eingebildet**
mahcubiyet die **Scham** [tekil]
mahcup olmak **(sich) schämen**
maneviyatı zayıf **deprimiert**
matem die **Trauer** [tekil]
memnun **zufrieden**
memnuniyet die **Zufriedenheit** [tekil]

meraklı **neugierig**
merhametli **gütig**
merhametsiz **grausam; mitleidslos**
merhametsizlik die **Grausamkeit**,-en |
die **Unbarmherzigkeit** [tekil]
minnetkarlık die **Dankbarkeit** [tekil]
munis **gesellig**
müsamaha die **Toleranz**,-en
müsamahakar **nachsichtig**
mutlu **glücklich**
mutluluk das **Glück** [tekil]
nazarı itibare almak **Rücksicht nehmen auf**
nazik **zart; höflich**
naziklik die **Liebenswürdigkeit**,-en
nefret der **Hass** [tekil] | die **Abneigung**,-en
neşe die **Freude**,-n
neşeli **fröhlich; lustig**
okşamak **streicheln**
öfkeli **zornig**
övünme (bir şeyle) der **Stolz** [tekil]
özen die **Sorgfalt** [tekil] |
die **Mühe**,-n | die **Vorsicht** [tekil]
özleyiş die **Sehnsucht**,⸚e
riyakar **hinterhältig**
ruh die **Seele**,-n
sakıngan **zurückhaltend**
samimi **herzlich**
sancı der **Schmerz**,-en
sessiz **schweigsam**
sevdalı **verliebt**
sevgi die **Liebe**,-n
sevgili **lieb**
sevimli **lieb**
sevinç die **Freude**,-n
sevinçli **fröhlich**
sevmek **lieben; streicheln**
sıfat die **Eigenschaft**,-en
sıkıntı die **Sorge**,-n
sinsi **hinterhältig**
suskun **schweigsam**
şans das **Glück** [tekil]
şaşkın **verwirrt**
şefkatli **zärtlich**
şiddetli **wütend; zornig**
şirin **hübsch**
şükran die **Dankbarkeit** [tekil]
şüphe etmek **zweifeln**
şüphe der **Zweifel**,-
şüphelenmek **zweifeln**
taklit etmek **nachahmen**
tavır das **Benehmen** [tekil]
tecrübe die **Erfahrung**,-en
telaş die **Aufregung**,-en | die **Unruhe** [tekil]
telaşlanmak **(sich) aufregen, in Aufregung geraten**
temkinli **nachdenklich; achtsam; besonnen**
terbiye das **Benehmen** [tekil]

tereddüt	der	**Zweifel**,-
teşebbüs	der	**Versuch**,-e
tiksinme	die	**Abneigung**,-en
tutku	die	**Leidenschaft**,-en
uğraşmak		**(sich) anstrengen**
utanma	die	**Scham** [tekil]
utanmak		**(sich) schämen**
ürkek		**ängstlich**
ürkmek		**(sich) fürchten**
üzüntü	die	**Trauer** [tekil]
üzüntülü		**traurig**
vasıf	die	**Eigenschaft**,-en
yalnız		**einsam**; **allein**
yalnızlık	die	**Einsamkeit** [tekil]
yaralamak		**verletzen**
yas	die	**Trauer** [tekil]
yetenek	die	**Begabung**,-en	die **Fähigkeit**,-en
yiğit		**mutig**
yiğitlik	der	**Mut** [tekil]
zulüm	die	**Unterdrückung**,-en

BOŞ ZAMAN DEĞER-LENDİRME VE SPOR
FREIZEITGESTALTUNG UND SPORT

Spor - Sport
Fitnes Salonu - Fitnesscenter

Burada spor müsabakası/ilginç
gezinti yolları/ … var mı?
Gibt es hier Sportveranstaltungen/
interessante Wanderwege/…?
Bana gezinti rotası/… önerebilir misiniz
Können Sie mir eine Wanderroute/
… empfehlen?
Burada hangi sporlar yapılabilir?
Welche Sportmöglichkeiten
gibt es hier?

Hangi spor türlerini sunuyorsunuz?
Welche Wassersportarten
bieten Sie an?
Burada tenis kortu/
golf sahası/… var mı?
Gibt es hier einen Tennisplatz/
Golfplatz/…?
Nerede güzel kayak pisti var?
Wo gibt es schöne Skipisten?
Dağa çıkan/Dağdan inen ilk/
son teleferik ne zaman?
Wann ist die erste/letzte
Bergfahrt/Talfahrt?
Ben balık tutmak/ava gitmek/
… istiyorum.
Ich möchte angeln/auf die
Jagd gehen/…
Ben dağ turu/gezinti/…yapmak
istiyorum.
Ich möchte eine Bergtour/
Wanderung/… machen.
Rehberli gezinti turları var mı?
Gibt es geführte Wandertouren …?
Bir bisiklet/dağ bisikleti/
… kiralamak istiyorum.
Ich möchte ein Fahrrad/
Mountainbike/… ausleihen/mieten.
… kiralamak istiyorum.
Ich möchte … ausleihen.
… satın almak istiyorum.
Ich möchte … kaufen.
Bir gün/iki gün/… için ücreti ne kadar?
Was kostet es für einen Tag/zwei Tage/…?
Biz bir saat/… tenis/… oynamak
istiyoruz.
Wir möchten eine/… Stunde/-n
Tennis/… spielen.
Ben … kursu yapmak istiyorum.
Ich möchte einen … Kurs machen.
Tenis kursuna/… katılmak istiyorum.
Ich möchte einen Tenniskurs/
… belegen.
Tenis malzemesi/… kiralayabilir miyim?
Kann ich mir die Tennisaus-
rüstung/… leihen?

Spor malzemelerini siz mi
veriyorsunuz?
Stellen Sie die Sportausrüstung
zur Verfügung?
Kira bedeli ne kadar?
Was kostet das Ausleihen?
Saat/Kurs ücreti ne kadar?
Wieviel kostet die Stunde/der Kurs?
Ben de oynayabilir miyim?
Kann ich mitspielen?
Burada hangi spor karşılaşmaları var?
Welche Sportveranstaltungen
gibt es hier?
Müsabakalar düzenleniyor mu?
Finden Wettkämpfe statt?
Kulüp şampiyonası düzenliyor
musunuz?
Veranstalten Sie Vereinsmeister-
schaften?
Futbol maçı/… ne zaman/
nerede yapılıyor?
Wann/Wo findet das Fußballspiel/
… statt?
Spor sahası/Spor salonu/… nerede?
Wo ist der Sportplatz/die Sporthalle/…?
Bu futbol maçını seyretmek
istiyorum.
Ich möchte mir das Fußballspiel
ansehen.
Bilet/Giriş/… fiyatı ne kadar?
Was kostet die Karte/der Eintritt?
Burada açık yüzme havuzu/kapalı
yüzme havuzu/sauna/… var mı?
Gibt es hier ein Freibad/Hallenbad/
eine Sauna?
Yüzme hocası/İlk yardım
istasyonu nerede?
Wo ist der Bademeister/die
Erste-Hilfe-Station?
Burada sakıncasız yüzülebilir mi?
Kann man hier bedenkenlos schwimmen?
Dalma belgesi/Cankurtaran belgesi/…
edinmek istiyorum.
Kann ich hier einen Tauchschein/
Rettungsschwimmschein/… machen?

Suyun derinliği/sıcaklığı/
… ne kadar?
Wie tief/warm/… ist
das Wasser?
Soyunma kabinleri/duşlar/
… nerede?
Wo sind die Umkleidekabinen/
Duschen/…?
Nerede fitnes salonu var?
Wo gibt es hier ein Fitnesscenter?
Fitnes salonu hangi
saatler açık?
Wie sind die Öffnungszeiten
vom Fitnesscenter?
Fitnes salonunun günlük/aylık/
yıllık … ücreti ne kadar?
Was kostet ein Tag/Monat/
Jahr … im Fitnesscenter?
Hangi kursları veriyorsunuz?
Welche Kurse bieten Sie an?
Jimnastik/aerobik/… kursları
veriyor musunuz?
Bieten Sie auch Gymnastikkurse/
Aerobickurse/… an?
Yeni başlayanlar/ilerlemişler
için kursunuz var mı?
Haben Sie Kurse für Anfänger/
Fortgeschrittene?
Ben yeni başlayanlar/… için
aerobik kursuna katılmak
istiyorum.
Ich möchte an einem Aerobickurs/
… für Anfänger/… teilnehmen.
Evimizin yakınında gençler için
boş zaman değerlendirme
merkezleri var mı?
Gibt es Jugendfreizeithäuser in
der Nähe unseres Hauses?
Gençler için şehirde boş zaman
değerlendirme etkinlikleri
sunuluyor mu?
Werden Jungendfreizeitaktivitäten
in der Stadt angeboten?

**Boş Zaman Değerlendirme ve Spor Kelime Listesi
Wortliste Freizeitgestaltung und Sport**

açık yüzme havuzu   das **Freibad**,⸚er
aerobik   das/die **Aerobic** [tekil]
akıntı   die **Strömung**,-en
antrenman yapmak   **trainieren**
ata binmek   **reiten**
atlamak   **springen**
atletizm   die **Leichtathletik** [tekil]
av   die **Jagd**,-en
badminton   das **Badminton** [tekil]
balık tutmak   **angeln**; **fischen**
banyo havlusu   das **Badetuch**,⸚er
basketbol (oyun)   das **Basketball** [tekil]
bel jimnastiği
die **Wirbelsäulengymnastik** [tekil]
berabere   **unentschieden**
bilardo   das **Billiard** [tekil]
bilet   die **Eintrittskarte**,-n | das **Ticket**,-s
binicilik okulu   die **Reitschule**,-n
bisiklet   das **Fahrrad**,⸚er
bisiklet kaskı   der **Fahrradhelm**,-e
bisiklet sporu   der **Radsport** [tekil]
bisiklete binmek   **radfahren**
bowling   das **Bowling** [tekil]
buz hokeyi   das **Eishockey** [tekil]
buz pateni   der **Schlittschuh**,-e
buz pateni kayma
das **Schlittschuhlaufen** [tekil]
çift   das **Doppel**,-
çocuk havuzu   das **Kinderbecken**,- |
das **Planschbecken**,-
dağ   der **Berg**,-e
dağ bisikleti   das **Mountainbike**,-s
dağa çıkmak   **bergsteigen**
dalgıç aleti   das **Tauchgerät**,-e
dalgıç takımı   die **Tauchausrüstung**,-en
dalmak   **tauchen**
deniz motoru   das **Motorboot**,-e
deniz yatağı   die **Luftmatratze**,-n
ders   der **Unterricht** [tekil]
doğa yürüyüşü   das **Trekking**,-s
file   das **Netz**,-e
fitnes salonu   das **Fitnesscenter**,-
futbol   der **Fußball**,⸚e
futbol maçı   das **Fußballspiel**,-e
futbol sahası   der **Fußballplatz**,⸚e
galibiyet   der **Sieg**,-e
giriş bileti   die **Eintrittskarte**,-n
golf   das **Golf** [tekil]
golf sahası   der **Golfplatz**,⸚e
golf sopası   der **Golfschläger**,-
güneş şemsiyesi   der **Sonnenschirm**,-e
günlük bilet   die **Tageskarte**,-n
günlük tur   die **Tagestour**,-en

hakem   der **Schiedsrichter**,-
hamam   das **Dampfbad**,-̈er
havuz sorumlusu   der **Bademeister**,-
hentbol   der **Handball**,-̈e
ilerlemişler   der **Fortgeschrittene**,-n
jimnastik   die **Gymnastik** [tekil] | das **Turnen** [tekil]
jogging   das **Jogging** [tekil]
jogging yapmak   **joggen**
kano   das **Kanu**,-s
kapalı yüzme havuzu   das **Hallenbad**,-̈er
kart   die **Karte**,-n
kayak hocası   der **Skilehrer**,-
kayak kursu   der **Skikurs**,-e
kayak pisti   die **Skipiste**,-n
kayak   der **Ski**,-er
kayak yapmak   das **Skilaufen** [tekil]
kayık   das **Boot**,-e
kaykaya binmek   das **Skateboarden** [tekil]
kazanmak   **gewinnen**
kış sporu   der **Wintersport** [tekil]
kızak   der **Schlitten**,-
kızakla kaymak   das **Schlittenfahren** [tekil]
kondisyon çalışması   das **Konditionstraining**,-s
koşmak   **joggen**
koşu   der **Lauf**,-̈e
kum   der **Sand** [tekil]
kürek çekmek   **rudern**
kürek sporu   der **Rudersport** [tekil]
lastik sandal   das **Schlauchboot**,-e
masa tenisi   das **Tischtennis** [tekil]
minigolf   das **Minigolf** [tekil]
müsabaka   der **Wettkampf**,-̈e
nefes alma cihazı   das **Sauerstoffgerät**,-e
olta   die **Angel**,-n
oyun   das **Spiel**,-e
özel plaj   der **Privatstrand**,-̈e
padılbot   das **Paddelboot**,-e
palet   die **Schwimmflosse**,-n
paraşütçülük   das **Fallschirmspringen** [tekil]
paten   der **Eislauf**,-̈e | der **Inliner**,-
pedallı sandal   das **Tretboot**,-e
plaj   der **Strand**,-̈e
plaj voleybolu   das **Beachvolleyball** [tekil]
planörcülük   das **Segelfliegen** [tekil]
pompa   die **Luftpumpe**,-n
raket   der **Schläger**,-
rota   die **Route**,-n
rüzgar sörfü   das **Windsurfen** [tekil]
rüzgar yönü   die **Windrichtung**,-en
sahil   der **Strand**,-̈e
sandal   das **Boot**,-e
sauna   die **Sauna/Saunen**
sıcak hava balonu
der **Heißluftballon**,-e/,-s
sörf tahtası   das **Surfbrett**,-er
spor   der **Sport** [tekil]

spor sahası   der **Sportplatz**,-̈e
Spor salonu   die **Sporthalle**,-n
sporcu (bay)   der **Sportler**,- |
(bayan) die **Sportlerin**,-nen
squasch   das **Squash** [tekil]
stadyum   das **Stadion/Stadien**
streçing   das **Stretching** [tekil]
su kayağı   das **Wasserski** [tekil]
şampiyonluk   die **Meisterschaft**,-en
şişirme yatak   die **Luftmatratze**,-n
şnorkelle dalmak   **schnorcheln**
takım   die **Mannschaft**,-en
tekerli paten   der **Rollschuh**,-e
tekerli patenle kaymak   **inlineskaten,
Rollschuh fahren**
teleferik   die **Seilbahn**,-en
tenis kordu   der **Tennisplatz**,-̈e
tenis   das **Tennis** [tekil]
top   der **Ball**,-̈e
tramplen   das **Sprungbrett**,-er
tüple dalma   das **Gerätetauchen** [tekil]
voleybol   das **Volleyball** [tekil]
vücut geliştirme   das **Bodybuilding** [tekil]
yama takımı   das **Flickzeug**,-e
yarı   die **Halbzeit**,-en
yarış   das **Rennen**,-
yavaş koşmak   **joggen**
yelken sporu   das **Segeln** [tekil]
yelken yarışı   die **Regatta/Regatten**
yelkenli tekne   das **Segelboot**,-e
yeni başlayanlar   der **Anfänger**,-
yenilgi   die **Niederlage**,-n
yenilmek   **verlieren**
yürüyüş   **wandern**
yüzme kolluğu   der **Schwimmflügel**,-
yüzmek   **schwimmen**
zıpkın   die **Harpune**,-n

Suya atlamak yasak!
*Hineinspringen
verboten!*

Yüzmek yasak!
Baden verboten!

TUR VE GEZİ
AUSFLUG UND BESICHTIGUNG

Tur ve Gezi
Ausflug und Besichtigung

Burada görmeye değer
neler var?
Welche Sehenswürdigkeiten
gibt es hier?

Bana görmeye değer neleri
önerebilirsiniz?
Können Sie mir bestimmte
Sehenswürdigkeiten empfehlen?

Görmeye değer yerler hakkında
bana bilgi verebilir misiniz?
Können Sie mir etwas über die
Sehenswürdigkeiten erzählen?

Köln'e/... tur ne zaman?
Wann ist der Ausflug nach Köln/...?

Turda neleri göreceğiz?
Was werden wir bei dem
Ausflug sehen?

Tur ne kadar sürecek?
Wie lange wird der Ausflug dauern?

Turda şehri gezmemiz için zamanımız
olacak mı?
Haben wir bei dem Ausflug Zeit, die Stadt
auf eigene Faust zu erkunden?

Turun fiyatı ne kadar?
Was kostet der Ausflug?

Görmeye değer yerlerin giriş ücretleri
tur fiyatına dahil mi?
Ist der Eintritt für Sehenswürdigkeiten in
den Kosten für den Ausflug enthalten?

Gidilecek yere ne ile gidilecek?
Wie wird die Anreise erfolgen?

Şehir turu/Gemi turu/... ne zaman?
Wann ist die Stadtrundfahrt/
Schiffsrundfahrt/...?

Tur/... fiyatı ne kadar?
Was kostet die Rundfahrt/...?

Gezdirme ne zaman başlıyor?
Wann beginnt die Führung?
… hakkında kataloğunuz/
kılavuzunuz/… var mı?
Haben Sie einen Katalog/
Führer/… über …?
Burada resim çekilebilir mi?
Darf man hier fotografieren?
Ne zaman geri dönüyoruz?
Wann fahren wir zurück?
… Kültür Derneği nerede?
Wo ist der Kulturverein …?
Kültür derneğimizde bu etkinliğe
katılmak istiyor.
Unser Kulturverein möchte auch an der
Veranstaltung teilnehmen.
Derneğimizle kültür etkinliğine
nerede kaydolabiliriz?
Wo können wir uns mit unserem
Verein für die Kulturveranstaltung
anmelden?

Akşam Zaman Geçirme
Abendgestaltung

Burada akşamları ne yapılabilir?
Was kann man hier abends unternehmen?
Burada sinema/diskotek/gece
kulübü var mı?
Gibt es hier ein/-e/-en Kino/Diskothek/
Nachtclub/…?
Bana bir diskotek/gece kulübü/
… tavsiye edebilir misiniz?
Können Sie mir eine Diskothek/
Bar/… empfehlen?
Oyun/Film ne zaman başlıyor?
Wann beginnt die Vorstellung/
der Film?

Çocuklar/Öğrenciler/… için
indirim var mı?
Gibt es eine Ermäßigung für Kinder/
Studenten/…?
Şehir turu ne kadar sürecek?
Wie lange wird die Rundfahrt
dauern?
Ben … Müzesini/… Kilisesini/
… gezmek istiyorum.
Ich möchte das … Museum/die Kirche
… besichtigen.
… Müzesi/… ne zaman açıktır?
Wann ist das … Museum geöffnet?
Burada gezdirme var mı?
Gibt es hier eine Führung?

... için iki/... bilet lütfen.
Bitte zwei/... Karten für ...
Bir program dergisi alabilir miyim?
Kann ich bitte ein Programm haben?
Burada en yakın bar/diskotek/... nerede?
Wo ist hier die nächste Bar/Disco/...?
Nerede sakin bir yerde restoran/Kafe/... var?
Wo gibt es ein Restaurant/Café
... in ruhiger Lage?
Canlı müzikli kafe/bar/... var mı?
Gibt es ein/-e Café/Bar ... mit Livemusik?
Orada ne zamana kadar canlı müzik var?
Bis wann gibt es dort Livemusik?
...'yi nerede izleyebilirim?
Wo kann ich ... sehen?
Nerede dans edebiliriz?
Wo können wir hier tanzen gehen?
Giriş ücreti ne kadar?
Wieviel kostet der Eintritt?
İyi ve ucuz nerede yemek yenir/içki içilir?
Wo kann man gut und günstig
essen/trinken gehen?
Lütfen, bana/bize bir program verin.
Geben Sie mir/uns bitte ein Programm.
Film/Temsil/Konser/... ne kadar sürer?
Wie lange dauert der Film/die
Aufführung/das Konzert/...?
Filmin/... süresi normalden uzun mu?
Hat der Film ... Überlänge?

Tur ve Gezi Kelime Listesi
Wortliste Ausflug und Besichtigungen

anıt   das **Denkmal**,*̈-er*
anma yeri   die **Gedenkstätte**,*-n*
anıtkabir   das **Mausoleum/Mausoleen**
antik çağ   die **Antike** [tekil]
antika   **antik**
arkeoloji   die **Archäologie**,*-n*
asıl   das **Original**,*-e*
asır   das **Jahrhundert**,*-e*
banliyö   der **Vorort**,*-e*
baş kilise   der **Dom**,*-e*
belediye binası   das **Rathaus**,*̈-er*
bina   das **Gebäude**,*-*
büyük kapı   das **Tor**,*-e*
cam resim sanatı   die **Glasmalerei**,*-en*
cephe   die **Fassade**,*-n*
çarşı   der **Basar**,*-e*
çimenlik alan   die **Grünanlage**,*-n*
devir   die **Epoche**,*-n*
din   die **Religion**,*-en*
doğal koruma alanı   das **Naturschutzgebiet**,*-e*
eski şehir   die **Altstadt**,*̈-e*
ev   das **Haus**,*̈-er*
fotoğraf çekmek   **fotografieren**
fotoğraf   die **Fotografie**,*-n*
galeri   die **Galerie**,*-n*
gezi   der **Ausflug**,*̈-e* | die **Rundfahrt**,*-en*
gezme   die **Besichtigung**,*-en*
giriş   der **Eintritt**,*-e*
giriş bileti   die **Eintrittskarte**,*-n*
görülmeye değer şey   die **Sehenswürdigkeit**,*-en*
kabir   das **Grab**,*̈-er*
haç   das **Kreuz**,*-e*
harabe   die **Ruine**,*-n*
hat sanatı   die **Kalligraphie**,*-n*
heykel   das **Denkmal**,*̈-er* | die **Skulptur**,*-en*
heykeltıraş   der **Bildhauer**,*-*
hisar   die **Festung**,*-en*

Hıristiyanlık   das **Christentum** [tekil]
ırmak   der **Fluss**,⸚e
imparator   der **Kaiser**,-
imparatoriçe   die **Kaiserin**,-nen
incelemek   **besichtigen**
indirim   die **Ermäßigung**,-en
kale   die **Burg**,-en
kalıntılar   die **Überreste** [çoğul]
katedral   die **Kathedrale**,-n
kazı   die **Ausgrabung**,-en
kemer   der **Bogen**,⸚
kilise   die **Kirche**,-n
köprü   die **Brücke**,-n
Kral   der **König**,-e
Kraliçe   die **Königin**,-nen
kubbe   das **Gewölbe**,- | die **Kuppel**,-n
kule   der **Turm**,⸚e
küçük kilise   die **Kapelle**,-n
liman   der **Hafen**,⸚
mahalle   der **Stadtteil**,-e
manastır   das **Kloster**,⸚
meydan   der **Platz**,⸚e
mezarlık   der **Friedhof**,⸚e
milli park   der **Nationalpark**,-s
mimar   der **Architekt**,-en
mimarlık   die **Architektur**,-en
modern   **modern**
mozaik   das **Mosaik**,-e
müze   das **Museum/Museen**
nehir   der **Fluss**,⸚e
onarmak   **restaurieren**
orijinal   das **Original**,-e
orta çağ   das **Mittelalter** [tekil]
oymacılık   die **Schnitzerei**,-en
park   der **Park**,-s
pazar   der **Markt**,⸚e
plastik   das **Plastik** [tekil]
porselen   das **Porzellan**,-e
portre   das **Portrait**,-s
program   das **Programm**,-e
rasathane   die **Sternwarte**,-n
rehber   der **Fremdenführer**,-
rehberlik   die **Führung**,-en
resim   das **Bild**,-er
ressam (bay)   der **Maler**,- |
(bayan)   die **Malerin**,-nen
restore etmek   **restaurieren**
Romen   **römisch**
sanat   die **Kunst**,⸚e
sanatçı (bay)   der **Künstler**,- |
(bayan)   die **Künstlerin**,-nen
saray   der **Palast**,⸚e
semt   der **Stadtteil**,-e
seramik   die **Keramik** [tekil]
sergi   die **Ausstellung**,-en
sıra kemer   die **Arkade**,-n

sinagog   die **Synagoge**,-n
sulu boya resim   das **Aquarell**,-e
sunak   der **Altar**,⸚e
sur   die **Stadtmauer**,-n
sütun   die **Säule**,-n
şato   das **Schloss**,⸚er
şehir içi   die **Innenstadt**,⸚e
şehir merkezi   das **Stadtzentrum/Stadtzentren**
şehir   die **Stadt**,⸚e
şehir turu   die **Stadtrundfahrt**,-en
tablo   das **Gemälde**,-
tapınak   der **Tempel**,-
tarih   die **Geschichte** [tekil]
tenzilat   die **Ermäßigung**,-en
tiyatro   das **Theater**,-
tur   der **Ausflug**,⸚e | die **Rundfahrt**,-en
turizm bürosu   das **Fremdenverkehrsamt**,⸚er
üslup   der **Stil**,-e
virane   die **Ruine**,-n
vitrin   das **Schaufenster**,-
yapı   das **Bauwerk**,-e
yüz yıl   das **Jahrhundert**,-e
ziyaret   die **Besichtigung**,-en
ziyaret etmek   **besichtigen**

Akşam Zaman Geçirme Kelime Listesi
Wortliste Abendgestaltung

bar   die **Bar**,-s
canlı müzik   die **Livemusik** [tekil]
dans etmek   **tanzen**
diskotek   die **Diskothek**,-en
eğlence   das **Vergnügen** [tekil]
film   der **Film**,-e
gece kulübü   der **Nachtclub**,-s
gezmeye gitmek   **ausgehen**
içki   der **Drink**,-s
Halk oyunları   die **Folklore** [tekil]
kokteyl   der **Cocktail**,-s
konser   das **Konzert**,-e
kumar   das **Glücksspiel**,-e
kumarhane   das **Spielkasino**,-s
meyhane   die **Kneipe**,-n
müzik grubu   die **Band**,-s
opera   die **Oper**,-n
parti   die **Party**,-s
sinema   das **Kino**,-s
şov   die **Show**,-s

YOLCULUK
MOBILITÄT

Araba İle
Mit dem Auto

İşaret ve Levhalar
Schilder und Tafeln

açılmaz Nicht öffnen
alçak niedrig
asansör Fahrstuhl
azami sürat Höchstgeschwindigkeit
bariyer Schranke
başlangıç Anfang
baylara Herren
bekleme salonu Wartesaal
benzin istasyonu Tankstelle
binerken dikkat ediniz
Vorsicht beim Einsteigen
Bisiklet yolu keser Radwegkreuzung
bisiklet yolu Radweg

boş Frei, Leer
cadde Straße, Allee
çakıl taşı Rollsplitt
çekiniz ziehen
çıkış (taşıtlar için) Ausfahrt
çıkış (yayalar için) Ausgang
çıkmaz sokak Sackgasse
çimlere basmak yasak
Betreten des Rasens verboten
danışma Auskunft
dar geçit Engpass
demiryolu geçidi Bahnübergang
demiryolu kavşağı
Eisenbahnkreuzung
devlet yolu Staatsstraße
Dikkat! Achtung! Vorsicht!
dokunmak yasak
Berühren verboten
dolaylı yol Umleitung
dosdoğru geradeaus
düğmeye basınız Knopf drücken
duman Rauch
dur Halt
durma yasağı Halteverbot

erkeklere Männer
gazeteci Zeitungen
geçiş önceliği değişti
Vorfahrt geändert
giriş Einfahrt, Zutritt
giriş serbest Eintritt frei
giriş yoktur Kein Eingang
girilmez Kein Zutritt
Giriniz! Eintreten!
gişe Kasse
havalimanı Flughafen
hudut Grenze
içilmez Nicht trinken
içme suyu Trinkwasser
ikaz üçgeni Warndreieck
ilkyardım kutusu Verbandskasten
inerken dikkat ediniz
Vorsicht beim Aussteigen
inşaat Baustelle
kadınlara Frauen
kapalı geschlossen
kavşak Kreuzung
kayıp eşya bürosu Fundbüro
kaynar heiß
kaza Unfall
kiralık zu vermieten
kirli yol verschmutzte Fahrbahn
klakson çalınmaz
Hupen verboten
köprü Brücke
liman Hafen
lokanta Restaurant
meşgul besetzt
okul otobüsü Schulbus
ölüm tehlikesi Lebensgefahr
otoyol Autobahn
oturanlara serbest Anlieger frei
özel privat
özel yol Privatweg
park saati Parkuhr
park yapılmaz Parken verboten
park yapmayın Nicht parken
park yeri Parkplatz
pencereden sarkmayın
Nicht herauslehnen

peron Bahnsteig
polis Polizei
postane Post
rezerve edilmiş reserviert
römork Anhänger
sağa dönüş yasak
Rechtsabbiegen verboten
sağa rechts
satış sonu Ausverkauf
satılık zu verkaufen
serbest Frei
sigara içilir Raucher
sigara içilmez Nichtraucher
sigara içmek yasaktır
Rauchen verboten
soğuk kalt
sokak Straße
sola dönüş yasak
Linksabbiegen verboten
sollamak yasaktır
Überholverbot
sollamayın
Nicht überholen
sürat tahdidi
Geschwindigkeitsbeschränkung
tehlike Gefahr
tehlike çıkışı Notausgang
tehlike freni Notbremse
tehlikeli viraj Gefährliche Kurve
tek istikametli yön Einbahnstraße
telefon Telefon
trafik işareti Verkehrsschild
trafik lambası Ampel
trafik polisi Verkehrspolizei
trafik Verkehr
tuvaletler Toiletten
vezne Kasse
viraj Kurve
yağ izi Ölspur
yağmur Regen
yağışta kaygan bei Nässe glatt
yasak bölge Sperrgebiet
yavaş gidiniz Langsam Fahren
yeni boyandı Frisch Gestrichen
yeraltı geçidi Unterführung

yokuş Steigung
yol arızaları Straßenschäden
yol çalışması Straßenarbeit
yol kapalı Straße gesperrt
yola serpilen madde Streugut
yüksek voltajlı elektrik
Hochspannung
zili çalınız Bitte klingeln

İstikamet ve Yer Bilgisi
Richtungen und Ortsangaben

altında unter
anayol Hauptstraße
arasında zwischen
arkasında hinter
batı Westen
birinci sokaktan sağa/sola
die erste Straße rechts/links
bu yoldan düz hier entlang
bulvar Allee
burada hier

doğru geradeaus
doğu Osten
dört yol ağzı Kreuzung
düz geradeaus
geri zurück
güney Süden
ikinci sokaktan sola
die zweite Straße links
ilk kavşakta
an der nächsten Kreuzung
kara yolu Landstraße
karşısında gegenüber
kavşak Kreuzung
kuzey Norden
önce vor
önünde vor
orada dort
sağ rechts
sağa nach rechts
sokak başı Straßenanfang
sokak Straße
sol links
sola nach links
sonunda am Ende
trafik ışıkları Ampel
trafik lambasının arkasında
hinter der Ampel

üstünde über
uzak değil nicht weit
uzak weit
viraj Kurve
yakın nah
yan sokak Nebenstraße
yanında neben
yol işareti Wegweiser

Yol Sormak
Fragen nach dem Weg

Bochum'a/... en iyi/en kısa
yol hangisi?
Welches ist der beste/kürzeste
Weg nach Bochum/...?
Bochum'a/... giden en iyi/
en kısa yol ...
Der beste/kürzeste Weg nach
Bochum/... ist ...
Lütfen yolu/sokağı bana harita
üzerinde gösterin.
Zeigen Sie mir bitte den Weg/
die Straße auf der Karte.
...'ya nasıl gidebileceğimi bana
söyleyebilir misiniz?
Können Sie mir sagen, wie ich
nach/zum/zur ... komme ?
Hangi istikamete gitmem
gerekiyor?
In welche Richtung muss
ich fahren?
Düsseldorf'a/... kadar
kaç kilometre?
Wie viele Kilometer sind es bis
Düsseldorf/...?
Köln'e/... giden yol bu mu?
Ist das die Straße nach Köln/...?
Kale/Bulvar/Anıt/... nerededir?
Wo ist die Burg/die Allee/
das Denkmal/...?
Belediye binası/Kilise/...
nerededir?
Wo ist das Rathaus/
die Kirche/...?

Otobüs durağı/Postane/
... nerededir?
Wo ist die Bushaltestelle/
das Postamt/...?
Polis karakolu/Seyahat bürosu/
... nerededir?
Wo ist die Polizeiwache/
das Reisebüro/...?
Doğru gitmeniz gerekiyor.
Sie müssen geradeaus gehen/fahren.
Sola/Sağa dönmeniz gerekiyor.
Sie müssen nach links/rechts gehen/
fahren (abbiegen).
2./... trafik lambasına kadar düz
gitmeniz gerekiyor.
Sie müssen bis zur zweiten/... Ampel
geradeaus gehen/fahren.
2./... kavşağa/...'ya kadar düz
gitmeniz gerekiyor.
Sie müssen bis zur zweiten/...
Kreuzung/... geradeaus gehen/fahren.
Daha sonra sol/sağ sokağa sapın.
Dann in die Straße nach links/
rechts gehen/abbiegen.
Orada solda/sağda ...'yi görürsünüz.
Dort auf der linken/rechten Seite
sehen Sie den/die/das ...
...'ya kadar gidin ve orada
bir kere daha sorun.
Gehen/Fahren Sie bis ... und fragen Sie
dann noch einmal.
...'ya yaya ne kadar?
Wie weit ist es zu Fuß nach/
zum/zur ...?
...'ya yaya olarak yaklaşık ... dakika.
Bis nach/zum/zur/ ... sind es zu Fuß
ungefähr ... Minuten.
...'ya kaç kilometre var?
Wie viele Kilometer sind es
nach/zum/zur ...?
...'ya ... kilometre.
Es sind ... Kilometer nach/zum/zur ...
Burada duramazsınız.
Hier dürfen Sie nicht anhalten.

Benzinci - Tankstelle

En yakın benzin istasyonu nerede?
Wo ist die nächste Tankstelle?
En yakın benzin istasyonu …'dir.
Die nächste Tankstelle ist …
En yakın benzin istasyonuna
buradan ne kadar var?
Wie weit ist es bis zur
nächsten Tankstelle?
En yakın benzin istasyonuna
… kilometre var.
Bis zur nächsten Tankstelle
sind es … Kilometer.
Lütfen bana … litre normal benzin/
süper benzin verin.
Geben Sie mir bitte … Liter
Normalbenzin/Super Benzin.
Lütfen bana … litre mazot verin.
Geben Sie mir bitte … Liter Diesel.
Lütfen bana … verin.
Geben Sie mir bitte …
Depoyu normal bezin/süper bezin ile
doldurun lütfen.
Machen Sie bitte den Tank mit
Normalbenzin/Super Benzin voll.
Depoyu mazot ile doldurun lütfen.
Machen Sie bitte den Tank
mit Diesel voll.
Tam doldurun lütfen. Volltanken bitte.
Benzin bidonuna ihtiyacım var.
Ich brauche einen Reservekanister.
Lütfen bu benzin bidonunu normal
benzin/süper benzin/mazot/
… ile doldurun.
Bitte füllen Sie diesen Reservekanister
mit Normalbenzin/Super Benzin/
Diesel/…
… litre motor yağı/… istiyorum.
Ich möchte … Liter Motoröl/…
… istiyorum. Ich möchte …
Lütfen motorun yağ seviyesini kontrol
edin. Gerekiyorsa yağ ilave edin.
Kontrollieren Sie bitte den Ölstand.
Wenn nötig, füllen Sie bitte Öl nach.

Yağı değiştirin lütfen.
Wechseln Sie bitte das Öl.
Lütfen frenlerin hidrolik yağını kontrol
edin. Gerekiyorsa tamamlayın, lütfen.
Kontrollieren Sie bitte die Brems-
flüssigkeit. Wenn nötig, füllen
Sie sie bitte nach.
Radyatör suyuna ihtiyacım var.
Ich brauche Kühlwasser.
Arabayı yıkar mısınız, lütfen?
Würden Sie mir bitte den
Wagen waschen?
Lütfen arabanın içini de temizleyin.
Bitte reinigen Sie den Wagen
auch innen.
Lütfen camları temizleyin.
Bitte reinigen Sie die Scheiben.
Onun fiyatı ne kadar?
Wie viel kostet es?
Onun fiyatı … Euro.
Es kostet … Euro.
Tuvaletler nerede?
Wo sind die Toiletten?

Lastikçi - Reifenservice

Burada lastik servisi (lastikçi)
nerededir?
Wo gibt es hier einen Reifenservice?
…'da lastik servisi (lastikçi) var.
Es gibt in … einen Reifenservice.
Bu araba için yeni lastik
almak istiyorum.
Ich möchte neue Reifen für
das Auto kaufen.
Bu araba için kış lastiği almak istiyorum.
Ich möchte Winterreifen für
das Auto kaufen.
… ebatta … lastik almak istiyorum.
Ich möchte in der Größe …
Reifen kaufen.
Bir lastiğin fiyatı ne kadar?
Wie viel kostet ein Reifen?
Bir lastiğin fiyatı … Euro.
Ein Reifen kostet … Euro.

Bu ebatta daha ucuz lastiğiniz var mı?
Haben Sie noch billigere Reifen
in dieser Größe?
Bu lastiğin fiyatı montajı ile
birlikte ne kadar?
Was kostet dieser Reifen mit Montage?
Bu lastiğin fiyatı montajı dahil … Euro.
Dieser Reifen kostet mit Montage … Euro.
Lütfen lastiklerin havasını
kontrol eder misiniz?
Würden Sie bitte den Reifendruck prüfen?
Lütfen lastikleri şişirin.
Pumpen Sie bitte die Reifen auf.
Lütfen bu lastiği tamir eder misiniz?
Würden Sie bitte diesen Reifen
reparieren?
Bu lastiği yamayabilir misiniz?
Können Sie diesen Reifen flicken?
Tamir ne kadar tutar?
Wie teuer wird die Reparatur?
Tamir yaklaşık … Euro tutar.
Die Reparatur kostet ungefähr
… Euro.

Arıza - Panne

Arabamda arıza var.
Ich habe eine Panne.
Arabamın motoru/… arızalandı.
Ich habe eine Motorpanne/…
… arızası (arabamda) var.
Ich habe eine … Panne (am Auto).
Arabamda şanzıman arızası var.
Ich habe einen Getriebeschaden.
Bana yardım eder misiniz, lütfen?
Würden Sie mir bitte helfen?
Bana bir tamirci gönderir misiniz, lütfen?
Würden Sie mir bitte einen
Mechaniker schicken?
Bana bir çekme arabası gönderir
misiniz, lütfen?
Würden Sie mir bitte einen Abschlepp-
wagen schicken?
Arabam … 'dır.
Mein Auto ist ein …

Arabamın markası …
Die Marke meines Autos ist …
Arabamın tipi …
Der Typ meines Autos ist …
Arabamın rengi …
Die Farbe meines Autos ist …
Arabamın plaka numarası …
Das Kennzeichen meines Autos ist …
… 'ya haber verir misiniz, lütfen?
Können Sie bitte … verständigen?

Kaza - Unfall

Bir kaza geçirdim.
Ich habe einen Unfall gehabt.
Bir kaza meydana geldi.
Es ist ein Unfall passiert.
Sargı malzemesine/… ihtiyacım var.
Ich brauche Verbandszeug/…
Lütfen ambulansa/itfaiyeye/
… telefon edin.
Rufen Sie bitte einen Krankenwagen/
die Feuerwehr/… an.
Polise haber vermemiz gerekiyor.
Wir müssen das der Polizei melden.
Arabam gitmiyor artık.
Mein Auto fährt nicht mehr.
Arabamı (onu) çektirebilir misiniz?
Können Sie mein Auto (es) bitte
abschleppen lassen?
Trafik kazasına sebebiyet verdim.
Ich habe den Verkehrsunfall
verursacht.
Arka sol/sağ çamurluk hasara uğradı.
Der Kotflügel hinten links/
rechts ist beschädigt.
Ön sol/sağ çamurluk hasara uğradı.
Der Kotflügel vorne links/
rechts ist beschädigt.
Ön/Arka tampon hasara uğradı.
Die Stoßstange vorne/hinten
ist beschädigt.
Ön/Arka lambalar hasara uğradı.
Die Leuchten vorne/hinten sind
beschädigt.

Sol/Sağ kapı hasara uğradı.
Die Tür links/rechts ist beschädigt.
Siz hatalıydınız.
Es war Ihre Schuld.
Ben hatalıydım.
Es war meine Schuld.
Ben sağdan geldim ve geçiş
önceliğim vardı.
Ich bin von rechts gekommen
und hatte Vorfahrt.
Geçiş hakkımı aldınız.
Sie haben mir die Vorfahrt genommen.
Dur işaretini/… görmediniz.
Sie haben das Stoppschild/…
übersehen.
Kırmızı ışığı/… görmediniz.
Sie haben die rote Ampel/… überfahren.
Dönerken dönüş sinyali vermediniz.
Sie haben beim Abbiegen die Richtung
nicht angezeigt (geblinkt).
Ani fren yapmanız beni şaşırttı.
Ihr plötzliches Bremsen hat mich
überrascht.
Bu kazadan sizi sorumlu tutuyorum.
Ich mache Sie für den Unfall
verantwortlich.
Arabanız hangi şirkette sigortalı?
Bei welcher Gesellschaft ist
Ihr Wagen versichert?
Lütfen bana sigortanızın adını ve
adresini veriniz.
Bitte geben Sie mir Namen und
Anschrift Ihrer Versicherung.
Arabam … Sigorta Şirketinde tam
kasko/yarım kasko sigortalıdır.
Mein Auto ist bei der Versicherungs–
gesellschaft … vollkasko/teilkasko
versichert.
Buyurun, sigorta numaram
(budur) buradadır.
Bitte hier ist meine Versicherungs-
nummer.
Lütfen isminizi ve adresinizi bana veriniz.
Bitte geben Sie mir Ihren Namen
und Ihre Anschrift.

Buyurun, adım ve adresim
(budur) buradadır.
Bitte, hier ist mein Name und
meine Adresse.
Bana şahitlik eder misiniz?
Würden Sie mir als Zeuge dienen?
Hasar oldukça küçük/büyük.
Der Schaden ist ziemlich klein/groß.
Hasarı kendim ödemek istiyorum.
Ich möchte den Schaden selbst
regulieren.
Hasarı sigortama ödetmek istiyorum.
Ich möchte den Schaden durch meine
Versicherung regulieren lassen.
Polis mi çağıralım yoksa aramızda
mı anlaşalım?
Sollen wir die Polizei holen oder das
unter uns regeln?
Polise haber verip bir kaza raporu
tutturmamız gerekiyor.
Wir müssen die Polizei verständigen
und ein Unfallprotokoll
aufnehmen lassen.

Tamirhane
Reparaturwerkstatt

Yakınlarda (Burada) bir tamirhane var mı?
Gibt es in der Nähe (hier) eine
Reparaturwerkstatt?
En yakın tamirhane nerede?
Wo ist die nächste
Reparaturwerkstatt?
En yakın tamirhane … 'dadır.
Die nächste Reparaturwerkstatt ist …
BMW/… için özel tamirhane nerede?
Wo ist die Spezialwerkstatt für BMW/… ?
Frenleri/radyatör suyunu kontrol
edin, lütfen.
Prüfen Sie bitte die Bremsen/
das Kühlwasser.
Yağ seviyesini/lastiklerin havasını
kontrol edin, lütfen.
Prüfen Sie bitte den Ölstand/
den Reifendruck.

Sigortaları/supapları/karbüratörü
kontrol edin, lütfen.
Prüfen Sie bitte die Sicherung/
die Ventile/den Vergaser.
Bujileri/… kontrol edin, lütfen.
Prüfen Sie bitte die Zündkerzen/…
Lütfen bana motor yağı/frenler
için hidrolik yağı/… verin.
Bitte geben Sie mir Motoröl/
Bremsflüssigkeit/…
Lütfen bana … için orijinal
parça verin.
Bitte geben Sie mir
Originalersatzteile für …
Lütfen bana … verin.
Bitte geben Sie mir …
Akü boşalmış.
Die Batterie ist leer.
Aküyü doldurun, lütfen.
Laden Sie bitte die Batterie auf.

Akü arızalı.
Die Batterie ist defekt.
Frenler düzeninde değil.
Die Bremsen sind nicht in Ordnung.
Motorun çekişi düşük.
Der Motor gibt keine volle Leistung.
Motor kesiklik yapıyor/vuruntulu
çalışıyor/fazla ısınıyor.
Der Motor setzt aus/klopft/
läuft sich heiß.
Lütfen vidaları/… sıkın.
Ziehen Sie bitte die Schrauben/
…nach.
Lütfen tamponu/… düzeltin.
Biegen Sie bitte die Stoßstange/
… gerade.
Vantilatör kayışının gerdirilmesi
gerekiyor.
Der Ventilatorriemen muss gekürzt
werden.

Lütfen bujileri/… değiştirin.
Wechseln Sie bitte die
Kerzen/… aus.
Lütfen … yi değiştirin.
Wechseln Sie bitte … aus.
… için yedek parçanız var mı?
Haben Sie Ersatzteile für … ?
Tamir tahminen ne kadar tutar?
Wie viel wird die Reparatur
ungefähr kosten?
Tamir yaklaşık … Euro tutar.
Die Reparatur wird ungefähr
… Euro kosten.
Tamir ne kadar sürer?
Wie lange wird die Reparatur dauern?
Tamir yaklaşık … saat/gün/
hafta sürer.
Die Reparatur wird ungefähr… Stunden/
Tage/Wochen dauern.
Acelem var.
Ich habe es eilig.
Arabanızı … tarihinde saat … 'da
geri alabilirsiniz.
Sie können Ihren Wagen am …
um … Uhr abholen.
Bunu (arabayı) tamir edemeyiz.
Das (Auto) können wir
nicht reparieren.
Arabanız için yedek parçamız yok.
Wir haben kein Ersatzteil
für Ihr Fahrzeug.
Bu yedek parçaları önce ısmarla-
mamız gerekiyor.
Wir müssen die Ersatzteile
erst bestellen.
… için özel bir tamirhaneye
gitmeniz gerekiyor.
Sie müssen eine Spezialwerkstatt
für … aufsuchen.
Nereden bir araba
kiralayabilirim?
Wo kann ich ein Auto mieten?
… 'da bir araba kiralayabilirsiniz.
Sie können in … ein
Auto mieten.

Araba Kiralama
Autovermietung

En yakın araba kiralama nerede?
Wo ist die nächste Autovermietung?
Nereden bir araba kiralayabilirim?
Wo kann ich ein Auto mieten?
Burada araba kiralama yeri var mı?
Gibt es hier eine Autovermietung?
Evet, … 'da araba kiralama yeri var.
Ja, es gibt in … eine Autovermietung.
… 'da bir araba kiralayabilirsiniz.
Sie können in … ein Auto mieten.
… gün/hafta için bir araba/…
kiralamak istiyorum.
Ich möchte für … Tage/Wochen
ein Auto/… mieten.
Hangi arabaları kiraya veriyorsunuz?
Welche Autotypen haben Sie
zu vermieten?
Bizden … yi kiralayabilirsiniz.
Sie können bei uns … mieten.
… yi kiralamak istiyorum.
Ich möchte den … mieten.
Günlük fiyatı ne kadardır?
Wie hoch ist die Tagespauschale?
Günlük fiyatı … Euro'dur.
Die Tagespauschale beträgt … Euro.
Her kullanılan kilometre ne kadar?
Was kostet der gefahrene Kilometer?
Her kullanılan kilometre … Euro.
Jeder gefahrene Kilometer
kostet … Euro.
Arabayı … daki şubenize
teslim edebilir miyim?
Kann ich den Wagen in Ihrer
Zweigstelle in … abgeben?
Evet, arabayı oraya teslim
edebilirsiniz.
Ja, Sie können den Wagen
dort abgeben.
Hayır, arabayı … 'ya veya buraya
teslim etmeniz gerekiyor.
Nein, Sie müssen den Wagen
in … oder hier abgeben.

Araba tam kasko sigortalı mıdır?
Ist der Wagen vollkasko-
versichert?
Evet, araba tam kasko
sigortalıdır.
Ja, der Wagen ist vollkasko-
versichert.
Hayır, araba tam kasko
sigortalı değil.
Nein, der Wagen ist nicht
vollkaskoversichert.
Arabayı ilaveten tam kasko
sigorta yaptırabilir miyim?
Kann ich für den Wagen zusätzlich
eine Vollkaskoversicherung
abschließen?
Evet, sigorta için … Euro
ödemeniz gerekiyor.
Ja, Sie müssen für die Versicherung
… Euro zahlen.
Arabayı hemen/yarın alabilir miyim?
Kann ich das Fahrzeug sofort/
morgen bekommen?
Arabayı şimdi götürebilir miyim?
Kann ich den Wagen jetzt
mitnehmen?
Arabayı … tarihinde saat … da
götürebilir miyim?
Kann ich den Wagen am …
um … Uhr mitnehmen?
Ehliyetinizi görebilir miyim?
Darf ich Ihren Führerschein sehen?
Buyurun, ehliyetim buradadır.
Bitte, hier ist mein Führerschein.
Lütfen kimliğinizi/
pasaportunuzu gösterin.
Zeigen Sie mir bitte Ihren
Ausweis/Ihren Pass.
Buyurun kimliğim/
pasaportum buradadır.
Bitte, hier ist mein Ausweis/Pass.
Kira anlaşmasını … gün
uzatmak istiyorum.
Ich möchte den Mietvertrag um
… Tage verlängern.

Araba Kelime Listesi
Wortliste Auto

açılır tavan das **Schiebedach**,-̈er
akü die **Batterie**,-n
akümülatör der **Akkumulator**,-en
alet das **Werkzeug**,-e
alkol duvarı die **Promillegrenze**,-n
ambulans der **Krankenwagen**,-
amortisör der **Stoßdämpfer**,-
ampül die **Glühbirne**,-n
ana mil die **Kurbelwelle**,-n
anahtar der **Schalter**,- | der **Schlüssel**,-
anten die **Antenne**,-n

antifriz   das **Frostschutzmittel,**-
arıza   die **Panne,**-*n*
arıza hizmeti   der **Pannendienst,**-*e*
arızalı   **defekt**
araba   das **Auto,**-*s*
araba anahtarı   der **Wagenschlüssel,**-
araba evrakları   die **Autopapiere** [çoğul]
araba kiralama   die **Autovermietung,**-*en*
araba yıkama   die **Autowäsche,**-*n* |
die **Wagenwäsche,**-*n*
araba yol haritası   die **Autokarte,**-*n*
arka ışık   das **Rücklicht,**-*er*
arka tekerlek   das **Hinterrad,**-*er*
ateşleme   die **Zündung,**-*en*
ateşleme anahtarı   der **Zündschlüssel,**-
ateşleme arızası   die **Fehlzündung,**-*en*
atölye   die **Werkstatt,**-*en*
ayak freni   die **Fußbremse,**-*n*
ayar etmek   **regulieren**
ayna   der **Spiegel,**-
bagaj   der **Kofferraum,**-*e*
benzin   das **Benzin,**-*e*
- kurşunsuz benzin   das **bleifreie,**-*n* **Benzin,**-*e*
benzin almak   **tanken**
benzin bidonu   der **Benzinkanister,**-
benzin istasyonu   die **Tankstelle,**-*n*
benzin pompası   die **Benzinpumpe,**-*n*
benzin püskürtme pompası
die **Einspritzpumpe,**-*n*
bilyeli yatak   das **Kugellager,**-
bozuk   **defekt**
buji   die **Zündkerze,**-*n*
cadde   die **Straße,**-*n* | der **Weg,**-*e*
conta   die **Dichtung,**-*en*
çamurluk   der **Kotflügel,**-
çekici (araç)   der **Abschleppwagen,**-
çekme halatı   das **Abschleppseil,**-*e*
çekme servisi   der **Abschleppdienst,**-*e*
çekmek   **abschleppen**
çocuk koltuğu   der **Kindersitz,**-*e*
debriyaj   die **Kupplung,**-*en*
debriyaj pedalı   das **Kupplungspedal,**-*e*
depo   der **Tank,**-*s*
depozit   die **Kaution,**-*en*
dikiz aynası   der **Rückspiegel,**-
dingil   die **Achse,**-*n*
- arka dingil   die **Hinterachse,**-*n*
- ön dingil   die **Vorderachse,**-*n*
dinlenme tesisleri   die **Raststätte,**-*n*
dinlenme yeri   der **Rastplatz,**-*e*
direksiyon   das **Lenkrad,**-*er*
direksiyon mekanizması   die **Lenkung,**-*en*
direksiyon simidi   das **Lenkrad,**-*er*
dönmek   **abbiegen**
egzoz   der **Auspuff,**-*e*
ehliyet   der **Führerschein,**-*e*

eksantrik mili   die **Nockenwelle,**-*n*
ekspres yolu   die **Schnellstraße,**-*n*
el freni   die **Handbremse,**-*n*
emniyet kemeri   der **Sicherheitsgurt,**-*e*
far   der **Scheinwerfer,**-
farları kısmak   **abblenden**
fren   die **Bremse,**-*n*
- ayak freni   die **Fußbremse,**-*n*
- el freni   die **Handbremse,**-*n*
fren balatası   der **Bremsbelag,**-*e*
fren lambası   das **Bremslicht,**-*er*
fren pedalı   das **Bremspedal,**-*e*
fren yapmak   **bremsen**
gaz   das **Gas,**-*e*
gaz pedalı   das **Gaspedal,**-*e*
geçiş ücreti   die **Maut,**-*en*
genel bakım   die **Inspektion,**-*en*
geri vites   der **Rückwärtsgang,**-*e*
giriş (otoyol)   die **Auffahrt,**-*en* |
die **Einfahrt,**-*en*
hasar   der **Schaden,**-
hata   der **Fehler,**-
hava filtresi   der **Luftfilter,**-
hava pompası   die **Luftpumpe,**-*n*
hız   die **Geschwindigkeit,**-*en*
hidrolik yağı   die **Bremsflüssigkeit,**-*en*
hortum   der **Schlauch,**-*e*
iç lastik   der **Schlauch,**-*e*
ikaz üçgeni   das **Warndreieck,**-*e*
imdat telefonu   die **Notrufsäule,**-*n*
izolasyon   die **Isolierung,**-*en*
jant   die **Felge,**-*n*
jant kapağı   die **Radkappe,**-*n*
kablo   das **Kabel,**-
kalorifer   die **Heizung,**-*en*
kaput   die **Motorhaube,**-*n*
kar zinciri   die **Schneekette,**-*n*
karbüratör   der **Vergaser,**-
kardan mili   die **Kardanwelle,**-*n*
karoseri   die **Karosserie,**-*n*
kask   der **Sturzhelm,**-*e*
katalizör   der **Katalysator,**-*en*
kaza   der **Unfall,**-*e*
kaza raporu   der **Unfallbericht,**-*e*
kış lastiği   der **Winterreifen,**-
kıvılcım   der **Funke,**-*n*
kilometre sayacı   das **Tachometer,**-
klakson   die **Hupe,**-*n*
klima   die **Klimaanlage,**-*n*
korna   die **Hupe,**-*n*
krank mili   die **Kurbelwelle,**-*n*
kriko   der **Wagenheber,**-
lamba   die **Lampe,**-*n*
lastik havası   der **Reifendruck** [tekil]
lastikçi   der **Reifenservice,**-*s*
marş düğmesi   der **Anlasserknopf,**-*e*

marş motoru   der **Anlasser**,-

mazot   der **Diesel** [tekil]

motor   der **Motor**,-*en*

motor arızası   der **Motorschaden**,-*en*

motor yağı   das **Motoröl**,-*e*

motosiklet   das **Motorrad**,-*er*

orta hüzmeli ışık   das **Abblendlicht**,-*er*

otoban   die **Autobahn**,-*en*

otoban çıkışı   die **Abfahrt**,-*en*

otoban girişi   die **Auffahrt**,-*en*

otomatik vites   das **Automatikgetriebe**,-

otomobil   das **Auto**,-*s*

otostop yapmak   **trampen**

otostopçu   der **Tramper**,-

otoyol ücreti   die **Autobahngebühr**,-*en*

oturak   der **Sitz**,-*e*

ön cam   die **Windschutzscheibe**,-*n*

ön tekerlek   das **Vorderrad**,-*er*

para cezası   das **Bußgeld**,-*er*

park ışıkları   das **Standlicht**,-*er*

patlak   der **Platten**,-

piston   das **Kolben**,-

piston kolu   die **Kolbenstange**,-*n*

plaka   das **Nummernschild**,-*er* |
das **Kennzeichen**,-

plaka numarası
die **Kennzeichennummer**,-*n*

polis   die **Polizei** [tekil]

portbagaj   der **Gepäckhalter**,-

radar kontrolü   die **Radarkontrolle**,-*n*

radyatör   der **Kühler**,-

radyatör peteği   der **Kühlergrill**,-*s*

radyatör suyu   das **Kühlwasser** [tekil]

rölanti   der **Freilauf** [tekil] | der **Leerlauf** [tekil]

ruhsat   der **Kraftfahrzeugschein**,-*e*

sapmak   **abbiegen**

sargı malzemesi   das **Verbandszeug**,-*e*

sekmen   der **Kolbenring**,-*e*

sigorta   die **Versicherung**,-*en* |
die **Sicherung**,-*en*

sigorta evrakları
die **Versicherungspapiere** [çoğul]

silecek tertibatı
die **Scheibenwischanlage**,-*n*

silindir   der **Zylinder**,-

silindir başı   der **Zylinderkopf**,-*e*

sinyal   der **Blinker**,-

sokak   die **Straße**,-*n* | der **Weg**,-*e*

subap   das **Ventil**,-*e*

sürat   die **Geschwindigkeit**,-*en*

sürme tavan   das **Schiebedach**,-*er*

süspansiyon   die **Federung**,-*en*

susturucu   der **Auspufftopf**,-*e*

şalter   der **Schalter**,-

şanzıman   das **Getriebe**,-

şanzıman yağı   das **Getriebeöl**,-*e*

şarj dinamosu   die **Lichtmaschine**,-*n*

şarj kablosu   das **Überbrückungskabel**,-

şasi   das **Fahrgestell**,-*e* | der **Rahmen**,-

takım kutusu   der **Werkzeugkasten**,-

tam kasko sigorta   die **Vollkaskoversicherung** [tekil]

tamir   die **Reparatur**,-*en*

tamir etmek   **reparieren**

tamirci   der **Mechaniker**,- |
der **Automechaniker**,-

tamirhane   die **Reparaturwerkstatt**,-*en* |
die **Werkstatt**,-*en*

tampon   das **Stoßstange**,-*n*

tekerlek   der **Autoreifen**,- |
das **Rad**,-*er* | der **Reifen**,-

termostat   das **Thermostat**,-*e*

tornavida   der **Schraubenzieher**,-

trafik   der **Verkehr** [tekil]

trafik tıkanması   der **Stau**,-*s*

uzun far   das **Fernlicht**,-*er*

vantilatör   der **Ventilator**,-*en*

vantilatör kayışı   der **Keilriemen**,-

ventil   das **Ventil**,-*e*

vida   die **Schraube**,-*n*

vida anahtarı   der **Schraubenschlüssel**,-

vida somunu   die **Schraubenmutter**,-*n*

vites   der **Gang**,-*e*

vites kolu   der **Schalthebel**,-

vites kutusu   die **Gangschaltung**,-*en*

vitese geçirmek   den **Gang einlegen**

yağ   das **Öl**,-*e*

yağ boşaltma vidası   die **Ölablassschraube**,-*n*

yağ değiştirme   der **Ölwechsel**,-

yağ kontrol çubuğu   der **Ölmessstab**,-*e*

yağ seviyesi   der **Ölstand**,-*e*

yağ teknesi (kartel)   die **Ölwanne**,-*n*

yağlamak   **schmieren**

yangın söndürücü   der **Feuerlöscher**,-

yarı kasko   die **Teilkasko** [tekil]

yaralı (bayan)   die **Verletzte**,-*n*

(bay)   der **Verletzte**,-*n*

yedek   die **Reserve**,-*n*

yedek akaryakıt   der **Reservetank**,-*s*

yedek bidon   der **Reservekanister**,-

yedek lastik   der **Ersatzreifen**,-

yedek parça   das **Ersatzteil**,-*e*

yedek tekerlek   das **Reserverad**,-*er*

yiv   das **Gewinde**,-

yol   die **Straße**,-*n* | der **Weg**,-*e*

yol işareti   der **Wegweiser**,-

zarar   der **Schaden**,-

zararı karşılamak   den **Schaden
regulieren (begleichen)**

Tren İle
Mit dem Zug

Tren istasyonunun nerede olduğunu
bana söyleyebilir misiniz?
Können Sie mir sagen,
wo der Bahnhof ist?
Tren istasyonu … 'dadır.
Der Bahnhof ist …
Danışma nerededir?
Wo ist das Auskunftsbüro?
Bilet gişesi nerededir?
Wo ist die Fahrkartenausgabe?
Bekleme salonu nerededir?
Wo ist der Wartesaal?
Lütfen … 'ya gidin.
Bitte gehen Sie …
İlk/Son tren … 'ya ne zaman
kalkıyor?
Wann fährt der erste/letzte
Zug nach … ?
… 'ya son tren saat … ' kalkıyor.
Der letzte Zug nach … fährt um … Uhr.
Saat … 'da … 'ya tren
kalkıyor mu?
Fährt um … Uhr ein Zug nach … ?
… 'ya tren ne zaman kalkıyor?
Wann fährt ein Zug nach … ?
Tren saat … 'da … 'ya kalkıyor.
Der Zug fährt um … Uhr nach …
… 'ya tren hangi perondan kalkıyor?
Von welchem Bahnsteig fährt
der Zug nach … ?
… treni peron … 'dan kalkıyor.
Der Zug nach … fährt vom Bahnsteig …
… treni hangi perona geliyor?
Auf welchem Bahnsteig kommt
der Zug aus … an?
… treni peron … 'ya geliyor.
Der Zug aus … kommt auf
dem Bahnsteig … an.
… 'dan gelen tren rötarlı mı?
Hat der Zug aus … Verspätung ?
Hayır, tren plana uygun olarak geliyor.
Nein, der Zug kommt planmäßig an.

Tren … dakika gecikmeli.
Der Zug hat … Minuten Verspätung.
Nerede aktarma yapacağım?
Wo muss ich umsteigen?
… 'da aktarma yapacaksınız.
Sie müssen in … umsteigen.
… 'da ne kadar ara vereceğiz
(kalacağız)?
Wie lange haben wir
Aufenthalt in … ?
… 'da … dakika/saat ara vereceksiniz
(duracaksınız)
Sie haben … Minuten/Stunden
Aufenthalt in …
Frankfurt'a/… ilk tren ne
zaman gidiyor?
Wann fährt der nächste Zug nach
Frankfurt/… ?
Berlin'e/… ne zaman bağlantı var?
Wann habe ich Anschluss
nach Berlin/… ?
Bonn'dan/… gelen tren rötarlı mı?
Hat der Zug aus Bonn/
… Verspätung?
Köln'e/… tren hangi perondan
kalkıyor?
Von welchem Bahnsteig fährt der
Zug nach Köln/… ?
İkinci/Birinci sınıf biletin fiyatı
Berlin'e/… ne kadar?
Wie viel kostet eine Fahrkarte
zweiter Klasse/erster Klasse
nach Berlin/… ?
Çocuklar/Öğrenciler/… için
indirim var mı?
Gibt es Ermäßigung für Kinder/
Studenten/… ?
Lütfen Berlin'e/… bir kere ikinci/
birinci sınıf yalnız gidiş.
Bitte einmal eine zweite Klasse/erste
Klasse Fahrt nach Berlin/…
Lütfen Bonn'a/… bir tane
… sınıf gidiş dönüş.
Bitte einmal … Klasse hin und
zurück nach Bonn/…

Ben sigara içilen bölüm/sigara içilmeyen bölüm/pencere önü istiyorum.
Ich möchte ein Raucherabteil/Nichtraucherabteil/einen Fensterplatz.
Saat 20.00'de/… Düsseldorf'a/
… giden trende koltuk ayırtmak istiyorum.
Ich möchte eine Platzreservierung für den Zug um zwanzig/… Uhr nach Düsseldorf/…
Bu bilet ne kadar geçerlidir?
Wie lange ist diese Fahrkarte gültig?

Affedersiniz, bu yer boş mu?
Verzeihung, ist dieser Platz noch frei?
Bu yer benim.
Das ist mein Platz.
Pencereyi açabilir/kapatabilir miyim?
Darf ich das Fenster öffnen/schließen?
Restoranlı vagon nerede?
Wo ist der Speisewagen?

Tren Kelime Listesi
Wortliste Zug

aktarma yapmak **umsteigen**
araba treni der **Autoreisez<u>u</u>g**,¨-e
bagaj das **Gepäck** [tekil]
bagaj bileti (makbuzu) der **Gepäckschein**,-e
bagaj deposu
die **Gepäckaufbewahrung**,-en
bagaj için kilitli dolap
das **Gepäckschließf<u>a</u>ch**,¨-er
bağlantı der **Anschl<u>u</u>ss**,¨-e
bekleme salonu der **Wartesaal/Wartesäle**
bilet die **Fahrkarte**,-n
bilet gişesi der **Fahrkartenschalter**,-
bilet kontrolü die **Fahrkartenkontrolle**,-n
biletçi der **Schaffner**,-
binmek **einsteigen**
boş **frei**
çıkış der **Ausg<u>a</u>ng**,¨-e
çocuk bileti die **Kinderfahrkarte**,-n
demiryolu die **Eisenbahn**,-en
dolu **besetzt**
durma der **Aufenthalt**,-e
el bagajı das **Handgepäck** [tekil]
emanet die **Gepäckaufbewahrung**,-en
emanet gişesi der **Gepäckschalter**,-
feribot die **Eisenbahnfähre**,-n
gar der **Hauptbahnh<u>o</u>f**,¨-e
gelmek **ankommen**
gidiş dönüş bileti
die **Hin- und Rückfahrkarte**,-n
gidilen yer das **Reiseziel**,-e
giriş der **Eing<u>a</u>ng**,¨-e
gişe der **Schalter**,-
hamal der **Gepäckträger**,-
hareket die **Abfahrt**,-en
hareket cetveli der **Fahrpl<u>a</u>n**,¨-e
imdat kapısı der **Notausg<u>a</u>ng**,¨-e
indirim die **Ermäßigung**,-en
inmek **aussteigen**
iptal etmek **stornieren**
istasyon der **Bahnh<u>o</u>f**,¨-e
kalkış die **Abfahrt**,-en
kalorifer die **Heizung**,-en
kompartman das **Abteil**,-e
kondüktör der **Schaffner**,-
koridor der **G<u>a</u>ng**,¨-e
kuşetli vagon der **Liegewagen**,-
lokomotif die **Lokomotive**,-n
meşgul **besetzt**
mola der **Aufenthalt**,-e
mürrettebat die **Besatzung**,-en
numaralı yer bileti die **Platzkarte**,-n
pencere kenarındaki yer
der **Fensterpl<u>a</u>tz**,¨-e

peron der **Bahnsteig**,-e | das **Gleis**,-e
restoranlı vagon der **Speisewagen**,-
rezervasyon die **Reservierung**,-en
rötar die **Verspätung**,-en
serbest **frei**
seyahat die **Reise**,-n
seyahat çantası die **Reisetasche**,-n
sigara içilen bölüm das **Raucherabteil**,-e
sigara içilmeyen bölüm
das **Nichtraucherabteil**,-e
tarifeli vagon der **Kurswagen**,-
tur bileti der **Rundreisefahrschein**,-e
tren die **Eisenbahn**,-en | der **Z<u>u</u>g**,¨-e
tren rehberi das **Kursb<u>u</u>ch**,¨-er
turnike das **Drehkreuz**,-e
vagon der **Eisenbahnwagen**,- |
der **Waggon**,-s
vagon numarası
die **Wagennummer**,-n
vagon kapısı die **Wagentür**,-en
varış die **Ank<u>u</u>nft**,¨-e
varmak **ankommen**
yatak bileti die **Bettkarte**,-n
yataklı vagon der **Schlafwagen**,-
yataklı vagon bileti
die **Schlafwagenkarte**,-n
yolcu ücreti der **Fahrpreis**,-e
zam der **Zuschl<u>a</u>g**,¨-e

Otobüs, Tramvay ve Metro
Bus, Straßenbahn und U-Bahn

... 'ya hangi tramvay/metro/... gidiyor?
Welche Straßenbahn/U-Bahn/...
fährt nach/zum/zur ... ?
... 'ya hangi otobüs/... gidiyor?
Welcher Bus/... fährt nach/zum/zur ... ?
... (numaralı) hat ... 'ya gidiyor.
Die Linie ... fährt nach/zum/zur ...
... (numaralı) otobüs/tramvay/
metro ... 'ya gidiyor.
Der Bus/Die Straßenbahn/Die U-Bahn
... fährt nach/zum/zur ...
En yakın otobüs durağı/...
nerededir?
Wo ist bitte die nächste
Bushaltestelle/... ?
En yakın otobüs durağı ... 'dadır.
Die nächste Bushaltestelle ist ...
Hangi istikamete gitmem
gerekiyor?
In welche Richtung muss ich fahren?
Bu istikamete gitmeniz gerekiyor?
Sie müssen in diese Richtung fahren.
... istikametine gitmeniz gerekiyor.
Sie müssen in Richtung ... fahren.
Kaç durak var?
Wie viele Haltestellen sind es?
... durak var.
Es sind ... Haltestellen.
Ben ... 'ya gitmek istiyorum.
Ich möchte nach/zum/zur ... fahren.
Nerede binmem/inmem gerekiyor?
Wo muss ich einsteigen/aussteigen?
Aktarma yapmam gerekiyor mu?
Muss ich umsteigen?
Hayır, ... 'ya kadar direkt gidebilirsiniz.
Nein, bis ... können Sie direkt fahren.
Evet, istasyonda aktarma yapmanız ve
oradan ... hattıyla devam
etmeniz gerekiyor.
Ja, Sie müssen am Bahnhof umsteigen
und von dort mit der Linie
... weiter fahren.

Evet, ... 'da aktarma yapmanız ve
oradan ... hattıyla devam
etmeniz gerekiyor.
Ja, Sie müssen in ... umsteigen und von
dort mit der Linie ... weiterfahren.
Lütfen durağı benim için anons eder
misiniz?
Würden Sie bitte die Haltestelle
für mich ausrufen?
Bu otobüs/metro nereye
kadar gidiyor?
Wie weit fährt dieser Bus/diese U-Bahn?
Bu otobüs ... 'ya kadar gidiyor.
Dieser Bus fährt bis ...
İlk/Son tramvay ... 'ya ne zaman gidiyor?
Wann fährt die erste/letzte Straßenbahn
nach/zum/zur/... ?
Herne'ye/... 'ya gidiş fiyatı ne kadar?
Was kostet die Fahrt nach Herne/... ?
Bir biletin gidiş fiyatı ... Euro/Cent.
Ein Fahrschein kostet ... Euro/Cent.
Nereden toplu bilet alabilirim?
Wo kann ich eine Mehrfahrtenkarte
kaufen?
Nereden aylık/haftalık bilet alabilirim?
Wo kann ich eine Monatskarte/Wochen–
karte kaufen?
Nereden öğrenci bileti alabilirim?
Wo kann ich eine Schülerfahrkarte
kaufen?
... 'ya biletin fiyatı ne kadar?
Was kostet eine Fahrkarte nach/
zum/zur/... ?
... 'ya biletin fiyatı ... Euro/Cent.
Die Fahrkarte nach/zum/zur/... kostet ...
Euro/Cent.
... 'ya bir bilet almak istiyorum.
Ich möchte eine Fahrkarte nach/zum/
zur/... kaufen.
Yolculuk ... 'ya ne kadar sürer?
Wie lange dauert die Fahrt nach/
zum/zur ... ?
Yolculuk ... 'ya ... saat/dakika sürer.
Die Fahrt nach/zum/zur ... dauert ...
Stunden/Minuten.

Taksi - Taxi

En yakın taksi durağı nerede?
Wo ist der nächste Taxistand?
Lütfen … 'ya bir taksi gönderin.
Bitte schicken Sie ein Taxi nach/zum/zur …
Lütfen bana bir taksi çağırın.
Rufen Sie mir bitte ein Taxi.
Taksi ne zaman burada olur?
Wann wird das Taxi hier sein?
Taksi yaklaşık … dakikada gelir.
Das Taxi kommt in ungefähr… Minuten.
Ben … 'ya gitmek istiyorum.
Ich möchte nach/zum/zur …
Yolculuk ne kadar sürer?
Wie lange dauert die Fahrt?
Yolculuk yaklaşık … dakika sürer.
Die Fahrt dauert ungefähr … Minuten.
Ne tutuyor?
Was macht das?
Ne kadar alacaksınız?
Was bekommen Sie?
Lütfen bana bir makbuz verin.
Geben Sie mir bitte eine Quittung.
Teşekkür ederim, üstü sizin için.
Danke, der Rest ist für Sie.
Bu sizin için.
Das ist für Sie.

Otobüs, Tramvay, Metro ve Taksi Kelime Listesi
Wortliste Bus, Straßenbahn, U-Bahn und Taxi

adres   die **Adresse**,-n
aktarma yapmak   **umsteigen**
anons etmek   **ausrufen**
aylık bilet   die **Monatskarte**,-n
bahşiş   das **Trinkgeld**,-er
bekleme salonu   der **Wartesaal/Wartesäle**
beklemek   **warten**
bilet   die **Fahrkarte**,-n | der **Fahrschein**,-e
bilet satış yeri   der **Fahrkartenschalter**,-
biletçi   der **Schaffner**,-
binmek   **einsteigen**
durak   die **Haltestelle**,-n
durmak   **halten**
gecikme   die **Verspätung**,-en
gelmek   **ankommen**
gidiş   die **Fahrt**,-en
gidiş ücreti   der **Fahrpreis**,-e
götürü ücret   der **Pauschalpreis**,-e
haftalık bilet   die **Wochenkarte**,-n
hareket   die **Abfahrt**,-en
hareket etmek   **abfahren**
hareket tarifesi   der **Fahrplan**,-̈e
hat   die **Linie**,-n
havalimanı   der **Flughafen**,-̈
inmek   **aussteigen**
istasyon   der **Bahnhof**,-̈e
istikamet   die **Richtung**,-en
kalkış   die **Abfahrt**,-en
kilometre ücreti   der **Kilometerpreis**,-e
kontrolcü   der **Kontrolleur**,-e
makbuz   die **Quittung**,-en
mesafe   die **Entfernung**,-en | der **Abstand**,-̈e
otobüs   der **Bus**,-se
otobüs durağı   die **Bushaltestelle**,-n
otobüs garajı   der **Busbahnhof**,-̈e
otobüs yolculuğu   die **Busreise**,-n
rötar   die **Verspätung**,-en
şehir   die **Stadt**,-̈e
şehir turu   die **Stadtrundfahrt**,-en
şehirler arası otobüs   der **Überlandbus**,-se
taşıtla gitmek   **fahren**
taksi   das **Taxi**,-s
taksi durağı   der **Taxistand**,-̈e
taksi şoförü   der **Taxifahrer**,-
tramvay   die **Straßenbahn**,-en
troleybüs   der **Obus**,-se
uzaklık   die **Entfernung**,-en
varış   die **Ankunft**,-̈e
varmak   **ankommen**
yakın mesafe taşıma aracı
das **Nahverkehrsmittel**,-
yolculuk   die **Fahrt**,-en | die **Reise**,-n

ALIŞVERİŞ
EINKAUFEN

Genel
Allgemeines

… arıyorum. Ich suche …
Nerede … bulabilirim
Wo finde ich … ?
Ne kadar?
Wie viel kostet das?
… Kaça?
Was kostet … ?
Bu çok pahalı.
Das ist zu teuer.
Daha ucuz olanı var mı?
Haben Sie auch etwas Preiswerteres?
Bana biraz indirim yapar mısınız?
Können Sie mir mit dem Preis etwas
entgegen kommen?

Nakit ödersem, indirim
yapar mısınız?
Geben Sie einen Nachlass,
wenn ich bar zahle?
Özel indirimli … niz var mı?
Haben Sie … im Sonderangebot?
Kredi kartı ile ödeyebilir miyim?
Kann ich mit Kreditkarte zahlen?
Bana lütfen bir makbuz/fatura verin.
Geben Sie mir bitte eine Quittung/
Rechnung.
Bana lütfen yardımcı olabilir misiniz?
Können Sie mir bitte helfen?
Ne arzu edersiniz?
Was wünschen Sie?
Teşekkür ederim, ben sadece bakmak
istiyorum.
Danke, ich sehe mich nur um.
Bunu pek beğenmiyorum.
Das gefällt mir nicht so gut.
Bana başka çeşit gösterebilir misiniz?
Können Sie mir noch etwas
anderes zeigen?
Bir defa düşünmem gerekir.
Ich muss mir das noch einmal überlegen.
Başka bir arzunuz var mı?
Darf es noch etwas sein?
Poşetiniz var mı?
Haben Sie eine Tüte?
Bunu hediyelik paket yapar mısınız?
Können Sie es als Geschenk
einpacken?
Bunu değiştirmek/geri
vermek istiyorum.
Ich möchte das umtauschen/
zurückgeben.
Fiyat fayda oranını nasıl inceleyebilirim?
Wie kann ich das Preis-Leistungs-
verhältnis überprüfen?
Tüketici olarak nereden bilgi alabilirim?
Wo kann ich mich als Verbraucher
beraten lassen?
Bu ürünün garantisi kaç yıl?
Wie viele Jahre Garantie hat
dieses Produkt?

Gıda Maddesi
Lebensmittel

Lütfen bana … verin.
Bitte geben Sie mir …

- 100 gram peynir
  hundert Gramm Käse
- yarım kilo kuzu eti
  ein Pfund Lammfleisch
- bir kilo domates
  ein Kilo Tomaten
- bir litre süt
  einen Liter Milch
- 8 dilim salam
  acht Scheiben Salami
- bir tane sucuk
  ein Stück Wurst

Bunun/… tadına bakabilir miyim?
Darf ich davon/… etwas probieren?
Biraz daha fazla/az olsun, lütfen.
Etwas mehr/weniger, bitte.
Bir ekmek/… almak istiyorum.
Ich möchte ein Brot/… kaufen.

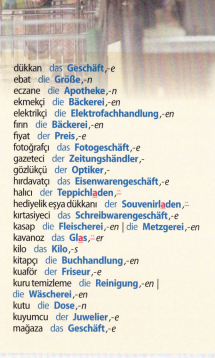

Alışveriş, Genel Kelime Listesi
Wortliste Einkaufen Allgemeines

adet   das **Stück**,-e
alışveriş etmek   **einkaufen**
antikacı dükkanı   das **Antiquitätengeschäft**,-e
ayakkabı mağazası   das **Schuhgeschäft**,-e
ayakkabıcı   der **Schuhmacher**,-
bakkal   das **Lebensmittelgeschäft**,-e
bakmak   **umsehen**
balıkçı dükkanı   das **Fischgeschäft**,-e
beğenmek   **gefallen**
beden (giysi)   die **Größe**,-n
berber   der **Friseur**,-e
bit pazarı   der **Flohmarkt**,-̈e
butik   die **Boutique**,-n
büyük mağaza   das **Kaufhaus**,-̈er
çamaşırhane   die **Wäscherei**,-en
çarşı   der **Markt**,-̈e
çiçekçi   das **Blumengeschäft**,-e
değeri etmek   **kosten**
deri eşya mağazası   das **Lederwarengeschäft**,-e
dilim   die **Scheibe**,-n
hijyenik malzeme mağazası   die **Drogerie**,-n

dükkan   das **Geschäft**,-e
ebat   die **Größe**,-n
eczane   die **Apotheke**,-n
ekmekçi   die **Bäckerei**,-en
elektrikçi   die **Elektrofachhandlung**,-en
fırın   die **Bäckerei**,-en
fiyat   der **Preis**,-e
fotoğrafçı   das **Fotogeschäft**,-e
gazeteci   der **Zeitungshändler**,-
gözlükçü   der **Optiker**,-
hırdavatçı   das **Eisenwarengeschäft**,-e
halıcı   der **Teppichladen**,-̈
hediyelik eşya dükkanı   der **Souvenirladen**,-̈
kırtasiyeci   das **Schreibwarengeschäft**,-e
kasap   die **Fleischerei**,-en | die **Metzgerei**,-en
kavanoz   das **Glas**,-̈er
kilo   das **Kilo**,-s
kitapçı   die **Buchhandlung**,-en
kuaför   der **Friseur**,-e
kuru temizleme   die **Reinigung**,-en |
die **Wäscherei**,-en
kutu   die **Dose**,-n
kuyumcu   der **Juwelier**,-e
mağaza   das **Geschäft**,-e

manav   der **Gemüsehändler**,- |
der **Obst- und Gemüsehändler**,-
metre   der **Meter**,-
meyveci   der **Obsthändler**,-
numara (ayakkabı)   die **Schuhgröße**,-n
oyuncakçı   das **Spielwarengeschäft**,-e
pahalı   **teuer**
paket   die **Packung**,-en
paket etmek   **einpacken**
parça   das **Stück**,-e
parfümeri   die **Parfümerie**,-n
pastane   die **Konditorei**,-en
pazar   der **Markt**,-̈e
pazarlık etmek   **handeln**
poşet   die **Einkaufstüte**,-n
sebzeci   der **Gemüsehändler**,-
sigaracı dükkanı   der **Tabakladen**,-̈
spor mağazası   das **Sportartikelgeschäft**,-e
süpermarket   der **Supermarkt**,-̈e
şarapçı dükkanı   die **Weinhandlung**,-en
şarküteri   das **Feinkostgeschäft**,-e
şekerci dükkanı   das **Süßwarengeschäft**,-e
şişe   die **Flasche**,-n
tane   das **Stück**,-e
tavsiye etmek   **empfehlen**
terzi   der **Schneider**,-
teslim etmek   **liefern**
ucuz   **preiswert**; **günstig**

Eşyaların Tarifi Kelime Listesi
Wortliste Beschreibung von Gegenständen

acı   **bitter**; **scharf**
açık   **hell**
ağır   **schwer**
bej   **beige**
beyaz   **weiß**
büyük   **groß**
çabuk   **schnell**
çirkin   **hässlich**; **unangenehm**
çizgili   **gestreift**
desenli   **gemustert**
eski   **alt**
ekşi   **sauer**
gri   **grau**
güçlü   **stark**
güzel   **hübsch**; **schön**
hafif   **leicht**
hoş   **angenehm**; **schön**
ilginç   **interessant**
iyi   **gut**
kırmızı   **rot**
kısa   **kurz**
kahverengi   **braun**
kareli   **kariert**
kolay   **leicht**

kötü   **schlecht**; **unangenehm**
koyu   **dunkel**
küçük   **klein**
kuvvetli   **stark**
mavi   **blau**
mükemmel   **ausgezeichnet**
pahalı   **teuer**
pembe   **rosa**
pis   **dreckig**
portakal rengi   **orange**
renkli   **bunt**; **farbig**
sıcak   **warm**
sarı   **gelb**
sert   **hart**
siyah   **schwarz**
soğuk   **kalt**
tatlı   **süß**
tek renk   **einfarbig**
temiz   **sauber**
ucuz   **billig**
uzun   **lang**
yeni   **neu**
yeşil   **grün**
yumuşak   **weich**
zayıf   **schwach**
zor   **schwer**

Ödeme Kelime Listesi
Wortliste Bezahlen

çek   der **Scheck**,-s
fatura   die **Rechnung**,-en
fiş   der **Kassenzettel**,-
fiyatı olmak   **kosten**
hesap   die **Rechnung**,-en
indirim   die **Ermäßigung**,-en
indirimli satış   das **Sonderangebot**,-e
iskonto   der **Rabatt**,-e
kaparo   die **Vorauszahlung**,-en
kasa   die **Kasse**,-n
kasa fiş   der **Kassenzettel**,-
kasiyer (bay)   der **Kassierer**,- |
(bayan)   die **Kassiererin**,-nen
katma değer vergisi   die **Mehrwertsteuer**,-n
kredi kartı   die **Kreditkarte**,-n
makbuz   die **Quittung**,-en
ödemek   **bezahlen**
pahalı   **teuer**
para   das **Geld**,-er
peşin ödeme   die **Barzahlung**,-en
sahte   die **Fälschung**,-en
tenzilat   die **Ermäßigung**,-en
ucuz   **billig**; **preiswert**
vezne   die **Kasse**,-n
yanlış   **falsch**
zam   der **Preiszuschlag**,-̈e

Gıda Maddesi Kelime Listesi
Wortliste Lebensmittel

ahududu   die **Himbeere**,-n
ananas   die **Ananas**,-se
anason   der **Anis**,-e
armut   die **Birne**,-n
avokado   die **Avocado**,-s
ayçiçeği çekirdeği   der **Sonnenblumenkern**,-e
ayran   der **Trinkjoghurt**,-s
ayva   die **Quitte**,-n
badem   die **Mandel**,-n
beyaz lahana   der **Weißkohl** [tekil]
baharat   das **Gewürz**,-e
bakla   die **Saubohne**,-n
bal   der **Honig**,-e
balık   der **Fisch**,-e
bamya   der **Eibisch**,-e
bayır turpu   der **Meerrettich**,-e
bektaşi üzümü   die **Stachelbeere**,-n
beyaz peynir   der **Schafskäse**,-
bezelye   die **Erbse**,-n
bezelye çorbası   die **Erbsensuppe**,-n
biber   die **Paprika**,-s
biberiye   der **Rosmarin** [tekil]
bira   das **Bier**,-e
bisküvi   der **Keks**,-e
böğürtlen   die **Brombeere**,-n
bulgur   die **Weizengrütze**,-n
ceviz   die **Walnuss**,¨e
çay   der **Tee** [tekil]
- adaçayı   der **Salbeitee** [tekil]
- kuşburnu çayı   der **Hagebuttentee** [tekil]
- meyve çayı   der **Früchtetee** [tekil]
- nane çayı   der **Pfefferminztee** [tekil]
- ot çayı   der **Kräutertee** [tekil]
- papatya çayı   der **Kamillentee** [tekil]
- siyah çay   der **Schwarztee** [tekil]
- yeşil çay   der **grüne Tee** [tekil]
çay poşeti   der **Teebeutel**,-
çekirdeksiz kuru üzüm   die **Sultanine**,-n
çikolata   die **Schokolade**,-n
çilek   die **Erdbeere**,-n
çorba   die **Suppe**,-n
dağ kekiği   der **Oregano** [tekil]
dana eti   das **Kalbfleisch** [tekil]
defne   der **Lorbeer**,-en
dereotu   der **Dill** [tekil]
dilim   die **Scheibe**,-n
diyet (perhiz) gıda maddesi
die **Diätkost** [tekil] | die **Schonkost** [tekil]
dolmalık biber   die **Paprikaschote**,-n
domates   die **Tomate**,-n
domates çorbası   die **Tomatensuppe**,-n
domuz eti   das **Schweinefleisch** [tekil]
dondurma   das **Eis** [tekil]

dut   die **Maulbeere**,-n
ekmek   das **Brot**,-e
- beyaz ekmek   das **Weißbrot**,-e
- kepekli ekmek   das **Vollkornbrot**,-e
- küçük francala   das **Brötchen**,-
- pide   das **Fladenbrot**,-e
- siyah ekmek   das **Schwarzbrot**,-e
elma   der **Apfel**,¨
elma suyu   der **Apfelsaft**,¨e
enginar   die **Artischocke**,-n
erik   die **Pflaume**,-n
et   das **Fleisch** [tekil]
et suyu   die **Fleischbrühe**,-n
fındık   die **Haselnuss**,¨e
fasulye   die **Bohne**,-n
fesleğen   das **Basilikum** [tekil]
gebre otu   die **Kaper**,-n
greyfurt   die **Grapefruit**,-s
hardal   der **Senf** [tekil]
havuç   die **Karotte**,-n | **Möhre**,-n
hindistan cevizi   die **Kokosnuss**,¨e
hurma   die **Dattel**,-n
ıspanak   der **Spinat**,-e
incir   die **Feige**,-n
işkembe çorbası   die **Kaldaunensuppe**,-n
jambon   der **Schinken**,-
jöle   das **Gelee**,-s
kırmızı biber   der **Chili**,-s
kıvırcık   der **Kopfsalat**,-e
kıvırcık lahana   der **Wirsingkohl** [tekil]
kıyma   das **Hackfleisch** [tekil]
kabak   der **Kürbis**,-se
kahve   der **Kaffee** [tekil]
kakao   der **Kakao**,-s
kara lahana   der **Rotkohl** [tekil]
karaciğer ezmesi   die **Leberpastete**,-n
karanfil   die **Nelke**,-n
karnabahar   der **Blumenkohl** [tekil]
karpuz   die **Wassermelone**,-n
kavun   die **Honigmelone (Melone)**,-n
kayısı   die **Aprikose**,-n
kaymak   die **Sahne** [tekil]
kekik   der **Thymian** [tekil]
kemik   der **Knochen**,-
kereviz   der **Sellerie** [tekil]
kestane   die **Kastanie**,-n
kimyon   der **Kümmel** [tekil]
kiraz   die **Kirsche**,-n
kişniş   der **Koriander** [tekil]
komposto   das **Kompott**,-e
konserve   die **Konserve**,-n
koyun eti   das **Hammelfleisch** [tekil]
kremşanti   die **Schlagsahne** [tekil]
kuş üzümü   die **Johannisbeere**,-n
kuşkonmaz   der **Spargel**,-
kuru pasta   das **Gebäck**,-e

kuru üzüm   die **Rosine**,-n
kuşüzümü   die **Korinthe**,-n
kuzu eti   das **Lammfleisch** [tekil]
lahana   der **Kohl** [tekil]
limon   die **Zitrone**,-n
limonata   die **Limonade**,-n
mısır   der **Mais** [tekil]
maden suyu   das **Mineralwasser** [tekil]
makarna   die **Nudel**,-n
mandalina   die **Mandarine**,-n
mantar   der **Pilz**,-e
margarin   die **Margarine**,-n
maydanoz   die **Petersilie**,-n
mayonez   die **Mayonnaise**,-n
mercimek   die **Linse**,-n
meyve   das **Obst** [tekil]
meyve suyu   der **Obstsaft**,-̈e
müsli   das **Müsli**,-s
muz   die **Banane**,-n
nane   die **Minze** [tekil]
nar   der **Granatapfel**,-̈
nohut   die **Kichererbse**,-n
pırasa   der **Lauch** [tekil]
pancar   die **rote**,-n **Rübe**,-n
pasta   der **Kuchen**,-
patates   die **Kartoffel**,-n
patates çorbası   die **Kartoffelsuppe**,-n
patlıcan   die **Aubergine**,-n
peynir   der **Käse**,-
piliç   das **Hähnchen**,-
pirinç   der **Reis** [tekil]
pirinç çorbası   die **Reissuppe**,-n
pirzola   das **Kotelett**,-s
porsiyon   die **Portion**,-en
portakal   die **Apfelsine**,-n | die **Orange**,-n
portakal suyu   der **Orangensaft**,-̈e
puding   der **Pudding**,-s
reçel   die **Marmelade**,-n
rezene   der **Fenchel** [tekil]
sığır eti   das **Rindfleisch** [tekil]
safran   der **Safran** [tekil]
sakarin   der **Süßstoff**,-e
salam   die **Salami**,-s
salam sosis dilimleri   der **Aufschnitt**,-e
salata   der **Salat**,-e
salata sosu   die **Salatsoße**,-n
salatalık   die **Gurke**,-n
salça   die **Soße**,-n
sarımsak   der **Knoblauch** [tekil]
sebze   das **Gemüse**,-
sebze çorbası   die **Gemüsesuppe**,-n
sirke   der **Essig**,-e
sivri biber   die **Peperoni**,-s
sivri kabak   die **Zucchini**,-s
soğan   die **Zwiebel**,-n
soğan çorbası   die **Zwiebelsuppe**,-n

sosis   das **Würstchen**,-
sucuk   die **Wurst**,-̈e
süt   die **Milch** [tekil]
şam fıstığı   die **Pistazie**,-n
şampanya   der **Champagner**,-
şarap   der **Wein**,-e
- beyaz şarap   der **Weißwein**,-e
- kırmızı şarap   der **Rotwein**,-e
- pembe şarap   der **Rosé**,-s
şeftali   der **Pfirsich**,-e
şeker   der **Zucker**,-
tadına bakmak   **probieren**
tarçın   der **Zimt** [tekil]
tatlı   die **Süßigkeit**,-en
tatlandırıcı   der **Geschmacksverstärker**,-
tavşan   das **Kaninchen**,-
tavuk suyu çorbası   die **Hühnerbrühe**,-n
taze   **frisch**
tereyağı   die **Butter** [tekil]
tost   der **Toast**,-e
toz biber   der **Pfeffer**,-
turp   der **Rettich**,-e
tuz   das **Salz**,-e
un   das **Mehl**,-e
üzüm   die **Weintraube**,-n
vanilya   die **Vanille** [tekil]
vişne   die **Sauerkirsche**,-n
yağ   das **Öl**,-e
yer fıstığı   die **Erdnuss**,-̈e
yoğurt   der **Joghurt**,-s
yumurta   das **Ei**,-er
zeytin   die **Olive**,-n
zeytinyağı   das **Olivenöl**,-e

Balık ve Diğer Deniz Ürünleri
Fisch und andere Meeresfrüchte

Lütfen bana iki tane
lüfer/… verin.
Geben Sie mir bitte zwei
Blaubarsche/…
Bir kilo midye/… almak istiyorum.
Ich möchte ein Kilo
Muscheln/… kaufen.

Balık ve Diğer Deniz Ürünleri Kelime Listesi
Wortliste Fisch und andere Meeresfrüchte

alabalık   die **Forelle**,-n
balık   der **Fisch**,-e
balık filetosu   das **Fischfilet**,-s
barbun   die **Rotbarbe**,-n
çinekop   der **kleine**,-n **Blaubarsch**,-e
deniz midyesi   die **Miesmuschel**,-n
dil balığı   die **Scholle**,-n
hamsi   die **Sardelle**,-n
havyar   der **Kaviar**,-e
ıstakoz   der **Hummer**,-
istavrit   der **Stöcker**,-
istiridye   die **Auster**,-n
kılıç balığı   der **Schwertfisch**,-e
kalkan   der **Steinbutt**,-e
karagöz   die **Brasse**,-n
karides   die **Garnele**,-n
kaya balığı   der/die **Meergrundel**,-n
kefal balığı   die **Meeräsche**,-n
kolan balığı   der **Stör**,-e
konserve balık   die **Fischkonserve**,-n
levrek balığı   der **Seebarsch**,-e
lüfer   der **Blaubarsch**,-e
makassız ıstakoz   die **Languste**,-n
midye   die **Muschel**,-n
palamut balığı   der **Bonito**,-s
pisi balığı   die **Flunder**,-n
ringa balığı   der **Hering**,-e
sardalye   die **Sardine**,-n
sazan balığı   der **Karpfen**,-
som balığı   der **Lachs**,-e
tatlı su balığı   der **Süßwasserfisch**,-e
tekir   die **Streifenbarbe**,-n
ton balığı   der **Thunfisch**,-e
turna balığı   der **Hecht**,-e
tuzlu su balığı   der **Seefisch**,-e
uskumru   die **Makrele**,-n
yılan balığı   der **Aal**,-e
yengeç   der **Krebs**,-e

Et - Fleisch

Et Kelime Listesi
Wortliste Fleisch

ada tavşanı   das **Kaninchen**,-
beyin   das **Hirn**,-e
bıldırcın   die **Wachtel**,-n
biftek   das **Beefsteak**,-s
böbrek   die **Niere**,-n
dana budu   die **Kalbskeule**,-n
dana eti   das **Kalbfleisch** [tekil]
dil   die **Zunge**,-n
et   das **Fleisch** [tekil]
fileto   das **Filet**,-s
güvercin   die **Taube**,-n
hindi   der **Truthahn**,-̈e
işkembe   die **Kaldaune**,-n
jambon   der **Schinken**,-
kıyma   das **Hackfleisch** [tekil]
karaca   das **Reh**,-e
karaciğer   die **Leber**,-n
kaz   die **Gans**,-̈e
keklik   das **Rebhuhn**,-̈er
konserve et   das **Büchsenfleisch** [tekil]
koyun   der **Hammel**,-
koyun budu   die **Hammelkeule**,-n
koyun döşü   die **Hammelbrust**,-̈e
koyun eti   das **Hammelfleisch** [tekil]
kuzu   das **Lamm**,-̈er
kuzu eti   das **Lammfleisch** [tekil]
macar gulaşı   das **Gulasch** [tekil]
ördek   die **Ente**,-n
pastırma   das **Dörrfleisch** [tekil]
piliç   das **Hähnchen**,-
pirzola   das **Kotelett**,-s
salam   die **Salami**,-s
sığır   das **Rind**,-er
sığır eti   das **Rindfleisch** [tekil]
sığır filetosu   das **Rumpsteak**,-s
sosis   das **Würstchen**,-
sucuk   die **Wurst**,-̈e
sülün   der **Fasan**,-e/-en
tavşan   der **Hase**,-n
tavuk   das **Huhn**,-̈er
tavuk budu   die **Hähnchenkeule**,-n
tavuk göğüsü   die **Hühnerbrust**,-̈e
yürek   das **Herz**,-en

Bir kilo koyun eti/tavuk budu/
… almak istiyorum.
Ich möchte ein Kilo Hammelfleisch/
Hühnerkeule/… kaufen.
Lütfen bana iki tane piliç/
sucuk/… verin.
Geben Sie mir bitte zwei Hähnchen/
Würstchen/…

Hijyenik Malzemeler
Drogerieartikel

Diş fırçası/… almak istiyorum.
Ich möchte eine Zahnbürste/
… kaufen.
Tırnak makasınız/… var mı?
Haben Sie eine Nagelschere/…?
Bir havlu/… almak istiyorum.
Ich möchte ein Handtuch/
… kaufen.

**Hijyenik Malzemeler Kelime Listesi
Wortliste Drogerieartikel**

kadın bağı (pad) die **Damenbinde**,-n
aseton der **Nagellackentferner**,-
ayna der **Spiegel**,-
bulaşık bezi das **Spültuch**,-̈er
bulaşık deterjanı das **Spülmittel**,-
bulaşık fırçası die **Spülbürste**,-n
cımbız die **Pinzette**,-n
cilt kremi die **Hautcreme**,-s
deodorant das **Deodorant**,-s
deterjan das **Waschmittel**,-
diş fırçası die **Zahnbürste**,-n
diş macunu die **Zahnpaste**,-n
el kremi die **Handcreme**,-s
fitil der **Tampon**,-s
flaster das **Pflaster**,-
gece kremi die **Nachtcreme**,-s
güneş kremi die **Sonnencreme**,-s
güneş yağı das **Sonnenöl**,-e
güneş koruma faktörü der **Lichtschutzfaktor**,-en

havlu das **Handtuch**,-̈er
kına die **Henna** [tekil]
kağıt mendil das **Papiertaschentuch**,-̈er
kolonya das **Kölnischwasser** [tekil]
krem die **Creme**,-s
kürdan der **Zahnstocher**,-
makas die **Schere**,-n
nemlendirici krem die **Feuchtigkeitscreme**,-s
oje der **Nagellack**,-e
pamuk die **Watte**,-n
parfüm das **Parfüm**,-s
prezervatif das **Präservativ**,-e
pudra der **Puder**,-
ruj der **Lippenstift**,-e
sabun die **Seife**,-n
saç jölesi das **Haargel**,-e/,-s
saç lastiği das **Haargummi**,-s
saç losyonu der **Haarfestiger**,-
saç spreyi das **Haarspray**,-s
sünger der **Schwamm**,-̈e
şampuan das **Shampoo**,-s
tıraş bıçağı die **Rasierklinge**,-n
tıraş fırçası der **Rasierpinsel**,-
tıraş köpüğü der **Rasierschaum**,-̈e
tıraş kremi die **Rasiercreme**,-s
tıraş losyonu die **Rasierlotion**,-en/,-s
tıraş makinesi der **Rasierapparat**,-e
tıraş sabunu die **Rasierseife**,-n
tırnak makası die **Nagelschere**,-n
tırnak törpüsü die **Nagelfeile**,-n
tampon der **Tampon**,-s
tarak der **Kamm**,-̈e
tuvalet kağıdı das **Toilettenpapier**,-e
vücut şampuanı das **Duschgel**,-e/,-s
yıkama bezi der **Waschlappen**,-

Ev Eşyaları
Haushaltsartikel

Çöp torbası/Pil/… var mı?
Haben Sie Müllbeutel/Batterien/… ?
Lütfen bana kurulama bezi/… verin.
Geben Sie mir bitte ein Spültuch/…
Ben süpürge/kova/… almak istiyorum.
Ich möchte einen Besen/
einen Eimer/… kaufen.

Ev Eşyaları Kelime Listesi
Wortliste Haushaltsartikel

adaptör   der **Adapter**,-
alüminyum folyo   die **Alufolie**,-n
ampül   die **Glühbirne**,-n
bıçak   das **Messer**,-
bardak   der **Becher**,-
bardak (cam)   das **Glas**,-̈er
bulaşık fırçası   die **Spülbürste**,-n
buzluk   die **Kühltasche**,-n
cam   das **Glas**,-̈er
çakı   das **Taschenmesser**,-
çakmak   das **Feuerzeug**,-e
çalar saat   der **Wecker**,-
çamaşır ipi   die **Wäscheleine**,-n
çatal   die **Gabel**,-n
çatal bıçak takımı   das **Besteck**,-e
çay kaşığı   der **Teelöffel**,-
çaydanlık   die **Teekanne**,-n
çengelli iğne   die **Sicherheitsnadel**,-n
çıra   der **Grillanzünder**,-
çöp torbası   der **Müllbeutel**,-
çorba tabağı   der **Suppenteller**,-
daldırma ısıtıcı   der **Tauchsieder**,-
deterjan   das **Spülmittel**,- | das **Waschmittel**,-
dikiş iğnesi   die **Nähnadel**,-n
ekmek sepeti   der **Brotkorb**,-̈e
el lambası   die **Taschenlampe**,-n
el süpürgesi   der **Handfeger**,-
ev eşyaları   die **Haushaltswaren**,-
fincan   die **Tasse**,-n
fincan tabağı   die **Untertasse**,-n
gaz yağı   das **Petroleum** [tekil]
güğüm   die **Kanne**,-n
haşarat spreyi   das **Insektenspray**,-s
ibrik   die **Kanne**,-n
ip   der **Bindfaden**,-̈
iplik   das **Nähgarn**,-e
ispirto   der **Brennspiritus** [tekil]
kağıt havlu   das **Küchenpapier**,-e

kağıt peçete   die **Papierserviette**,-n
kahve kabı   die **Kaffekanne**,-n
kap   die **Schüssel**,-n
kaşık   der **Löffel**,-
kibrit   das **Streichholz**,-̈er
konserve açacağı   der **Dosenöffner**,-
kül tablası   der **Aschenbecher**,-
kürdan   der **Zahnstocher**,-
kurulama bezi   das **Spültuch**,-̈er
makas   die **Schere**,-n
mandal   die **Wäscheklammer**,-n
mangal   der **Grill**,-s
mangal kömürü   die **Grillkohle**,-n
masa örtüsü   die **Tischdecke**,-n
mum   die **Kerze**,-n
kova   der **Eimer**,-
paspas   die **Fußmatte**,-n
paspas bezi   der **Wischlappen**,-
peçete   die **Serviette**,-n
pil   die **Batterie**,-n
poşet   der **Plastikbeutel**,-
saç kurutma makinesi   der **Haarföhn**,-e
selofan   die **Frischhaltefolie**,-n
sirke ve yağ şişesi   die **Essig- und Ölflasche**,-n
sofra takımı   das **Gedeck**,-e
sünger   der **Schwamm**,-̈e
süpürge   der **Besen**,-
sürahi   die **Karaffe**,-n
süzgeç   das **Sieb**,-e
şekerlik   die **Zuckerdose**,-n
şemsiye   der **Regenschirm**,-e
şişe açacağı   der **Flaschenöffner**,-
tabak   der **Teller**,-
tava   die **Pfanne**,-n
tel   der **Draht**,-̈e
tencere   der **Topf**,-̈e
tepsi   das **Tablett**,-s
termos   die **Thermosflasche**,-n
testi   der **Krug**,-̈e
tıraş makinesi   der **Rasierapparat**,-e
tirbuşon   der **Korkenzieher**,- |
der **Flaschenöffner**,-
torba   der **Beutel**,- | die **Tüte**,-n
ütü   das **Bügeleisen**,-
uzatma kablosu   das **Verlängerungskabel**,-
yumurtalık   der **Eierbecher**,-

Elektrikli Ev Aletleri
Elektrische Haushaltsgeräte

Fırınımız/Elektrikli ocağımız/Elektrikli
ızgaramız/... çalışmıyor/bozuk.
Unser Backofen/Herd/Elektrogrill/...
funktioniert nicht/ist kaputt.
Fırınım/... ısınmıyor.
Mein Ofen/... wird nicht heiß.
Çamaşır makinemiz/... için yedek
parçaya ihtiyacım var.
Ich brauche ein Ersatzteil für unsere
Waschmaschine/...
Mikrodalga fırınım/... bozuk.
Meine Mikrowelle/... funktioniert
nicht mehr.
Buzdolabımızın ışığı/... çalışmıyor (bozuk).
Das Licht/... in unserem Kühlschrank
funktioniert nicht (ist kaputt).
Buzdolabımız/... yeteri kadar soğutmuyor.
Unser Kühlschrank/... kühlt nicht
ausreichend.
Derin dondurucum/... dondurmuyor artık.
Mein Gefrierschrank/... gefriert nicht mehr.
Klima cihazı/Meyve sıkacağı
makinesi/... almak istiyorum.
Ich möchte ein/-e/-en Klimaanlage/
Entsafter/... kaufen.

Kahve makinemiz/... kireçlendi.
Unsere Kaffeemaschine/... ist verkalkt.
Elektrikli süpürge makine torbaları
hangi büyüklükte?
Welche Größen haben Sie an
Staubsaugerbeuteln?
Bu bulaşık makinesinin/... fiyatı ne kadar?
Wie viel kostet diese Spülmaschine/...?
Çamaşır makinem/... su kaçırıyor.
Meine Waschmaschine/... läuft aus.
Çamaşır kurutma makinemiz/
... kuruturken gürültü yapıyor.
Unser Wäschetrockner/... macht beim
Trocknen Geräusche.
Lütfen bana servisten birini
gönderin/... Bitte schicken Sie mir jemanden
vom Kundendienst/...
Bana elektrikçinin telefon numarasını
verebilir misiniz?
Können Sie mir die Telefonnummer
von einem Elektriker geben?
Bulaşık makinesinin/... tamiri ne
kadar tutar?
Wie teuer wird die Reparatur der
Spülmaschine/...?

Elektrikli Ev Aletleri Kelime Listesi
Wortliste elektrische Haushaltsgeräte

akü/pil şarj cihazı
das **Akku-/Batterie-Ladegerät**,-e
anahtar bulma cihazı   der **Schlüsselfinder**,-
ayakkabı temizleme makinesi
die **Schuhputzmaschine**,-n
buharlı temizleyici   der **Dampfreiniger**,-
buz yapma makinesi   die **Eismaschine**,-n
buzdolabı   der **Kühlschrank**,-̈e
CD kaydedici   der **CD-Rekorder**,-
çamaşır kurutma makinesi   der **Wäschetrockner**,-
çamaşır makinesi   die **Waschmaschine**,-n
çay makinesi   die **Teemaschine**,-n
Mikrodalga fırın   die **Mikrowelle**,-n
dikiş makinesi   die **Nähmaschine**,-n
derin dondurucu   die **Gefriertruhe**,-n
derin donduruculu buzdolabı
die **Kühl-Gefrierkombination**,-en
diş temizleme cihazı   das **Zahnpflegegerät**,-e
doğrama cihazı   der **Zerkleinerer**,-
DVD kaydedici   der **DVD-Rekorder**,-
el mikseri   der **Handmixer**,-
elektrikli bıçak   das **Elektromesser**,-
elektrikli el süpürgesi   der **Handstaubsauger**,-
elektrikli ızgara   der **Elektrogrill**,-s
elektrikli konserve açacağı
der **elektrische**,-n **Dosenöffner**,-
elektrikli meyve sıkacağı
der **elektrische**,-n **Entsafter**,-
elektrikli süpürge   der **Bodenstaubsauger**,-
elektrikli süpürge torbası
der **Staubsaugerbeutel**,-
elektrikli ocak   der **Herd**,-e
epilatör   der **Damenrasierer**,-
espresso makinesi   die **Espressomaschine**,-n
fırın   der **Backofen**,-̈
folyo yapıştırma cihazı
das **Folienschweißgerät**,-e
fritöz   die **Fritteuse**,-n
ısıtma cihazı   das **Heizgerät**,-e
hoparlör   der **Lautsprecher**,-
havalandırma   die **Dunstabzugshaube**,-n
kahve değirmeni   die **Kaffeemühle**,-n
kahve makinesi   die **Kaffeemaschine**,-n
kapı iletişim cihazı   die **Gegensprechanlage**,-n
kasetçalar   der **Kassettenrekorder**,-
klima cihazı   das **Klimagerät**,-e
köpürtme cihazı   der **Milchaufschäumer**,-
kulaklık   der **Kopfhörer**,-
kurutma makinesi   der **Ablufttrockner**,-
makas   die **Schere**,-n
masaj cihazı   das **Massagegerät**,-e
metal arama cihazı   das **Metallsuchgerät**,-e
meyve sıkacağı   die **Saftpresse**,-n

mutfak cihazı   die **Küchenmaschine**,-n
mutfak terazisi   die **Küchenwaage**,-n
müzik seti   die **Musikanlage**,-n
nem alma makinesi
der **Kondenstrockner**,-
otomatik ekmek yapma makinesi
der **Brotbackautomat**,-en
para kontrol makinesi
das **Geldscheinprüfgerät**,-e
pirinç pişirme cihazı   der **Reiskocher**,-
radyo   das **Radio**,-s
saç kesme makinesi
das **Haarschneidegerät**,-e
saç kurutma makinesi   der **Haarföhn**,-e
set içi bulaşık makinesi
die **Einbauspülmaschine**,-n
set içi buzdolabı   der **Einbaukühlschrank**,-̈e
set içi fırın   der **Einbaubackofen**,-̈
set içi ocak   der **Einbauherd**,-e
set üstü bulaşık makinesi
die **Tischspülmaschine**,-n
su çekme (emme) makinesi
der **Waschsauger**,-
su ısıtıcı   der **Wasserkocher**,-
solaryum   die **Sonnenbank**,-̈e |
das **Solarium/Solarien**
tahıl öğütme cihazı   die **Getreidemühle**,-n
tam otomatik kahve makinesi
der **Kaffeevollautomat**,-en
tekstil tüy alma makinesi
der **Fusselrasierer**,-
televizyon   der **Fernseher**,-
televizyon kumandası
die **Fernbedienung**,-en
terazi (kişiler için)   die **Personenwaage**,-n
termometre   das **Thermometer**,-
tıraş makinesi   der **Rasierer**,-
tost makinesi   der **Toaster**,-
vantilatör   der **Ventilator**,-en
video   der **Videorekorder**,-
uydu anteni   die **Satellitenschüssel**,-n
uydu cihazı   der **Receiver**,-
ütü   das **Bügeleisen**,-
yedek parça   das **Ersatzteil**,-e
yumurta kaynatma cihazı   der **Eierkocher**,-
yüz bronzlaştırma makinesi
der **Gesichtsbräuner**,-
yüz temizleme cihazı   der **Gesichtsreiniger**,-
zaman ayarlama cihazı   die **Zeitschaltuhr**,-en

Giysi - *Kleidung*

… nereden satın alabilirim?
Wo kann ich … kaufen?
… için bana iyi bir mağaza tavsiye
edebilir misiniz?
Können Sie mir ein gutes Geschäft
für … empfehlen?
… …'daki … mağazasından alabilirsiniz.
Sie können … im Geschäft … in
… kaufen.
Mağaza nerededir?
Wo ist das Geschäft?
Mağaza …'dadır.
Das Geschäft ist in …
Ne arzu edersiniz?
Was wünschen Sie?
Sizinle ilgilenen var mı?
Werden Sie schon bedient?
Bakmak istiyorum.
Ich möchte mich umsehen.
… arıyorum. Ich suche …
… var mı? Haben Sie … ?
… ihtiyacım var. Ich brauche …
Lütfen bana … verin.
Geben Sie mir bitte …
Bu maldan şu anda yok.
Der Artikel ist im Moment ausverkauft.
O size tekrar gelir mi?
Bekommen Sie es wieder herein?
O gelmeyecek artık.
Nein, wir bekommen es nicht mehr.
Evet, yaklaşık … günde gelir.
Ja, wir bekommen es in ungefähr
… Tagen.
Ben tekrar uğrarım.
Ich komme dann wieder vorbei.
Kaç beden giyiyorsunuz?
Welche Größe haben Sie?
… beden giyiyorum.
Ich habe Größe …
Bunu deneyebilir miyim?
Kann ich es anprobieren?
Lütfen kabine gidin.
Bitte gehen Sie in die Umkleidekabine.

Bu biraz büyük/küçük/geniş.
Es ist etwas zu groß/klein/weit.
Bu biraz dar/uzun/kısa.
Es ist etwas zu eng/lang/kurz.
Bir numara büyüğü/küçüğü var mı?
Haben Sie das in einer Nummer
größer/kleiner?
Bu iyi oldu/olmadı.
Das sitzt gut/schlecht.
İyi oldu. (Üzerinizde iyi duruyor).
Das steht Ihnen gut.
Bunu (tadilat) değiştirebilir misiniz?
Können Sie mir das ändern?
Evet, (tadilat) değiştirebiliriz.
Ja, das können wir ändern.
Yaklaşık ne kadar sürer?
Wie lange dauert das etwa?
Yaklaşık … saat/gün sürer.
Das dauert ungefähr … Stunden/Tage.
Bu benim için çok pahalı.
Das ist mir zu teuer.
Daha ucuzu var mı?
Haben sie etwas Preiswerteres?
Bunu beğenmiyorum.
Das gefällt mir nicht.
Biraz daha iyisi var mı?
Haben Sie etwas Besseres?
Bundan biraz değişiği/… var mı?
Haben Sie noch ein anderes/… ?
Hayır, bizde yalnız bu var.
Nein, wir haben nur das.
Evet, size başkalarını göstereyim.
Ja, ich zeige Ihnen noch etwas anderes.
Bu aradığım değil.
Das ist nicht das, was ich suche.

Başka bir yere bakmak istiyorum.
Ich werde mich woanders umsehen.
Olmazsa değiştirebilir miyim?
Kann ich es umtauschen, wenn es
nicht passt?
Değiştirmek isterseniz, kasa fişini
getirmeniz gerekiyor.
Sie müssen den Kassenbon verwahren,
wenn Sie es umtauschen wollen.
Bir tanesi/çifti ne kadar?
Wie viel kostet es pro Stück/ein Paar?
Bir metresi/… ne kadar?
Wie viel kostet ein Meter/… ?
Hepsi beraber ne kadar eder?
Wie viel kostet alles zusammen?
… 'nin fiyatı … Euro/Cent'tir.
… kostet/kosten … Euro/Cent.
Onu iyi paket edebilir misiniz?
Können Sie es mir (gut) einpacken?
Biraz sonra kendim alırım.
Ich hole es später ab.
Onu evime gönderir misiniz?
Können Sie es mir nach Hause
bringen lassen?
Lütfen adresinizi verin.
Geben Sie mir bitte Ihre Adresse.
Adresim … 'dir.
Meine Anschrift ist …
Ne zaman teslim edilecek?
Wann wird es geliefert?
… tarihinde saat … 'da teslim edilecek.
Es wird am … um … Uhr geliefert.

Giysi Kelime Listesi Wortliste Kleidung

anorak   der **Anorak**,-s
astar   das **Futter**,-
atkı   das **Halstuch**,-̈er
atlet   das **Unterhemd**,-en
badi   der **Body**,-s
bayan elbisesi   das **Kleid**,-er
beden   die **Größe**,-n
bez   das **Tuch**,-̈er
bikini   der **Bikini**,-s
blazer   der **Blazer**,-
blucin   die **Jeans**,-
bluz   die **Bluse**,-n
bone   die **Bademütze**,-n
bornoz   der **Bademantel**,-̈
boyun atkısı   der **Schal**,-s
ceket   die **Jacke**,-n
cep   die **Tasche**,-n
çamaşır   die **Wäsche** [tekil]
çizgili   **gestreift**
çorap   der **Strumpf**,-̈e
dantel   die **Spitze**,-n
dekolte   der **Ausschnitt**,-e
deri   das **Leder** [tekil]
deri ceket   die **Lederjacke**,-n
deri palto   der **Ledermantel**,-̈
don   die **Unterhose**,-n
düğme   der **Knopf**,-̈e
düğme deliği   das **Knopfloch**,-̈er
tek renkli   **einfarbig**
elbise   der **Anzug**,-̈e
elbise kolu   der **Ärmel**,-
eldiven   der **Handschuh**,-e
erkek ceketi   der **Sakko**,-s
erkek elbisesi   der **Anzug**,-̈e
erkek mayosu   die **Badehose**,-n
eşofman   der **Trainingsanzug**,-̈e
etek   der **Rock**,-̈e
fermuar   der **Reißverschluss**,-̈e
flanel   der **Flanell** [tekil]
fular   der **Schal**,-s
gece elbisesi   das **Abendkleid**,-er
gecelik   das **Nachthemd**,-en
giyim   die **Kleidung**,-en
gömlek   das **Hemd**,-en
hırka   die **Strickjacke**,-n
iç çamaşırı   die **Unterwäsche** [tekil]
iş gömleği   der **Kittel**,-
ipek   die **Seide** [tekil]
kısa çorap   die **Socke**,-n
kadın mayosu   der **Badeanzug**,-̈e
kapüşon   die **Kapuze**,-n
kareli   **kariert**
kazak   der **Pullover**,-
kemer   der **Gürtel**,-

keten   das **Leinen** [tekil]
konfeksiyon   die **Konfektion**,*-en*
kostüm   das **Kostüm**,*-e*
kravat   die **Krawatte**,*-n*
külot   der **Slip**,*-s* | die **Unterhose**,*-n*
külotlu çorap   die **Strumpfhose**,*-n*
kürk   der **Pelz**,*-e*
kürk ceket   die **Pelzjacke**,*-n*
kürk manto   der **Pelzmantel**,*¨*
manşet   die **Manschette**,*-n*
manto   der **Mantel**,*¨*
mendil   das **Taschentuch**,*¨er*
önlük   die **Schürze**,*-n*
palto   der **Mantel**,*¨*
pantolon   die **Hose**,*-n*
pantolon askısı   der **Hosenträger**,*-*
papyon   die **Fliege**,*-n*
peçe   der **Schleier**,*-*
pijama   der **Pyjama**,*-s* | der **Schlafanzug**,*¨e*
prova etmek   **anprobieren**
renk   die **Farbe**,*-n*
sabahlık   der **Morgenrock**,*¨e*
sandalet   die **Sandale**,*-n*
spor çorap   der **Kniestrumpf**,*¨e*
spor gömlek   das **Sporthemd**,*-en*
süet ceket   die **Wildlederjacke**,*-n*
süet manto   der **Wildledermantel**,*¨*
sütyen   der **Büstenhalter**,*-*
şapka   der **Hut**,*¨e* | die **Mütze**,*-n*
şemsiye   der **Schirm**,*-e*
şerit   das **Band**,*¨er*
şort   die **Shorts** [çoğul]
tayt   die **Leggings** [çoğul]
terlik   der **Pantoffel**,*-n*
tül örtü   der **Schleier**,*-*
ütü yapmak   **bügeln**
yağmurluk   der **Regenmantel**,*¨*
yaka   der **Kragen**,*-*
yaka düğmesi   der **Kragenknopf**,*¨e*
yazlık elbise   das **Sommerkleid**,*-er*
yelek   die **Weste**,*-n*
yün   die **Wolle** [tekil]

Kumaş Kelime Listesi - Wortliste Stoffe

çamaşır makinesine dayanıklı
waschmaschinenfest
fanila   der **Flanell** [tekil]
ipek   die **Seide** [tekil]
kadife   der **Samt** [tekil]
keten   das **Leinen** [tekil]
kumaş   der **Stoff**,*-e*
-ağır kumaş   der **schwere**,*-n* **Stoff**,*-e*
-buruşmaz kumaş   der **knitterfreie**,*-n* **Stoff**,*-e*
-çiçekli kumaş   der **geblümte**,*-n* **Stoff**,*-e*
-çizgili kumaş   der **gestreifte**,*-n* **Stoff**,*-e*
-dayanıklı kumaş   der **haltbare**,*-n* **Stoff**,*-e*
-desenli kumaş   der **gemusterte**,*-n* **Stoff**,*-e*
- hafif kumaş   der **leichte**,*-n* **Stoff**,*-e*
- ince kumaş   der **dünne**,*-n* **Stoff**,*-e*
- kaba kumaş   der **grobe**,*-n* **Stoff**,*-e*
- kareli kumaş   der **karierte**,*-n* **Stoff**,*-e*
naylon   das **Nylon** [tekil]
pamuk   die **Baumwolle** [tekil]
patiska   der **Batist** [tekil]
poplin   der **Popelin** [tekil]
sentetik lif   die **Kunstfaser**,*-n*
yün   die **Wolle** [tekil]

Renkler Kelime Listesi - Wortliste Farben

bej   **beige**
beyaz   **weiß**
gri   **grau**
- koyu gri   **dunkelgrau**
- açık gri   **hellgrau**
gümüş rengi   **silber**
kırmızı   **rot**
- açık kırmızı   **hellrot**
- koyu kırmızı   **dunkelrot**
kahverengi   **braun**
- açık kahverengi   **hellbraun**
- koyu kahverengi   **dunkelbraun**
kestane rengi   **kastanienbraun**
krem rengi   **beige**
mavi   **blau**
- açık mavi   **hellblau**
- koyu mavi   **dunkelblau**
mor   **lila**
pembe   **rosa**
portakal rengi   **orange**
sarı   **gelb**
- altın sarısı   **golden**
siyah   **schwarz**
turuncu   **orange**
vişne çürüğü   **violett**
yeşil   **grün**
- açık yeşil   **hellgrün**
- koyu yeşil   **dunkelgrün**

Ayakkabı - Schuhe

Bir çift lastik çizme/çizme/ayakkabı/
iskarpin satın almak istiyorum.
Ich möchte ein Paar Gummistiefel/
Stiefel/Schuhe/Halbschuhe kaufen.
Alçak/yüksek topuklu ayakkabı istiyorum.
Ich möchte Schuhe mit niedrigem/
hohem Absatz.
Alçak/yüksek tabanlı ayakkabı istiyorum.
Ich möchte Schuhe mit flacher/hoher Sohle.
Bir çift ev ayakkabısı/terlik/sandalet
almak istiyorum.
Ich möchte ein Paar Hausschuhe/
Pantoffeln/Sandalen kaufen.
Kaç numara ayakkabıya ihtiyacınız var?
Welche Schuhgröße brauchen Sie?
… numaraya ihtiyacım var.
Ich brauche Größe …
Bunlar dar/geniş/büyük/küçük.
Diese sind zu eng/weit/groß/klein.
Ayağımın parmaklarını sıkıyor.
Sie drücken an den Zehen.
Bir büyük/küçük numarası var mı?
Haben Sie eine größere/kleinere Nummer?
Aynısının kahverengisi/… var mı ?
Haben Sie die gleichen in braun/… ?
Aynısı … renkte var.
Wir haben die gleichen in …

Evet, bu benim istediğim.
Ja, das ist das, was ich möchte.
Bunları denemek istiyorum.
Ich möchte sie anprobieren.
Bunlar ayağınıza nasıl oluyor?
Wie passen Ihnen diese?
Ayağıma iyi oluyor.
Sie passen mir gut.
Bu ayakkabıları tamir edebilir misiniz?
Können Sie mir diese Schuhe reparieren?
Lütfen ayakkabıları pençeleyin.
Bitte besohlen Sie diese Schuhe.
Yeni topuk yapın, lütfen.
Machen Sie neue Absätze bitte.
Tamir edilmiş ayakkabıyı ne
zaman alabilirim?
Wann kann ich die fertigen Schuhe abholen?
Tamir edilmiş ayakkabıyı … tarihinde saat …
'da alabilirsiniz.
Sie können die fertigen Schuhe am
… um … Uhr abholen.
Siyah/Kahverengi/Beyaz/… ayakkabı
bağına ihtiyacım var.
Ich brauche schwarze/braune/weiße/
… Schnürsenkel.
Buna göre ayakkabı boyanız var mı?
Haben Sie die passende Schuhcreme?
Buna göre temizleme maddeniz var mı?
Haben Sie das passende Pflegemittel?

Ayakkabı Kelime Listesi - Wortliste Schuhe

ayakkabı   der **Schuh**,-*e*
ayakkabı bağcığı   der **Schnürsenkel**,-
ayakkabı boyası   die **Schuhcreme**,-*s*
ayakkabı fırçası   die **Schuhbürste**,-*n*
ayakkabı kalıbı   der **Leisten**,-
ayakkabı tamircisi   der **Schuhmacher**,-
ayakkabıcı   das **Schuhgeschäft**,-*e*
çekecek   der **Schuhanzieher**,-
çift   das **Paar**,-*e*
çizme   der **Stiefel**,-
dana derisi   das **Kalbsleder** [tekil]
dar   **eng**
deri   das **Leder** [tekil]
deri taban   die **Ledersohle**,-*n*
derinin üst yüzü   das **Oberleder** [tekil]
iskarpin   der **Halbschuh**,-*e*

kerata   der **Schuhanzieher**,-
köşker   der **Schuhmacher**,-
lastik ayakkabı   der **Gummischuh**,-*e*
lastik çizme   der **Gummistiefel**,-
lastik ökçe   der **Gummiabsatz**,-̈*e*
lastik taban   die **Gummisohle**,-*n*
numara   die **Größe**,-*n*
ökçe   der **Absatz**,-̈*e*
plaj terliği   der **Badeschlappen**,-
rugan iskarpin   der **Lackschuh**,-*e*
sığır derisi   das **Rindsleder** [tekil]
sandalet   die **Sandale**,-*n*
spor ayakkabı   der **Sportschuh**,-*e*
süet   das **Wildleder** [tekil]
taban   die **Sohle**,-*n*
ilave iç taban   die **Einlegesohle**,-*n*
terlik   der **Hausschuh**,-*e* | der **Pantoffel**,-*n*
yüksek topuk   der **hohe**,-*n* **Absatz**,-̈*e*

Kuyumcu ve Saatçi
Juwelier und Uhrmacher

Zincir/Yüzük/Bilezik/...
almak istiyorum.
Ich möchte eine Kette/einen Ring/
ein Armband/... kaufen.
Saat almak istiyorum.
Ich möchte eine Uhr kaufen.
Zincirleri/Saatleri/... bana
gösterebilir misiniz?
Können Sie mir bitte Ketten/
Uhren/... zeigen?
... bana gösterebilir misiniz?
Können Sie mir ... zeigen?
Fiyatı ne kadar? Was kostet das?
Fiyatı ... Euro. Es kostet ... Euro.
Daha ucuz olanı var mı?
Haben Sie etwas in niedrigeren
Preislagen?
Eşi az bulunan bir şey istiyorum.
Ich möchte bitte ein
ausgefallenes Stück.
Eşi olmayan bir şey istiyorum.
Ich möchte bitte ein einmaliges Stück.
Bunun başka bir eşi yoktur.
Dieses ist ein Einzelstück.
Saatim ileri gidiyor/geri kalıyor.
Meine Uhr geht vor/nach.
Saatim durdu.
Meine Uhr ist stehen geblieben.
Bu saati tamir edebilir misiniz?
Können Sie diese Uhr reparieren?
... tamir edebilir misiniz?
Können Sie ... reparieren?
Tamir ne kadardır?
Was kostet die Reparatur?
Tamir yaklaşık ... Euro.
Die Reparatur kostet ungefähr ... Euro.
Eşyaları ne zaman alabilirim?
Wann kann ich die Sachen wieder
bekommen?
Eşyaları ... tarihinde saat ...'da alabilirsiniz.
Sie können die Sachen am ... um ... Uhr
wieder bekommen.

Kuyumcu ve Saatçi Kelime Listesi
Wortliste Juwelier und Uhrmacher

altın   das **Gold** [tekil]
altın kaplama   **vergoldet**
ayar   das **Karat** [tekil]
bilezik   das **Armband**,-̈er
broş   die **Brosche**,-n
değiştirmek   **ändern**
elmas   der **Diamant**,-en
eşi olmayan   das **Einzelstück**,-e
gerdanlık   die **Halskette**,-n
gerdanlık   das **Kollier**,-s
gümüş   das **Silber** [tekil]
gümüş kaplama   **versilbert**
inci   die **Perle**,-n
kol saati   die **Armbanduhr**,-en
kolye   das **Kollier**,-s
kristal   das **Kristall**,-e
küpe   der **Ohrring**,-e
moda takıları   der **Modeschmuck** [tekil]
pırlanta   der **Brillant**,-en
pahalı   **teuer**
pandantif   der **Anhänger**,-
pil   die **Batterie**,-n
platin   das **Platin** [tekil]
saat   die **Uhr**,-en
tamir   die **Reparatur**,-en
ucuz   **preiswert**
yüzük   der **Ring**,-e

Kitapçı
Buchhandlung

… hakkında kitabınız var mı?
Haben Sie ein Buch über … ?
… hakkında kitap istiyorum.
Ich möchte ein Buch über …
Yazar … 'in kitabı var mı?
Haben Sie ein Buch von dem Autor … ?
Türkçe-Almanca sözlük arıyorum.
Ich suche ein türkisch-deutsches
Wörterbuch.
… şehir planına ihtiyacım var.
Ich brauche einen Stadtplan von …
Yabancılar için Almanca
kitabına ihtiyacım var.
Ich brauche ein Deutschbuch für
Ausländer.
… hakkında Roman var mı?
Haben Sie einen Roman über … ?

Kırtasiyeci
Schreibwarengeschäft

Türkçe gazete/… almak istiyorum.
Ich möchte eine türkische
Zeitung/… kaufen.
Uygun zarfı ile birlikte mektup kağıdı
almak istiyorum.
Ich möchte Briefpapier mit passenden
Umschlägen kaufen.
… adet baskı kağıdı almak istiyorum.
Ich möchte … Blatt Druckpapier kaufen.

Tükenmez kalem/Dolma kalem/
… almak istiyorum.
Ich möchte einen Kugelschreiber/
einen Füller/… kaufen.
Kartpostal/… almak istiyorum.
Ich möchte eine Ansichtskarte/
… kaufen.
… için kart almak istiyorum.
Ich möchte eine Karte für … kaufen.
… nin fiyatı ne kadardır?
Was kostet … ?
… fiyatı … Euro/Cent.
… kostet … Euro/Cent.

Kitapçı ve Kırtasiyeci Kelime Listesi
Wortliste Buchhandlung und Schreibwaren

ambalaj kağıdı das **Packpapier**,-e
boyalı kalem der **Farbstift**,-e
defter das **Heft**,-e
dergi die **Zeitschrift**,-en
dolma kalem der **Füller**,-
gazete die **Zeitung**,-en
harita die **Landkarte**,-n
kırtasiye dükkanı das **Schreibwarengeschäft**,-e
kağıt das **Papier**,-e
karayolları haritası die **Autokarte**,-n
kartpostal die **Ansichtskarte**,-n
kitap das **Buch**,¨-er
kitapçı die **Buchhandlung**,-en
konuşma rehberi der **Sprachführer**,-
kurşun kalem der **Bleistift**,-e
mektup kağıdı das **Briefpapier**,-e
mürekkep die **Tinte**,-n
not defteri der **Notizblock**,¨-e
resim kağıdı das **Zeichenpapier**,-e
resimli mecmua die **Illustrierte**,-n
roman der **Roman**,-e
seloteyp das **Klebeband**,¨-er
seyahat rehberi der **Reiseführer**,-
silgi der **Radiergummi**,-s
sözlük das **Wörterbuch**,¨-er
şehir planı der **Stadtplan**,¨-e
takvim der **Kalender**,-
tükenmez kalem der **Kugelschreiber**,-
tükenmez kalem içi die **Kugelschreibermine**,-n
tutkal der **Klebstoff**,-e
yapıştırıcı der **Klebstoff**,-e
yol haritası die **Reisekarte**,-n |
die **Straßenkarte**,-n
zarf der **Briefumschlag**,¨-e

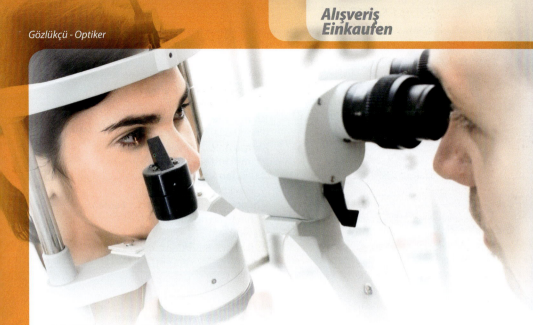

Gözlükçü - *Optiker*

Gözlük için reçete burada.
Hier ist das Rezept für eine Brille.
Çerçevesiz gözlük almak istiyorum.
Ich hätte gern eine randlose Brille.
Metal/… çerçeveli gözlük almak istiyorum.
Ich hätte gern eine Brille mit
Metallrahmen/…
Güneş gözlüğü almak istiyorum.
Ich hätte gern eine Sonnenbrille.
Gözlüğüm sağ/sol kulağımın arkasını
sıkıyor.
Meine Brille drückt hinter dem
rechten/linken Ohr.
Gözlüğüm burnumu sıkıyor.
Meine Brille drückt auf der Nase.
Gözlüğümün camı kırıldı. Yenisini takar
mısınız, lütfen?
Mir ist das Brillenglas zerbrochen.
Würden Sie mir bitte ein neues
einsetzen?
Gözlüğümün çerçevesi kırıldı.
Mir ist der Brillenbügel zerbrochen.
Onu tamir eder misiniz veya yenisini
sipariş eder misiniz?
Können Sie ihn reparieren oder mir
einen neuen bestellen?

Gözlüğümün çerçevesinin
vidasını kaybettim.
Ich habe die Schraube meines
Brillenbügels verloren.
Yenisini takar mısınız, lütfen?
Können Sie bitte eine neue
einsetzen?
Gözlüğümün camlarının yeterli
olup olmadığını tespit eder
misiniz, lütfen?
Können Sie bitte feststellen, ob
meine Brillenglasstärke noch
ausreichend ist?
Tamir ne kadar tutar?
Was kostet die Reparatur?
Tamir yaklaşık … Euro tutar.
Die Reparatur kostet ungefähr
… Euro.
Gözlük ne zaman biter?
Wann ist die Brille fertig?
Tamamlanmış gözlüğü ne
zaman alabilirim?
Wann kann ich die fertige Brille
abholen?
Tamamlanmış gözlüğü … tarihinde
saat … 'da alabilirsiniz.
Sie können die fertige Brille am
… um … Uhr abholen.

HİZMET SEKTÖRLERİ
DIENSTLEISTUNGS-
UNTERNEHMEN

Posta ve Haberleşme
Post und Kommunikation

En yakın postane/… nerede?
Wo ist das nächste Postamt/… ?
En yakın postane … 'dadır.
Das nächste Postamt ist in …
Mektup/… için gişe nerededir?
Wo ist der Schalter für Briefe/… ?
Mektup/… için gişe … 'dadır.
Der Schalter für Briefe/… ist …
… 'ya mektubun/… fiyatı
ne kadardır?
Wie viel beträgt das Porto für einen
Brief/… nach … ?
… 'ye kartpostalın fiyatı ne kadardır?
Wie viel beträgt das Porto für eine
Ansichtskarte nach … ?
Ankara'ya … 'nin fiyatı … Euro.
Das Porto für … nach Ankara
beträgt … Euro.
Tutarı … Euro. Das macht … Euro.
Bu mektubun ağırlık fazlası var.
Dieser Brief hat Übergewicht.
Daha ne kadar ödemem
gerekiyor?
Wie viel muss ich noch zahlen?
… Euro daha ödemeniz gerekiyor.
Sie müssen noch … Euro zahlen.
Türkiye'ye/… mektup/kartpostal/
… kaça gidiyor?
Was kostet ein Brief/eine Postkarte/
… in die Türkei/… ?
Lütfen bana … Cent'lik mektup
pulu verin.
Geben Sie mir bitte Briefmarken
zu … Cent.
Özel pullarınız/… var mı?
Haben Sie Sondermarken/… ?

Bu paketi Türkiye'ye/
… göndermek istiyorum.
Ich möchte dieses Paket in
die Türkei/… schicken.
Türkiye'ye paket/… ne kadar
zamanda gider?
Wie lange braucht ein Paket/…
in die Türkei?
Bunu matbu olarak gönderebilir miyim?
Kann ich dies als Drucksache
verschicken?
Evet, bunu matbu olarak
gönderebilirsiniz.
Ja, Sie können dies als Drucksache
verschicken.
Hayır, mümkün değildir.
Nein, das ist nicht möglich.
Lütfen bana posta havale
formu veriniz.
Geben Sie mir bitte die
Postanweisungen.
Lütfen doldurmakta bana yardımcı
olur musunuz?
Können Sie mir bitte beim
Ausfüllen helfen?
Bu posta havalesini almak istiyorum.
Ich möchte mir diese Postanweisung
auszahlen lassen.
Pasaportunuz yanınızda mı?
Haben Sie Ihren Pass dabei?
Buyurun, pasaportum buradadır.
Bitte, hier ist mein Pass.
Evimi değiştirdim.
Ich habe meine Wohnung gewechselt.
Adıma gelen postayı lütfen şu
adrese gönderiniz: …
Senden Sie bitte meine Post
an diese Adresse: …
Bu paketi … 'ya göndermek istiyorum.
Ich möchte dieses Paket
nach … verschicken.
Lütfen şu paket kartını doldurunuz.
Füllen Sie bitte diese Paketkarte aus.
Paketi sigortalatmak istiyorum.
Ich möchte das Paket versichern lassen.

Paket sigortasının ne değerde olması gerekiyor?
Wie hoch muss das Paket versichert werden?

Paketin … Euro için sigorta edilmesi gerekiyor.
Das Paket soll für … Euro versichert werden.

Bunun için bir gümrük beyannamesi doldurmanız gerekiyor.
Hierfür ist eine Zollinhaltserklärung erforderlich.

Eşyanın cinsi ve değerini bildirmeniz gerekiyor.
Sie müssen Art und Wert der Ware angeben.

Posta hesabımdan … Euro çekmek istiyorum.
Ich möchte … Euro von meinem Postsparbuch abheben.

Posta hesabıma … Euro yatırmak istiyorum.
Ich möchte … Euro auf mein Postsparbuch einzahlen.

Postane Kelime Listesi
Wortliste Post

ağırlık das **Gewicht**,-e
adres die **Adresse**,-n
ahize der **Hörer**,-
alıcı der **Empfänger**,-
bağlamak **verbinden**
bağlantı die **Verbindung**,-en
boşaltma die **Leerung**,-en
çevirmek **wählen**
değer beyanı die **Wertangabe**,-n
direkt çevirmek **durchwählen**
direkt numara die **Durchwahl** [tekil]
doldurmak **ausfüllen**
ekspres mektup der **Eilbrief**,-e
fazla ağırlık das **Übergewicht** [tekil]
formüler das **Formular**,-e | der **Vordruck**,-e
gideceği yer der **Bestimmungsort**,-e
gişe der **Schalter**,-
gönderen der **Absender**,-
göndermek **absenden**;
aufgeben; **senden**; **schicken**
gümrük beyannamesi die **Zollerklärung**,-en | die **Zollinhaltserklärung**,-en
hat die **Leitung**,-en
kablo das **Kabel**,-
kartpostal die **Ansichtskarte**,-n | die **Postkarte**,-n
matbu die **Drucksache**,-n
meşgul **besetzt**
mektup der **Brief**,-e
mektup pulu die **Briefmarke**,-n
merkez postane die **Hauptpost** [tekil]
ödeme die **Zahlung**,-en
ödemek **(aus)zahlen**
ödeme formüleri die **Zahlkarte**,-n
ödemeli die **Nachnahmesendung**,-en
özel pul die **Sondermarke**,-n
paket das **Paket**,-e
- küçük paket das **Päckchen**,-
para havalesi die **Geldüberweisung**,-en | die **Postanweisung**,-en
posta die **Post** [tekil]
posta kodu die **Postleitzahl**,-en
posta kutusu der **Briefkasten**,-̈
posta tasarruf cüzdanı das **Postsparbuch**,-̈er
posta ücreti das **Porto**,-s
postacı (bay) der **Briefträger**,-
postacı (bayan) die **Briefträgerin**,-nen
postane das **Postamt**,-̈er
postrestant **postlagernd**
pul yapıştırmak **frankieren**
şehir içi telefon konuşması das **Ortsgespräch**,-e
şehir telefon kod numarası die **Vorwahlnummer**,-n

taahhütlü   das **Einschreiben**,-
taahhütlü mektup   der **Einschreibebrief**,-e
tebliğ etme   die **Zustellung**,-en
tebliğ etmek   **zustellen**
telefaks   das **Telefax**,-e
telefon   das **Telefon**,-e
telefon etme   der **Anruf**,-e
telefon etmek   **anrufen**
telefon kartı   die **Telefonkarte**,-n
telefon kodu   die **Vorwahl**,-en
telefon konuşması   das **Ferngespräch**,-e |
das **Telefonat**,-e
telefon kulübesi   die **Telefonzelle**,-n
telefon numarası   die **Telefonnummer**,-n
telefon rehberi   das **Telefonbuch**,⸚er
telefon santralı   die **Vermittlung**,-en
uçak postası   die **Luftpost** [tekil]
ücret   die **Gebühr**,-en
yeni adrese göndermek   **nachsenden**
zarf   der **Briefumschlag**,⸚e

İnternet Kelime Listesi
Wortliste Internet

aktarmak   **weiterleiten**
basmak   **drucken**
çıkmak   **abmelden**
çöp sepeti   der **Papierkorb**,⸚e
gelen kutusu   der **Posteingang**,⸚e
geri   **zurück**
gönderilmiş postalar
die **versendete**,-n **Mail**,-s
göndermek   **senden**
herkese yanıt vermek   **allen antworten**
kaydetmek   **speichern**
posta okumak   die **Mail**,-s **lesen**
silmek   **löschen**
taslak   der **Entwurf**,⸚e
yeni haber   die **neue**,-n **Nachricht**,-en
yeni posta   die **neue**,-n **Mail**,-s

İnternet Kafe
Internet-Café

Burada yakında internet kafe
var mı?
Gibt es hier in der Nähe ein
Internet-Café?
Büronuzdan/… elektronik posta
gönderebilir miyim?
Kann ich von Ihrem Büro/… eine
E-Mail senden?
Hangi biligisayarı kullanabilirim?
Welchen Computer kann
ich benutzen?
Yarım saati/… kaça?
Was kostet das für eine halbe
Stunde/…?

Sparkasse/Banka
Sparkasse/Bank

En yakın Sparkasse/
banka nerede?
Wo ist die nächste Sparkasse/Bank?
En yakın Sparkasse/banka …
Die nächste Sparkasse/
Bank ist …
Cari hesap açtırmak istiyorum.
Ich möchte ein Girokonto eröffnen.
Cari hesabın aylık masrafı ne kadar?
Was kostet die Kontoführung
im Monat?
Cari hesabın aylık masrafı … Euro.
Die Kontoführung kostet
im Monat … Euro.
Cari hesabımı kapatmak istiyorum.
Ich möchte mein Girokonto auflösen.
Bu çeki/… paraya çevirmek istiyorum.
Ich möchte diesen Scheck/
… einlösen.
Benim için havale geldi mi?
Haben Sie eine Geldüberweisung
für mich erhalten?
Paramatik kartımı geri vermiyor.
Der Geldautomat gibt meine Karte
nicht mehr heraus.
Otomatik ödeme talimatı vermek
istiyorum.
Ich möchte einen Dauerauftrag erteilen.
Otomatik ödeme talimatını … için
değiştirmek istiyorum.
Ich möchte einen Dauerauftrag
für … ändern.
Otomatik ödeme talimatını … için iptal
etmek istiyorum.
Ich möchte einen Dauerauftrag
für … auflösen.
Hesap dekontlarımı almak istiyorum.
Ich möchte meine
Kontoauszüge haben.
Bu faturayı havale etmek istiyorum.
Ich möchte diese Rechnung
überweisen.

Hesabımdan … Euro avans
almak istiyorum.
Ich möchte einen … Euro Vorschuss
von meinem Konto haben.
Avansı aylık olarak ne kadar geri
ödemek istiyorsunuz?
Mit welchem Betrag möchten
Sie den Vorschuss monatlich
zurückzahlen?
Her ay … Euro geri ödemek
istiyorum.
Ich möchte jeden Monat
… Euro zurückzahlen.
Cari hesabıma para yatırmak
istiyorum.
Ich möchte auf mein Girokonto
Geld einzahlen.
Tasarruf hesabı açtırmak istiyorum.
Ich möchte ein Sparkonto anlegen.
Bugün ne kadar para yatırmak
istiyorsunuz?
Wie viel Geld möchten Sie
heute einzahlen?
Bugün … Euro yatırmak istiyorum.
Ich möchte heute … Euro einzahlen.
Tasarruf hesabımı kapatmak istiyorum.
Ich möchte mein Sparkonto auflösen.
Çocuğum/… için tasarruf hesabı
açtırmak istiyorum.
Ich möchte für mein Kind/… ein
Sparkonto anlegen.
… Euro'yu … yıl için vadeli yatırırsam,
yüzde kaç faiz alırım?
Wie hoch sind die Zinsen, wenn ich …
Euro für … Jahre langfristig anlege?
… Euro'yu … yıl için vadeli yatırırsanız,
yüzde … faiz alırsınız.
Wenn Sie … Euro für … Jahre
langfristig anlegen, bekommen
Sie … Prozent Zinsen.
Biriken paramı almak istiyorum.
Ich möchte mein Sparguthaben
abheben.
… Euro kredi almak istiyorum.
Ich möchte … Euro Kredit.

Tasarruf sözleşmesi yapmak istiyorum.

Ich möchte einen Sparvertrag abschließen.

… tasarruf sözleşmesi yapmak mı istiyorsunuz?

Möchten Sie einen …-sparvertrag abschließen?

Lütfen şuraya imza atınız.

Bitte unterschreiben Sie hier.

Sparkasse/Banka Kelime Listesi
Wortliste Sparkasse/Bank

banka   die **Bank**,-en
banka hesabı   das **Bankkonto/Bankkonten**
banka kartı   die **Bankkarte**,-n
banka memuru (bayan)   die **Bankangestellte**,-n |
(bay) der **Bankangestellte**,-n
bozuk para   das **Kleingeld** [tekil]
çek   der **Scheck**,-s
çek kartı   die **Scheckkarte**,-n
çek yaprağı   das **Scheckformular**,-e
çip kartı   die **Chipkarte**,-n
değer   der **Wert**,-e
değiştirmek   **umtauschen**
döviz   die **Devisen** [çoğul]
döviz bürosu   die **Wechselstube**,-n
Euro   der **Euro**,-s
faiz   der **Zins**,-en
form   das **Formular**,-e
havale   die **Geldüberweisung**,-en
hesap   das **Konto/Konten**
imza   die **Unterschrift**,-en
imza atmak   **unterschreiben**
işlem harcı   die **Bearbeitungsgebühr**,-en
para bozmak   das **Geld wechseln**
paramatik   der **Geldautomat**,-en
şifre   die **Geheimzahl**,-en

Enerji ve Su Tedarik İşletmeleri
Energie- und Wasserversorgung

Yeni bir konut kiraladım (adresi: …).
Ich habe eine neue Wohnung
(Anschrift: …) gemietet.
Gaz sayacını/Elektrik sayacını/
Su sayacını açtırmak istiyorum.
Ich möchte den Gaszähler/
Stromzähler/Wasserzähler
eröffnen lassen.
Önceki kiracının adı ve sayaç
numaraları buradadır.
Hier ist der Name und die
Zählernummer des Vormieters.
Konuttan taşınıyorum. Kaydımı
sildirmek istiyorum.
Ich ziehe aus der Wohnung aus.
Ich möchte mich abmelden.

Lütfen bana kimliğinizi/
pasaportunuzu verin.
Bitte geben Sie mir Ihren Ausweis/Pass.
Lütfen bir önceki kiracının adını
ve sayaç numarasını veriniz.
Geben Sie mir bitte den Namen und
die Zählernummer des Vormieters an.
Bir önceki kiracının adı ve soyadı …
Der Vor- und Nachname
des Vormieters ist …
Sayacı (son durumunu) okudunuz mu?
Haben Sie den Zählerstand abgelesen?
Hayır, unuttum.
Nein, das habe ich vergessen.
Evet, sayacın durumu …
Ja, der Stand ist …
Yıllık enerji ihtiyacınız ne kadar olur?
Wie hoch kann Ihr Stromverbrauch
im Jahr sein?
Ne gibi (hangi) elektrikli aletleriniz var?
Welche elektrischen Geräte haben Sie?
Yıllık enerji ihtiyacım yaklaşık … olur.
Mein Stromverbrauch im
Jahr ist ungefähr …

Elektrikli alet olarak şunlar var: …
Ich habe folgende elektrische Geräte: …
Aylık ödemeler ne kadar olsun?
Wie hoch soll der monatliche
Abschlagsbetrag sein?
Aylık ödemeler … Euro olsun.
Der monatliche Abschlagsbetrag
soll … Euro sein.
Ödemeleri nakit mi, yoksa
hesabınızdan havale ederek
mi yapmak istiyorsunuz?
Wie möchten Sie zahlen, bar
oder mit Überweisung?
Nakit ödemek istiyorum.
Ich möchte bar zahlen.
Ödemeyi/Miktarı hesabımdan
havale ettirmek istiyorum.
Ich möchte die Zahlung/
den Betrag von meinem
Konto abbuchen lassen.
Evden … tarihinde taşınıyorum.
Ich ziehe aus der Wohnung am … aus.
Kaydımı sildirmek istiyorum.
Ich möchte mich abmelden.

Yeni adresim …
Meine neue Adresse ist …
Konutta kaç kişi yaşamaktadır?
Wie viele Personen gehören
zum Haushalt?
Konutta … kişi yaşamaktadır.
Zum Haushalt gehören … Personen.
Gaz sayacınızı/Elektrik sayacınızı/
Su sayacınızı okumak istiyorum.
Ich möchte Ihren Gaszähler/
Stromzähler/Wasserzähler ablesen.
Gaz sayacınızı/Elektrik
sayacınızı/Su sayacınızı kontrol
etmek/sökmek/değiştirmek/
takmak istiyorum.
Ich möchte Ihren Gaszähler/
Stromzähler/Wasserzähler prüfen/
abnehmen/umtauschen/aufstellen.
Gaz sayacınızı/Elektrik
sayacınızı/Su sayacınızı kapatmak
istiyorum. Çünkü son fatura
ödenmemiş.
Ich möchte Ihren Gaszähler/
Stromzähler/Wasserzähler sperren,
weil die letzte Rechnung
nicht bezahlt wurde.

Gaz sayacı/Elektrik sayacı/
Su sayacı arızalı.
Der Gaszähler/Stromzähler/
Wasserzähler ist defekt.
Lütfen ev sahibine/tamirciye
başvurun.
Bitte wenden Sie sich an den
Vermieter/Installateur.
Lütfen bana adınızı ve adresinizi
verin. Birini göndereceğiz.
Bitte geben Sie mir Ihren Namen
und Ihre Adresse. Wir schicken
jemanden vorbei.

Atık İmha İşletmeleri
Entsorgungsbetriebe

Paketlerin üzerinde bulunan
„Grüner Punkt - Yeşil Nokta"
ne anlama gelmektedir?
Was bedeutet der „Grüne Punkt"
auf den Verpackungen?
Örneğin, „Ne nereye aittir"?
hakkında bildiri/broşür var mı?
Gibt es Informationen/Broschüren
z.B. über: „Was gehört wohin"?
… bölümünün telefon
numarası nedir?
Welche Telefonnummer hat
die Abteilung für … ?
Örneğin, plastik oyuncak da mı
sarı çöp bidonuna aittir?
Gehört Plastik, z.B. Spielzeug,
auch in die gelbe Tonne?
Sarı çöp bidonum/Biyolojik
çöp bidonum/Kağıt bidonum
boşaltılmamış. Yanlış mı
ayırdım (yerleştirdim)?
Meine gelbe Tonne/Biotonne/
Papiertonne wurde nicht geleert.
Habe ich falsch sortiert?
Sarı çöp torbalarını nereden
alabilirim?
Wo kann ich gelbe Müllsäcke
bekommen?

Sarı çöp torbalarını … 'dan
alabilirsiniz?
Die gelben Müllsäcke können
Sie in … bekommen.
… 'da oturuyorum.
Ich wohne in …
En yakın çöp deposu nerededir?
Wo ist die nächste Abfallsammelstation?
Şişe/… için özel konteynerlerin
yerleri nerededir?
Wo sind Containerstandplätze
für Flaschen/… ?
Şişe/… için özel konteynerlerin
yerleri … 'dadır.
Containerstandplätze für
Flaschen/… sind in …
Bu semtte şişe/… için özel
konteynerler yoktur.
In dem Stadtviertel gibt es keine
Spezialcontainer für Flaschen/…
Kullanılmış motor yağını/Eski
tekerlekleri nereye verebilirim?
Wo kann ich Altöl/Altreifen abgeben?
Kullanılmış motor yağını/
Eski tekerlekleri … sokaktaki
„Wertstoffhöfen" Değerli Atık
Maddeler Deposu'na ücretsiz
olarak verebilirsiniz.
Sie können Ihr Altöl/Ihre Altreifen
kostenlos in den Wertstoffhöfen
in der Straße … abgeben.
Atık çöp bidonları/Biyolojik
çöp bidonları/Kağıt bidonları hangi
günlerde boşaltılmaktadır?
An welchen Tagen erfolgen die
Leerungen der Restmülltonne/
Biotonne/Papiertonne?
… çöp bidonu … günlerde
boşaltılır.
Die …-tonne wird … Tagen
geleert.
Evimizin … çöp bidonu
boşaltılmamış.
Unsere …-tonne ist nicht
geleert worden.

Sorunlu çöpler/Elektrikli
hurdalar nereye verilir?
Wo kann man Problemabfälle/
Elektroschrott abgeben?
Büyük ev çöpleri nereye verilir?
Wo kann man Sperrmüll abgeben?
CD-Rom'lar nereye verilir?
Wo kann ich CD-ROMs abgeben?
Büyük ev çöpleri için randevu
almak istiyorum.
Ich möchte einen Sperrmüll-
termin anmelden.
Çöp bidonlarını değiştirmek istiyorum.
Ich möchte die Behälter wechseln.
Hangi büyüklükte çöp bidonlarınız var?
Welche Behältergrößen haben Sie?
Hangi konteyner çeşitleriniz var?
Welche Containersorten haben Sie?
Hangi büyüklükte konteyneriniz var?
Welche Containergrößen
haben Sie?

Değerli Atık Madde Depoları
„Wertstoffhöfe" nerededir?
Wo befinden sich die Wertstoffhöfe?
Bir atık çöp bidonun/… ücreti
(harcı) ne kadardır?
Wie hoch ist die Gebühr für
eine Restmülltonne/…?
… Sokağı/… ne zaman temizlenecek?
Wann wird die …-straße/… gereinigt?
Zentraldeponie-Merkez Deponun/
Wertstoffhöfe-Değerli Atık Madde
Depolarının çalışma saatleri ne zaman?
Wann sind die Öffnungszeiten der
Zentraldeponie/Wertstoffhöfe?
Eski kağıtlarımı nasıl imha edebilirim?
Wie kann ich mein Altpapier entsorgen?

KONUT ARAMA
WOHNUNGSSUCHE

Konut Arama
Wohnungssuche

Merhaba! Adım …
Guten Tag! Mein Name ist …
…'da … tarihli ilanınızı okudum.
Ich habe Ihre Anzeige vom …
im … gelesen.
Gazetede/İnternette/
… ilanınızı okudum.
Ich habe Ihre Annonce in der Zeitung/
dem Internet/… gelesen.
Daire/Ev hala kiralık mı/boş mu?
Ist die Wohnung/das Haus noch zu
vermieten/frei?
Hayır, konut/… boş değil.
Nein, die Wohnung/… ist nicht
mehr frei.
Evet, konut/… hala boş.
Ja, die Wohnung/… ist noch frei.
Daire/Ev kaç oda?
Wie viele Zimmer hat die
Wohnung/das Haus?
Dairenin/Evin … odası var.
Die Wohnung/Das Haus hat … Zimmer.
Dairenin/Evin kaç m² (metrekare) oturma
alanı/kullanma alanı var?
Wie viel m² (Quadratmeter) Wohnfläche/
Nutzfläche hat die Wohnung/das Haus?
Dairenin/Evin … m² (metrekare) oturma
alanı/kullanma alanı var.
Die Wohnfläche/Nutzfläche der
Wohnung/des Hauses beträgt … m²
(Quadratmeter).
Dairenin/Evin temel kirası ne kadar?
Wie hoch ist die Grundmiete der
Wohnung/des Hauses?
Dairenin/Evin temel kirası … €.
Die Grundmiete der Wohnung/
des Hauses beträgt … €.

Dairenin/Evin soğuk/sıcak kirası
ne kadar?
Wie viel Euro beträgt die Kaltmiete/
Warmmiete der Wohnung/des Hauses?
Dairenin/Evin soğuk/sıcak kirası… €.
Die Kaltmiete/Warmmiete der Wohnung/
des Hauses beträgt … €.
Yan masrafları ne kadar ve neleri
içermektedir?
Wie hoch sind die Nebenkosten und
was ist in diesen enthalten?
Yan masrafları … € ve … ları
içermektedir.
Die Nebenkosten sind … € hoch und in
diesen sind … enthalten.
Yan masrafları … €.
Die Nebenkosten sind … €.
Yan masraflara sokak temizliği/çöp
toplama/su masrafları / … dahildir.
In den Nebenkosten sind/
Straßenreinigung/Müllabfuhr/
Wasserkosten/ … enthalten.
Kapora ödenmesi gerekiyor mu?
Ist eine Kaution zu zahlen?
Kaporanın miktarı ne kadar?
Wie hoch ist die Kaution?
Hayır, kapora ödenmesi gerekmiyor.
Nein, es ist keine Kaution zu zahlen.
Evet, … € kapora ödenmesi gerekiyor.
Ja, … € Kaution sind zu zahlen.
Komisyoncu ücreti ödenmesi
gerekiyor mu?
Ist eine Courtage zu zahlen?
Hayır, komisyoncu ücreti ödenmesi
gerekmiyor.
Nein, es ist keine Courtage zu zahlen.
Evet, … € komisyoncu ücreti
ödenmesi gerekiyor.
Ja, … € Courtage sind zu zahlen.
Dairenin/Evin kalorifer sistemi nedir?
Welches Heizungssystem hat die
Wohnung/das Haus?
Dairenin/Evin kalorifer sistemi …
Das Heizungssystem der Wohnung/
des Hauses ist …

Dairenin/Evin zemin kaloriferi/
kat kaloriferi/… var mı?
Hat die Wohnung/das Haus
eine Fußbodenheizung/
Etagenheizung/…?
Daire mobilyalı mı?
Ist die Wohnung möbliert?
Daire mobilyalı değil.
Die Wohnung ist nicht möbliert.
Daire mobilyalı.
Die Wohnung ist möbliert.
Daireyi/Evi kocam/karım/… ile
görebilir miyim?
Kann ich die Wohnung/das Haus mit
meinem Mann/meiner Frau/
… besichtigen?
Daire/Ev ne zaman görülebilir?
Wann kann die Wohnung/das Haus
besichtigt werden?
… tarihinde saat … 'da gelin.
Kommen Sie am … um … Uhr.
Daire/Ev hangi semtte?
In welchem Stadtteil befindet sich die
Wohnung/das Haus?
Daire/Ev … 'da.
Die Wohnung/Das Haus ist in …
Lütfen bana adresi verin.
Geben Sie mir bitte die Adresse.
Daire/Ev … Caddesinde.
Die Wohnung/Das Haus ist in
der … Straße.
Daire/Ev hangi tarihten itibaren
taşınılabilir durumda?
Ab welchem Datum ist die Wohnung/
das Haus einzugsbereit?
Daire/Ev … tarihten itibaren boş/
taşınılabilir durumda.
Die Wohnung/Das Haus ist ab dem
… leer/einzugsbereit.
Daire/Ev tadilat yapıldı mı?
Ist die Wohnung/das Haus
renoviert worden?
Hayır, daire/ev tadilat yapılmadı.
Nein, die Wohnung/das Haus
wurde nicht renoviert.

Evet, daire/ev tadilat yapıldı.
Ja, die Wohnung/das Haus
wurde renoviert.
Daire/Ev ne zaman tadilat yapıldı?
Wann wurde die Wohnung/
das Haus renoviert?
Daire/Ev … yılında tadilat yapıldı.
Die Wohnung/Das Haus wurde
im Jahr … renoviert.
Daire hangi katta?
In welcher Etage befindet sich die
Wohnung?
Daire … katta.
Die Wohnung befindet sich in der … Etage.
Evde asansör var mı?
Gibt es einen Aufzug in dem Haus?
Hayır, evde asansör yok.
Nein, es gibt keinen Aufzug in dem Haus.
Evet, evde asansör var.
Ja, es gibt einen Aufzug in dem Haus.
Evde kaç aile (kiracı) oturuyor?
Wie viele Parteien leben in dem Haus?
Evde … aile (kiracı) oturuyor.
Es leben … Parteien in dem Haus.
Ev yeni yapı mı, eski yapı mı?
Ist das Haus ein Neubau oder Altbau?
Ev yeni yapı/eski yapı.
Das Haus ist ein Neubau/Altbau.
Daire/Ev sakin/merkezi/… bir semtte mi?
Ist die Wohnung/das Haus in einer
ruhigen/zentralen/… Gegend?
Daire/Ev sakin/merkezi/… bir semtte.
Die Wohnung/Das Haus ist in einer
ruhigen/zentralen/… Gegend.
Mağazalara günlük ihtiyaçlar için
yürüyerek gidilebilir mi?
Sind Geschäfte für den täglichen Bedarf
fußläufig zu erreichen?
Yakınında toplu taşıma araçları işliyor mu?
Fahren öffentliche Verkehrsmittel in
unmittelbarer Nähe?
Hayır, yakınında toplu taşıma
araçları işlemiyor.
Nein, es fahren keine öffentlichen
Verkehrsmittel in unmittelbarer Nähe.

Evet, yakınında toplu taşıma araçları işliyor.
Ja, es fahren öffentliche Verkehrsmittel
in unmittelbarer Nähe.
Otobüse/Tramvaya bağlantısı iyi.
Es gibt einen guten Anschluss
zum Bus/zur Bahn.
Yakınında okul/anaokulu/… var mı?
Befinden sich Schulen/Kinder-
tagesstätten/… in der Umgebung?
Hayır, yakınında okul/anaokulu/… yok.
Nein, es befinden sich keine
Schulen/Kindertagesstätten/
… in der Umgebung.
Evet, yakınında okul/anaokulu/… var.
Ja, es befinden sich Schulen/Kinder-
tagesstätten/… in der Umgebung.
Çevresi nasıl?
Wie ist die Umgebung?
Çevresi sakin/sapa/gürültülü/…
Die Umgebung ist ruhig/
abgelegen/laut/…
Evcil hayvanlara müsaade ediliyor mu?
Sind Haustiere erlaubt?
Hayır, evcil hayvanlara müsaade edilmiyor.
Nein, Haustiere sind nicht erlaubt.
Evet, evcil hayvanlara müsaade ediliyor.
Ja, Haustiere sind erlaubt.
Evde çocuk yaşıyor mu?
Leben Kinder/… im Haus?
Hayır, evde çocuk/… yaşamıyor.
Nein, im Haus leben keine Kinder/…
Evet, evde çocuk yaşıyor.
Ja, im Haus leben Kinder/…
Evde evcil hayvanlar yaşıyor mu?
Leben im Haus Haustiere/…?
Hayır, evde evcil hayvanlar/… yaşamıyor.
Nein, im Haus leben keine Haustiere/…
Evet, evde evcil hayvanlar yaşıyor/…
Ja, im Haus leben Haustiere/…
Dairenin/Evin balkonu/terası/… var mı?
Hat die Wohnung/das Haus einen
Balkon/eine Terrasse/…?
Hayır, dairenin/evin balkonu/terası/… yok.
Nein, die Wohnung/das Haus hat
keinen Balkon/keine Terrasse/…

Evet, dairenin/evin balkonu/terası var.
Ja, die Wohnung/das Haus hat einen
Balkon/eine Terrasse/…
Dairenin/Evin bahçesi var mı?
Hat die Wohnung/das Haus einen Garten?
Hayır, dairenin/evin bahçesi yok.
Nein, die Wohnung/das Haus
hat keinen Garten.
Evet, dairenin/evin bahçesi var.
Ja, die Wohnung/das Haus hat einen Garten.
Bahçede/Yakında çocuk oyun parkı var mı?
Gibt es einen Kinderspielplatz im
Wohngebiet?
Evet, bahçede/yakında çocuk
oyun parkı var.
Ja, es gibt einen Kinderspielplatz im
Wohngebiet.
Hayır, bahçede/yakında çocuk
oyun parkı yok.
Nein, es gibt keinen Kinderspielplatz
im Wohngebiet.
Kablo bağlantısı var mı?
Gibt es einen Kabelanschluss?
Hayır, kablo bağlantısı yok.
Nein, es gibt keinen Kabelanschluss.
Evet, kablo bağlantısı var.
Ja, es gibt einen Kabelanschluss.
Uydu anteni takmaya müsaade edilir mi?
Ist es erlaubt, eine Satellitenanlage
anzubringen?
Hayır, uydu anteni takmaya
müsaade edilmez.
Nein, es ist nicht erlaubt, eine
Satellitenanlage anzubringen.
Evet, uydu anteni takmaya
müsaade edilir.
Ja, es ist erlaubt, eine Satellitenanlage
anzubringen.
Çamaşır odası/Çamaşır kurutma
odası var mı?
Gibt es einen Waschkeller/Trockenraum?
Hayır, çamaşır odası/çamaşır
kurutma odası yok.
Nein, es gibt keinen Waschkeller/
Trockenraum.

Evet, çamaşır odası/çamaşır
kurutma odası var.
Ja, es gibt einen Waschkeller/Trockenraum.
Ek olarak araç için yer veya garaj
kiralanabilir mi?
Kann man zusätzlich einen Stellplatz
oder eine Garage mieten?
Hayır, ek olarak araç için yer veya garaj
kiralanamaz.
Nein, zusätzlich kann man keinen
Stellplatz oder eine Garage mieten.
Evet, ek olarak araç için yer veya
garaj kiralanabilir.
Ja, zusätzlich kann man einen Stellplatz
oder eine Garage mieten.
Tabanda laminat/fayans/parke/
halı/… mı döşeli?
Ist der Boden mit Laminat/Fliesen/
Parkett/Teppich/… ausgestattet?
Tabanda laminat/fayans/parke/
halı/… döşeli.
Der Boden ist mit Laminat/Fliesen/
Parkett/Teppich/… ausgestattet.
Mülk (ev) sahibi evde oturuyor mu?
Lebt der Vermieter mit im Haus?
Hayır, mülk (ev) sahibi evde oturmuyor.
Nein, der Vermieter lebt nicht mit im Haus.
Evet, mülk (ev) sahibi de evde oturuyor.
Ja, der Vermieter lebt mit im Haus.
Kapıcı var mı?
Gibt es einen Hausmeister?
Hayır, kapıcı yok.
Es gibt keinen Hausmeister.
Evet, kapıcı var.
Es gibt einen Hausmeister.
Dairenin kileri var mı?
Gibt es einen Keller zu der Wohnung?
Hayır, dairenin kileri yok.
Nein, die Wohnung hat keinen Keller.
Evet, dairenin kileri var.
Ja, die Wohnung hat einen Keller.
Çocuk arabasını/Bisikleti/… nereye
koyabilirim?
Wo kann ich einen Kinderwagen/ein
Fahrrad/… abstellen?

Kiraya Veren
Vermieter

Çalışıyor musunuz?
Sind Sie berufstätig?
Kaç kişi ile taşınmak istiyorsunuz?
Mit wie vielen Personen möchten
Sie einziehen?
Çocuklarınız/Çocuğunuz kaç yaşında?
Wie alt sind/ist Ihr/-e Kind/-er?
Evden neden çıkmak istiyorsunuz?
Aus welchem Grund möchten Sie ausziehen?
Sosyal konut hak belgeniz var mı?
Haben Sie einen
Wohnberechtigungsschein?
Kira ARGE (Arbeitsagentur –
"İş Ajansı" İş ve İşçi Bulma Kurumu)
tarafından mı ödeniyor?
Wird die Miete von der ARGE gezahlt?
Son … aylık maaş bordronuzu
görmek istiyorum.
Ich möchte gerne Ihre Gehaltsabrechnung-
en der letzten … Monate sehen.
Polis tarafından verilen iyi hal belgenizi
görmek istiyorum
Ich möchte gerne Ihr polizeiliches
Führungszeugnis sehen.
"Schufa" (Schutzgemeinschaft
für allgemeine Kreditsicherung –
Genel Kredi Güvencesini Koruma
Birliği) bildirinizi görmek istiyorum.
Ich möchte gerne eine Schufa
Auskunft von Ihnen sehen.
Sigara içiyor musunuz/
içmiyor musunuz?
Sind Sie Raucher/Nichtraucher?
Çocuğunuz/Evcil hayvanlarınız var mı?
Haben Sie Kinder/Haustiere?
Hayır, evcil hayvanlarımız/
çocuğumuz yok.
Nein, wir haben keine Kinder/
Haustiere.
Evet, evcil hayvanlarımız/
çocuğumuz var.
Ja, wir haben Kinder/Haustiere.

Ev Arama Kelime Listesi
Wortliste Wohnungssuche

açık **hell**

ağaç das **Holz**,-̈er

arsa das **Grundstück**,-e

asansör der **Aufzug**,-̈e | der **Fahrstuhl**,-̈e

atık su das **Abwasser** [tekil]

avlu der **Hof**,-̈e

aydın **hell**

aydınlatma die **Beleuchtung**,-en

baca temizliği die **Schornsteinreinigung**,-en

bahçe der **Garten**,-̈

bahçe bakımı die **Gartenpflege** [tekil]

bakmak **besichtigen**

balkon der **Balkon**,-e

banyo das **Bad**,-̈er

banyo odası das **Badezimmer**,-

birlikte ikamet die **Wohngemeinschaft**,-en

blok ev der **Wohnblock**,-s

brüt kira die **Warmmiete**,-n

bulaşık makinesi die **Geschirrspülmaschine**,-n

buzdolabı der **Kühlschrank**,-̈e

çalışma odası das **Arbeitszimmer**,-

çamaşır kurutma odası der **Trockenkeller**,-

çamaşır makinesi die **Waschmaschine**,-n

çamaşır odası der **Waschkeller**,-

çatı das **Dach**,-̈er

çatı katı das **Dachgeschoss**,-e

çevre die **Umgebung**,-en

çocuk odası das **Kinderzimmer**,-

çocuk oyun parkı der **Kinderspielplatz**,-̈e

çöp toplama die **Müllabfuhr**,-en

daire die **Wohnung**,-en

depo der **Abstellraum**,-̈e

diğer masraflar die **sonstigen Kosten** [çoğul]

dolap der **Schrank**,-̈e

donanım die **Ausstattung**,-en |
die **Einrichtung**,-en

döşeme die **Ausstattung**,-en |
die **Einrichtung**,-en

duş die **Dusche**,-n

elektrikli ocak der **Kochherd**,-e

eski yapı der **Altbau**,-ten

eski yapı konutu die **Altbauwohnung**,-en

ev das **Haus**,-̈er

ev (bir ailelik) das **Einfamilienhaus**,-̈er

ev (çok aileler için) das **Mehrfamilienhaus**,-̈er

ev değiştirmek **umziehen**

ev hayvanı das **Haustier**,-e

ev sahibi (bay) der **Vermieter**,-

ev sahibi (bayan) die **Vermieterin**,-nen

ev sakini (bay) der **Hausbewohner**,-

ev sakini (bayan) die **Hausbewohnerin**,-nen

eve taşınmak **einziehen**

evden taşınmak **ausziehen**

ev temizliği die **Hausreinigung**,-en

fayans die **Fliese**,-n

garaj die **Garage**,-n

halı taban der **Teppichboden**,-̈

halı der **Teppich**,-e

hazır mutfak die **Einbauküche**,-n

iç avlu der **Innenhof**,-̈e

ikamet alanı die **Wohnfläche**,-n

ilan die **Anzeige**,-n

ısıtma masraf hesabı
die **Heizkostenabrechnung**,-en

kablo bağlantısı der **Kabelanschluss**,-̈e

kalorifer die **Heizung**,-en

kalorifer sistemi das **Heizsystem**,-e

kanepe die **Couch**,-en

kapı die **Tür**,-en

kapıcı (bay) der **Hausmeister**,-

kapıcı (bayan) die **Hausmeisterin**,-nen

kapora die **Kaution**,-en

karanlık **dunkel**

kat kaloriferi die **Etagenheizung**,-en

kat das **Stockwerk**,-e

kira die **Miete**,-n

kira sözleşmesi der **Mietvertrag**,-̈e

kiracı (bay) der **Mieter**,-

kiracı (bayan) die **Mieterin**,-nen

kısmi mobilyalı **teilmöbliert**

koltuk der **Sessel**,-

komisyoncu (bay) der **Makler**,-

komisyoncu (bayan) die **Maklerin**,-nen

komisyoncu ücreti die **Courtage**,-n |
die **Maklergebühr**,-en

komşu (bay) der **Nachbar**,-n

komşu (bayan) die **Nachbarin**,-nen

konut (bir odalı) die **Einzimmerwohnung**,-en

konut die **Wohnung**,-en

küvet die **Badewanne**,-n

kullanım alanı die **Nutzfläche**,-n

laminat das **Laminat**,-e

lavabo das **Waschbecken**,-

mahalle der **Stadtteil**,-e

masa der **Tisch**,-e

merdiven die **Treppe**,-n

merkezi kalorifer sistemi
das **Zentralheizungssystem**,-e

merkezi kalorifer die **Zentralheizung**,-en

metrekare der **Quadratmeter**,-

misafir odası das **Gästezimmer**,-

mobilya das **Möbel**,-

mobilyalı **möbliert**

mutfak die **Küche**,-n

müşterek anten die **Gemeinschaftsantenne**,-n

net kira die **Kaltmiete**,-n

ortak kiralanan konut die **Wohngemeinschaft**,-en

oturma odası das **Wohnzimmer**,-

park etme imkanı die **Parkmöglichkeit**,-en

park yeri   der **Parkplatz**,¨e | der **Stellplatz**,¨e
parke   das **Parkett**,-s/,-e
pencere   das **Fenster**,-
plastik   der **Kunststoff**,-e
posta kutusu   der **Briefkasten**,¨
raf   das **Regal**,-e
rahat **gemütlich**
ev sakini (bay)   der **Bewohner**,- | **ruhig**
ev sakini (bayan)   die **Bewohnerin**,-nen | **ruhig**
salon   der **Salon**,-s
sandalye   der **Stuhl**,¨e
sapa **abgelegen**
satalit tesisi   die **Satellitenanlage**,-n
satış sözleşmesi   der **Kaufvertrag**,¨e
semt   die **Gegend**,-en | die **Umgebung**,-en |
das **Wohngebiet**,-e
sigorta   die **Versicherung**,-en
sokak temizliği   die **Straßenreinigung**,-en
su masrafları   die **Wasserkosten** [çoğul]
taban kaloriferi   die **Fußbodenheizung**,-en
tadilat etmek (onarmak) **renovieren**

tamir etmek **renovieren**
taşınmaya hazır **einzugsbereit**
tek odalı konut   die **Einzimmerwohnung**,-en
televizyon   der **Fernseher**,-
temel kira   die **Grundmiete**,-n
temiz **sauber**
teras   die **Terrasse**,-n
trafiği az **verkehrsarm**
trafik bağlantısı   die **Verkehrsanbindung**,-en
tuvalet   die **Toilette**,-n
üst kat   das **Obergeschoss**,-e
WC   das **WC**,-s
yan masraflar   die **Nebenkosten** [tekil]
yan masrafları dahil   die **Warmmiete**,-n
yatak odası   das **Schlafzimmer**,-
yemek köşesi   die **Essecke**,-n
yemek odası   das **Esszimmer**,-
yeni yapı konut   die **Neubauwohnung**,-en
yer   der **Boden**,¨
yüksek bina   das **Hochhaus**,¨er
zemin kat   das **Erdgeschoss**,-e

İlanlarda Kısaltmalar
Abkürzungen in Anzeigen

Abkürzungen	Deutsch	Türkçe
AB.:	Altbau	Eski yapı
ABW.:	Altbauwohnung	Eski yapı konutu
BK.:	Betriebskosten	Yan masraflar
Blk.:	Balkon	Balkon
DG.:	Dachgeschoss	Çatı katı
EBK.:	Einbauküche	Hazır mutfak
F.:	Frau	Kadın
inkl.:	inklusive	Dahil
KM.:	Kaltmiete	Yan masrafları dahil olmayan kira bedeli
Kü.:	Küche	Mutfak
M.:	Mann	Erkek
Möbl.:	möbliert	Mobilyalı
NK.:	Nebenkosten	Yan masraflar
NM.:	Nachmieter	Yeni kiracı
NR.:	Nichtraucher	Sigara içmeyen
OG.:	Obergeschoss	Üst kat
Whg.:	Wohnung	Daire
WM.:	Warmmiete	Yan masrafları dahil kira bedeli
WW.:	Warmwasser	Sıcak su
ZH.:	Zentralheizung	Merkezi kalorifer
ZKB.:	Zimmer, Küche, Bad	Oda, mutfak, banyo

İŞ ARAMA
ARBEITSSUCHE

İş Arama
Arbeitssuche

Yeni bir iş yeri arıyorum.
Ich suche einen neuen Arbeitsplatz.
Şu anda işsiz misiniz?
Sind Sie zur Zeit arbeitslos?
Evet, işsizim.
Ja, ich bin arbeitslos.
Hayır, … firmasında çalışıyorum.
Nein, ich arbeite bei der Firma …
Mesleğiniz nedir?
Was sind Sie von Beruf?
Mesleğim … dir.
Ich bin … von Beruf.
Mesleğim yok.
Ich habe keinen Beruf.

Ben okula/… gidiyorum.
Ich gehe zur Schule/…
Ben yüksek okulda … öğrenim görüyorum.
Ich studiere …
Meslek öğrenimi/staj/ … görüyorum.
Ich mache eine Ausbildung/ein Praktikum/…
Nerede çalıştınız?
Wo haben Sie bereits gearbeitet?
Almanya'da henüz çalışmadım.
Ich habe in Deutschland noch nicht gearbeitet.
… firmasında çalıştım.
Ich habe bei der Firma … gearbeitet.
Ne zamandan beri işsizsiniz?
Seit wann sind Sie arbeitslos?
… tarihinden beri işsizim.
Ich bin seit … arbeitslos.
Hangi okulu bitirdiniz?
Welche Schulbildung haben Sie?

Okul bitirmedim.
Ich habe keinen Schulabschluss.
İlkokulu/… bitirdim.
Ich habe die Grundschule/…
abgeschlossen.
Orta okulu "Realschule"yi/
Liseyi/… bitirdim.
Ich habe den Realschulabschluss/
das Abitur/ …
… okulunu bitirdim.
Ich habe den Abschluss der … Schule.
Hangi mesleği öğrendiniz?
Welche Ausbildung haben Sie?
Meslek öğrenimi yapmadım.
Ich habe keine Lehre/Berufsaus-
bildung gemacht.
… mesleği öğrenimi yaptım.
Ich habe eine Lehre/Ausbildung zur/
zum ….. gemacht.
Başka bir meslekte çalışmak
ister misiniz?
Sind Sie bereit, in einem anderen
Beruf zu arbeiten?
Evet, başka bir meslekte
çalışmak isterim.
Ja, ich bin bereit, in einem anderen
Beruf zu arbeiten.
Hayır, başka bir meslekte
çalışmak istemem.
Nein, ich bin nicht bereit, in einem
anderen Beruf zu arbeiten.
Kaçıncı sınıf ehliyetiniz var?
Welche Führerscheinklasse haben Sie?
A/B/… sınıf ehliyetim var.
Ich habe die Führerscheinklasse A/B/…
Otomobiliniz var mı?
Haben Sie ein Auto?
Evet, otomobilim var.
Ja, ich habe ein Auto.
Hayır, otomobilim yok.
Nein, ich habe kein Auto.
İş yeri nerededir?
Wo ist der Arbeitsplatz?
İş yeri …'dadır.
Der Arbeitsplatz ist in …

Aylık brüt kazanç ne kadardır?
Wie hoch ist der Bruttoverdienst
im Monat?
Ayda yaklaşık … € kazanırsınız.
Sie verdienen ca. … € im Monat.
Kaç elemanınız var?
Wie viele Mitarbeiter haben Sie?
İş yarım gün mü/tam gün mü?
Handelt es sich um eine
Teilzeitbeschäftigung/
Vollzeitbeschäftigung?
İş yarım gün/tam gün.
Es handelt sich um eine
Teilzeitbeschäftigung/
Vollzeitbeschäftigung.
Vardiyeli/Hafta sonları/Bayram
günleri/… çalışabilir misiniz?
Können Sie im Schichtdienst/am
Wochenende/feiertags/… arbeiten?
Vardiyeli/Hafta sonları/Bayram
günleri/… çalışabilirim.
Ich kann im Schichtdienst/am
Wochenende/feiertags/… arbeiten.
Vardiyeli/Hafta sonları/Bayram
günleri/… çalışamam.
Ich kann nicht im Schichtdienst/am
Wochenende/feiertags/… arbeiten.
Montajda çalışmak ister misiniz?
Wollen Sie auf Montage arbeiten?
Evet, montajda çalışmak isterim.
Ja, ich möchte auf Montage arbeiten.
Hayır, montajda çalışmak istemem.
Nein, ich möchte nicht auf
Montage arbeiten.
Meslek öğreniminizi/… ne
zaman bitirdiniz?
Wann haben Sie Ihre Berufsausbildung/
… abgeschlossen?
Meslek öğrenimimi … tarihinde bitirdim.
Ich habe meine Berufsausbildung
am … abgeschlossen.
Bu zamana kadar hangi işlerde çalıştınız?
Was waren Ihre bisherigen Tätigkeiten?
Bu zamana kadar … işlerinde çalıştım.
Meine bisherigen Tätigkeiten waren …

Sizin için iş yerimiz var. Bunun için kursa katılmanız gerekir.
Wir haben eine Stelle für Sie. Dafür müssen Sie einen Lehrgang besuchen.
Mesleki durumunuzu iyileştirmeniz için ileri düzeyde bir kursa katılmak ister misiniz?
Möchten Sie an einem Weiterbildungs-kurs teilnehmen, um Ihre berufliche Situation zu verbessern?
Evet, memnuniyetle ileri düzeyde bir kursa katılmak isterim.
Ja, ich nehme gerne an einem Weiterbildungskurs teil.
Çalışmak istemediğiniz bölüm var mı?
Gibt es einen Bereich, in dem Sie nicht arbeiten möchten?
Çalışmak istemediğim bölüm yok.
Es gibt keinen Bereich, in dem ich nicht arbeiten möchte.
Evet, … bölümünde çalışmak istemem.
Ja, in dem Bereich … möchte ich nicht arbeiten.
Yalnız mı yoksa ekiple mi çalışmak istersiniz?
Arbeiten Sie lieber alleine oder in einem Team?
Bilgisayar bilginiz var mı?
Verfügen Sie über Computer-Kenntnisse?
İşsiz kalmanızın sebebi nedir?
Was ist der Grund für Ihre Arbeitslosigkeit?
İşsiz kaldım, çünkü firma iflas etti/ kapandı/…
Ich bin arbeitslos geworden, weil die Firma Insolvenz angemeldet hat/geschlossen ist/…
Daha önceki iş vereniniz kısa çalışmak için müracaat etti mi?
Hatte Ihr ehemaliger Arbeitgeber zuvor Kurzarbeit angemeldet?
Evet, daha önceki iş verenim kısa çalışmak için müracaat etti.
Ja, mein ehemaliger Arbeitgeber hatte Kurzarbeit angemeldet.

Hayır, daha önceki iş verenim kısa çalışmak için müracaat etmedi.
Nein, mein ehemaliger Arbeitgeber hatte keine Kurzarbeit angemeldet.
Son iş vereniniz size bonservis verdi mi?
Hat Ihr letzter Arbeitgeber Ihnen ein Arbeitszeugnis erstellt?
Evet, son iş verenim bana bonservis verdi.
Ja, mein letzter Arbeitgeber hat mir ein Arbeitszeugnis erstellt.
Hayır, son iş verenim bana bonservis vermedi.
Nein, mein letzter Arbeitgeber hat mir kein Arbeitszeugnis erstellt.
Başvuru dosyası hazırladınız mı ?
Haben Sie eine Bewerbungs-mappe erstellt?
Hangi firmalara başvurdunuz?
Bei welchen Firmen haben Sie sich bereits beworben?
… firmalara başvurdum.
Ich habe mich bei den Firmen … bereits beworben.
İş görüşmesi (başvuru görüşmesi) yaptınız mı?
Haben Sie bereits Bewerbungs-gespräche geführt?
Hayır, iş görüşmesi (başvuru görüşmesi) yapmadım.
Nein, ich habe noch keine Bewerbungs-gespräche geführt.
Evet, iş görüşmesi (başvuru görüşmesi) yaptım.
Ja, ich habe bereits Bewerbungs-gespräche geführt.
Hangi firmalarla iş görüşmesi (başvuru görüşmesi) yaptınız?
Bei welchen Firmen haben Sie Ihre Bewerbungsgespräche geführt?
… Firmalarla iş görüşmesi (başvuru görüşmesi) yaptım.
Ich habe bereits mit den Firmen …. Bewerbungsgespräche geführt.

İş Arama
Arbeitssuche

annelik izni   der **Mutterschaftsurlaub** [tekil]
azami gelir   das **Mindesteinkommen**,-
başvuru   das **Bewerbungsgespräch**,-e
başvuru yazısı   das **Bewerbungsanschreiben**,-
bonservis   das **Arbeitszeugnis**,-se
bölüm   die **Abteilung**,-en
branş   die **Branche**,-n
brüt   **brutto**
brüt kazanç   der **Bruttoverdienst**,-e
çalışan   **berufstätig**
çalışan kişi (bay)   der **Mitarbeiter**,- |
(bayan)   die **Mitarbeiterin**,-nen
çalışma şartları   die **Arbeitsbedingung**,-en
çalışma   die **Tätigkeit**,-en | die **Arbeit**,-en
çıkış   die **Kündigung**,-en | die **Entlassung**,-en
çıkış vermek   **entlassen; kündigen**
çırak   der **Lehrling**,-e
çıraklık   die **Lehre**,-n
çocuk yetiştirme izni   der **Erziehungsurlaub** [tekil]
ebeveyn izni   der **Karenzurlaub** [tekil]
ekonomi   die **Wirtschaft**,-en
ekonomik durum
die **wirtschaftliche,-n Lage**,-n
eleman (bay)   der **Arbeitnehmer**,- |
der **Mitarbeiter**,- |
(bayan)   die **Arbeitnehmerin**,-nen |
die **Mitarbeiterin**,-nen
emeklilik   die **Rente**,-n
esnaf (bay)   der **Handwerker**,-
(bayan)   die **Handwerkerin**,-nen
fabrika   die **Fabrik**,-en
gelir   das **Einkommen**,-
hizmet   der **Dienst**,-e
idare   die **Verwaltung**,-en
ileri eğitim   die **Weiterbildung**,-en
ileri meslek eğitimi   die **Fortbildung**,-en
iş ajansı   die **Arbeitsagentur**,-en
iş gücü   die **Arbeitskraft**,⸚e
iş ve işçi bulma kurumu   das **Arbeitsamt**,⸚er
iş veren (bay)   der **Arbeitgeber**,- |
(bayan)   die **Arbeitgeberin**,-nen
iş yeri   der **Arbeitsort**,-e
iş yeri değiştirmek   der **Stellenwechsel**,-
iş yeri işçi temsilcisi   der **Betriebsrat**,⸚e
iş yeri teklifi   das **Stellenangebot**,-e
işalan (bay)   der **Arbeitnehmer**,- |
(bayan)   die **Arbeitnehmerin**,-nen
işe almak   **einstellen**
işsiz   **arbeitslos**
işsizlik   die **Arbeitslosigkeit** [tekil]
işsizlik parası   das **Arbeitslosengeld**,-er
işsizlik yardımı   die **Arbeitslosenhilfe**,-n
kariyer   die **Karriere**,-n

kısa çalışma   die **Kurzarbeit** [tekil]
kısmi çalışma   die **Teilzeitbeschäftigung**,-en
maaş artışı   die **Gehaltserhöhung**,-en
maaş düşüşü   die **Gehaltskürzung**,-en
maaş   das **Gehalt**,⸚er
meslek değiştirme eğitimi   **umschulen**
meslek eğitimi   die **Berufsausbildung**,-en
meslek eğitimi gören öğrenci
(bay) der **Auszubildende**, -n |
(bayan) die **Auszubildende**, -n (**Azubi**, -s)
meslek okulu   die **Berufsschule**,-n
meslek sahibi   **berufstätig**
mesleki   **beruflich**
meslektaş   der **Kollege**,-n
muhasebe   die **Buchhaltung**,-en
müracaat konuşması
das **Bewerbungsgespräch**,-e
müracaat yazısı
das **Bewerbungsanschreiben**,-
net kazanç   der **Nettoverdienst**,-e
net   **netto**
otel endüstrisi   das **Hotelgewerbe**,-
öğrenim   das **Studium/Studien**
öğrenmek   **lernen**
öğretim   die **Lehre**,-n | die **Ausbildung**,-en
öğretmek   **lehren**
özgeçmiş   der **Lebenslauf**,⸚e
paydos   der **Feierabend**,-e
referans   die **Referenz**,-en
serbest meslek sahibi (bay)   der **Freiberufler**,- |
(bayan) die **Freiberuflerin**,-nen
sosyal sigorta   die **Sozialversicherung**,-en
stajyer (bay)   der **Praktikant**,-en |
(bayan)   die **Praktikantin**,-nen
süresiz   **fristlos**
şube   die **Abteilung**,-en
tam çalışma süresi   die **Vollzeitbeschäftigung**,-en
tam gün   **ganztägig**
tam gün çalışma   die **Ganztagsbeschäftigung**,-en
teşvik etmek   **befördern**
ticari   **kaufmännisch**
uzman (bay)   der **Fachmann**,⸚er
(bayan)   die **Fachfrau**,-en
ücret artışı   die **Lohnerhöhung**,-en
vardiyeli iş   die **Schichtarbeit**,-en
vergi   die **Steuer**,-n
vergiden muaf   **steuerfrei**
yardımcı   die **Aushilfe**,-n
yarım gün   **halbtägig**
yarım gün iş   die **Halbtagsbeschäftigung**,-en
yönetim   die **Leitung**,-en | die **Direktion**,-en
zanaatkar (bay)   der **Handwerker**,- |
(bayan)   die **Handwerkerin**,-nen

**SİGORTA
VERSICHERUNG**

Genel
Allgemeines

… hakkında bilgi edinmek istiyorum.
Ich möchte Informationen über …
Meslek eğitimi sigortası/… yaptırmak
istiyorum.
Ich möchte eine Ausbildungs-
versicherung/… abschließen.
Evlenme sigortası/… yaptırmak istiyorum.
Ich möchte eine Heiratsversicherung/…
abschließen.
Aidatı ne kadar?
Wie hoch ist der Monatsbeitrag?
Yurt dışına seyahate gidiyorum, hangi
sigortalara ihtiyacım var?
Ich fahre in den Urlaub ins
Ausland, welche Versicherungen
benötige ich?
Size yurt dışı seyahat hastalık
sigortası/… tavsiye ederim.
Ich würde Ihnen eine Auslands-
reisekrankenversicherung/
… empfehlen.

Bu sigorta neleri kapsıyor?
Was beinhaltet diese Versicherung?
Yurt dışı seyahat hastalık sigortası
bir yıl boyunca mı yoksa tatil
süresince mi geçerli?
Ist die Auslandsreisekrankenversicherung
ein Kalenderjahr lang oder für den
Zeitraum des Urlaubes gültig?
Yurt dışı seyahat hastalık sigortası
tarafından meydana gelen masrafların
yüzde kaçı karşılanır?
Wieviel Prozent der entstandenen
Kosten werden von der Auslands-
reisekrankenversicherung erstattet?
Tıpbi nedenlerle geri dönüş masraflarım
sigorta tarafından karşılanır mı?
Werden die Kosten eines medizinisch
notwendigen Rücktransportes auch von
der Versicherung übernommen?
Ayakta tedavi ve yurt dışı seyahatleri için
ek sigorta yaptırmak istiyorum.
Ich möchte eine Ergänzungsversicherung
für ambulante Behandlung und
Auslandsreisen abschließen.

Çocuğumun gözlüğe/işitme cihazına/… ihtiyacı var, bunun için sigortanız var mı?
Mein Kind benötigt ein/-e Brille/Hörgerät/ …, haben Sie eine Versicherung dafür?
Mali mesuliyet sigortası yaptırmak istiyorum.
Ich möchte gerne privat haftpflichtversichert werden.
Katılım payı olmadan mali mesuliyet sigortası yaptırabilir miyim?
Kann ich eine Haftpflichtversicherung auch ohne Selbstbeteiligung abschließen?
Ben baba/anne oldum çocuklarım bir şeyler yaparsa, bunun için sigorta var mı?
Ich bin Vater/Mutter geworden, sollten meine Kinder mal was anstellen, gibt es dafür eine Versicherung?
Özel kaza sigortası yaptırmak istiyorum.
Ich möchte eine private Unfall-versicherung abschließen.
Özel mesuliyet sigortası mı yoksa işletme mesuliyet sigortası mı istiyorsunuz?
Möchten Sie eine Privathaftpflicht-versicherung oder Betriebshaft-pflichtversicherung?
Aile sigortası neleri kapsamaktadır?
Welche Leistungen beinhaltet eine Familienversicherung?
Aile sigortası özel mesuliyeti/ … kapsamaktadır.
Eine Familienversicherung beinhaltet eine Privathaftpflicht/…
Ev satın aldım ve bina sigortasına/ ev eşyaları sigortasına/yangın sigortasına/… ihtiyacım var.
Ich habe ein Haus gekauft und benötige eine Gebäudeversicherung/ Hausratversicherung/ Brandschutzversicherung/…
Ev eşyaları sigortasını/… hangi sigorta kapsamaktadır?
Welchen Versicherungsschutz beinhaltet die Hausratversicherung?

Ev eşyaları sigortası bisiklet hırsızlığını, cam sigortasını/… kapsamaktadır?
Die Hausratversicherung beinhaltet Fahrraddiebstahl/Glasversicherung/ …
Örneğin, bisiklet hırsızlığını/cam sigortasını/su borularını/… kapsayan sigorta paketinin fiyatı ne kadar?
Wieviel kostet das Versicherungspaket z.B. mit der Leistung: Fahrraddiebstahl/ Glasversicherung/Leitungswasser/…?
Bina sigortası/Ev eşyaları sigortası/Yangın sigortasının fiyatı ne kadardır?
Wieviel kostet die Gebäudeversicherung/ Hausratversicherung/Brandschutz-versicherung?
Sigortayı yıllık kaç taksitle ödeyebilirim?
In wie vielen Raten kann ich die … Versicherung jährlich zahlen?
Ev satın aldım, bunun için sigortalara ihtiyacım var mı?
Ich habe mir ein Haus gekauft, benötige ich dafür Versicherungen?
Oturulan bina sigortası neleri kapsamaktadır?
Was beinhaltet eine Wohngebäude-versicherung?
Yasal emeklilik sigortamın yanı sıra özel emeklilik sigortası/hayat sigortası yaptırmak istiyorum.
Neben meiner gesetzlichen Rentenversicherung möchte ich eine private Rentenversicherung/ Lebensversicherung abschließen.
Bu konuda bana bilgi verir misiniz, lütfen?
Können Sie mir bitte Informationen darüber geben?
İş görememe (çalışamama) sigortası yaptırmak istiyorum.
Ich möchte eine Berufsunfähigkeits-versicherung abschließen.
Aylık sigorta aidatı ne kadar?
Wie hoch ist der monatliche Versicherungsbeitrag?

Evimin/Mağazamın/… ön camı büyük.
Ich habe ein Haus/Geschäft/… mit
großen Glasfronten.
Bunun için özel cam sigortası/demirbaş
eşya sigortası var mı?
Gibt es eine spezielle Glasversicherung/
Inventarversicherung?
Arabamı sizde sigortalatmak istiyorum.
Ich möchte mein Auto bei Ihnen
versichern.
Arabamı kaydettirmek için sigorta
kartı istiyorum.
Ich möchte für die Anmeldung
meines Autos eine Versicherungskarte
(Bestätigungskarte).
Otomobil koruma sigortası
istiyorum.
Ich möchte einen Autoschutz-
brief haben.
Yeni bir otomobil aldım.
Ich habe mir ein neues Auto gekauft.
Otomobilimi sigortalatmak istiyorum.
Ich möchte mein Auto
versichern lassen.
Arabanızı kısmi kasko/tam kasko
sigortalattırabilirsiniz.
Sie können den Wagen Teilkasko/
Vollkasko versichern lassen.
Tam kasko sigortanızı kendi katkı
payınız ile mi yoksa kendi katkı
payınız olmadan mı sigortalattırmak
istiyorsunuz?
Möchten Sie die Vollkasko-
versicherung mit oder ohne
Selbstbeteiligung haben?
Tam kasko sigortada/Kısmi kasko
sigortada katkı payı ne kadar?
Wie hoch ist die Selbstbeteilung
bei einer Teilkaskoversicherung/
Vollkaskoversicherung?
Hastane tedavileri için hastane ek
sigortası yaptırmak istiyorum.
Ich möchte für stationäre Behandlungen
eine Krankenhauszusatzvericherung
abschließen.

Bana uygun ek sigorta var mı?
Gibt es eine passende Zusatz-
versicherung für mich?
Birçok sigorta birbirleriyle
bağlanabilir mi?
Lassen sich mehrere Zusatzversiche-
rungen miteinander kombinieren?
Hastane ek sigortası hangi ödemeleri
(hizmetleri) kapsamaktadır?
Welche Leistungen beinhaltet die
Krankenhauszusatzvericherung?
Hastane ek sigortası özel doktor
tedavilerini/baş tabip tedavilerini/tek
yataklı odada kalma hakkını/çift yataklı
odada kalma hakkını/… kapsamaktadır.
Die Krankenhauszusatzversicherung
beinhaltet privatärztliche Behandlung/
Chefarztbehandlung/Anspruch auf ein
Einbettzimmer/Zweibettzimmer/…
Hastanede yatılan günler için sigorta
neyi kapsamaktadır?
Was beinhaltet eine
Krankenhaustagegeldversicherung?
Hastanede yatılan günler için sigorta
yaptırmak istiyorum.
Ich möchte eine Krankenhaus-
tagegeldversicherung abschließen.
Aylık geliriniz ne kadar?
Wie hoch ist Ihr monatliches Einkommen?
Bu durumda hastanede yatılan günler için
sigorta yaptırmanızı tavsiye ediyorum.
Ich würde Ihnen in diesem Fall
eine Krankentagegeldversicherung
empfehlen.
Serbest çalışıyorum ve özel hastalık
sigortası/emeklilik sigortası yaptırmak
istiyorum.
Ich bin selbstständig und möchte
eine private Krankenversicherung/
Rentenversicherung abschließen.
Ne zaman özel hastalık sigortası/
emeklilik sigortası yaptırabilirim?
Wann darf ich eine private
Krankenversicherung/Renten-
versicherung abschließen?

Yaşlandığım/Evlendiğim/... zaman
sigorta aidatları değişir mi?
Ändern sich die Versicherungsbeiträge,
wenn ich älter werde/heirate/... ?
Hukuki yardım sigortası yaptırmak istiyorum
Ich möchte eine Rechtsschutz-
versicherung abschließen.
Hukuki yardım sigortası neleri kapsıyor?
Was beinhaltet eine Rechtsschutz-
versicherung?
Hukuki yardım sigortası trafik hukukunu/
kişisel hukuku/iş hukukunu/meslek
hukukunu/ev hukukunu/konut
hukukunu/... kapsamaktadır.
Eine Rechtsschutzversicherung
kann Verkehrsrecht/Privatrecht/
Arbeitsrecht/ Berufsrecht/Hausrecht/
Wohnungsrecht/... enthalten.

Sigortalar
Versicherungen

Aile sigortası
Familienversicherung
Ayakta tedavi ve yurt dışı seyahatleri
için ek sigorta
Ergänzungsversicherung für
ambulante Behandlung und
Auslandsreisen
Bakım sigortası
Pflegetagegeldversicherung
Bina sigortası
Gebäudeversicherung
Cam sigortası
Glasversicherung
Değişik eşya sigortası
sonstige Sachversicherungen
Demirbaş eşya sigortası
Inventarversicherung
Emeklilik sigortası
Rentenversicherung
Ev eşyası sigortası
Hausratversicherung
İşsizlik sigortası
Arbeitslosenversicherung

Hasta kalınan günler
için sigorta
Krankentagegeldversicherung
Hastalık (Sağlık) sigortası
Krankenversicherung
Hastane ek sigortası
Krankenhauszusatzversicherung
Hastanede yatılan günler
için sigorta
Krankenhaustagegeld-
versicherung
Hayat sigortası
Lebensversicherung
Hukuki yardım sigortası
Rechtsschutzversicherung
Kaza sigortası
Unfallversicherung
Kısmi kasko sigorta
Teilkaskoversicherung
Mali mesuliyet sigortası
Haftpflichtversicherung
Meslek eğitimi ve evlenme
sigortası
Ausbildungs- und Heiratsversicherung
Motorlu taşıt sigortası
Kraftfahrzeugversicherung
Oturulan bina sigortası
Wohngebäudeversicherung
Özel emeklilik sigortası
Private Rentenversicherung
Sosyal sigorta
Sozialversicherung
Tam kasko sigorta
Vollkaskoversicherung
Tam sağlık sigortası
Krankheitskostenvollversicherung
Taşıt koruma sigortası
(Taşıt koruma belgesi)
Autoschutzbrief
Taşıt yolcu sigortası
Insassenunfallversicherung
Yasal emeklilik sigortası
Gesetzliche Rentenversicherung
Yurt dışı seyahat hastalık sigortası
Auslandsreisekrankenversicherung

A/a

—	**ab**	…den/…dan itibaren
—	**ab und zu**	arasıra, arada sırada
—	**abbestellen**	iptal etmek
der	**Abend,-e**	akşam
das	**Abendessen,-**	akşam yemeği
—	**abends**	akşamleyin, akşamları
—	**aber**	ama, fakat
—	**abfahren**	hareket etmek, kalkmak
die	**Abfahrt,-en**	hareket, kalkış
der	**Abfall,-̈e**	çöp
—	**abgeben**	teslim etmek, bırakmak
—	**abholen**	alıp getirmek
die	**Abkürzung,-en**	(kelime) kısaltma; (yol) kestirme
—	**ablehnen**	reddetmek
—	**abnehmen**	kaldırmak, çıkarmak; zayıflamak
—	**abreisen**	hareket etmek, yola çıkmak
—	**Abschied nehmen**	vedalaşmak, ayrılmak
—	**abschließen**	kilitlemek; sona erdirmek
der	**Absender,-**	gönderen
—	**abwärts**	aşağıya doğru
die	**Achtung** [tekil]	dikkat
die	**Adresse,-n**	adres
die	**Agentur,-en**	acenta
—	**ähnlich**	benzer
—	**allein**	yalnız
—	**alles**	hepsi, her şey
—	**allgemein**	genel
—	**alt**	ihtiyar; eski
das	**Alter** [tekil]	yaş
das	**Amt,-̈er**	daire, makam
—	**amüsieren**	eğlenmek
—	**an**	…de, …da, yanında, üstünde
—	**anbieten**	ikram etmek, sunmak
das	**Andenken,-**	hatıra
—	**andere/-r/-s**	başka, diğer, öteki
—	**anderswo**	başka bir yerde
der	**Anfang,-̈e**	başlangıç
—	**anfangen**	başlamak
die	**Angabe,-n**	bildiri, beyan
—	**angenehm**	hoş, rahat
—	**anhalten**	durmak
—	**ankommen**	varmak, gelmek
die	**Ankunft,-̈e**	varış
die	**Anlage,-n**	tesisat; park
—	**anmachen**	açmak, yakmak
—	**anmelden**	kaydolmak, müracaat etmek
die	**Anmeldung,-en**	kayıt
—	**annehmen**	kabul etmek
—	**anprobieren**	denemek
die	**Anrede,-n**	hitap
der	**Anruf,-e**	telefon
—	**anrufen**	telefon etmek
der	**Anschluss,-̈e**	bağlantı
die	**Anschrift,-en**	adres
—	**ansehen**	gözden geçirmek
die	**Ansicht,-en**	manzara; fikir

—	**anstatt**	yerine
—	**anstrengend**	yorucu
die	**Antwort,-en**	cevap
—	**antworten**	cevap vermek
—	**anzahlen**	kapora vermek
die	**Anzahlung,-en**	kapora
—	**anzeigen**	(polise) bildirmek
—	**anziehen**	giymek
die	**Apotheke,-n**	eczane
der	**Apparat,-e**	alet, cihaz
das	**Appartement,-s**	küçük daire
die	**Arbeit,-en**	iş, çalışma
—	**arbeiten**	çalışmak
—	**arbeitslos**	işsiz
—	**arm**	yoksul, fakir
die	**Armbanduhr,-en**	kol saati
der	**Arzt,-̈e**	doktor
der	**Aschenbecher,-**	kül tablası
das	**Asien** [tekil]	Asya
—	**auch**	de, da, dahi
—	**auf**	…de …, …da; üstünde
—	**aufbewahren**	saklamak; emanet etmek
der	**Aufenthalt,-e**	ikamet; durma, bekleme
der	**Aufenthaltsraum,-̈e**	salon, bekleme salonu
die	**Auffahrt,-en**	(araç) giriş
die	**Aufführung,-en**	gösteri
—	**aufhalten (sich)**	kalmak, bulunmak
—	**aufhören**	dinmek, kesilmek, bırakmak
—	**aufmachen**	açmak, çözmek
—	**aufpassen**	dikkat etmek
—	**aufschreiben**	yazmak
—	**aufstehen**	ayağa kalkmak, yataktan kalkmak
—	**aufwachen**	uyanmak
—	**aufwärts**	yukarıya doğru
der	**Aufzug,-̈e**	asansör
der	**Augenblick,-e**	an
—	**aus**	…den, …dan
die	**Ausbildung,-en**	eğitim
—	**ausdrücklich**	sarih, apaçık
die	**Ausfahrt,-en**	çıkış yolu
der	**Ausflug,-̈e**	gezi, tur
—	**ausfüllen**	doldurmak
der	**Ausgang,-̈e**	çıkış
—	**ausgeben**	sarf etmek, harcamak
—	**ausgehen**	dışarı çıkmak; (ışık) sönmek
—	**ausgezeichnet**	mükemmel, şahane
die	**Auskunft,-̈e**	danışma
das	**Ausland** [tekil]	yurt dışı
der	**Ausländer,-**	yabancı (bay)
die	**Ausländerin,-nen**	yabancı (bayan)
—	**ausländisch**	yabancı
die	**Ausnahme,-n**	istisna
—	**auspacken**	açmak, eşyayı çıkarmak
die	**Ausreise,-n**	(yurtdışına) çıkış
—	**ausreisen**	ülke dışına çıkmak
—	**ausruhen (sich)**	dinlenmek
—	**außen**	dışarıda
—	**außer**	dışında, …den, …dan başka

— **außerdem** bundan başka, ayrıca
— **außergewöhnlich** olağanüstü, alışılmadık, istisnai
— **außerhalb** dışında
die **Aussicht**,-en manzara
die **Aussprache**,-n telaffuz, söyleniş
— **aussprechen** söylemek, telaffuz etmek
die **Ausstattung**,-en donatım
— **aussteigen** inmek
die **Ausstellung**,-en sergi
— **aussuchen** seçmek; ayırmak; beğenmek
— **austauschen** değiştirmek (karşılıklı) alıp vermek
— **ausverkauft** hepsi satılmış; boş yer yok
die **Auswahl**,-en seçme
— **auszahlen** ödemek
der **Ausweis**,-e kimlik, hüviyet
— **ausziehen** soyunmak; evden taşınmak
das **Auto**,-s araba, otomobil

B/b

das **Baby**,-s bebek
die **Bäckerei**,-en fırın, ekmekçi
das **Bad**,⸚er banyo, hamam
— **baden** yıkanmak, banyo yapmak; yüzmek
die **Bahn**,-en yol, hat; demiryolu; tren
der **Bahnhof**,⸚e istasyon
der **Bahnsteig**,-e peron
— **bald** yakında, birazdan
der **Ball**,⸚e top; balo
die **Bank**,-en banka; sıra, kanepe
— **bar zahlen** peşin ödemek
das **Bargeld** [tekil] nakit (para)
der **Basar**,-e çarşı, pazar
die **Batterie**,-n pil, batarya
der **Bauernhof**,⸚e çiftlik
der **Baum**,⸚e ağaç
die **Baumwolle** [tekil] pamuk
die **Baustelle**,-n inşaat yeri
— **beachten** dikkate almak
die **Beanstandung**,-en şikayet
— **beantworten** cevaplandırmak, yanıtlamak
die **Bearbeitungsgebühr**,-en işlem harcı
— **bedauern** üzülmek, acımak
— **bedeuten** anlamı olmak, manasına gelmek
die **Bedeutung**,-en anlam, mana; önem
— **bedienen** hizmet etmek
die **Bedienung**,-en garson, servis
— **beeilen** acele etmek
— **beeindruckend** etkileyici
— **befinden (sich)** bulunmak
— **befreundet sein** arkadaş olmak, dost olmak
— **befürchten** korkmak, endişe etmek
— **begegnen** karşılaşmak, rastlamak
die **Begegnung**,-en karşılaşma
die **Begeisterung**,-en coşku
— **begleiten** refakat etmek

— **begrüßen** selamlamak
die **Begrüßung**,-en selamlaşma
— **behalten** tutmak, alıkoymak
der **Behälter**,- kap, bidon
— **behandeln** davranmak
— **behaupten** ileri sürmek, iddia etmek
— **behindert** sakat, özürlü, engelli
die **Behinderung**,-en mani, engel
die **Behörde**,-n resmi daire
— **bei** ...de, ...da, yanında, yakınında
— **beide** her iki, ikisi
der **Beifall** [tekil] alkış
— **beige** krem rengi, bej
das **Beispiel**,-e örnek, misal
— **beißen** ısırmak
— **bekannt** bilinen, tanınmış
die **Bekannte**,-n tanıdık, ahbap (bayan)
der **Bekannte**,-n tanıdık, ahbap (bay)
die **Bekanntschaft**,-en tanışma
— **beklagen** şikayet etmek, yakınmak
— **bekommen** almak, elde etmek
— **belästigen** rahatsız etmek
der **Beleg**,-e makbuz
— **beleidigen** hakaret etmek
die **Beleidigung**,-en hakaret, aşağılama
die **Belohnung**,-en ödül, mükafat
— **bemerken** farkına varmak, görmek
— **bemühen (sich)** gayret etmek, zahmet etmek
— **benachrichtigen** haber vermek, bildirmek
— **benutzen** kullanmak, yararlanmak
— **beobachten** gözetlemek, izlemek
— **bequem** rahat
— **berechnen** hesap etmek
der **Berg**,-e dağ
der **Beruf**,-e meslek
— **beruhigen** sakinleşmek, durulmak
— **berühmt** ünlü, meşhur
— **berühren** dokunmak, değmek
— **beschädigen** zarar vermek
die **Bescheinigung**,-en belge
— **beschlagnahmen** el koymak, haczetmek
— **beschreiben** tarif etmek
die **Beschreibung**,-en tarif
die **Beschwerde**,-n şikayet
— **beschweren (sich)** şikayet etmek, yakınmak
— **besetzt** meşgul, dolu
— **besichtigen** incelemek, ziyaret etmek
die **Besichtigung**,-en gezme, dolaşma
der **Besitzer**,- mal sahibi (bay)
die **Besitzerin**,-nen mal sahibi (bayan)
— **besonders** özellikle, bilhassa
— **besorgen** temin etmek, sağlamak
— **besser** daha iyi
— **bestätigen** tasdik etmek, onaylamak
— **beste-/r/-s** en iyi
das **Besteck**,-e çatal bıçak kaşık (sofra takımı)
— **bestehen aus** oluşmak
der **Besuch**,-e ziyaret, misafir

die	**Besuchszeit**,*-en*	ziyaret saati
der	**Betrag**,*̈-e*	tutar, miktar
—	**bereit**	hazır
—	**bestellen**	sipariş vermek
die	**Bestellung**,*-en*	sipariş
—	**bestimmt**	belli, kesin
—	**besuchen**	ziyaret etmek
der	**Besucher**,*-*	ziyaretçi (bay)
die	**Besucherin**,*-nen*	ziyaretçi (bayan)
—	**beten**	namaz kılmak, dua etmek
der	**Betrug** [tekil]	aldatma, dolandırma
—	**betrügen**	aldatmak, dolandırmak
—	**betrunken**	sarhoş
das	**Bett**,*-en*	yatak
—	**beunruhigen** (jemanden) huzursuzlanmak, tedirgin olmak	
—	**bevor**	önce
—	**bewegen**	hareket ettirmek
der	**Beweis**,*-e*	kanıt, delil
—	**beweisen**	kanıtlamak, ispatlamak
—	**bewölkt**	bulutlu
—	**bezaubernd**	büyüleyici, alımlı
—	**bewundern**	hayran olmak
—	**bezahlen**	ödemek
—	**bieten**	teklif etmek, ikram etmek
das	**Bild**,*-er*	tablo, foto, resim
—	**billig**	ucuz
—	**bisschen** (ein ...)	biraz
—	**bis**	kadar
—	**Bitte!**	Buyur/-un/-unuz! Bir şey değil. Rica ederim. Efendim?
die	**Bitte**,*-n*	rica, dilek
—	**bitten**	rica etmek, dilemek
—	**bitter**	acı
das	**Blatt**,*̈-er*	yaprak
—	**blau**	mavi
—	**bleiben**	kalmak
—	**blind**	kör
—	**blöd**	aptal, bön
—	**blond**	sarışın
die	**Blume**,*-n*	çiçek
das	**Blumengeschäft**,*-e*	çiçekçi
der	**Boden**,*̈-*	yer, taban
das	**Boot**,*-e*	kayık, sandal
—	**böse**	kötü, fena
die	**Botschaft**,*-en*	büyükelçilik
der	**Brand**,*̈-e*	yangın
—	**brauchen**	gerekmek, lazım olmak
—	**braun**	kahverengi
—	**breit**	geniş, bol
die	**Breite**,*-n*	genişlik
—	**brennen**	yanmak
der	**Brief**,*-e*	mektup
der	**Briefkasten**,*̈-*	posta kutusu
die	**Briefmarke**,*-n*	pul
die	**Brieftasche**,*-n*	cüzdan
die	**Brille**,*-n*	gözlük
—	**bringen**	götürmek; getirmek

die	**Brücke**,*-n*	köprü
der	**Bruder**,*̈-*	erkek kardeş
das	**Buch**,*̈-er*	kitap
—	**buchen**	rezerve ettirmek, kaydetmek
die	**Buchhandlung**,*-en*	kitapçı
—	**buchstabieren**	harfleri söylemek, hecelemek
—	**bügeln**	ütü yapmak
—	**bunt**	renkli
die	**Burg**,*-en*	kale
das	**Büro**,*-s*	yazıhane, büro, ofis
der	**Bus**,*-se*	otobüs
der	**Busbahnhof**,*̈-e*	otogar, otobüs garajı
das	**Bußgeld**,*-er*	para cezası

C/c

das	**Café**,*-s*	kahvehane
das	**Camping** [tekil]	kamp(-ing)
der	**Chauffeur**,*-e*	şoför, sürücü
der	**Chef**,*-s*	şef, müdür
das	**Christentum** [tekil]	Hıristiyanlık
der	**Cousin**,*-s*	kuzen (bay)
die	**Cousine**,*-n*	kuzen (bayan)

D/d

—	**da**	orada; burada
—	**daheim**	evde
—	**damals**	o zaman
die	**Dame**,*-n*	bayan, hanım
der	**Dampfer**,*-*	vapur
—	**danach**	bundan sonra
—	**danken**	teşekkür etmek
—	**dann**	sonra; öyleyse
das	**Datum/Daten**	tarih, gün
die	**Dauer**,*-n*	süre
—	**dauern**	sürmek, devam etmek
—	**defekt**	bozuk
—	**dein**	senin
—	**denken**	düşünmek
das	**Denkmal**,*̈-er*	anıt
—	**denn**	çünkü, zira
—	**deshalb**	bunun için, bundan dolayı
—	**deutlich**	açık, belirgin
—	**deutsch**	Alman, (lisan) Almanca
die	**Deutsche**,*-n*	Alman (bayan)
der	**Deutsche**,*-n*	Alman (bay)
das	**Deutschland** [tekil]	Almanya
—	**dich**	seni
—	**dick**	şişman, kalın
der	**Dieb**,*-e*	hırsız
der	**Diebstahl**,*̈-e*	hırsızlık
der	**Dienst**,*-e*	hizmet, servis
—	**diese/-r/-s**	bu, şu, o
—	**dir**	sana
—	**direkt**	doğru, düz, doğrudan doğruya
—	**doch**	elbette, evet
der	**Dom**,*-e*	katedral, başkilise

das	**Doppel** [tekil]	çift
—	**doppelt**	çift, iki kat
das	**D<u>o</u>rf**, ⸚*er*	köy
—	**dort**	orada
—	**draußen**	dışarıda
—	**dreckig**	pis, kirli
—	**dringend**	acele, ivedi
—	**drücken**	itmek; basmak
—	**du**	sen
—	**dumm**	aptal, akılsız
—	**dunkel**	karanlık, koyu
—	**dünn**	zayıf, ince
—	**durch**	arasından; vasıtasıyla
—	**durchschnittlich**	sıradan, bayağı, ortalama
—	**dürfen**	izinli olmak
der	**Durst** [tekil]	susuzluk;
—	**(Durst haben)**	susamak
—	**durstig sein**	susamak
die	**Dusche**, -*n*	duş

E/e

—	**eben**	düz; biraz önce, demin
—	**echt**	hakiki, gerçek
die	**Ecke**, -*n*	köşe
die	**Ehefrau**, -*en*	kadın eş
der	**Ehem<u>a</u>nn**, ⸚*er*	erkek eş
das	**Ehepaar**, -*e*	karı koca
die	**Ehre**, -*n*	onur, şeref
—	**eigentlich**	asıl, esas; aslında
der	**Eigentümer**, -	mal sahibi (bay)
die	**Eigentümerin**, -*nen*	mal sahibi (bayan)
—	**eilig**	acele, ivedi
—	**einfach**	kolay, basit; tek; yalnız
die	**Einfahrt**, -*en*	taşıt girişi
die	**Einführung**, -*en*	giriş, önsöz
der	**Eing<u>a</u>ng**, ⸚*e*	yaya girişi
—	**einheimisch**	yerli
—	**einige**	birkaç, bazı
—	**einkaufen**	alışveriş etmek
—	**einladen**	davet etmek
die	**Einladung**, -*en*	davetiye
—	**einpacken**	paketlemek
die	**Einreise**, -*n*	giriş
—	**einreisen**	ülkeye girmek
—	**einsam**	tenha; yalnız
—	**einschalten**	açmak
—	**einschlafen**	uykuya dalmak
—	**einsteigen**	taşıta binmek
—	**eintragen**	bir yere kaydetmek
der	**Eintritt**, -*e*	giriş
die	**Eintrittskarte**, -*n*	bilet, giriş bileti
der	**Eintrittspreis**, -*e*	giriş ücreti
der	**Einwohner**, -	nüfus, halk
das	**Einzel** [tekil]	tek
—	**einzeln**	tek, yalnız
—	**einzig**	tek, biricik
das	**Eis** [tekil]	buz; dondurma

die	**Eisenbahn**, -*en*	demiryolu, tren
die	**Eltern** [çoğul]	ana baba, ebeveyn
der	**Empf<u>a</u>ng**, ⸚*e*	kabul; resepsiyon; karşılama; teslim alma
—	**empfangen**	almak, karşılamak
der	**Empfänger**, -	alıcı (bay)
die	**Empfängerin**, -*nen*	alıcı (bayan)
—	**empfehlen**	tavsiye etmek, önermek
—	**empfindlich**	hassas
das	**Ende**, -*n*	son, netice
—	**endgültig**	en son, kesin
—	**endlich**	sonunda, nihayet
—	**eng**	dar
der	**Enkel**, -	torun (erkek)
die	**Enkelin**, -*nen*	torun (kız)
—	**entdecken**	keşfetmek, ortaya çıkarmak
die	**Entfernung**, -*en*	uzaklık, mesafe
—	**entscheiden**	karar vermek
—	**entschuldigen**	affetmek, özür dilemek
die	**Entschuldigung**, -*en*	af, özür
—	**Entschuldigung!**	Affedersin/-iz! Özür dilerim!
—	**entweder … oder**	ya … ya da
—	**entwickeln**	geliştirmek;
—	**(sich)**	gelişmek
—	**er**	(erkek için) o
die	**Erde** [tekil]	yeryüzü
die	**Erde**, -*n*	toprak
—	**ereignen**	olmak, meydana gelmek
der	**Erfolg**, -*e*	başarı
—	**erforderlich**	gerekli
die	**Erfrischung**, -*en*	soğukluk, serinletici içecek
das	**Ergebnis**, -*se*	netice, sonuç
—	**erhalten**	almak, elde etmek
—	**erholen**	dinlenmek
die	**Erholung**, -*en*	dinlenme, iyileşme
—	**erinnern (sich)**	anımsamak, hatırlamak
—	**erkennen**	tanımak, bilmek
—	**erklären**	açıklamak, anlatmak
—	**erkundigen**	bilgi almak, danışmak
—	**erlauben**	izin vermek
die	**Erlaubnis**, -*se*	izin
—	**erledigen**	yerine getirmek, bitirmek, yapmak
die	**Ermäßigung**, -*en*	indirim, tenzilat
—	**ernst**	ciddi
die	**Eröffnung**, -*en*	açılış
—	**erpressen**	şantajla almak, şantaj yapmak
—	**erreichen**	erişmek, yetişmek
der	**Ersatz** [tekil]	yedek; tazminat
das	**Ersatzteil**, -*e*	yedek parça
—	**erschöpft**	yorgun, bitkin
—	**erschrecken**	korkutmak, ürkütmek
—	**ersetzen (Schaden)**	karşılamak, yerine getirmek
—	**erst**	önce;
die	**Erste Hilfe**	ilk yardım
—	**erste/-r/-s**	birinci, ilk
—	**ertragen**	dayanmak, tahammül etmek
die	**Erwachsene**, -*n*	yetişkin, büyük (bayan)
der	**Erwachsene**, -*n*	yetişkin, büyük (bay)

—	**erwarten**	beklemek, ummak
—	**erzählen**	anlatmak
die	**Erziehung** [tekil]	eğitim, yetiştirme
—	**es**	(tarafsızlar için) o
—	**essen**	(yemek) yemek; yemek
die	**Etage**,-n	kat
—	**etwa**	aşağı yukarı
—	**etwas**	bir şey, biraz
der	**EU-Bürger**,-	AB yurttaşı (bay)
die	**EU-Bürgerin**,-nen	AB yurttaşı (bayan)
—	**euch**	size, sizi
—	**euer**	sizin
das	**Europa** [tekil]	Avrupa
der	**Europäer**,-	Avrupalı (bay)
die	**Europäerin**,-nen	Avrupalı (bayan)
—	**extra**	ekstra, özel

F/f

die	**Fabrik**,-en	fabrika
der	**Fachmann**,-̈er	uzman
die	**Fähre**,-n	feribot, vapur
—	**fahren**	taşıtla gitmek; sürmek
der	**Fahrer**,-	(bay) şoför, sürücü	
die	**Fahrerin**,-nen	(bayan) şoför, sürücü
der	**Fahrgast**,-̈e	yolcu
die	**Fahrkarte**,-n	bilet
das	**Fahrrad**,-̈er	bisiklet
der	**Fahrstuhl**,-̈e	asansör
die	**Fahrt**,-en	yolculuk
—	**fallen**	düşmek
—	**falls**	eğer, ise
—	**falsch**	yanlış; sahte
die	**Familie**,-n	aile
der	**Famillenname**,-n	soyad
—	**fangen**	yakalamak, tutmak
die	**Farbe**,-n	renk, boya
—	**färben**	boyamak
—	**farbig**	renkli
—	**fast**	hemen hemen, nerdeyse, yaklaşık
—	**faul**	tembel, miskin; (meyve) çürük
—	**fehlen**	eksik olmak, bulunmamak
der	**Fehler**,-	hata, yanlış
—	**feiern**	kutlamak, eğlenmek
der	**Feiertag**,-e	tatil günü
—	**feilschen**	pazarlık etmek
—	**fein**	ince
das	**Feld**,-er	alan; tarla
das	**Fenster**,-	pencere
die	**Ferien** [çoğul]	tatil
der	**Fernseher**,-	televizyon
—	**fertig**	tamam, hazır
das	**Fest**,-e	bayram
das	**Fett**,-e	yağ
—	**fett**	yağlı; şişko
—	**feucht**	nemli, rutubetli
das	**Feuer**,-	ateş
der	**Feuerlöscher**,-	yangın söndürücü

die	**Feuerwehr**,-en	itfaiye
das	**Feuerzeug**,-e	çakmak
die	**Filiale**,-n	şube
—	**finden**	bulmak
der	**Fisch**,-e	balık
—	**fischen**	balık tutmak
—	**flach**	düz
die	**Flasche**,-n	şişe
das	**Fleisch** [tekil]	et
—	**fleißig**	çalışkan
—	**fliegen**	uçmak
—	**fließen**	akmak
der	**Flohmarkt**,-̈e	bitpazarı
der	**Flughafen**,-̈	havalimanı
das	**Flugzeug**,-e	uçak
der	**Fluss**,-̈e	nehir, ırmak
—	**flüssig**	akıcı
die	**Flüssigkeit**,-en	sıvı
—	**folgen**	takip etmek, izlemek
—	**fotografieren**	fotoğraf çekmek
die	**Frage**,-n	soru
—	**fragen**	sormak
—	**frankieren**	pul yapıştırmak
die	**Frau**,-en	bayan, hanım
das	**Fräulein**,-	(evlenmemiş) hanım, bayan
—	**frei**	boş, serbest
—	**fremd**	yabancı, tanınmayan
die	**Fremde**,-n	yabancı (bayan)
der	**Fremde**,-n	yabancı (bay)
der	**Fremdenführer**,-	turist rehberi (bay)
die	**Fremdenführerin**,-nen	turist rehberi (bayan)
—	**freuen**	sevinmek
der	**Freund**,-e	erkek arkadaş, dost
die	**Freundin**,-nen	kız arkadaş, dost
—	**freundlich**	dostça, arkadaşça
der	**Friedhof**,-̈e	mezarlık
—	**frieren**	üşümek
—	**frisch**	taze
—	**frisieren**	saçını kesmek
—	**froh**	memnun, hoşnut
—	**früh**	erken
der	**Frühling**,-e	ilkbahar
das	**Frühstück**,-e	kahvaltı
—	**frühstücken**	kahvaltı etmek
—	**fühlen**	hissetmek
—	**führen**	rehberlik etmek, yönetmek
der	**Führer**,-	rehber, kılavuz (bay)
die	**Führerin**,-nen	rehber, kılavuz (bayan)
der	**Führerschein**,-e	ehliyet
das	**Fundbüro**,-s	kayıp eşya bürosu
—	**funktionieren**	işlemek, çalışmak
—	**für**	için
—	**fürchten**	korkmak
—	**fürchterlich**	korkunç
der	**Fußboden**,-̈	taban
der	**Fußgänger**,-	yaya (bay)
die	**Fußgängerin**,-nen	yaya (bayan)

G/g

—	**ganz**	bütün, tam
die	**Garage**,-n	garaj
der	**Garten**,-	bahçe
die	**Gasse**,-n	sokak
der	**Gast**,-e	misafir, konuk
die	**Gastfreundschaft**,-en	misafirperverlik
der	**Gastgeber**,-	ev sahibi, misafir eden (bay)
die	**Gastgeberin**,-nen	ev sahibi, misafir eden (bayan)
das	**Gasthaus**,-er	lokanta
das	**Gebäude**,-	bina
—	**geben**	vermek
das	**Gebiet**,-e	bölge
das	**Gebirge**,-	sıra dağ
—	**geboren**	doğumlu
—	**gebraucht**	kullanılmış
—	**gebrochen**	kırık, kırılmış
die	**Gebühr**,-en	ücret, harç
das	**Geburtsdatum/Geburtsdaten**	doğum tarihi
der	**Geburtsname**,-n	kızlık soyadı
der	**Geburtsort**,-e	doğum yeri
die	**Geduld** [tekil]	sabır
die	**Gefahr**,-en	tehlike
—	**gefährlich**	tehlikeli
—	**gefallen**	hoşuna gitmek, beğenmek
das	**Gefängnis**,-se	hapishane
das	**Gefühl**,-e	duygu, his
—	**gegen**	karşı, zıt; doğru
die	**Gegend**,-en	bölge, semt, yöre
der	**Gegenstand**,-e	eşya, şey
das	**Gegenteil**,-e	aksi, karşıt
—	**gegenüber**	karşısında
die	**Geheimzahl**,-en	şifre
—	**gehen**	gitmek, yürümek
—	**gehören**	ait olmak, dahil olmak
das	**Gelände**,-	arazi
das	**Geld**,-er	para
der	**Geldschein**,-e	banknot
die	**Geldstrafe**,-n	para cezası
—	**gelegentlich**	arasıra
—	**gelten**	geçerli olmak
—	**gemeinsam**	beraber, ortak
—	**gemischt**	karışık
das	**Gemüse**,-	sebze
—	**gemütlich**	rahat
—	**genau**	tam, tıpkı
—	**genauso**	tam öyle
—	**genießen**	zevk almak
—	**genug**	yeter, kafi
—	**geöffnet**	açık
das	**Gepäck** [tekil]	bagaj
—	**gerade**	doğru, düz
das	**Geräusch**,-e	ses, gürültü
das	**Gericht**,-e	yemek; mahkeme
—	**gern**	memnuniyetle, seve seve

der	**Geruch**,-e	koku
das	**Geschäft**,-e	ticaret; mağaza, dükkan
das	**Geschenk**,-e	hediye
die	**Geschichte**,-n	tarih; hikaye
das	**Geschirr**,-e	kap kacak
—	**geschlossen**	kapalı
der	**Geschmack**,-er	tat, lezzet
die	**Geschwindigkeit**,-en	hız, sürat
die	**Geschwister** [çoğul]	kardeşler
das	**Gesetz**,-e	kanun
das	**Gespräch**,-e	konuşma
—	**gestatten**	izin vermek; müsaade etmek
—	**gestern**	dün
—	**gesund**	sağlıklı, sıhhatli
die	**Gesundheit** [tekil]	sağlık
das	**Getränk**,-e	içecek
das	**Getreide** [tekil]	tahıl
—	**getrennt**	ayrı
das	**Gewicht**,-e	ağırlık
—	**gewinnen**	kazanmak
das	**Gewitter**,-	fırtına
die	**Gewohnheit**,-en	alışkanlık
—	**gewöhnlich**	olağan, alışılmış
—	**gewöhnt**	alışık olmak
das	**Gift**,-e	zehir
—	**giftig**	zehirli
das	**Glas**,-er	bardak; cam
der	**Glaube** [tekil]	inanç
—	**glauben**	inanmak
—	**gleich**	aynı, eşit; hemen
—	**gleichzeitig**	aynı anda, aynı zamanda
das	**Gleis**,-e	peron
das	**Glück** [tekil]	şans; mutluluk
—	**glücklich**	mesut, mutlu
der	**Glückwunsch**,-e	tebrik, iyi dilek
das	**Gold** [tekil]	altın
der	**Gott**,-er	Tanrı
die	**Grammatik**,-en	gramer
—	**gratis**	parasız, bedava
—	**gratulieren**	tebrik etmek, kutlamak
die	**Grenze**,-n	hudut, sınır
—	**groß**	büyük
die	**Größe**,-n	büyüklük; ebat, beden; boy; (ayakkabı) numara
die	**Großmutter**,-	büyükanne, nine
der	**Großvater**,-	dede, büyükbaba
—	**grün**	yeşil
der	**Grund**,-e	neden, sebep
die	**Gruppe**,-n	grup, küme
—	**grüßen**	selamlamak
—	**gültig**	geçerli
—	**günstig**	ucuz, uygun
—	**gut**	iyi
der	**Gutschein**,-e	bono, para kuponu

H/h

das **Haar**,-e saç; kıl, tüy
— **haben** sahip olmak
der **Hafen**,ᐟ liman
das **Hähnchen**,- tavuk, piliç
der **Haken**,- kanca, çengel
— **halb** buçuk, yarım
die **Hälfte**,-n yarısı
— **Halt!** Dur! Stop!
— **halten** durmak
die **Haltestelle**,-n durak
der **Hammer**,- çekiç
die **Handtasche**,-n el çantası
— **hängen** asmak, takmak
— **hart** sert
— **hässlich** çirkin, kötü
— **häufig** sık, çoğu kez
der **Hauptbahnhof**,ᐟe gar
die **Hauptstadt**,ᐟe başkent
das **Haus**,ᐟer ev
der **Hausbesitzer**,- ev sahibi (bay)
die **Hausbesitzerin**,-nen
   ev sahibi (bayan)
das **Heft**,-e defter
— **heilig** kutsal, mukaddes
die **Heimat**,-en vatan, yurt
das **Heimatland**,ᐟer vatan, yurt
— **heiraten** evlenmek
— **heiß** çok sıcak, kaynar
— **heißen** adlandırmak, isim vermek
— **heizen** ısıtmak
die **Heizung**,-en kalorifer
— **helfen** yardım etmek
der **Herbst**,-e sonbahar
— **Herein!** Giriniz!
der **Herr**,-en bay, bey
— **herrlich** harika,
   enfes, fevkalade
— **heute** bugün
— **hier** burada; işte
die **Hilfe**,-n yardım, imdat
der **Himmel**,- gökyüzü, gök
— **hindern** engellemek
— **hinlegen (sich)**
   yatmak, uzanmak
— **hinten** arkada
— **hinterlegen** depozit ödemek
die **Hitze** [tekil] şiddetli sıcak
— **hoch** yüksek
die **Hochzeit**,-en düğün
— **hoffen** ummak, ümit etmek
— **hoffentlich** inşallah
— **höflich** kibar, nazik
das **Holz**,ᐟer tahta, odun
— **hören** duymak, işitmek
der **Hörer**,- ahize
— **hübsch** güzel, şirin, hoş

der **Hügel**,- tepe, tümsek
der **Hund**,-e köpek
der **Hunger** [tekil] açlık
— **hungrig sein** aç olmak, acıkmak
— **husten** öksürmek

I/i

— **ich** ben, kendim
die **Idee**,-n fikir
— **ihm** ona
— **ihn** onu
— **Ihnen** size
— **ihnen** onlara
— **ihr** (dişi) ona; onun; (çoğul) siz; onların
— **immer** daima, her zaman
die **Immobilie**,-n emlak
— **in** içinde
die **Information**,-en bilgi, enformasyon
— **informieren** bilgilendirmek
der **Inhalt**,-e içerik, kapsam
das **Inland** [tekil] yurt içi
— **innen** içinde
die **Innenstadt**,ᐟe şehir içi
das **Insekt**,-en böcek, haşarat
die **Insel**,-n ada
die **Integration** [tekil] uyum
— **interessant** ilginç, enteresan
das **Interesse**,-n ilgi, alaka, enterese
— **interessieren** ilgilendirmek, ilgi duymak
— **international** uluslararası
— **irren** yanılmak, şaşırmak
der **Irrtum**,ᐟer yanılgı, hata

J/j

— **ja** evet
das **Jahr**,-e yıl
die **Jahreszeit**,-en mevsim
das **Jahrhundert**,-e yüzyıl, asır
— **jährlich** yıllık, her yıl
— **jede/-r/-s** her, her biri
— **jemand** biri, birisi, bir kimse
— **jetzt** şimdi
der **Jubel** [tekil] büyük sevinç
die **Jugend** [tekil] gençlik
der **Jugendliche**,-n genç erkek
die **Jugendliche**,-n genç kız
— **jung** genç
der **Junge**,-n oğlan, delikanlı
der **Junggeselle**,-n bekar

K/k

das **Kabel**,- kablo
der **Kaffee** [tekil] kahve
— **kalt** soğuk
— **kaputt** bozuk, kırık

die	**Karte** ,-n	kart; bilet
die	**Kasse** ,-n	kasa, vezne
die	**Kathedrale** ,-n	katedral, büyük kilise
die	**Katze** ,-n	kedi
—	**kaufen**	satın almak
der	**Käufer** ,-	müşteri, alıcı (bay)
die	**Käuferin** ,-nen	müşteri, alıcı (bayan)
der	**Kaufmann/Kaufleute**	tüccar
der	**Kaugummi** ,-s	ciklet, sakız
—	**kaum**	pek az, nadir
die	**Kaution** ,-en	kefalet
—	**kein**	yok, değil
der	**Kellner** ,-	garson (bay)
die	**Kellnerin** ,-nen	garson (bayan)
—	**kennen**	tanımak; bilmek
—	**kennenlernen**	tanışmak
die	**Kerze** ,-n	mum; buji
die	**Kette** ,-n	zincir
das	**Kind** ,-er	çocuk
das	**Kino** ,-s	sinema
die	**Kirche** ,-n	kilise
—	**klar**	açık, berrak
die	**Klasse** ,-n	sınıf, mevki
die	**Kleidung** ,-en	giyim, kıyafet
—	**klein**	küçük, ufak
das	**Klima** ,-ta	iklim, hava
die	**Klingel** ,-n	zil
—	**klingeln**	zil çalmak
das	**Kloster** ,-̈	manastır
—	**klug**	akıllı, zeki
der	**Knopf** ,-̈e	düğme
der	**Koch** ,-̈e	aşçı
—	**kochen**	pişirmek, kaynatmak
der	**Koffer** ,-	bavul
die	**Kohle** ,-n	kömür
der	**Kollege** ,-n	meslektaş (bay)
die	**Kollegin** ,-nen	meslektaş (bayan)
—	**kommen**	gelmek
—	**kompliziert**	zor, komplike
das	**Kondom** ,-e	prezervatif
der	**König** ,-e	kral
die	**Königin** ,-nen	kraliçe
—	**können**	muktedir olmak, yapabilmek
das	**Konsulat** ,-e	konsolosluk
der	**Kontakt** ,-e	kontak, ilişki
das	**Konto/Konten**	banka hesabı
—	**kontrollieren**	kontrol etmek
das	**Konzert** ,-e	konser
der	**Kopf** ,-̈e	kafa, baş
die	**Kopie** ,-n	kopya
der	**Korb** ,-̈e	sepet
der	**Körper** ,-	beden, vücut
—	**korrekt**	doğru, hatasız
—	**korrigieren**	düzeltmek
die	**Kosten** [çoğul]	masraflar
—	**kostenlos**	ücretsiz
—	**krank**	hasta
das	**Krankenhaus** ,-̈er	hastane

der	**Krankenwagen** ,-	ambulans
die	**Krankheit** ,-en	hastalık
die	**Kreditkarte** ,-n	kredi kartı
die	**Kreuzung** ,-en	kavşak
der	**Krieg** ,-e	savaş, harp
die	**Küche** ,-n	mutfak
der	**Kuchen** ,-	pasta
der	**Kugelschreiber** ,-	tükenmez kalem
—	**kühl**	serin
—	**kühlen**	soğutmak, serinletmek
die	**Kultur** ,-en	kültür
der	**Kunde** ,-n	müşteri (bay)
die	**Kundin** ,-nen	müşteri (bayan)
die	**Kunst** ,-̈e	sanat
der	**Kurs** ,-e	kurs; kur; istikamet
die	**Kurve** ,-n	dönemeç, viraj
—	**kurz**	kısa
—	**kurzfristig**	kısa vadeli
—	**kürzlich**	az önce, geçenlerde
der	**Kuss** ,-̈e	öpüş, öpücük
—	**küssen**	öpmek

L/l

—	**lachen**	gülmek
—	**lächerlich**	gülünç
der	**Laden** ,-̈	dükkan, mağaza
die	**Lage** ,-n	durum; yer
die	**Lampe** ,-n	lamba
das	**Land** ,-̈er	ülke, kara
—	**landen**	yere inmek
die	**Landkarte** ,-n	harita
die	**Landschaft** ,-en	manzara, doğa
der	**Landsmann** ,-̈er	hemşeri
die	**Landung** ,-en	iniş
der	**Landwirt** ,-e	çiftçi (bay)
die	**Landwirtin** ,-nen	çiftçi (bayan)
die	**Landwirtschaft** ,-en	tarım, ziraat
—	**lang**	uzun
—	**langsam**	yavaş
—	**langweilig**	can sıkıcı
der	**Lärm** [tekil]	gürültü
—	**lassen**	bırakmak, terk etmek
—	**lästig**	can sıkıcı, usandırıcı
der	**Lastwagen** ,-	kamyon; kamyonet; tır
—	**laufen**	koşmak
—	**laut**	gürültülü, yüksek sesli
das	**Leben** ,-	yaşam, hayat
—	**leben**	yaşamak
das	**Lebensmittel** ,-	yiyecek, gıda maddesi
—	**lebhaft**	canlı, hareketli
—	**lecker**	lezzetli
das	**Leder** [tekil]	deri
—	**ledig**	bekar
—	**leer**	boş
die	**Leerung** ,-en	boşaltma
—	**legen**	koymak, yatırmak
—	**lehren**	öğretmek

der **Lehrer**,- öğretmen (bay)
die **Lehrerin**,-nen öğretmen (bayan)
— **leicht** hafif, kolay
— **leider** maalesef, (ne) yazık ki
— **leihen** ödünç vermek; ödünç almak
— **leise** sakin, alçak
die **Leiter**,-n merdiven
der **Leiter**,- yönetici, direktör (bay)
die **Leiterin**,-nen yönetici, direktör (bayan)
— **lernen** öğrenmek
— **lesen** okumak
— **letzte/-r/-s** son, sonuncu
die **Leute** [çoğul] insanlar, halk
das **Licht**,-er ışık
— **lieb** sevimli
die **Liebe** [tekil] aşk, sevgi
— **lieben** sevmek
— **liebenswürdig** nazik, sevimli
— **lieblich** tatlı
der **Liebling**,-e sevgili
das **Lied**,-er şarkı, türkü
— **liegen** bulunmak; yatmak, uzanmak
— **liegenlassen** bırakmak, unutmak
die **Linie**,-n hat, çizgi
— **linke/-r/-s** sol; soldaki
— **links** solda, sol tarafta
— **loben** övmek
das **Loch**,-̈er delik, oyuk, çukur
— **logisch** mantıklı
das **Lokal**,-e lokanta, birahane
— **löschen** söndürmek
die **Luft**,-̈e hava
— **lüften** havalandırmak
— **lügen** yalan söylemek
— **lustig** neşeli

M/m

— **machen** yapmak
das **Mädchen**,- kız
die **Mahlzeit**,-en yemek
das **Mal**,-e kere, kez
— **malen** resim yapmak
— **man** insan, kişi
— **manchmal** bazen, arasıra
der **Mann**,-̈er erkek, adam
— **männlich** erkekçe, erkek
die **Mannschaft**,-en takım, ekip
der **Markt**,-̈e pazar
die **Maschine**,-n makine
das **Maß**,-e ölçü
— **massieren** masaj yapmak
das **Material**,-ien malzeme
die **Maus**,-̈e fare
das **Meer**,-e deniz
— **mein** benim
— **meinen** düşünmek, fikrinde olmak
die **Meinung**,-en fikir, görüş

— **melden** bildirmek, haber vermek
die **Menge**,-n miktar
der **Mensch**,-en insan
— **merken** farkına varmak; zihinde tutmak
die **Messe**,-n fuar, sergi
— **messen** ölçmek
— **mich** beni
die **Miete**,-n kira
— **mieten** kiralamak
— **mild** yumuşak, mülayim
— **mindestens** en azından, hiç olmazsa
— **minus** eksi
die **Minute**,-n dakika
— **mir** bana
das **Missverständnis**,-se yanlış anlama
— **mit** ile, beraber, birlikte
— **mitbringen** beraberinde getirmek
— **mitfahren** birlikte gitmek
— **mitmachen** katılmak, iştirak etmek
— **mitnehmen** beraberinde götürmek
der **Mittag**,-e öğle
das **Mittagessen**,- öğle yemeği
— **mittags** öğleyin; öğleleri
die **Mitte**,-n orta
die **Mitteilung**,-en bildiri, haber
das **Mittel**,- araç; ilaç
die **Mitternacht**,-̈e gece yarısı
das **Möbel**,- mobilya
— **mögen** istemek; arzu etmek; sevmek
— **möglich** mümkün, olası
der **Monat**,-e ay
— **monatlich** aylık
der **Mond**,-e ay
der **Morgen**,- sabah; yarın
— **morgen** yarın
— **müde** yorgun
die **Mühe**,-n zahmet
der **Müll** [tekil] çöp
die **Münze**,-n madeni para
das **Museum/Museen** müze
die **Musik**,-en müzik
— **müssen** mecbur olmak
das **Muster**,- örnek, numune
die **Mutter**,-̈ anne

N/n

— **nach** ...e/ye, ...a/ya; ...den sonra/...dan sonra
der **Nachbar**,-n komşu (bay)
die **Nachbarin**,-nen komşu (bayan)
— **nachher** sonradan, ondan sonra
der **Nachmittag**,-e öğleden sonra
der **Nachname**,-n soyad
die **Nachricht**,-en haber, mesaj
— **nächste/-r/-s** en yakın, ertesi, gelecek
die **Nacht**,-̈e gece
der **Nachteil**,-e zarar
— **nackt** çıplak

— **nahe** yakın
— **nähen** dikmek
das **Nahrungsmittel**,- gıda maddesi
das **Nahverkehrsmittel**,-
yakın mesafe trafik araçları
der **Name**,-n ad, isim
— **nass** ıslak
die **Nation**,-en ulus, millet
die **Natur**,-en tabiat, doğa
— **natürlich** tabii, doğal
— **neben** yanında
— **negativ** olumsuz
— **nehmen** almak
— **nein** hayır, yok
— **nennen** ad koymak, isim vermek
— **nervös** sinirli, asabi
— **nett** güzel, hoş
— **netto** net, safi
— **neu** yeni
— **neugierig** meraklı
die **Neuigkeit**,-en haber, havadis
das **Neujahr** [tekil] yılbaşı
— **nicht** yok, değil
— **nichts** hiç, hiçbir şey
— **nie** asla, hiçbir zaman
— **niedrig** alçak; aşağı
— **niemand** hiç kimse
— **niesen** hapşırmak
— **nirgends** hiç bir yerde
— **noch** daha, henüz
der **Norden** [tekil] kuzey
— **normalerweise** normal olarak
der **Notausgang**,¨-e acil çıkış
der **Notfall**,¨-e gerekirse, acil durum (-da)
— **notieren** not etmek; kaydetmek
— **nötig** gerekli
die **Notrufzentrale**,-n imdat telefonu
— **notwendig** gerekli
die **Nummer**,-n numara
— **nur** sadece, yalnız
— **nützlich** yararlı, faydalı

O/o

— **ob** acaba
— **oben** yukarıda, üstte
das **Obst** [tekil] meyve
— **oder** veya, ya da
der **Ofen**,¨ soba, fırın
— **offen** açık
— **offiziell** resmi
— **oft** sık, çoğu zaman
— **ohne** ...siz, ...sız, ...suz, ...süz
die **Ordnung**,-en düzen, tertip
das **Original**,-e orijinal, asıl
der **Ort**,-e yer, mahal
der **Osten** [tekil] doğu

Ö/ö

— **öffnen** açmak
die **Öffnungszeit**,-en çalışma saati
das **Öl**,-e yağ

P/p

das **Paar**,-e çift
das **Päckchen**,- küçük paket
— **packen** paketlemek;
(bavul) hazırlamak
das **Paket**,-e paket
die **Panne**,-n arıza
das **Panorama/Panoramen** manzara, panorama
das **Papier**,-e kağıt
der **Park**,-s park
— **parken** park etmek
der **Parkplatz**,¨-e park yeri
der **Pass**,¨-e pasaport
— **passen** işine gelmek; olmak, uymak
— **passieren** geçmek; olmak
die **Passkontrolle**,-n
pasaport kontrolü
die **Pause**,-n ara, mola
das **Pech** [tekil] şanssızlık
die **Person**,-en kişi, kimse
der **Personalausweis**,-e kimlik; hüviyet
die **Personalie**,-n kimlik bilgisi
— **persönlich** şahsi, özel
das **Pfand**,¨-er rehin; depozito
das **Pferd**,-e at
die **Pflanze**,-n bitki
— **pflegebedürftig**
bakıma muhtaç
das **Pfund**,-e yarım kilo
der **Plastikbeutel**,- plastik poşet
der **Platz**,¨-e yer, meydan
— **plötzlich** birdenbire, aniden
— **plus** artı
die **Polizei** [tekil] polis
der **Polizeiwagen**,- polis arabası
der **Polizist**,-en (bay) polis
die **Polizistin**,-nen (bayan) polis
das **Postamt**,¨-er postane
die **Postleitzahl**,-en posta kodu
der **Preis**,-e fiyat, değer; ödül
— **prima** çok iyi
— **privat** özel, hususi
— **pro** için
die **Probe**,-n deneme; prova
— **probieren**
denemek, prova etmek
das **Problem**,-e sorun
das **Produkt**,-e ürün
das **Programm**,-e program
die **Promillegrenze**,-n alkol duvarı
— **provisorisch** geçici

das **Prozent**,-e yüzde, oran
— **prüfen** denemek; imtihan etmek
die **Prüfung**,-en imtihan, sınav
der **Punkt**,-e nokta
— **pünktlich** dakik
das **Publikum** [tekil] halk; izleyici
— **putzen** temizlemek

Q/q

der **Quadratmeter**,- metre kare
die **Qualität**,-en kalite
die **Quelle**,-n kaynak
— **quer durch** ortasından
die **Quittung**,-en makbuz

R/r

der **Rabatt**,-e iskonto, tenzilat
die **Radarkontrolle**,-n radar kontrolü
der **Rasen**,- çim
— **rasieren** tıraş etmek
die **Rast**,-en dinlenme, mola
der **Rastplatz**,ᵉe dinlenme yeri
die **Raststätte**,-n dinlenme tesisi
der **Rat** [tekil] öğüt, tavsiye
das **Rathaus**,ᵉer belediye binası
— **rauchen** sigara içmek
der **Raum**,ᵉe yer; oda, salon
— **rechnen** hesaplamak
die **Rechnung**,-en fatura, hesap
— **rechts** sağ tarafta, sağda
— **rechtzeitig** vaktinde
— **reden** konuşmak, söylemek
— **regelmäßig** düzenli
— **regeln** düzenlemek, ayarlamak
der **Regen** [tekil] yağmur
die **Regierung**,-en hükümet
die **Region**,-en bölge
— **regnen** (yağmur) yağmak
— **reich** zengin
— **reif** olgun
— **reinigen** temizlemek
die **Reinigung**,-en temizleyici; temizlik
die **Reise**,-n yolculuk, seyahat
der **Reiseführer**,- seyahat rehberi
— **reisen** seyahat etmek
— **reiten** ata binmek
die **Reklamation**,-en şikayet
— **reklamieren** şikayet etmek
die **Religion**,-en din
— **rennen** koşmak
der **Rentner**,- emekli (bay)
die **Rentnerin**,-nen emekli (bayan)
die **Reparatur**,-en tamir, onarım
die **Reparaturwerkstatt**,ᵉen tamirhane
— **reparieren** tamir etmek
— **reservieren (lassen)** ayırt(tır)mak

die **Reservierung**,-en ayırtma, rezervasyon
der **Rest**,-e üstü, arta kalan, artık
— **retten** kurtarmak
das **Rezept**,-e reçete
die **Rezeption**,-en resepsiyon
— **richtig** doğru, kusursuz
die **Richtung**,-en istikamet, yön
— **riechen** koklamak, kokmak
das **Risiko/Risiken** riziko, tehlike
— **rufen** çağırmak, seslenmek
die **Ruhe** [tekil] sessizlik, sakinlik
— **ruhig** sessiz
— **rund** yuvarlak
— **rutschen** kaymak

S/s

der **Saal/Säle** salon
die **Sache**,-n eşya, şey; iş; mesele, konu
— **sagen** söylemek, demek
— **sammeln** biriktirmek
die **Sammlung**,-en toplama, koleksiyon
— **satt** tok, doymuş
der **Satz**,ᵉe cümle
— **sauber machen** temizlemek
— **sauber** temiz
— **sauer** ekşi
der **Säugling**,-e bebek
— **schade** yazık
— **schaden** zarar vermek
der **Schaden**,ᵉ zarar, hasar
— **schädlich** zararlı
— **schaffen** yapmak, başarmak
der **Schalter**,- düğme, şalter; gişe
— **schämen** utanmak
— **schätzen** saymak, itibar etmek;
tahmin etmek, değerlendirmek
— **schauen** bakmak, seyretmek
das **Schaufenster**,- vitrin
die **Scheibe**,-n cam; ekmek dilimi
— **scheinen** (güneş) parıldamak, ışıldamak
— **schenken** hediye etmek
— **schicken** göndermek, yollamak
— **schieben** itmek, sürmek
— **schießen** ateş etmek
das **Schiff**,-e gemi, vapur
das **Schild**,-er levha
— **schimpfen** küfür etmek
der **Schirm**,-e şemsiye
— **schlafen** uyumak
die **Schlaflosigkeit** [tekil] uykusuzluk
— **schlagen** vurmak, dövmek
— **schlank** zayıf, ince
— **schlau** açıkgöz, kurnaz
— **schlecht** kötü, fena
— **schließen** kapamak, kilitlemek
— **schlimm** çok kötü, berbat
das **Schloss**,ᵉer saray, şato; kilit

der	**Schluss**,⸚e	son, bitiş
der	**Schlüssel**,-	anahtar
—	**schmal**	dar
—	**schmecken**	tadına bakmak, tatmak
—	**schminken**	makyaj yapmak
der	**Schmuck** [tekil]	mücevher
—	**schmutzig**	kirli, pis
der	**Schnee** [tekil]	kar
—	**schneiden**	kesmek
—	**schneien**	kar yağmak
—	**schnell**	çabuk, hızlı
—	**schön**	güzel
der	**Schrank**,⸚e	dolap
—	**schrecklich**	korkunç
—	**schreiben**	yazmak
—	**schreien**	bağırmak
die	**Schrift**,-en	yazı
—	**schriftlich**	yazılı
der	**Schritt**,-e	adım
—	**schüchtern**	utangaç
die	**Schuld** [tekil]	suç, kabahat
—	**schulden**	borçlanmak, borç yapmak
die	**Schule**,-n	okul
der	**Schüler**,-	öğrenci (erkek)
die	**Schülerin**,-nen	öğrenci (kız)
der	**Schutz** [tekil]	koruma, emniyet
—	**schützen**	korumak; korunmak
—	**schwach**	zayıf, güçsüz
der	**Schwager**,⸚	enişte; kayın
die	**Schwägerin**,-nen	(görümce) yenge; baldız
der	**Schwamm**,⸚e	sünger
—	**schwanger**	hamile, gebe
die	**Schwangerschaft**,-en	gebelik
—	**schwarz**	siyah
—	**schweigen**	susmak
—	**schwer**	zor, güç, ağır
die	**Schwester**,-n	kız kardeş; hemşire
—	**schwierig**	güç, zor
die	**Schwierigkeit**,-en	zorluk, güçlük
das	**Schwimmbad**,⸚er	yüzme havuzu
—	**schwimmen**	yüzmek
—	**schwitzen**	terlemek
der	**See**,-n	göl, deniz
—	**sehen**	görmek
die	**Sehenswürdigkeit**,-en	görülmeye değer yerler
die	**Seife**,-n	sabun
das	**Seil**,-e	halat, urgan
—	**sein**	olmak; onun
—	**seit**	beri, itibaren
die	**Seite**,-n	yan, taraf; sayfa
—	**selbst**	bizzat, kendisi
die	**Selbstbedienung** [tekil]	selfservis
—	**selten**	seyrek, nadir
—	**senden**	göndermek, yollamak
die	**Sendung**,-en	(radyo, televizyon) yayın; (postane) posta
—	**servieren**	servis yapmak, hizmet etmek
—	**setzen**	oturmak, koymak

die	**sexuelle**,-n **Belästigung**,-en	sarkıntılık
—	**sicher**	elbette, emin
die	**Sicherheit**,-en	güvenlik, emniyet
die	**Sicherung**,-en	sigorta
—	**sie**	(dişiler için tekil şahıs zamiri) o; (dişiler için tekil şahıs zamiri i/ı hali) onu; (çoğul şahıs zamiri) onlar
—	**Sie**	(nezaket şekli) siz; (nezaket şekli ismin i/ı hali) sizi
das	**Silber** [tekil]	gümüş
—	**singen**	şarkı (türkü) söylemek
die	**Situation**,-en	durum, hal
—	**sitzen**	oturmak
—	**so**	böyle, şöyle, öyle
—	**sofort**	hemen, derhal
der	**Sohn**,⸚e	oğul
—	**sollen**	zorunda olmak
der	**Sommer**,-	yaz
das	**Sonderangebot**,-e	indirimli satış
—	**sondern**	bilakis
die	**Sonne**,-n	güneş
der	**Sonnenaufgang**,⸚e	güneş doğuşu
der	**Sonnenuntergang**,⸚e	güneş batışı
—	**sonnig**	güneşli
—	**sorgen (sich)**	endişelenmek
die	**Spannung**,-en	gerginlik
—	**sparen**	tasarruf etmek
—	**sparsam**	tutumlu, idareli
der	**Spaß**,⸚e	şaka; eğlence
—	**spät**	geç
—	**spazierengehen**	yaya gezinmek
der	**Spaziergang**,⸚e	yaya gezinti
der	**Spezialist**,-en	uzman (bay)
die	**Spezialistin**,-nen	uzman (bayan)
—	**speziell**	özel
der	**Spiegel**,-	ayna
das	**Spiel**,-e	oyun
—	**spielen**	oynamak
das	**Spielzeug**,-e	oyuncak
der	**Spiritus** [tekil]	ispirto
der	**Sport**,-e	spor
der	**Sportler**,-	sporcu (bay)
die	**Sportlerin**,-nen	sporcu (bayan)
der	**Sportplatz**,⸚e	spor sahası
die	**Sprache**,-n	dil, lisan
der	**Sprachkurs**,-e	dil kursu
—	**sprechen**	konuşmak
die	**Sprechstunde**,-n	görüşme saati, muayene saati
—	**springen**	atlamak
—	**spülen**	(bulaşık) yıkamak; (ağız) çalkalamak
der	**Staat**,-en	devlet
die	**Staatsangehörigkeit**,-en	vatandaşlık, yurttaşlık
das	**Stadion/Stadien**	stadyum, saha
die	**Stadt**,⸚e	şehir
der	**Stadtteil**,-e	semt, mahalle

das **Stadtzentrum/Stadtzentren** şehir merkezi
der **Stand**,⸚e düzey; durum; stant
— **stark** kuvvetli
— **starten** başlamak
die **Station**,-en istasyon
— **stattfinden** olmak, meydana gelmek
der **Stau**,-s tıkanma
— **staunen** hayret etmek
— **stechen** sokmak
— **stehen** durmak; yakışmak
— **stehenbleiben** durmak
— **stehlen** çalmak
— **steigen** artmak, yükselmek
— **steil** dik, sarp
der **Stein**,-e taş
die **Stelle**,-n yer, mekan; makam
— **stellen** koymak, yerleştirmek
der **Stempel**,- damga
— **sterben** ölmek
der **Stern**,-e yıldız
die **Steuer**,-n vergi
der **Stich**,-e (böcek) sokma; sancı, ağrı
die **Stimme**,-n ses; oy
die **Stimmung**,-en keyif
— **stinken** pis kokmak
das **Stockwerk**,-e kat
der **Stoff**,-e kumaş; madde
— **stoppen** durdurmak
— **stören** rahatsız etmek
— **stornieren** iptal etmek
die **Störung**,-en bozukluk; kesinti
— **stoßen** çarpmak, itmek
die **Strafe**,-n ceza
der **Strand**,⸚e plaj, sahil
die **Straße**,-n yol, cadde, sokak
die **Straßenbahn**,-en tramvay
das **Streichholz**,⸚er kibrit
der **Streik**,-s grev
— **streiten** kavga etmek, tartışmak
das **Stück**,-e parça, kısım; tane
der **Student**,-en yüksek okul öğrencisi (bay)
die **Studentin**,-nen yüksek okul öğrencisi (bayan)
— **studieren** (yüksek okulda) okumak; öğrenim yapmak
das **Studium/Studien** yüksek öğrenim
die **Stufe**,-n basamak
der **Stuhl**,⸚e sandalye
— **stumm** dilsiz
die **Stunde**,-n saat
— **stündlich** saatte bir
— **stürzen** düşmek
— **suchen** aramak
der **Süden** [tekil] güney
die **Summe**,-n toplam; tutar
der **Supermarkt**,⸚e süpermarket
— **süß** tatlı, şekerli
— **sympathisch** sempatik

T/t

die **Tafel**,-n tabela
der **Tag**,-e gün
— **täglich** günlük, her gün
— **tagsüber** gündüz, gündüzleri
das **Tal**,⸚er vadi
— **tanken** benzin almak
die **Tankstelle**,-n benzin istasyonu
— **tanzen** dans etmek
die **Tasche**,-n cep; çanta
der **Taschendieb**,-e yankesici
das **Taschengeld**,-er harçlık
das **Taschentuch**,⸚er mendil
der **Täter**,- fail, suçlu (bay)
die **Täterin**,-nen fail, suçlu (bayan)
— **taub** sağır
— **taubstumm** sağır dilsiz
— **tauchen** dalmak
— **täuschen** aldanmak; yanıltmak; aldatmak, dolandırmak
— **tauschen** değiştirmek
das **Taxi**,-s taksi
der **Tee** [tekil] çay
der **Teil**,-e bölüm, parça
— **teilen** bölmek, ayırmak
— **teilnehmen** katılmak, iştirak etmek
— **telefonieren** telefon etmek
die **Temperatur**,-en ısı
der **Termin**,-e tarih, randevu; vade
— **teuer** pahalı
das **Theater**,- tiyatro
das **Thema/Themen** konu
— **tief** derin
das **Tier**,-e hayvan
der **Tipp**,-s öğüt, öneri
der **Tisch**,-e masa
die **Tochter**,⸚ kız evlat
der **Tod**,-e ölüm
die **Toilette**,-n tuvalet
der **Ton**,⸚e ses, vurgu, nüans
— **tot** ölü
die **Tour**,-en tur
der **Tourist**,-en turist (bay)
die **Touristin**,-nen turist (bayan)
die **Tradition**,-en gelenek
— **tragen** taşımak
der **Traum**,⸚e rüya
— **träumen** rüya görmek
— **traurig** üzgün, kederli
— **treffen** rastlamak, buluşmak
— **trennen** ayırmak
die **Treppe**,-n merdiven
— **treu** sadık
— **trinkbar** içilir
— **trinken** içmek
das **Trinkgeld**,-er bahşiş

das **Trinkwasser** [tekil] **içme suyu**
— **trocken** **kuru**
— **trocknen** **kurutmak, kurumak**
— **trösten** **teselli etmek**
— **trotzdem** **buna rağmen**
— **Tschüss!** **Hoşça kal/-ın!**
— **tun** **yapmak, etmek**
die **Tür**,-*en* **kapı**
der **Türke**,-*n* **Türk (bay)**
die **Türkei**,- **Türkiye**
die **Türkin**,-*nen* **Türk (bayan)**
— **türkisch** **Türkçe**
der **Turm**,-̈*e* **kule**
die **Tüte**,-*n* **torba, poşet**
— **typisch** **tipik**

U/u

die **U-Bahn**,-*en* **metro**
das **Ufer**,- **kıyı, sahil**
die **Uhr**,-*en* **saat**
— **um** **etrafında, çevresinde;**
...den dolayı, ...dan dolayı
die **Umgebung**,-*en* **çevre**
— **umsonst** **bedava, parasız; boşuna**
der **Umstand**,-̈*e* **durum; zahmet**
— **umsteigen** **aktarma yapmak**
— **umtauschen** **değiştirmek**
der **Umweg**,-*e* **dolamaçlı (sapa) yol**
die **Umwelt** [tekil] **çevre**
der **Umweltschutz** [tekil] **çevre korunması**
— **umziehen** **taşınmak;**
üstünü değiştirmek
der **Umzug**,-̈*e* **geçit töreni,**
evden taşınma
— **unabsichtlich** **istemeyerek**
— **unangenehm** **tatsız, sevimsiz**
— **unbedingt** **mutlaka, kayıtsız şartsız**
— **unbekannt** **bilinmeyen, tanınmayan**
— **unbequem** **rahatsız, kullanışsız**
— **unbestimmt** **belirsiz**
— **und** **ve**
— **unecht** **sahte, taklit**
— **unentschieden** **berabere**
— **unerträglich** **dayanılmaz, çekilmez**
der **Unfall**,-̈*e* **kaza**
— **unfreundlich** **sevimsiz, nezaketsiz**
— **ungeeignet** **elverişsiz, uygun olmayan**
— **ungefähr** **tahminen, yaklaşık**
— **ungefährlich** **tehlikesiz**
— **ungemütlich**
rahatsız, huzursuz, nahoş
— **ungewöhnlich** **olağanüstü**
— **unglaublich** **inanılmaz**
das **Unglück** [tekil] **şanssızlık**
— **ungültig** **geçersiz, geçmez**
— **ungünstig** **müsait olmayan**
— **unhöflich** **saygısız, nezaketsiz**

die **Universität**,-*en* **üniversite**
— **unleserlich** **okunaksız**
— **unmöglich** **imkansız, olanaksız**
— **unnötig** **gereksiz, lüzumsuz**
— **unregelmäßig** **düzensiz**
— **unruhig** **huzursuz**
— **uns** **bize; bizi**
— **unschuldig** **suçsuz**
— **unser** **bizim**
— **unten** **aşağıda**
— **unter** **altında; arasında**
— **unterbrechen** **ara vermek;**
sözünü kesmek
— **unterbringen** **barındırmak, yerleştirmek**
— **unterhalb** **aşağısında**
— **unterhalten (sich)** **sohbet etmek**
die **Unterhaltung**,-*en* **sohbet; eğlence**
die **Unterkunft**,-̈*e* **konut**
— **unterrichten** **ders vermek;**
haber vermek, bildirmek
— **unterschreiben** **imzalamak**
die **Unterschrift**,-*en* **imza**
die **Unterstützung**,-*en* **yardım, destek**
— **untersuchen** **muayene etmek**
die **Untersuchung**,-*en* **muayene**
die **Untersuchungshaft** [tekil] **tutukluluk**
— **unterwegs** **yolda**
— **unverbindlich** **bağlayıcı olmayan**
— **unverschämt** **terbiyesiz, utanmaz**
— **unwichtig** **önemsiz**
— **unzufrieden** **memnun olmayan**
der **Urlaub**,-*e* **izin, tatil**
das **Urteil**,-*e* **hüküm, karar**

Ü/ü

— **üben** **alıştırmak**
— **über** **üstünde**
— **überall** **her yerde**
der **Überfall**,-̈*e* **baskın**
— **überfallen** **baskına uğramak**
der **Übergang**,-̈*e* **geçiş, geçme**
— **überholen** **geçmek, geride bırakmak**
— **übermorgen** **öbür gün**
— **übernachten**
konaklamak, gecelemek
die **Übernachtung**,-*en* **geceleme**
— **überqueren** **karşıya geçmek**
die **Überraschung**,-*en* **sürpriz**
die **Überschwemmung**,-*en* **su baskını**
— **übersehen** **görmemek**
— **übersetzen** **çevirmek, tercüme etmek**
— **überweisen** **havale etmek**
die **Überweisung**,-*en* **havale**
— **überzeugen** **inandırmak**
— **übrig** **artan, geri kalan**
die **Übung**,-*en* **alıştırma**

V/v

der	**Vater**,-ᵘ	baba
das	**Vaterland**,-ᵘer	vatan, yurt
—	**verabreden**	
	sözleşmek, kararlaştırmak	
die	**Verabredung**,-en	
	randevu, sözleşme	
—	**verabschieden**	
	veda etmek, ayrılmak	
die	**Veranstaltung**,-en	
	düzenleme, tertip etme	
—	**verantwortlich**	sorumlu, mesul
—	**verbessern**	düzeltmek, onarmak
—	**verbieten**	yasaklamak
—	**verbinden**	(telefon) bağlamak
die	**Verbindung**,-en	bağlantı
das	**Verbot**,-e	yasak
—	**verboten**	yasak
—	**verbrauchen**	tüketmek, harcamak;
	(enerji) kullanmak	
das	**Verbrechen**,-	suç
—	**verbrennen**	yakmak
—	**verbringen**	geçirmek
—	**verdächtig**	şüpheli
—	**verdienen**	kazanmak, hak etmek
—	**verdorben**	kokuşmuş, çürümüş;
	(karakter) erdemsiz, ahlaksız	
der	**Verein**,-e	cemiyet, dernek
—	**vereinbaren**	kararlaştırmak
—	**verfahren**	yolu şaşırmak
die	**Vergangenheit**,-en	geçmiş zaman
—	**vergessen**	unutmak
—	**vergewaltigen**	ırza geçmek
die	**Vergewaltigung**,-en	ırza geçme
die	**Vergiftung**,-en	zehirlenme
—	**vergleichen**	karşılaştırmak
—	**vergnügen (sich)**	eğlenmek
das	**Vergnügen**,-	eğlence
—	**verhaften**	tutuklamak
—	**verheiratet**	evli
—	**verhindern**	engellemek,
	mani olmak	
—	**verirren (sich)**	
	yolunu kaybetmek, şaşırmak	
der	**Verkauf**,-ᵘe	satış
—	**verkaufen**	satmak
der	**Verkehr** [tekil]	trafik
der	**Verkehrsunfall**,-ᵘe	trafik kazası
—	**verlängern**	uzatmak
—	**verlassen**	terketmek, bırakmak
der	**Verleih**,-e	kiraya verme
—	**verletzen**	yaralamak
—	**verletzt**	yaralı
—	**verlieben**	aşık olmak
—	**verlieren**	kaybetmek, yitirmek;
	(oyun) yenilmek	
die	**Verlobte**,-n	nişanlı (bayan)

der	**Verlobte**,-n	nişanlı (bay)
der	**Verlust**,-e	kayıp; zarar, ziyan
—	**vermeiden**	kaçınmak, sakınmak
—	**vermieten**	kiraya vermek
die	**Vermietung**,-en	kiraya verme
die	**Vermittlung**,-en	
	aracılık, komisyonculuk	
—	**vermuten**	tahmin etmek
—	**verpassen**	kaçırmak
die	**Verpflegung**,-en	bakım
—	**verpflichtet**	yükümlü, mecbur olmak
—	**verrechnen (sich)**	
	yanlış hesaplamak	
—	**verreisen**	seyahate çıkmak
—	**verrückt**	deli, çılgın
—	**verschieben**	ertelemek
—	**verschieden**	ayrı, çeşitli, farklı
—	**verschlafen**	uyuya kalmak
—	**verschließen**	kilitlemek, kapamak
—	**verschwinden**	
	kaybolmak, yok olmak	
—	**versichern**	sigorta etmek
die	**Versicherung**,-en	sigorta
die	**Verspätung**,-en	rötar, gecikme
—	**versprechen**	söz vermek
die	**Verständigung**,-en	anlaşma
—	**verstecken**	saklamak
—	**verstehen**	anlamak
der	**Versuch**,-e	deney
—	**versuchen**	denemek
—	**verteidigen**	savunmak, korumak
—	**verteilen**	paylaştırmak, dağıtmak
der	**Vertrag**,-ᵘe	sözleşme
—	**vertragen**	dayanmak
das	**Vertrauen** [tekil]	güven, itimat
—	**vertrauen**	güvenmek, itimat etmek
der	**Vertreter**,-	temsilci (bay); acenta
die	**Vertreterin**,-nen	temsilci (bayan); acenta
—	**verunglücken**	kazaya uğramak
—	**verursachen**	neden olmak; sebep olmak
die	**Verwaltung**,-en	idare, yönetim
—	**verwandt**	akraba, hısım
—	**verwechseln**	karıştırmak
—	**verwitwet**	dul
—	**Verzeihung!**	Pardon! Affedersin/-iz!
—	**verzichten**	vazgeçmek
—	**verzollen**	gümrük ödemek
—	**viel**	çok
—	**vielleicht**	belki, belli olmaz
das	**Viertel**,-	çeyrek
der	**Vogel**,-ᵘ	kuş
das	**Volk**,-ᵘer	halk
—	**voll**	dolu
die	**Vollmacht**,-en	vekaletname
—	**vollständig**	eksiksiz, tam
—	**von**	...den, ...dan
—	**vor**	önünde; önce
—	**voraus**	önceden, peşin

die **Vorauszahlung**,*-en* peşin ödeme
— **vorbereiten** hazırlamak
der **Vordruck**,*-e* formüler
der **Vorfall**,*̈-e* olay, hadise
— **vorgestern** önceki gün
der **Vorhang**,*̈-e* perde
— **vorher** önce
— **vorläufig** geçici, şimdilik
der **Vormittag**,*-e* öğleden önce
— **vorn** önde
der **Vorname**,*-n* ad, isim
der **Vorort**,*-e* banliyö, dış mahalle
— **vorschlagen** önermek
die **Vorschrift**,*-en* yönetmelik, talimat
die **Vorsicht** [tekil] dikkat
— **vorsichtig** dikkatli, itinalı
— **vorstellen** takdim etmek, sunmak
die **Vorstellung**,*-en* takdim, öneri; temsil
der **Vorteil**,*-e* yarar, avantaj
das **Vorurteil**,*-e* önyargı

W/w

— **wach** uyanık
— **während** sırasında, süresince
— **wahrscheinlich** olası, ihtimal; belki; olabilir
das **Waschbecken**,*-* lavabo
— **wachsen** büyümek; yetişmek
der **Wagen**,*-* araba; vagon
die **Wahl**,*-en* seçim
— **wählen** seçmek; oy vermek; numarayı çevirmek
die **Wahrheit**,*-en* gerçek, doğru
der **Wald**,*̈-er* orman
die **Wand**,*̈-e* duvar
— **wandern** yürüyüş yapmak
— **wann** ne zaman
— **warm** sıcak, ılık
die **Wärme** [tekil] ısı
— **wärmen** ısıtmak
— **warnen** uyarmak, ihtar etmek
— **warten** beklemek
— **warum** neden, niçin
— **was** ne
die **Wäsche** [tekil] çamaşır
— **waschen** yıkamak
die **Wäscherei**,*-en* çamaşırhane
das **Wasser** [tekil] su
die **Watte**,*-n* pamuk
das **Wechselgeld**,*-er* bozuk para
— **wechselhaft** değişken
— **wechseln** değiştirmek; bozmak
— **wecken** uyandırmak
der **Wecker**,*-* çalar saat
— **weg** gitmiş, geçmiş
der **Weg**,*-e* yol

— **weggehen** ayrılıp gitmek, çekip gitmek
— **wehtun** acımak, ağrımak
— **weiblich** dişi
— **weich** yumuşak
— **weil** çünkü, zira
der **Weinberg**,*-e* bağ
— **weinen** ağlamak
— **weiß** beyaz
— **weit** uzak, geniş
— **welch/-e/-er/-es** hangi
die **Welle**,*-n* dalga
die **Welt**,*-en* dünya, evren
— **wem** kime
— **wen** kimi
— **wenig** az, biraz
— **wenigstens** hiç olmazsa, en azından
— **wenn** eğer, ise
— **wer** kim
die **Werbung**,*-en* reklam
— **werden** olmak
die **Werkstatt**,*̈-en* atölye, tamirhane
der **Werktag**,*-e* iş günü
das **Werkzeug**,*-e* alet
der **Wert**,*-e* değer, kıymet
die **Wertangabe**,*-n* değer bildirme
— **wertlos** değersiz
der **Wetterbericht**,*-e* hava raporu
die **Wertsache**,*-n* kıymetli eşya
— **wertvoll** değerli
— **wessen** kimin
der **Westen** [tekil] batı
der **Wettbewerb**,*-e* yarışma, müsabaka
die **Wette**,*-n* bahis
das **Wetter** [tekil] hava
der **Wettkampf**,*̈-e* yarışma
— **wichtig** önemli
— **wie** nasıl
— **wieder** tekrar; bir daha, yine
— **wiedergeben** geri vermek
— **wiederholen** tekrarlamak
— **wiederkommen** geri gelmek
— **wiedersehen** tekrar görüşmek
— **wiegen** tartmak
die **Wiese**,*-n* çayır, çimenlik
— **wie viel** kaç, ne kadar
das **Wild** [tekil] av hayvanı
der **Wind**,*-e* rüzgar
der **Winter**,*-* kış
— **wir** biz
— **wirklich** gerçek; gerçekten
die **Wirklichkeit**,*-en* gerçeklik, hakikat
die **Wirtschaft**,*-en* lokanta, birahane

123

das	**Wissen** [tekil] bilgi
der	**Witz**,-e fıkra, şaka
die	**Woche**,-n hafta
das	**Wochenende**,-n hafta sonu
—	**wochentags** iş günleri
—	**wöchentlich** haftalık
—	**wofür** ne için
—	**woher** nereden
—	**wohin** nereye
—	**wohnen** oturmak, ikamet etmek
der	**Wohnort**,-e ikamet yeri
die	**Wohnung**,-en ev, daire
das	**Wohnzimmer**,- oturma (odası) salonu
die	**Wolke**,-n bulut
die	**Wolle** [tekil] yün
—	**wollen** istemek
das	**Wort**,¨er,-e kelime, sözcük
das	**Wörterbuch**,¨er sözlük, lügat
—	**wunderbar** şahane, fevkalade
—	**wundern** şaşmak, hayret etmek
der	**Wunsch**,¨e arzu, istek, dilek
—	**wünschen** arzu etmek, dilemek
—	**wütend** hiddetli, kızgın

Z/z

die	**Zahl**,-en sayı; rakam
—	**zahlen** ödemek
—	**zählen** saymak
die	**Zahlung**,-en ödeme
—	**zärtlich** şefkatli
das	**Zeichen**,- işaret, belirti
die	**Zeichensprache**,-n sağırlar dili
—	**zeichnen** resim yapmak, çizmek
die	**Zeichnung**,-en çizim, resim
—	**zeigen** göstermek
die	**Zeit**,-en zaman, vakit
die	**Zeitangabe**,-n zaman bildirisi
die	**Zeitschrift**,-en dergi
die	**Zeitung**,-en gazete
—	**zentral** merkez
das	**Zentrum/Zentren** merkez
der	**Zettel**,- kağıt parçası
der	**Zeuge**,-n şahit, tanık (bay)
die	**Zeugin**,-nen şahit, tanık (bayan)
—	**ziehen** çekmek
das	**Ziel**,-e hedef, amaç

"*Almanca öğrenmek zevklidir*"!

— **ziemlich** oldukça

die **Zigarette**,-n sigara

das **Zimmer**,- oda

der **Zirkus**,-se sirk

der **Zoll**,ᵉ gümrük

die **Zollerklärung**,-en
gümrük beyannamesi

— **zollfrei** gümrüksüz

— **zollpflichtig** gümrüklü

der **Zoo**,-s hayvanat bahçesi

— **zu** ...e/ye, ...a/ya doğru; kapalı

— **zubereiten** hazırlamak

der **Zucker** [tekil] şeker

— **zuerst** önce, ilk önce

— **zufällig** rastgele, tesadüfen

— **zufrieden** memnun, hoşnut

der **Zug**,ᵉ tren

— **zuhören** dinlemek

die **Zukunft** [tekil] gelecek zaman; gelecek

— **zukünftig** gelecek

— **zuletzt** en son, son olarak

— **zumachen** kapatmak, örtmek

der **Zuname**,-n soyad

— **zunehmen** artmak, çoğalmak; kilo almak

— **zurück** geri

— **zurückbringen** geri getirmek

— **zurückfahren** (araç ile) geri gitmek

— **zurückgeben** geri vermek

— **zurückzahlen** geri ödemek

— **zusammen** beraber, birlikte

— **zusätzlich** ek; ek olarak

— **zuschauen** seyretmek, bakmak

der **Zuschauer**,- seyirci (bay)

die **Zuschauerin**,-nen seyirci (bayan)

der **Zuschlag**,ᵉ zam

— **zuständig** yetkili

— **zusteigen** yolda binmek

der **Zutritt** [tekil] giriş

— **zuverlässig** güvenilir, emin

— **zu viel** çok fazla, pek çok

der **Zweck**,-e amaç, gaye

der **Zweifel**,- kuşku, şüphe

— **zweifeln** şüphe etmek,
kuşkulanmak

— **zwingen** zorlamak

— **zwischen** arasında

der **Zwischenfall**,ᵉ olay

"Deutsch lernen macht Spaß"!

A/a

AB yurttaşı (bay)   der **EU-Bürger**,-
AB yurttaşı (bayan)   die **EU-Bürgerin**,-nen
acaba   **ob**
acele   die **Eile** [tekil] | **eilig, schnell**
acele etmek   **(sich) beeilen**
acı   **scharf, bitter**
acıkmak   **Hunger haben**
acımak   **wehtun; bedauern**
acil   **dringend, eilig**
acil durum   der **Notfall**,⸚e
aç   **hungrig**
aç olmak   **hungrig sein**
açacak   der **Öffner**,-
açık   **deutlich, klar; offen, geöffnet**
açıklamak   **erklären**
açılış saatleri   die **Öffnungszeit**,-en
açmak   **öffnen;**
(radyo)   **einschalten**
ad   der **Name**,-n
ada   die **Insel**,-n
adam   der **Mann**,⸚er
adet   die **Stück**,-e | die **Zahl**,-en
adres   die **Adresse**,-n | die **Anschrift**,-en
affetmek   **entschuldigen, verzeihen**
afiş   das **Plakat**,-e
Afiyet olsun!   **Guten Appetit!**
ağaç   der **Baum**,⸚e
ağır   **schwer**
ağırlık   das **Gewicht**,-e
ağlamak   **weinen**
ahbap (bayan)   die **Bekannte**,-n |
(bay) der **Bekannte**,-n
ahlaksız   **unmoralisch, verdorben**
aile   die **Familie**,-n
ait olmak   **gehören**
akıcı   **flüssig, fließend**
akıllı   **klug**
akılsız   **dumm, unklug**
akmak   **fließen**
akraba (bayan)   die **Verwandte**,-n |
(bay) der **Verwandte**,-n
akrabalık   die **Verwandtschaft** [tekil]
akraba olmak   **verwandt sein**
aksi   **entgegengesetzt; widrig**
akşam   der **Abend**,-e
akşam yemeği   das **Abendessen**,-
alan   der **Bereich**,-e | das **Gebiet**,-e | der **Raum**,⸚e
alçak   **niedrig**
aldanmak   **(sich) täuschen; getäuscht werden**
aldatma   der **Betrug** [tekil]
alet   das **Werkzeug**,-e
algılamak   **merken, wahrnehmen**
alıcı (bay)   der **Empfänger**,- |
(bayan)   die **Empfängerin**,-nen
alıkoymak   **behalten**
alıp götürmek   **mitnehmen**

alışık   **gewohnt**
alışılmadık   **ungewohnt**
alışkanlık   die **Gewohnheit**,-en
alkol duvarı   die **Promillegrenze**,-n
alkolsüz   **alkoholfrei**
Allaha ısmarladık!   **Auf Wiedersehen! Tschüss!**
almak   **bekommen; nehmen; abholen; kaufen**
Alman   **deutsch** |
(bayan)   die **Deutsche**,-n |
(bay)   der **Deutsche**,-n
Almanca   **deutsch**
Almanya   das **Deutschland** [tekil]
altın   das **Gold** [tekil]
altında   **unter**
ama   **aber**
amaç   das **Ziel**,-e | der **Zweck**,-e
ambalaj   die **Verpackung**,-en
ambulans   der **Krankenwagen**,-
ameliyat   die **Operation**,-en
ana   die **Mutter**,⸚
anababa   die **Eltern** [çoğul]
anahtar   der **Schlüssel**,-
ancak   **nur; erst**
anımsamak   **(sich) erinnern**
anıt   das **Denkmal**,⸚er
ani(-den)   **plötzlich**
anlam   die **Bedeutung**,-en | der **Sinn**,-e
anlamak   **verstehen**
anlaşmak   **(sich) verstehen, (sich) vertragen**
anlatmak   **erzählen**
anne   die **Mutter**,⸚
aptal   **dumm, blöd**
ara (mesafe)   der **Abstand**,⸚e |
der **Zwischenraum**,⸚e |
(zaman)   die **Pause**,-n
ara vermek   **unterbrechen**
araba   das **Auto**,-s | der **Wagen**,-
araç   das **Mittel**,- | das **Verkehrsmittel**,-
arada sırada   **ab und zu**
aramak   **suchen**
arasında   **zwischen; unter, inmitten**
arasıra   **ab und zu**
arazi   das **Gelände**,- | das **Grundstück**,-e
arıza   die **Panne**,-n | der **(Motor-) Schaden**,⸚
arkada   **hinten**
arkadaş (bay)   der **Freund**,-e |
(bayan)   die **Freundin**,-nen
arkadaş olmak   **befreundet sein**
arkasına   **hinter**
artmak   **übrig bleiben**
arzu etmek   **wünschen**
asansör   der **Fahrstuhl**,⸚e
asıl   **eigentlich**
asıl   die **Grundlage**,-n | das **Original**,-e
asır   das **Jahrhundert**,-e
asla   **nie, auf keinen Fall**
aslında   **eigentlich**
asmak   **aufhängen**

Asya   das **Asien** [tekil]
aşağı   **untere/-r/-s | niedrig; nach unten**
aşağı yukarı   **etwa, ungefähr**
aşağıda   **unten**
aşağılama   die **Beleidigung**,*-en* |
die **Erniedrigung**,*-en*
aşağıya (doğru)   **abwärts**
aşık   **verliebt** | (bay) der **Liebhaber**,*-* |
(bayan) die **Liebhaberin**,*-nen*
aşk   die **Liebe** [tekil]
at   das **Pferd**,*-e*
ata binmek   **reiten**
ateş   das **Feuer**,*-* |
(hararet)   das **Fieber** [tekil]
atmak   **werfen, einwerfen**
avantaj   der **Vorteil**,*-e*
avlu   der **Hof**,*⁼e*
Avrupa   das **Europa** [tekil]
Avrupalı   **europäisch**
Avrupalı (bay)   der **Europäer**,*-* |
(bayan) die **Europäerin**,*-nen*
ay (zaman)   der **Monat**,*-e* | der **Mond**,*-e*
ayağa kalkmak   **aufstehen**
ayakta durmak   **stehen**
ayırmak   **trennen; unterscheiden; aussuchen**
ayırtma   die **Reservierung**,*-en*
ayırtmak   **reservieren**
aylık   **monatlich**
ayna   der **Spiegel**,*-*
aynen   **genauso, gleichfalls**
aynı   **gleiche/-r/-s | derselbe, dieselbe, dasselbe**
aynı zamanda   **gleichzeitig, zur selben Zeit**
ayrı   **getrennt, verschieden**
ayrıca   **außerdem**
ayrılmak   **(sich) trennen; weggehen**
az önce   **kürzlich, vorhin**
az   **wenig**

B/b

baba   der **Vater**,*⁼*
bagaj   das **Gepäck** [tekil] | der **Kofferraum**,*⁼e*
bağ   das **Band**,*⁼er* |
(demet)   das **Bündel**,*-* |
(üzüm)   der **Weinberg**,*-e*
bağırmak   **schreien**
bağlama   die **Bindung**,*-en* | die **Verbindung**,*-en*
bağlamak   **verbinden, binden**
bağlantı   der **Anschluss**,*⁼e* | die **Verbindung**,*-en*
bahçe   der **Garten**,*⁼*
bahşiş   das **Trinkgeld**,*-er*
bakım   die **Pflege** [tekil]
bakıma muhtaç   **pflegebedürftig**
bakış   der **Blick**,*-e*
bakkal   das **Lebensmittelgeschäft**,*-e*
bakmak   **gucken, schauen**
baldız   die **Schwägerin**,*-nen*
balık avlamak   **fischen, angeln**

balık   der **Fisch**,*-e*
balıkçı (bay)   der **Fischer**,*-* |
(bayan) die **Fischerin**,*-nen*
balıkçı (dükkan)   das **Fischgeschäft**,*-e* |
balıkçı (bay)   der **Fischverkäufer**,*-* |
(bayan) die **Fischverkäuferin**,*-nen*
balkon   der **Balkon**,*-e*
bana   **mir**
bank   die **(Sitz-)Bank**,*⁼e*
banka   die **Bank**,*-en*
banliyö   der **Vorort**,*-e*
bar   die **Bar**,*-s*
basamak   die **Stufe**,*-n*
basit   **einfach**
baskın   der **Überfall**,*⁼e*
baskına uğramak   **überfallen werden**
başarı   der **Erfolg**,*-e*
başka   **andere/-r/-s**
başkent   die **Hauptstadt**,*⁼e*
başlamak   **anfangen, beginnen**
başlangıç   der **Anfang**,*⁼e*
başörtüsü   das **Kopftuch**,*⁼er*
batı   der **Westen** [tekil]
bavul   der **Koffer**,*-*
Bay (soyaddan önce hitap)   der **Herr**,*-en*
bayağı   **gewöhnlich, durchschnittlich**
Bayan (soyaddan önce hitap)   die **Frau**,*-en*
Bayan   die **Dame**,*-n*
bayat   **alt**
Bay   der **Herr**,*-en*
bayram   das **Fest**,*-e*
bazen   **manchmal**
bazı   **einige**
bebek   das **Baby**,*-s* | der **Säugling**,*-e*
bedava   **kostenlos, gratis**
beden   der **Körper**,*-* |
(giysi)   die **Kleidungsgröße**,*-n*
beğenmek   **mögen; aussuchen**
bekar   **ledig**
bekar (bay)   der **Junggeselle**,*-n* |
(bayan) die **Junggesellin**,*-nen*
beklemek   **(er-)warten**
belge   die **Bescheinigung**,*-en*
belirgin   **deutlich**
belki   **vielleicht, wahrscheinlich**
belli   **bestimmt; offenkundig**
ben   **ich**
bende   **bei mir, ich auch**
benden   **von mir**
beni   **mich**
benim   **mein/-e/-s**
benzemek   **ähneln, gleichen**
benzer   **ähnlich**
beraber   **zusammen**
beri   **seit**
berrak   **klar**
Bey (hitap, isimden sonra)   der **Herr**,*-en*
beyefendi   **gnädiger Herr**

bez   der **Lappen**,- | das **Tuch**,¨er
bırakmak   **lassen; da lassen; verlassen;**
(alışkanlık) **aufgeben**
biçim   die **Form**,-en | die **Art und Weise**,-n
bildiri   die **Bekanntgabe**,-n | die **Mitteilung**,-en
bildirmek   **melden, mitteilen, angeben**
bilet   die **Eintrittskarte**,-n
(taşıma araçları)   die **Fahrkarte**,-n
bilet gişesi   der **Fahrkartenschalter**,-
bilet ücreti   der **Fahrpreis**,-e
bilgi almak   **(sich) erkundigen**
bilgi   die **Information**,-en |
die **Kenntnis**,-se | die **Nachricht**,-en
bilgilendirmek   **informieren**
bilhassa   **besonders**
bilinen   **bekannt**
bilmek   **kennen; wissen**
bina   das **Gebäude**,- | das **Bauwerk**,-e
binmek   **einsteigen;** (ata binmek) **reiten**
bir arada   **zusammen**
bir daha   **noch einmal**
bir şey   **etwas**
biraz   **ein bisschen, ein wenig**
biraz önce   **eben, gerade**
birazdan   **bald, gleich**
birdenbire   **plötzlich**
biri   **jemand**
biriktirmek   **sammeln**
birinci   **erste/-r/-s**
birkaç   **einige, ein paar**
birlikte   **gemeinsam**
bisiklet   das **Fahrrad**,¨er
bitki   die **Pflanze**,-n
bitkin   **erschöpft**
bitmek   **aufhören; fertig werden;** (nebat) **wachsen**
bitpazarı   der **Flohmarkt**,¨e
biz   **wir**
bizde   **bei uns**
bizden   **von uns**
bize   **uns**
bizi   **uns**
bizim   **unser/-e**
borç   die **Schulden** [çoğul]
boş   **leer;** (serbest) **frei**
boya   die **Farbe**,-n
boyamak   **färben**
bozuk   **kaputt**
bozukluk   der **Defekt**,-e
böcek   das **Insekt**,-en
bölge   die **Region**,-en
bölüm   die **Abteilung**,-en | der **Teil**,-e |
(hastahane)   die **Station**,-en
broşür   die **Broschüre**,-n | der/das **Prospekt**,-e
bu   **diese/-r/-s**
bugün   **heute**
buket   der **(Blumen-) Strauß**,¨e
bulaşıcı   **ansteckend**
bulaşık   das **schmutzige**,-n **Geschirr**,-e

bulmak   **finden**
bulunmak   **(sich) befinden, (sich) aufhalten**
bulunmamak   **fehlen**
burada   **hier**
Buyrun! **Herein! Bitte schön!**
buz   das **Eis** [tekil]
bütün   **ganz, völlig, alle**
büyük   **groß, erwachsen** |
(bayan)   die **Erwachsene**,-n |
(bay)   der **Erwachsene**,-n
büyükanne   die **Großmutter**,¨
büyükbaba   der **Großvater**,¨
büyükelçilik   die **Botschaft**,-en
büyüklük   die **Größe**,-n

C/c

cadde   die **Straße**,-n
cam   das **Glas**,¨er
camekan   das **Schaufenster**,-
cami   die **Moschee**,-n
cana yakın   **freundlich, liebenswürdig**
canlı   **lebhaft, lebendig**
can sıkıcı   **langweilig; lästig**
cemiyet   die **Gesellschaft**,-en |
(dernek)   der **Verein**,-e
cereyan (elekt.)   der **Strom** [tekil]
cereyan (akıntı)   der **Strom**,¨e
cevap vermek   **antworten**
cevaplandırmak   **beantworten**
ceza   die **Strafe**,-n
ciddi   **ernst**
coşku   die **Begeisterung**,-en
coşkun   **begeistert, stürmisch**
cümle   der **Satz**,¨e
cüzdan   die **Brieftasche**,-n |
der **Geldbeutel**,-

Ç/ç

çabuk   **schnell**
çağırmak   **rufen;** (davet) **einladen**
çalılık   der **Busch**,¨e | das **Gebüsch**,-e
çalışmak   **arbeiten**
çalıştırmak (makine)   **einschalten**
çalmak   **stehlen**
çamaşır   die **Wäsche** [tekil]
çanta   die **Tasche**,-n
çarpışma   der **Zusammenstoß**,¨e
çarşı   der **Markt**,¨e | der **Basar**,-e
çay   der **Tee** [tekil]
çayır   die **Wiese**,-n
çekmek   **ziehen;** (araba) **abschleppen**
çeşit   die **Art**,-en | die **Sorte**,-n
çevirmek   **wenden; umformen**
çevre   die **Umgebung**,-en | die **Umwelt** [tekil]
çeyrek   das **Viertel**,-
çıkarmak   **entfernen, herausziehen;**

(giysi) **ausziehen**
çıkış (yayalar) der **Ausgang**,⸚*e* |
(araçlar) die **Ausfahrt**,-*en*
çıkmak **ausgehen**; (evden) **ausziehen**
çılgın **wild, wahnsinnig**
çıplak **nackt**
çiçek die **Blume**,-*n*
çift **doppelt; paar**
çiftlik der **Bauernhof**,⸚*e*
çim(-en) der **Rasen**,-
çimenlik die **Wiese**,-*n*
çirkin **hässlich**
çizgi die **Linie**,-*n* | der **Strich**,-*e*
çizmek **zeichnen**
çocuk bahçesi der **Spielplatz**,⸚*e*
çocuk bakıcısı der **Babysitter**,-
çocuk bakımı die **Kinderbetreuung**,-*en*
çocuk bileti die **Kinderfahrkarte**,-*n*
çocuk indirimi die **Kinderermäßigung**,-*en*
çocukluk die **Kindheit**,-*en*
çoğu **oft, meistens**
çok **viel/- e**; **sehr**
çöp der **Abfall**,⸚*e* | der **Müll** [tekil]
çukur das **Loch**,⸚*er*
çünkü **weil, da, denn**

D/d

dağ der **Berg**,-*e*
daha **noch**
dahi **auch**
dahil **inbegriffen, inklusive**
daima **immer**
daire die **Wohnung**,-*en*
dakik **pünktlich**
dakika die **Minute**,-*n*
damga der **Stempel**,-
damla der **Tropfen**,-
danışma die **Auskunft**,⸚*e* | die **Information**,-*en*
dans etmek **tanzen**
dar **eng**
dargın **böse, verärgert**
davet etmek **einladen**
davet/-iye die **Einladung**,-*en*
davranmak **behandeln, verhalten**
dede der **Großvater**,⸚
defa (bu) **diesmal**,-
… defa … **mal**
değerli **wertvoll**
değersiz **wertlos**
değil **nicht**
değişiklik die **Veränderung**,-*en* | der **Wechsel**,-
değişken **wechselhaft**
değişme die **Veränderung**,-*en* | der **Wechsel**,-
değiştirme der **Wechsel**,- | der **Umtausch** [tekil]
değiştirmek **ändern, austauschen, umtauschen, verändern**
değmek **berühren**
deli (bay) der **Verrückte**,-*n* |

(bayan) die **Verrückte**,-*n*
delik das **Loch**,⸚*er*
delikanlı der **Jugendliche**,-*n* |
der **junge**,-*n* **Mann**,⸚*er*
delil das **Anzeichen**,- | der **Beweis**,-*e*
demek **sagen**
demet der **Strauß**,⸚*e*
demin **gerade, eben, vorhin**
demir das **Eisen**,-
demiryolu die **Bahnstrecke**,-*n* |
die **Eisenbahnschienen**,-
deneme die **Probe**,-*n* | der **Versuch**,-*e*
denemek **versuchen, probieren**
deniz das **Meer**,-*e*
depozit die **Kaution**,-*en* | das **Pfand**,⸚*er*
dergi die **Zeitschrift**,-*en*
derhal **sofort**
derin **tief**
dernek der **Verein**,-*e*
ders die **Lektion**,-*en* | der **Unterricht** [tekil] |
die **Unterrichtsstunde**,-*n*
ders vermek **unterrichten**
devam die **Dauer**,-*n* | die **Fortsetzung**,-*en*
devam etmek **(an-)dauern, fortsetzen; fortfahren**
devir die **Epoche**,-*n*
devlet der **Staat**,-*en*
dış **außen**; **äußere/-r/-s** | die **Außenseite**,-*n*
dış semt der **Vorort**,-*e*
dışarı çıkmak **ausgehen, hinausgehen**
dışarı **draußen; hinaus**
diğer **andere/-r/-s**
dik **steil; aufrecht; senkrecht**
Dikkat! **Achtung!**
dikkat die **Aufmerksamkeit**,-*en* | die **Vorsicht** [tekil]
dikkat etmek **aufpassen**
dikkate almak **beachten**
dikkatli **vorsichtig**
dikmek **aufstellen**;
(giysi) **nähen**; (nebat) **pflanzen**
dil die **Zunge**,-*n* |
(lisan) die **Sprache**,-*n*
dil kursu der **Sprachkurs**,-*e*
dilek die **Bitte**,-*n* | der **Wunsch**,⸚*e*
dilemek **wünschen**
dilsiz **stumm**
din die **Religion**,-*en*
dinlemek **zuhören, befolgen**
dinlenme die **Entspannung**,-*en*
dinlenme tesisi die **Raststätte**,-*n*
dinlenmek **(sich) ausruhen, (sich) erholen**
diyet die **Diät**,-*en* | die **Schonkost** [tekil]
doğa die **Natur**,-*en*
doğal **natürlich**
doğru **wahr, richtig**; (düz) **gerade, geradeaus**
doğu der **Osten**,-
doğum die **Geburt**,-*en*
doğum günü der **Geburtstag**,-*e*
doğum tarihi das **Geburtsdatum/Geburtsdaten**

doğum yeri der **Geburtsort**,-e
dokunmak **berühren, anfassen**
dolandırma der **Betrug** [tekil]
dolandırmak **betrügen**
dolap der **Schrank**,⸚e
doldurmak **füllen**; (formüler) **ausfüllen**
dolu **voll**; (yer) **besetzt**
donmak **(ge-)frieren**; **(er-)frieren**
doruk der **Gipfel**,-
Dost (bay) der **Freund**,-e | (bayan) die **Freundin**,-nen
dostça **freundschaftlich**
doymak **satt werden**
dönemeç die **Kurve**,-n
dönmek **umkehren, zurückkehren**; **drehen**
dönüş die **Rückfahrt**,-en | die **Rückkehr** [tekil]
döşeme der **Fußboden**,⸚
dövmek **schlagen, verhauen**
dua etmek **beten**
dul **verwitwet**
duman der **Rauch** [tekil]
Dur! **Halt!**
durak die **Haltestelle**,-n
durma der **Aufenthalt**,-e
durmak **(an-)halten**; **stehenbleiben**
durulmak **(sich) beruhigen**
durum die **Lage**,-n | die **Situation**,-en |
der **Zustand**,⸚e
duvar die **Mauer**,-n | die **Wand**,⸚e
duygu das **Gefühl**,-e
duymak (hissetmek) **fühlen**;
(işitmek) **hören**
düğün die **Hochzeitsfeier**,-n
dükkan das **Geschäft**,-e | der **Laden**,⸚
dün **gestern**
dünya die **Erde**,-n | die **Welt**,-en
düşmek **fallen, stürzen**
düşük **niedrig** |
(çocuk) die **Fehlgeburt**,-en
düşünce der **Gedanke**,-n | die **Idee**,-n
düşünmek **denken, meinen**
düz **flach, eben, gerade**
düzenli **regelmäßig**
düzey die **Ebene**,-n

E/e

ebeveyn die **Eltern** [çoğul]
eczane die **Apotheke**,-n | die **Drogerie**,-n
edebilmek **können, dürfen**
Efendim? **Wie bitte?**
eğer **wenn, falls**
eğitim (meslek) die **Ausbildung**,-en |
die **Erziehung**,-en
eğlence der **Spaß**,⸚e | die **Unterhaltung**,-en |
das **Vergnügen**,-
eğlenmek **(sich) amüsieren**
ehliyet der **Führerschein**,-e
ek **zusätzlich** | der **Zusatz**,⸚e

ekip die **Mannschaft**,-en
eklemek **hinzufügen**
ekmek das **Brot**,-e
ekmekçi die **Bäckerei**,-en |
(bay) der **Bäcker**,- |
(bayan) die **Bäckerin**,-nen
eksik **fehlend, nicht vorhanden, zu wenig**
eksik olmak **fehlen**
ekşi **sauer**
el die **Hand**,⸚e
el koymak **beschlagnahmen**
el yazısı die **Handschrift**,-en
elbette **natürlich**
elbise das **Kleid**,-er
elçilik die **diplomatische**,-n
Vertretung,-en | **Botschaft**,-en
elde etmek **bekommen, erhalten**
elektrik die **Elektrizität** [tekil] |
der **Strom** [tekil] | **elektrisch**
elverişsiz **ungeeignet**
emanet die **Gepäckaufbewahrung**,-en
emin **sicher**
emniyet die **Sicherheit**,-en
endişe etmek **befürchten**
endişe die **Befürchtung**,-en | die **Sorge**,-n
endişelenmek **(sich) Sorgen machen**
enfes **herrlich, ausgezeichnet, wunderbar**
enformasyon die **Auskunft**,⸚e | die **Information**,-en
engellemek **hindern**
engelli **behindert**
engelli (bayan) die **Behinderte**,-n |
(bay) der **Behinderte**,-n
engelsiz **ungehindert**
enişte der **Schwager**,⸚
enteresan **interessant**
erişmek **erreichen, erlangen**
erkek arkadaş der **Freund**,-e
erkek çocuk der **Junge**,-n | der **Sohn**,⸚e
erkek kardeş der **Bruder**,⸚
erkek der **Mann**,⸚er | **männlich**
erken **früh**
ertelemek **verschieben, aufschieben**
esas **eigentlich**
eski **alt**; **ehemalig**
eskici der **Trödler**,-
eskiden **früher, ehemals**
eş (bayan) die **Ehefrau**,-en |
(bay) der **Ehemann**,⸚er
eşya das **Ding**,-e | die **Sache**,-n
et das **Fleisch** [tekil]
etkileyici **beeindruckend**
etmek **tun, machen**
etraf die **Umgebung**,-en | der **Umkreis**,-e
etrafında **um … herum**
ev das **Haus**,⸚er | die **Wohnung**,-en
ev eşyası die **Haushaltsware**,-n
ev hayvanı das **Haustier**,-e
ev sahibi (konut) (bay) der **Hausbesitzer**,- |

(bayan) die **Hausbesitzerin**,*-nen*
(misafir) (bay) der **Gastgeber**,*- |*
(bayan) die **Gastgeberin**,*-nen*
evde **daheim, zu Hause**
evet **ja**
evlenmek **heiraten**
evli **verheiratet**
evrak das **Dokument**,*-e |* das **Schriftstück**,*-e*
evvel **vorher; zuerst; vor**

F/f

fabrika die **Fabrik**,*-en*
fakat **aber**
fakir **arm**
fark der **Unterschied**,*-e*
farkına varmak **(be-)merken**
fatura die **Rechnung**,*-en*
fazla **mehr als, zu viel**
felaket die **Katastrophe**,*-n |* das **Unglück** [tekil]
fena **schlecht, böse**
fevkalade **ausgezeichnet, großartig**
fıkra der **Witz**,*-e*
fikir die **Idee**,*-n |* die **Meinung**,*-en |*
die **Vorstellung**,*-en*
fırsat die **Chance**,*-n |* die **Gelegenheit**,*-en*
fiyat der **Preis**,*-e*
form das **Formular**,*-e*
fotoğraf das **Foto**,*-s*
fotoğraf çekmek **fotografieren**
fuar die **Ausstellung**,*-en |* die **Messe**,*-n*

G/g

gar der **Hauptbahnhof**,*⸚e*
garaj die **Garage**,*-n*
garanti die **Garantie**,*-n*
garson (bay) der **Kellner**,*- |*
(bayan) die **Kellnerin**,*-nen*
gayret etmek **(sich) bemühen**
gazete die **Zeitung**,*-en*
gebe **schwanger**
gebelik die **Schwangerschaft**,*-en*
gece die **Nacht**,*⸚e*
geceleme die **Übernachtung**,*-en*
gecelemek **übernachten**
gecikme die **Verspätung**,*-en*
gecikmek **(sich) verspäten**
geç **spät**
geçen **vergangene/-r/-s; letzte/-r/-s**
geçenlerde **kürzlich**
geçerli **gültig**
geçici **provisorisch, vorübergehend**
geçme der **Übergang**,*⸚e;*
geçmek (yaya) **vorbeigehen;**
(taşıt ile) **vorbeifahren; überholen;**
(zaman) **vergehen**
geçmiş **vergangen |** die **Vergangenheit**,*-en*

gelecek die **Zukunft** [tekil] | **nächste/-r/-s; zukünftig**
gelenek die **Tradition**,*-en*
gelir die **Einkünfte** [çoğul]
gelişmek **(sich) entwickeln**
geliştirmek **entwickeln**
gelmek **kommen**
gemi das **Schiff**,*-e*
genç **jung |**
(bayan) die **Jugendliche**,*-n |*
(bay) der **Jugendliche**,*-n*
geniş **breit, weit**
gerçek **echt, wirklich, wahr |** die **Wirklichkeit**,*-en*
gerekli **notwendig**
gerekmek **nötig, notwendig**
geri **zurück**
geriye kalmak **übrig bleiben**
getirmek **herbringen, mitbringen**
gezi der **Ausflug**,*⸚e |* die **Reise**,*-n*
gezinti der **Spaziergang**,*⸚e*
gezmek **spazieren gehen; bereisen; besichtigen**
gıda maddesi das **Lebensmittel**,*- |*
das **Nahrungsmittel**,*-*
gıda satış mağazası das **Lebensmittelgeschäft**,*-e*
gıda zehirlenmesi die **Lebensmittelvergiftung**,*-en*
gibi **wie**
gidiş (araba) die **(Hin-)Fahrt**,*-en|*
(uçak) der **Abflug**,*⸚e*
giriş (yaya) der **Eingang**,*⸚e |*
(taşıt) die **Einfahrt**,*-en |*
(içeri giriş) der **Eintritt**,*-e |*
(ülkeye giriş) die **Einreise**,*-n*
giriş ücreti der **Eintrittspreis**,*-e*
girmek **betreten, hineingehen**
gişe (sinema) die **Kasse**,*-n |*
(postane) der **Schalter**,*-*
gitmek **gehen;**
(araba ile) **fahren; aufbrechen**
giyinmek **(sich) anziehen**
giymek (giysi) **anziehen**
giysi die **Kleidung**,*-en |* das **Kleid**,*-er |* das **Kostüm**,*-e*
gizli **geheim, heimlich**
gök der **Himmel**,*-*
gökyüzü der **Himmel**,*-*
göl der **See**,*-n*
gölge der **Schatten**,*-*
gönderen der **Absender**,*-*
göndermek **schicken, senden**
görme özürlü **sehbehindert |**
(bayan) die **Sehbehinderte**,*-n |*
(bay) der **Sehbehinderte**,*-n*
görmek **sehen;**
(farkına varmak) **bemerken**
görülmeye değer yerler die **Sehenswürdigkeit**,*-en*
görümce die **Schwägerin**,*-nen*
görüş die **Ansicht**,*-en |* die **Sicht**,*-en |*
die **Meinung**,*-en*
gösteri die **Kundgebung**,*-en |*
die **Veranstaltung**,*-en |* die **Vorstellung**,*-en*

göstermek **zeigen**
götürmek **(weg-)bringen**
gözden geçirmek **durchsehen, ansehen**
gözlük die **Brille**,-n
gramer die **Grammatik**,-en
grup die **Gruppe**,-n
güç die **Kraft**,⸚e | (zor) **schwer, schwierig**
güçlü **stark**
güçsüz **schwach**
gülmek **lachen**
gülünç **lächerlich, komisch**
gümrük beyannamesi die **Zollerklärung**,-en
gümrük der **Zoll**,⸚e
gümrüklü **zollpflichtig**
gümrüksüz **zollfrei**
gümüş das **Silber** [tekil]
gün der **Tag**,-e
gündüz **tagsüber**
güneş die **Sonne**,-n
güneşli **sonnig**
güney der **Süden** [tekil]
günlük **täglich**
gürültü der **Lärm** [tekil]
gürültülü **laut**
güven das **Vertrauen** [tekil]
güvenlik die **Sicherheit**,-en
güzel **schön, hübsch**

H/h

haber die **Mitteilung**,-en |
die **Nachricht**,-en
haber vermek **benachrichtigen**
hafif **leicht**
hafta die **Woche**,-n
hafta sonu das **Wochenende**,-n
haftalık **wöchentlich**
hakaret die **Beleidigung**,-en
hakiki **echt**
haklı **berechtigt, gerecht**
haksız **ungerecht**
halk das **Volk**,⸚er | die **Leute** [çoğul] |
das **Publikum** [tekil]
hamal der **Gepäckträger**,-
hangi **welch/-e/-er/-es**
Hanım (isimden sonra hitap) die **Frau**,-en
hanımefendi die **gnädige**,-n **Frau**,-en
hapishane das **Gefängnis**,-se
harcamak **ausgeben**
harç die **Gebühr**,-en
hareket die **Abfahrt**,-en | die **Abreise**,-n |
die **Bewegung**,-en
hareket etmek **abfahren, abreisen;**
(tutum, davranış) **benehmen**
hareket tarifesi der **Fahrplan**,⸚e
hareketli **lebhaft, beweglich**
harf der **Buchstabe**,-n
harika **herrlich, wunderbar**

harita die **Landkarte**,-n
hasta bakıcı (bay) der **Krankenpfleger**,- |
(bayan) die **Krankenpflegerin**,-nen
hasta **krank** |
(bay) der **Kranke**,-n |
(bayan) die **Kranke**,-n
hastahane das **Krankenhaus**,⸚er
hastalanmak **krank werden**
hastalık die **Krankheit**,-en
haşarat das **Insekt**,-en
hat die **Linie**,-n | die **Leitung**,-en
hata der **Irrtum**,⸚er | der **Fehler**,-
hatıra die **Andenken**,- | die **Erinnerung**,-en
hatırlamak **(sich) erinnern**
hava die **Luft**,⸚e | das **Wetter**,-
hava raporu der **Wetterbericht**,-e
hava tahmini die **Wettervorhersage**,-n
havalimanı der **Flughafen**,⸚en
havale die **Überweisung**,-en
havlu das **Handtuch**,⸚er
hayal kırıklığına uğramış **enttäuscht**
hayat das **Leben**,-
hayır **nein**
hayran olmak **bewundern**
hayret die **Verwunderung**,-en
hayret etmek **(sich) wundern**
hayvan das **Tier**,-e
hayvanat bahçesi der **Tierpark**,-s | der **Zoo**,-s
hazır **fertig; bereit**
hazırlamak **vorbereiten, zubereiten; fertig machen**
hecelemek **buchstabieren**
hedef das **Ziel**,-e
hediye etmek **schenken**
hediye das **Geschenk**,-e | das **Mitbringsel**,-
hemen **sofort, gleich**
hemen hemen **fast, beinahe**
henüz **erst, noch, schon**
hepsi **alle, alles**
her gün **jeden Tag**
her **jede/-r/-s**
her şey **alles**
her yerde **überall**
her zaman **immer**
herkes **jede/-r/-s**
hesaba katmak **beachten, berücksichtigen**
hesap etmek **berechnen**
hesap die **Rechnung**,-en |
(banka) das **Konto/Konten**
hırsız (bay) der **Dieb**,-e |
(bayan) die **Diebin**,-nen
hırsızlık der **Diebstahl**,⸚e
hırsızlık etmek **stehlen**
hız die **Geschwindigkeit**,-en
hızlı **schnell**
hiç **überhaupt nicht, kein, nichts**
hiç bir şey **nichts**
hiç bir yerde **nirgends**
hiç bir zaman **nie, niemals**

hiç kimse **niemand**
hiç olmazsa **wenigstens, mindestens**
hiddetli **wütend**
hikaye die **Geschichte**,-n | die **Erzählung**,-en
hile der **Betrug** [tekil] | der **Schwindel** [tekil]
his das **Gefühl**,-e
hissetmek **fühlen**
hizmet der **Dienst**,-e
hizmet etmek **dienen, bedienen**
hoş **angenehm, nett, hübsch**
hoş olmayan **unangenehm**
hoşnut **zufrieden, froh**
hoşuna gitmek **gefallen**
Hıristiyan **christlich** |
(bay) der **Christ**,-en |
(Bayan) die **Christin**,-nen
Hıristiyanlık das **Christentum** [tekil]
hudut die **Grenze**,-n
hususi **speziell; privat**
huzur die **Ruhe** [tekil]
huzursuzlanmak **(sich) beunruhigen**
hükümet die **Regierung**,-en
hüviyet der **Personalausweis**,-e

I/ı

ırmak der **Fluss**,-̈e
ırza geçme die **Vergewaltigung**,-en
ısı die **Temperatur**,-en
ısırmak **beißen**
ısıtmak **heizen, wärmen**
ıslak **nass**
ısmarlamak **bestellen**
ışık das **Licht**,-er | die **Beleuchtung**,-en

i/i

iç das **Innere** [tekil] | die **Innenseite**,-n
içecek das **Getränk**,-e
içeri(-ye) **hinein; içeride, darin**
içerik der **Inhalt**,-e
için **für, deshalb**
içinde **in**
içme suyu das **Trinkwasser** [tekil]
içmek **trinken**
içtenlik die **Herzlichkeit**,-en | die **Freundlichkeit**,-en
idare die **Verwaltung**,-en
iddia etmek **behaupten, wetten**
ihtiyacı olmak **benötigen**
ikamet etmek **wohnen**
ikametgah der **Wohnort**,-e
ikisi **beide**
iklim das **Klima**,-ta
ikram etmek **(an-)bieten**
ilaç die **Heilmittel**,- | das **Medikament**,-e
ilave etmek **hinzufügen**
ile **mit; mittels**
ileri sürmek **behaupten**

ileri **vorwärts**
ilgilenmek **(sich) interessieren für, (sich) kümmern um**
ilginç **interessant**
ilişki die **Beziehung**,-en | der **Kontakt**,-e
ilk **erste/-r/-s**
ilk yardım die **Erste-Hilfe** [tekil]
ilkbahar der **Frühling**,-e
imdat die **Hilfe**,-n
imdat kapısı der **Notausgang**,-̈e
imkansız **unmöglich**
imza die **Unterschrift**,-en
imzalamak **unterschreiben**
inanç der **Glaube** [tekil]
inanmak **glauben**
ince **dünn, fein, schlank**
incitmek **wehtun**
indirim die **Ermäßigung**,-en | der **Preisnachlass**,-̈e
indirmek **abladen;**
(ücret) **herabsetzen**
inmek **aussteigen; hinuntergehen;**
(uçak) **landen**
insan der **Mensch**,-en | **man**
intiba der **Eindruck**,-̈e
iptal etmek **ungültig machen; stornieren**
iptal ettirmek **stornieren lassen**
iri **riesig**
irtibat die **Verbindung**,-en
isim der **Name**,-n
isimlendirmek **nennen**
ispatlamak **beweisen**
istasyon der **Bahnhof**,-̈e | die **Station**,-en
istemek **wollen; wünschen; verlangen**
istikamet die **Richtung**,-en
istisna die **Ausnahme**,-n
iş die **Arbeit**,-en | die **Tätigkeit**,-en |
die **Angelegenheit**,-en
iş arkadaşı (bay) der **Kollege**,-n |
(bayan) die **Kollegin**,-nen
iş günü der **Werktag**,-e
iş seyahati die **Geschäftsreise**,-n
işaret das **Zeichen**,-
işitmek **hören**
işlem yapmak **bearbeiten, einchecken**
işlemek **funktionieren**
işsiz **arbeitslos**
iştah der **Appetit** [tekil]
işyeri die **Arbeitsstelle**,-n
itfaiye die **Feuerwehr**,-en
itibaren **ab;**
(zaman) **von … an**
itimat das **Vertrauen** [tekil]
itmek **schieben, stoßen, schubsen**
ivedi **dringend, eilig**
iyi **gut**
izin die **Erlaubnis**,-se | der **Urlaub**,-e
izin verilen **zulässig**
izinli olmak **dürfen, beurlaubt sein**

J/j

jest   die **Geste**,-n
jimnastik   die **Gymnastik** [tekil]
jip   der **Geländewagen**,-
jübile   das **Jubiläum/Jubiläen**

K/k

kabahat   die **Schuld** [tekil]
kabul   die **Annahme**,-n |
die **Aufnahme**,-n | der **Empfang**,∸e
kabul etmek   **zustimmen; empfangen;
(Einladung) zusagen**
kaçırmak (trafik aracı)   **verpassen;**
(gümrükten)   **schmuggeln**
kadar   **bis**
kadın   die **Frau**,-en
kağıt   das **Papier**,-e
kahvaltı   das **Frühstück**,-e
kahvaltı etmek   **frühstücken**
kahve   der **Kaffee** [tekil]
kahvehane   das **Kaffeehaus**,∸er | das **Café**,-s
kalite   die **Qualität**,-en
kalkmak   **aufstehen**
kalmak   **(sich) aufhalten, bleiben**
kalorifer   die **Heizung**,-en
kalpten   **herzlich**
kamusal   **öffentlich**
kamyon   der **Lastwagen**,-
kamyonet   der **Lieferwagen**,- | der **Pick-up**,-s
kan   das **Blut** [tekil]
kanal   der **Kanal**,∸e
kandırma   der **Betrug** [tekil]
kandırmak   **überreden, täuschen**
kanıt   der **Beweis**,-e
kapamak   **zuschließen; bedecken**
kapı   die **Tür**,-en | das **Tor**,-e
kapıcı   der **Portier**,-s |
(bay) der **Hausmeister**,- |
(bayan) die **Hausmeisterin**,-nen
kapsam   der **Inhalt**,-e
kar   der **Schnee** [tekil]
karanlık   **dunkel** | die **Dunkelheit**,-en
karar   der **Beschluss**,∸e | das **Urteil**,-e
karar vermek   **entscheiden, beschließen**
kararlaştırma   die **Verabredung**,-en
kardeş (erkek)   der **Bruder**,∸ |
(kız) die **Schwester**,-n
karı   die **Ehefrau**,-en
karı koca   das **Ehepaar**,-e
karışık   **gemischt**
karıştırmak   **verwechseln; mischen**
karşı   **gegen**
karşılamak   **empfangen, begrüßen**
karşılaşmak   **(sich) begegnen**
karşısında   **gegenüber**
karşıtı   das **Gegenteil**,-e von …

kasa   die **Kasse**,-n | der **Safe**,-s
kasaba   die **Kleinstadt**,∸e
kasıtlı   **bewusst, absichtlich**
kat   die **Etage**,-n | das **Stockwerk**,-e
katılmak   **teilnehmen**
katlanmak   **ertragen**
kavga etmek   **streiten, zanken**
kaybetmek   **verlieren**
(yolunu) **(sich) verirren**
kaybolmak   **verloren gehen; verschwinden**
kaydetmek   **notieren, eintragen, speichern**
kayın   der **Schwager**,∸
kayıp eşya bürosu   das **Fundbüro**,-s
kayıp   der **Verlust**,-e | **verloren (gegangen)**
kayıt   die **Anmeldung**,-en
kaynak   die **Quelle**,-n
kaynamak   **kochen**
kaza   der **Unfall**,∸e
kazanç   der **Gewinn**,-e
kazanmak   **gewinnen;**
(para) **verdienen**
kazaya uğramak   **verunglücken**
keder   der **Kummer** [tekil]
kederli   **traurig**
kedi   die **Katze**,-n
kefalet   die **Kaution**,-en
kelime   das **Wort**,-e/∸er
kent   die **Stadt**,∸e
kesilmek   **aufhören; unterbrochen werden**
kesin   **bestimmt, endgültig**
kesmek   **(ab-)schneiden**
kestirme   die **Abkürzung**,-en
keşfetmek   **entdecken**
kıl   das **Haar**,-e
kılavuz (bay)   der **Fremdenführer**,- |
der **Führer**,- |
(bayan) die **Fremdenführerin**,-nen |
die **Führerin**,-nen
kırık   der **Bruch**,∸e | **gebrochen**
kırılmak   **(zer-)brechen**
kırılmış   **gebrochen, zerbrochen**
kırmak   **zerbrechen**
kısa   **kurz**
kısa vadeli   **kurzfristig**
kısaltma (kelime)   die **Abkürzung**,-en
kısım   der **Teil**,-e | das **Stück**,-e
kış   der **Winter**,-
kıyafet   die **Kleidung**,-en
kıymetli eşya   die **Wertsache**,-n
kıymetli   **wertvoll**
kız   das **Mädchen**,- | die **Tochter**,∸
kız arkadaş   die **Freundin**,-nen
kız çocuğu   die **Tochter**,∸
kız kardeş   die **Schwester**,-n
kızgın   **böse, verärgert, wütend**
kızmak   **(sich) ärgern**
kibar   **höflich**
kibrit   das **Streichholz**,∸er

kilise   die **Kirche**,-*n*
kilitlemek   **(ab-, ver-, zu-)schließen**
kilo vermek   **abnehmen**
kim   **wer**
kimin   **wessen**
kimlik   der **Ausweis**,-*e*
kimlik bilgisi   die **Personalie**,-*n*
kira   die **Miete**,-*n*
kiralamak   **mieten**
kiralık   **zu vermieten**
kiraya vermek   **vermieten**
kirli   **schmutzig**
kişi   die **Person**,-*en*
kişisel   **persönlich**
kitabevi   die **Buchhandlung**,-*en*
kitap   das **Buch**,-*⸚er*
koca   der **Ehemann**,-*⸚er*
koklamak   **riechen**
kokmak   **riechen**
koku   der **Geruch**,-*⸚e* | das **Parfüm**,-*s*
kolay   **einfach, leicht**
komşu (bay)   der **Nachbar**,-*n* |
(bayan)   die **Nachbarin**,-*nen*
konaklamak   **übernachten**
konsolosluk   das **Konsulat**,-*e*
kontrat   der **Vertrag**,-*⸚e*
kontrol etmek   **kontrollieren**
konu   das **Thema/Themen** | die **Angelegenheit**,-*en*
konuk   der **Gast**,-*⸚e*
konukseverlik   die **Gastfreundschaft**,-*en*
konuşma   das **Gespräch**,-*e* | die **Rede**,-*n*
konuşmak   **sprechen, (sich) unterhalten**
konut   die **Wohnung**,-*en*
kopya   die **Kopie**,-*n*
korkmak   **befürchten,**
(sich) fürchten, erschrecken
korkunç   **schrecklich**
koşmak   **laufen, rennen**
koymak   **(hin-)legen, (ab-)stellen, aufsetzen**
kömür   die **Kohle**,-*n*
köpek   der **Hund**,-*e*
köprü   die **Brücke**,-*n*
kör   **blind** |
(bay)   der **Blinde**,-*n* |
(bayan)   die **Blinde**,-*n*
köşe   die **Ecke**,-*n*
kötü   **schlecht**
köy   das **Dorf**,-*⸚er* | die **Ortschaft**,-*en*
kral   der **König**,-*e*
kraliçe   die **Königin**,-*nen*
kule   der **Turm**,-*⸚e*
kullanmak   **benutzen**;
(uyuşturucu madde)   **nehmen**;
(araç)   **fahren**
kulüp   der **Club**,-*s*
kumarhane   das **Spielkasino**,-*s*
kumaş   das **Tuch**,-*⸚er*
kupon   der **Gutschein**,-*e*

kural   die **Regel**,-*n*
kurs   der **Kurs**,-*e*
kurtarmak   **retten**
kuru   **trocken**
kurutmak   **(ab-)trocknen**
kusur   der **Fehler**,- | der **Mangel**,-*⸚*
kuş   der **Vogel**,-*⸚*
kutlamak   **gratulieren, feiern**
kutsal   **heilig**
kuvvetli   **stark**
kuyu   der **Brunnen**,-
kuzey   der **Norden** [tekil]
küçük   **klein**
küfretmek   **schimpfen, fluchen**
kültür   die **Kultur**,-*en*
kütüphane   die **Bibliothek**,-*en*

L/l

lastik   das **Gummi**,-*s* |
(tekerlek)   der **Reifen**,-
lazım   **nötig**
leke   der **Fleck**,-*en*
levha   das **Schild**,-*er*
lezzet   der **Geschmack**,-*⸚er*
lezzetli   **lecker**
liman   der **Hafen**,-*⸚*
lisan   die **Sprache**,-*n*
lisan okulu   die **Sprachschule**,-*n*
lokanta   das **Speiselokal**,-*e*
lütfen   **bitte**

M/m

maalesef   **leider**
madde   der **Stoff**,-*e* |
das **Material**,-*ien*
mağaza   das **Geschäft**,-*e* | der **Laden**,-*⸚*
mahalle   der **Stadtteil**,-*e*
mahkeme   das **Gericht**,-*e*
makbuz   die **Quittung**,-*en*
makine   die **Maschine**,-*n*
mal   die **Ware**,-*n*
mal sahibi (bay)   der **Eigentümer**,- |
(bayan)   die **Eigentümerin**,-*nen*
malzeme   das **Material**,-*ien*
mana   der **Sinn**,-*e* | die **Bedeutung**,-*en*
manav (bay)   der **Obst- und Gemüsehändler**,- |
(bayan)   die **Obst- und Gemüsehändlerin**,-*nen*
mani olmak   **verhindern, hindern**
manzara   die **Aussicht**,-*en* | der **Ausblick**,-*e*
masa   der **Tisch**,-*e*
masraf   die **Ausgabe**,-*n* | die **Kosten** [çoğul]
mecbur   der **Zwang**,-*⸚e*
mecbur olmak   **müssen**
mektup   der **Brief**,-*e*
memleket   das **Land**,-*⸚er* |
die **Heimat**,-*en*

memnun **zufrieden, erfreut**
memnun değil **unzufrieden**
mendil das **Taschentuch**,-̈er
meraklı **neugierig**
merdiven die **Treppe**,-n
Merhaba! **Guten Tag!**
merkez das **Zentrum/Zentren**
mesaj die **Botschaft**,-en |
die **Mitteilung**,-en
meslek der **Beruf**,-e
meslektaş (bay) der **Kollege**,-n |
(bayan) die **Kollegin**,-nen
mesut **glücklich**
meşgul **besetzt**
meşhur **berühmt**
metro die **U-Bahn**,-en
mevsim die **Jahreszeit**,-en | die **Saison**,-s
meydan der **Platz**,-̈e
meydana gelmek **stattfinden**
meyve das **Obst** [tekil]
mezar das **Grab**,-̈er
mezarlık der **Friedhof**,-̈e
miktar der **Betrag**,-̈e
misafir der **Gast**,-̈e | der **Besuch**,-e
misafirperverlik die **Gastfreundschaft**,-en
misal das **Beispiel**,-e
mobilya das **Möbel**,-
mola die **Rast**,-en |
(tren) der **Aufenthalt**,-e | der **Zwischenhalt**,-e
muayene die **Untersuchung**,-en
muayene etmek **untersuchen**
muhafaza etmek **aufbewahren**
muktedir olmak **können**
mutfak die **Küche**,-n
mutlaka **bestimmt, unbedingt**
mutlu **glücklich**
mutsuz **unglücklich**
mücevher der **Schmuck** [tekil]
müdür der **Direktor**,-en | der **Chef**,-s
müdürlük die **Direktion**,-en
mükafat die **Belohnung**,-en
mükemmel **ausgezeichnet**
mümkün **möglich**
mürettebat die **Besatzung**,-en
müsaade etmek **erlauben, genehmigen**
Müslüman (bay) der **Muslim**,-e |
(bayan) die **Muslimin**,-nen
Müslümanlık der **Islam** [tekil]
müşteri (bay) der **Kunde**,-n |
(bayan) die **Kundin**,-nen
müzik die **Musik**,-en

N/n

nadir **selten**
nakit das **Bargeld** [tekil]
nakit ödemek **bar zahlen**
namaz das **Gebet**,-e

namaz kılmak **beten**
nasıl **wie**
nazik **nett, liebenswürdig**
ne **was**
Ne yazık! **Wie schade!**
neden die **Ursache**,-n | der **Grund**,-̈e
neden **warum, wieso, weshalb**
neden olmak **verursachen**
nehir der **Fluss**,-̈e
nemli **feucht**
nerede **wo**
nereden **woher**
nereye **wohin**
neşe das **Vergnügen**,-
neşeli **fröhlich**
netice das **Ergebnis**,-se
nezaketli **höflich, aufmerksam**
nezaketsiz **unhöflich, unfreundlich**
niçin **warum**
nihayet **endlich**
nişanlanmak **(sich) verloben**
nişanlı (bayan) die **Verlobte**,-n |
(bay) der **Verlobte**,-n
niyet etmek **beabsichtigen**
nüfus die **Bevölkerung**,-en |
der **Einwohner**,-

O/o

o **er, sie, es; jene/-r/-s**
o zaman **damals**
oda das **Zimmer**,-
oğlan der **Junge**,-n
oğul der **Sohn**,-̈e
okul die **Schule**,-n
okumak **lesen;** (yüksek okul) **studieren**
olabilir **wahrscheinlich**
olağan **gewöhnlich, üblich**
olamaz **unmöglich, ausgeschlossen**
olanak die **Möglichkeit**,-en
olanaksız **unmöglich**
olası **möglich, wahrscheinlich**
olay das **Ereignis**,-se | der **Zwischenfall**,-̈e
oldukça **ziemlich**
olgun **reif**
olmak **werden; sein; geschehen, (sich) ereignen**
olumlu **positiv**
olumsuz **negativ**
oluşmak **entstehen**
ona (erkek, tarafsız tekil) **ihm;** (dişi tekil) **ihr**
onarım die **Reparatur**,-en | die **Restaurierung**,-en
onarmak **reparieren**
onaylamak **bescheinigen; bestätigen**
onlar **sie**
onların (çoğul) **ihr/-e**
onu (erkek tekil) **ihn;** (dişi tekil) **sie;**
(tarafsız tekil) **es**
onun (tekil erkek, tarafsız) **sein/-e;** (tekil dişi) **ihr/-e**

orada **da, dort**
oradan **von dort**
organize etmek **veranstalten, organisieren**
orijinal das **Original,**-e
orman der **Wald,**-̈er
orta die **Mitte,**-n
ortak **gemeinsam**
ortalama **durchschnittlich**
otobüs der **Bus,**-se
otogar der **Busbahnhof,**-̈e
oturma salonu das **Wohnzimmer,**-
oturmak **(sich) setzen;** **(hin-)setzen;**
(ikamet etmek) **wohnen**
oynamak **spielen; tanzen**
oyun das **Spiel,**-e
oyuncak das **Spielzeug,**-e

Ö/ö

ödeme die **Zahlung,**-en
ödemek **zahlen, bezahlen, auszahlen**
ödül die **Belohnung,**-en | der **Preis,**-e
ödünç almak **etwas von jemandem leihen**
ödünç vermek **jemandem etwas leihen**
öfke die **Wut** [tekil]
öfkelenmek **wütend werden**
öfkeli **wütend**
öğleden önce der **Vormittag,**-e | **vormittags**
öğleden sonra der **Nachmittag,**-e | **nachmittags**
öğlen der **Mittag,**-e
öğlen yemeği das **Mittagessen,**-
öğrenci (orta dereceli okul) (bay) der **Schüler,**- |
(bayan) die **Schülerin,**-nen |
(yüksek okul) (bay) der **Student,**-en |
(bayan) die **Studentin,**-nen
öğrenim das **Studium/Studien**
öğrenim yapmak **studieren**
öğrenmek **lernen**
öğretmek **lehren**
öğretmen (bay) der **Lehrer,**- | (bayan) die **Lehrerin,**-nen
ölmek **sterben**
ölü **tot** | (bay) der **Tote,**-n |
(bayan) die **Tote,**-n
ölüm der **Tod,**-e
ön die **Vorderseite,**-n | der **vordere,**-n Teil,-e | **vor**
önce **(zu-)erst;** (zaman olarak) **vor, bevor**
önceden **im Voraus, bereits**
önceki **vorige/-r/-s**
önde **vorn**
önem die **Bedeutung,**-en | die **Wichtigkeit,**-en
önemli **wichtig**
önemsiz **unwichtig**
öneri der **Vorschlag,**-̈e
önünde **vor**
öpmek **küssen**
öpücük der **Kuss,**-̈e | das **Küsschen,**-
örnek das **Beispiel,**-e | das **Vorbild,**-er
öyle **so**

öyleyse **dann, in diesem Fall**
özel **privat, speziell, extra**
özellikle **besonders**
özgür **frei**
özür die **Entschuldigung,**-en
özür dilemek **(sich) entschuldigen**
özürlü **behindert** |
(bay) der **Behinderte,**-n |
(bayan) die **Behinderte,**-n

P/p

pahalı **teuer**
paket das **Paket,**-e | die **Verpackung,**-en
paketlemek **einpacken**
pamuk die **Baumwolle** [tekil] | die **Watte** [tekil]
para das **Geld,**-er
para cezası das **Bußgeld,**-er
parasız **mittellos, geldlos; kostenlos, gratis**
parça das **Stück,**-e | das **Teil,**-e
park der **Park,**-s
park etmek **parken**
park yeri der **Parkplatz,**-̈e
pasaport der **Pass,**-̈e
paylaşmak **teilen**
pazar der **Markt,**-̈e | der **Basar,**-e
pazarlık etmek **feilschen, handeln**
pencere das **Fenster,**-
peron das **Gleis,**-e | der **Bahnsteig,**-e
peşin **im Voraus;** **bar**
peşin ödemek **bar zahlen**
pis **schmutzig**
pis kokmak **stinken**
plaka das **Nummernschild,**-er
plastik das **Plastik** [tekil] | der **Kunststoff,**-e
plastik poşet der **Plastikbeutel,**-
polis die **Polizei** [tekil] |
(bay) der **Polizist,**-en |
(bayan) die **Polizistin,**-nen
posta kodu die **Postleitzahl,**-en
posta kutusu der **Briefkasten,**-̈en
posta ücreti das **Porto,**-s
postane das **Postamt,**-̈er
postalamak **aufgeben, verschicken**
poşet die **Tüte,**-n | der **Beutel,**-
prezervatif das **Kondom,**-e
prova etmek **anprobieren**
pul (mektup) die **Briefmarke,**-n

R/r

radar kontrolü die **Radarkontrolle,**-n
radyo das **Radio,**-s
rağmen **trotz, obwohl**
rahat die **Ruhe** [tekil] | die **Gemütlichkeit** [tekil] |
ruhig, gelassen, angenehm
rahatsız **unbequem, ungemütlich**
rahatsız etmek **stören, belästigen**

randevu   die **Verabredung**,-en | der **Termin**,-e
rapor   das **Attest**,-e | das **Protokoll**,-e
rastgele   **zufällig**
rastlamak   **begegnen**
razı olmak   **einverstanden sein, zustimmen**
reçete   das **Rezept**,-e
reddetmek   **ablehnen**
refakat etmek   **begleiten**
rehber (bay)   der **Fremdenführer**,- |
(bayan)   die **Fremdenführerin**,-nen
rehin   die **Geisel**,-n | das **Pfand**,̈-er
renk   die **Farbe**,-n
renkli   **farbig, bunt**
resim   das **Bild**,-er | das **Gemälde**,- |
die **Zeichnung**,-en
resim çekmek   **fotografieren**
resim çizmek   **zeichnen**
resim yapmak   **malen, zeichnen**
resmi   **offiziell**
resmi daire   das **Amt**,̈-er | die **Behörde**,-n |
die **Dienststelle**,-n
rezervasyon   die **Reservierung**,-en
rezerve etmek   **reservieren**
rica   die **Bitte**,-n
rica etmek   **bitten**
rötar   die **Verspätung**,-en
rüya   der **Traum**,̈-e
rüya görmek   **träumen**
rüzgar   der **Wind**,-e

S/s

saat (zaman)   die **Stunde**,-n |
(alet)   die **Uhr**,-en
sabah   der **Morgen**,-
sabır   die **Geduld** [tekil]
sağ   **rechts**
sağır dilsiz (bay)   der **Taubstumme**,-n | **taubstumm** |
(bayan)   die **Taubstumme**,-n | **taubstumm**
sağır (bayan)   die **Gehörlose**,-n | **gehörlos** |
(bay)   der **Gehörlose**,-n | **gehörlos**
sağlam   **gesund; fest, stark, sicher**
sağlık   die **Gesundheit** [tekil]
sağlık sigortası   die **Krankenversicherung**,-en
sağlık sigortası belgesi   der **Krankenschein**,-e
sağlık sigorta kurumu   die **Krankenkasse**,-n
sağlıklı   **gesund**
saha   das **Gebiet**,-e | der **Platz**,̈-e
sahip (bay)   der **Besitzer**,- |
(bayan)   die **Besitzerin**,-nen
sahte   **unecht, gefälscht**
sakız   der **Kaugummi**,-s
sakin   **still, ruhig** |
(ikamet eden) (bay)   der **Bewohner**,- |
(bayan)   die **Bewohnerin**,-nen
sakinleşmek   **(sich) beruhigen**
saklamak   **aufbewahren, verstecken**
saldırı   der **Überfall**,̈-e

salon   der **Saal/Säle** | **Aufenthaltsraum**,̈-e |
das **Wohnzimmer**,-
samimi   **herzlich, ehrlich**
sana   **dir**
sanat   die **Kunst**,̈-e
sandalye   der **Stuhl**,̈-e
sapa yol   der **Umweg**,-e
sarfetmek   **ausgeben**
sargı   der **Verband**,̈-e
sarhoş   **betrunken** |
(bayan)   die **betrunkene**,-n **Frau**,-en |
(bay)   der **betrunkene**,-n **Mann**,̈-er
sarışın   **blond**
sarkıntılık   die **sexuelle**,-n **Belästigung**,-en
sarmak   **einwickeln**
sataşmak   **belästigen**
satılık   **zu verkaufen**
satın almak   **kaufen**
satış   der **Verkauf**,̈-e
satmak   **verkaufen**
sayfa   die **Seite**,-n
sayı   die **Zahl**,-en
saymak   **zählen**
sebep   der **Grund**,̈-e | die **Ursache**,-n
sebep olmak   **verursachen**
sebze   das **Gemüse**,-
seçme   die **Auswahl**,-en
seçmek   **aussuchen, wählen**
selamlamak   **grüßen, begrüßen**
sempatik   **sympathisch**
semt   der **Stadtteil**,-e
sen   **du**
sene   das **Jahr**,-e
seni   **dich**
senin   **dein/-e**
sepet   der **Korb**,̈-e
serbest   **frei**
sergi   die **Ausstellung**,-en
serin   **kühl, frisch**
serinleme   die **Erfrischung**,-en
sermek   **ausbreiten, auslegen**
sert   **hart, zäh**
servis   die **Bedienung**,-en | der **Dienst**,-e
servis yapmak   **servieren**
ses   das **Geräusch**,-e | der **Ton**,̈-e
sessiz   **leise, still, ruhig**
sessizlik   die **Ruhe** [tekil] | die **Stille** [tekil]
severek   **gern**
sevgi   die **Liebe** [tekil]
sevgili (bayan)   die **Geliebte**,-n |
(bay)   der **Geliebte**,-n
sevimli   **liebenswürdig, nett**
sevinmek   **(sich) freuen**
sevmek   **lieben, mögen**
seyahat   die **Reise**,-n
seyahat etmek   **verreisen**
seyirci (bay)   der **Zuschauer**,- |
(bayan) die **Zuschauerin**,-nen

seyretmek **betrachten, zuschauen**
sıcak **heiß** | die **Hitze**,-n
sıfat die **Qualität**,-en | die **Eigenschaft**,-en |
das **Adjektiv**,-e
sığmak **(hinein-)passen**
sıhhatli **gesund**
sık **dicht, häufig**
sıkı **fest, eng**
sınıf die **Klasse**,-n
sınır die **Grenze**,-n
sıra die **Reihe**,-n
sırasında **während**
sıvı **flüssig** | die **Flüssigkeit**,-en
sigara die **Zigarette**,-n
sigara içen (bay) der **Raucher**,- |
(bayan) die **Raucherin**,-nen
sigara içmek **rauchen**
sigara içmeyen (bay) der **Nichtraucher**,- |
(bayan) die **Nichtraucherin**,-nen
sigorta die **Versicherung**,-en
sinema das **Kino**,-s
sinirli **nervös**
sipariş die **Bestellung**,-en
sirk der **Zirkus**,-se
sis der **Nebel** [tekil]
siyah **schwarz**
siz **ihr; Sie**
sofra der **gedeckte**,-n **Tisch**,-e
soğuk **kalt, kühl**
sohbet die **Unterhaltung**,-en | das **Gespräch**,-e
sohbet etmek **(sich) unterhalten**
sokak die **Straße**,-n | die **Gasse**,-n
sokmak **(hinein-)stecken, stechen**
sol **links**
sollamak **überholen**
son das **Ende**,-n | **letzte/-r/-s**
son olarak **zuletzt; als letzte/-r/-s**
sonbahar der **Herbst**,-e
sonuncu **letzte/-r/-s**
sormak **fragen**
soru die **Frage**,-n
sorumlu **verantwortlich**
sorun das **Problem**,-e
soyad der **Familienname**,-n
soyunmak **(sich) ausziehen**
sönmek (ışık) **ausgehen, erlöschen**
söylemek **sagen**
söz (kelime) das **Wort**,-̈er | **Wort**,-e
söz vermek **versprechen** | das **Versprechen**,-
sözcük das **Wort**,-̈er | **Wort**,-e
sözleşme der **Vertrag**,-̈e | die **Vereinbarung**,-en
sözlük das **Wörterbuch**,-̈er
sözünü kesmek **unterbrechen**
spor der **Sport** [tekil]
spor sahası der **Sportplatz**,-̈e
sporcu (bay) der **Sportler**,- |
(bayan) die **Sportlerin**,-nen
stadyum das **Stadion/Stadien**

su das **Wasser** [tekil]
suç die **Schuld**,-en | das **Verbrechen**,-
sunmak **anbieten, geben, reichen**
susamak **durstig sein**
susmak **schweigen**
sürat die **Geschwindigkeit**,-en
süre der **Zeitraum**,-̈e | die **Zeit**,-en | die **Dauer**,-n
sürekli **andauernd, ständig**
süresince **während**
sürmek **schieben; streichen;**
(zaman) **dauern;**
(araba) **fahren**
sürpriz die **Überraschung**,-en
sürücü (bay) der **Fahrer**,- |
(bayan) die **Fahrerin**,-nen
süs der **Schmuck** [tekil] | die **Dekoration**,-en

Ş/ş

şahane **wunderbar**
şahit (bay) der **Zeuge**,-n |
(bayan) die **Zeugin**,-nen
şahsi **persönlich**
şaka der **Scherz**,-e
şans das **Glück** [tekil]
şansızlık das **Pech** [tekil] | das **Unglück** [tekil]
şarkı das **Lied**,-er
şarkı söylemek **singen**
şart die **Bedingung**,-en
şaşmak **(sich) wundern, (er-)staunen; abweichen**
şef der **Chef**,-s
şefkatli **zärtlich**
şehir die **Stadt**,-̈e
şehir merkezi das **Stadtzentrum/Stadtzentren**
şekil die **Art**,-en | die **Form**,-en |
die **Weise**,-n
şemsiye der **Schirm**,-e
şenlik das **Fest**,-e
Şerefe! **Prost!**
Şerefinize! **Auf Ihr Wohl!**
şey die **Sache**,-n | das **Ding**,-e
şiddetli **heftig, stark**
şifre die **Geheimzahl**,-en
şikayet die **Beschwerde**,-n | die **Klage**,-n
şikayet etmek **reklamieren; sich beschweren**
şimdi **jetzt, nun**
şimdiye kadar **bis jetzt**
şirin **hübsch, nett**
şirket die **Firma/Firmen**
şişe die **Flasche**,-n
şoför (bay) der **Fahrer**,- |
(bayan) die **Fahrerin**,-nen
şu anda **gerade, jetzt**
şu der/die/das; **dies-/e/-er/-es**
şurada **da, dort**
şüphe der **Zweifel**,- | der **Verdacht**,-̈e
şüphelenmek **zweifeln**
şüphesiz **zweifellos, sicher**

T/t

tabiat   die **Natur**,*-en*
tabii   **natürlich**
tadını çıkarmak   **genießen**
tahıl   das **Getreide** [tekil]
tahmin etmek   **schätzen, vermuten**
takdim etmek   **vorstellen, bekannt machen**
takım   die **Garnitur**,*-en* | der **Satz**,*⸚e* |
(Spor)   die **Mannschaft**,*-en* |
(giysi)   der **Anzug**,*⸚e*
takip etmek   **folgen**
taklit   **unecht** | die **Fälschung**,*-en*
taksi durağı   der **Taxistand**,*⸚e*
taksi   das **Taxi**,*-s*
talih   das **Glück** [tekil] | das **Schicksal**,*-e*
talimat   die **Vorschrift**,*-en* | der **Auftrag**,*⸚e*
tam   **ganz, völlig, genau**
tamam   **fertig, vollständig** | die **Ordnung**,*-en*
tamir etmek   **reparieren**
tamir   die **Reparatur**,*-en*
tamirat   die **Reparaturarbeit**,*-en*
tamirhane   die **Werkstatt**,*⸚en*
tane   das **Stück**,*-e*
tanıdık (bayan)   die **Bekannte**,*-n* |
(bay) der **Bekannte**,*-n* | **bekannt**
tanımak   **kennen**
tanımlamak   **beschreiben, erklären**
tanınmış   **bekannt**
tanışma   die **Bekanntschaft**,*-en*
tanışmak   **kennenlernen**
tanıtma   die **Vorstellung**,*-en* |
die **Bekanntmachung**,*-en*
Tanrı   der **Gott**,*⸚er*
taraf   die **Seite**,*-n* |
(cephe, bina)   die **Fassade**,*-n*
tarafsız   **neutral; unparteiisch**
taraftar (bay)   der **Anhänger**,*-* |
(bayan) die **Anhängerin**,*-nen* | der **Fan**,*-s*
tarif etmek   **beschreiben**
tarife der **Tarif**,*-e* | die **Preisliste**,*-n* |
der **Fahrplan**,*⸚e*
tarih   die **Geschichte**,*-n* |
das **Datum/Daten**
tarz   die **Art**,*-en* | der **Stil**,*-e*
tasdik etmek   **bestätigen**
taş   der **Stein**,*-e*
taşımak   **tragen, transportieren**
taşıt   das **Fahrzeug**,*-e*
tat   der **Geschmack**,*⸚er* | der **Genuss**,*⸚e*
tatil   der **Urlaub**,*-e* | die **Ferien** [çoğul]
tatlı   **süß, schmackhaft** | die **Süßigkeit**,*-en* |
(kişi)   **sympathisch**
tatsız (lezzet)   **geschmacklos**;
(kişi)   **unangenehm**
tavsiye   die **Empfehlung**,*-en*
tavsiye etmek   **empfehlen**
taze   **frisch**

tazmin etmek   **ersetzen**
tazminat   der **Schadensersatz** [tekil]
tebrik   der **Glückwunsch**,*⸚e*
tebrik etmek   **gratulieren**
tedavi   die **Behandlung**,*-en*
tedirgin   **beunruhigt**
tedirgin etmek   **beunruhigen**
tehlike   die **Gefahr**,*-en*
tehlikeli   **gefährlich**
tek   **einzige/-r/-s; einzelne/-r/-s** |
(spor)   der **Einzelne**,*-n*
teklif etmek   **anbieten, bieten, vorschlagen**
teklif   der **Vorschlag**,*⸚e*
tekrar   **wieder**
tekrarlamak   **wiederholen**
telaffuz   die **Aussprache**,*-n*
telaffuz etmek   **aussprechen**
telefon etmek   **telefonieren, anrufen**
telefon numarası   die **Telefonnummer**,*-n*
telefon rehberi   das **Telefonbuch**,*⸚er*
telefon   das **Telefon**,*-e*
televizyon   der **Fernseher**,*-*
tembel   **faul**
temin etmek   **besorgen**
temiz   **sauber**
temizleme   die **Reinigung**,*-en*
temizlemek   **reinigen, putzen**
tenha   **einsam, allein**
tenzilat   die **Ermäßigung**,*-en*
tepe   der **Hügel**,*-*
terbiye   die **Erziehung** [tekil] |
das **gute Benehmen** [tekil]
terbiye etmek   **erziehen**
terbiyesiz   **unanständig, frech**
tercih etmek   **vorziehen**
tercüme etmek   **übersetzen**
terk etmek   **verlassen**
terlemek   **schwitzen**
ters   **entgegengesetzt, umgekehrt**
tersi   das **Gegenteil**,*-e*
tesadüfen   **zufällig**
tesisat   die **Anlage**,*-n* | die **Installation**,*-en*
teslim etmek   **übergeben, abgeben**
teşekkür   der **Dank** [tekil]
teşekkür etmek   **(sich) bedanken, danken**
tıkanma (trafik)   der **Stau**,*-s*
tıraş etmek/olmak   **rasieren**
ticaret   der **Handel** [tekil] | das **Geschäft**,*-e*
tiyatro   das **Theater**,*-*
tok   **satt**
top   der **Ball**,*⸚e*
toplam   die **Summe**,*-n* | **insgesamt**
toplamak   **pflücken, sammeln; aufräumen**;
(matematik)   **addieren**
toplantı   die **Versammlung**,*-en*
toplum   die **Gesellschaft**,*-en*
toprak   die **Erde**,*-n* | das **Erdreich** [tekil]
torba   die **Tüte**,*-n* | der **Beutel**,*-* | der **Sack**,*⸚e*

torun (bay)   der **Enkel**,- |
(bayan) die **Enkelin**,-*nen*
toz   der **Staub** [tekil] | das **Pulver** [tekil]
trafik   der **Verkehr** [tekil]
tramvay   die **Straßenbahn**,-*en*
tren   der **Zug**,⸚*e*
tur   die **Tour**,-*en* | die **Rundfahrt**,-*en*
turist rehberi (bay)
der **Fremdenführer**,- |
der **Reiseführer**,- |
(bayan)   die **Fremdenführerin**,-*nen* |
die **Reiseführerin**,-*nen*
turist (bay)   der **Tourist**,-*en* |
(bayan)   die **Touristin**,-*nen*
tutar   der **Betrag**,⸚*e* | die **Summe**,-*n*
tutmak   **(fest-)halten, behalten; fangen**
tutuklamak   **verhaften**
tutukluluk   die **Untersuchungshaft** [tekil]
tuvalet   die **Toilette**,-*n*
tüketim   der **Verbrauch** [tekil] |
der **Konsum** [tekil]
tüketmek   **verbrauchen**
tüm   **ganze/-r/-s**
tümce   der **Satz**,⸚*e*
tümsek   der **Hügel**,-
tünel   der **Tunnel**,-
tür   die **Art**,-*en* | die **Sorte**,-*n*
türban   das **Kopftuch**,⸚*er*
Türk (bay)   der **Türke**,-*n* |
(bayan)   die **Türkin**,-*nen* |
(uyruk)   **türkisch**
Türkçe   **türkisch**
Türkiye   die **Türkei** [tekil]
türkü   das **Volkslied**,-*er*

U/u

ucuz   **billig**
uçak   das **Flugzeug**,-*e*
uçmak   **fliegen**
uçuş   der **Flug**,⸚*e*
ufak   **klein, gering**
uğramak   **vorbeikommen**
ulaşım   die **Zugänglichkeit** [tekil]
(trafik araçları)   der **Verkehr** [tekil]
ulus   die **Nation**,-*en*
uluslararası   **international**
umumi   **öffentlich**
umut   die **Hoffnung**,-*en*
unutmak   **vergessen**
usandırıcı   **lästig, langweilig**
utangaç   **schüchtern**
uyandırmak   **wecken**
uyanık   **wach**
uyanmak   **aufwachen**
uygun   **geeignet, passend, angemessen**
uygun olmayan   **ungeeignet**
uykusuzluk   die **Schlaflosigkeit** [tekil]

uymak   **passen**;
(kural)   **befolgen**
uyum   die **Integration** [tekil]
uyumak   **schlafen**
uzak   **weit, entfernt**
uzaklık   die **Entfernung**,-*en*
uzanmak   **sich hinlegen**;
(sich) erstrecken
uzatmak   **verlängern**
uzun   **lang**

Ü/ü

ücret   die **Gebühr**,-*en*
ücretsiz   **gebührenfrei, kostenlos, gratis**
ülke   das **Land**,⸚*er*
ümit etmek   **hoffen**
üniversite   die **Universität**,-*en*
ünlü   **berühmt**
üretmek (imal etmek)   **produzieren**;
(yetiştirmek)   **züchten**
ürün   das **Produkt**,-*e*
üslup   der **Stil**,-*e*
üstünde   **auf**
üstünü değiştirmek   **(sich) umziehen**
üşümek   **frieren**
ütülemek   **bügeln**
üzerinde   **auf**
üzgün   **traurig**
üzülmek   **bedauern; traurig sein**

V/v

vahşi   **wild**
vaktinde   **rechtzeitig**
vaktiyle   **rechtzeitig**
vapur   der **Dampfer**,- |
die **Fähre**,-*n*
var   **es gibt, vorhanden**
varış   die **Ankunft**,⸚*e*
varlıklı   **reich, wohlhabend**
varmak   **ankommen, eintreffen**
vasıf   die **Qualität**,-*en* |
die **Eigenschaft**,-*en* | das **Adjektiv**,-*e*
vatan   die **Heimat**,-*en*
vatandaşlık   die **Staatsangehörigkeit**,-*en*
ve   **und**
vedalaşmak   **verabschieden**
vermek   **geben**
veya   **oder**
vezne   die **Kasse**,-*n*
viraj   die **Kurve**,-*n*
vitrin   das **Schaufenster**,-
vize   das **Visum/Visa**
vuku bulmak   **stattfinden**
vurmak   **schlagen**
vücut   der **Körper**,-

Y/y

Ya … ya da … **entweder … oder …**
yaban   die **Wildnis**,-se | **wild**
yaban hayvanı   das **Wild** [tekil]
yabancı (bay)   der **Ausländer**,- |
(bayan)   die **Ausländerin**,-nen | **fremd**
yağ   das **Öl**,-e | das **Fett**,-e
yağlı **fett, fettig, ölig**
yağmur   der **Regen** [tekil]
yakalamak **erwischen**
yakın **nah**,-e
yakında **bald**
yakınmak **(sich) beschweren, (sich) beklagen**
yalan söylemek **lügen**
yalnız/-ca **nur, allein**
yan   die **Seite**,-n
yangın   das **Feuer**,- | der **Brand**,-̈e
yangın söndürücü   der **Feuerlöscher**,-
yanıcı **feuergefährlich**
yanık   die **Verbrennung**,-en
yanılgı   der **Irrtum**,-̈er
yanılmak **(sich) irren**
yanına almak **mitnehmen**
yanına **neben, zu**
yanında **neben, an, bei**
yanında getirmek **mitbringen**
yanıtlamak **antworten, beantworten**
yankesici (bay)   der **Taschendieb**,-e |
(bayan)   die **Taschendiebin**,-nen
yanlış anlama   das **Missverständnis**,-se
yanlış **falsch** | der **Fehler**,-
yanmak **brennen**
yapı   das **Gebäude**,- | das **Bauwerk**,-e
yapıştırmak **kleben**
yapmak **machen, tun, herstellen**
yaralamak **verletzen**
yaralanma   die **Verletzung**,-en
yararlanmak **benutzen**;
Vorteil verschaffen, Nutzen ziehen
yaratıcı **kreativ**
yardım etmek **helfen**
yarı **halb** | die **Hälfte**,-n
yarım **halb**
yarım kilo   das **Pfund**,-e
yarın **morgen**
yarış   das **Rennen**,-
yarışma   der **Wettbewerb**,-e | der **Wettkampf**,-̈e
yasak   das **Verbot**,-e | **verboten**
yaş (yıl)   das **Alter** [tekil] | (ıslak) **nass**
yaşamak **leben**
yaşında **Jahre alt**
yaşlı **alt**
yatak   das **Bett**,-en
yatırmak **hinlegen**;
(depozite) **hinterlegen**;
(banka) **einzahlen**
yatmak **legen, hinlegen**

yavaş **langsam**; (sessiz) **leise**
yavru (hayvan)   der **Junge**,-n
yaya (bay)   der **Fußgänger**,- |
(bayan)   die **Fußgängerin**,-nen
yaz   der **Sommer**,-
yazdırmak **anmelden**
yazıhane   das **Büro**,-s
yazık **schade**
yazılı **schriftlich**
yazmak **schreiben, aufschreiben**
yedek   der **Ersatz** [tekil]
yemek   das **Essen**,- | das **Gericht**,-e |
(fiil) **essen**
yenge (erkek kardeşin eşi)   die **Schwägerin**,-nen
yeni **neu, frisch**
yenilmek **verlieren**
yer   der **Ort**,-e | der **Platz**,-̈e
(taban)   der **Boden**,-̈ | die **Lage**,-n | die **Erde**,-n
yeraltı **unterirdisch**
yer ayırtmak **buchen, reservieren lassen**
yerine getirmek **besorgen**;
(istek) **erfüllen**
yerli **einheimisch**
yeşil **grün**
yeter **genug**
yetişkin (bay)   der **Erwachsene**,-n |
(bayan)   die **Erwachsene**,-n | **erwachsen**
yetişmek (büyümek) **(heran-)wachsen**;
(ulaşmak) **erreichen**
yetkili **zuständig**
yetmek **(aus-)reichen**
yıkamak **waschen**
yıl   das **Jahr**,-e
yılbaşı   das **Neujahr** [tekil]
yıldız   der **Stern**,-e
yıllık **jährlich**
yine **wieder, noch einmal**
yitirmek **verlieren**
yok **es gibt nicht, ist nicht da**; **nicht haben**
yoksul **arm**
yokuş   die **Steigung**,-en
yol   der **Weg**,-e | die **Straße**,-n
yol haritası   die **Straßenkarte**,-n
yol işareti   der **Wegweiser**,-
yolcu   der **Fahrgast**,-̈e |
(uçak) (bay)   der **Passagier**,-e |
(bayan)   die **Passagierin**,-nen
yolculuk   die **Reise**,-n | die **Fahrt**,-en
yolculuk yapmak **reisen, verreisen**
yolda **unterwegs**
yollamak **schicken, senden**
yolunu kaybetmek **(sich) verlaufen**;
(sich) verfahren, (sich) verirren
yorgun **müde, erschöpft**
yorucu **anstrengend**
yön   die **Richtung**,-en | die **Route**,-n
yönetici (bay)   der **Leiter**,- |
(bayan)   die **Leiterin**,-nen

yönetim   die **Verwaltung**,-*en*
yukarı   **hoch, nach oben**
yukarıda   **oben**
yumuşak   **weich, zart**
yurt   die **Heimat**,-*en*
yurtdışı   das **Ausland** [tekil]
yurtiçi   das **Inland** [tekil]
yurttaş   der **Landsmann**,-̈*er*
yurttaşlık   die **Staatsangehörigkeit**,-*en*
yuvarlak   **rund**
yüksek   **hoch**
yün   die **Wolle** [tekil]
yürümek   **gehen**
yürüyüş   die **Wanderung**,-*en*
yürüyüş yapmak   **wandern**
yüzde   das **Prozent**,-*e*
yüzmek   **schwimmen**
yüzyıl   das **Jahrhundert**,-*e*

Z/z

zahmet   die **Mühe**,-*n* | der **Umstand**,-̈*e*
zam   der **Zuschlag**,-̈*e*
zaman   die **Zeit**,-*en*
zamanında   **rechtzeitig**
zarar   der **Schaden**,-̈ | die **Beschädigung**,-*en* |
der **Verlust**,-*e* | der **Nachteil**,-*e*
zarar vermek   **Schaden verursachen, schädigen**
zararlı   **schädlich**
zayıf   **schwach; dünn, mager**
zedelemek   **beschädigen**
zehir   das **Gift**,-*e*
zehirleme   die **Vergiftung**,-*en*
zehirli   **giftig**
zeki   **klug**
zengin   **reich**
zevk almak   **genießen**
zil   die **Klingel**,-*n*
zil çalmak   **klingeln**
zira   **weil, da, denn**
ziyaret   der **Besuch**,-*e*
ziyaretçi (bay)   der **Besucher**,- |
(bayan)   die **Besucherin**,-*nen*
ziyaret etmek   **besuchen, besichtigen**
ziyaret saati   die **Besuchszeit**,-*en*
zor   **schwierig, anstrengend** |
die **Schwierigkeit**,-*en*
zorunlu   **notwendig**

Umwelt
Bundes
Amt
Für Mensch und Umwelt

Hepimiz aynı gezegen – bizim yeşil dünyamız – üzerinde yaşıyoruz. Hangi ülkede olduğumuz önemli olmaksızın, dünya bize yaşamamız için gereksinim duyduğumuz her şeyi veriyor. Ancak artık bizim de ona ihtiyacı olan şeyi vermemizin ve sorumluluk üstlenmemizin zamanı gelmiştir. Türkiye'de veya Almanya'da – Çevre koruması herkesi ilgilendirir! Tüm dünya üzerinde bizim neden olduğumuz doğa yüklerinin sonuçlarını görüyoruz:

İklim değişikliği, sel, yağmur ormanlarının kesilerek yok edilmesi, türlerin yok olması ve diğer felaketler. Ve tüm dünyada bu konunun nasıl tartışıldığını duyuyoruz. Ancak konuşmak yeterli değildir.

Sen, ben, onlar – bizler hepimiz konuşmalarımızı gerçekleştirmemiz gerekir. Ancak birçok kişi için bu çok uzak ve gerçek değilmiş gibi görünüyor. "Bu beni ilgilendirmiyor" veya "bu durum ancak 1000 yıl sonra gerçekleşir" gibi cümleleri sıkça duyuyoruz. Bunlar çok kötü sonuçlar doğurabilecek yanıltıcı gözlemlerdir. Aslında çevre için bir şeyler yapmak çok kolaydır. Tabii ki sorumluluk politikacılarındır. Ancak her vatandaş da sorumluluk üstlenebilir. Düşünce tarzımızı değiştirmeli ve bunu eyleme geçirmeliyiz. Günlük hayatımızda çok ufak şeyler çevreyi korumak için faydalı olabilir.

Alışverişte „Bio-Siegel - Bio-Mührü" veya "Blauer Engel - Mavi Melek" işaretlerine dikkat ederek, bunların üretiminin devamı desteklenebilir. Elektrik tedarikçisi değiştirilerek, 100 % oranında yenilenebilir enerjiden oluşan ekolojik elektrik enerjisi kullanılabilir. Taşıt paylaşımı, birlikte seyahat olanakları ve toplu taşıma araçları kullanılarak dünya ısınmasının azalmasına katkıda bulunulabilir. Enerji tasarrufu yapan ampuller, kapatılabilir prizler ve ışık için hareket algılayıcılar kullanılarak enerji tasarrufu yapılabilir. Çevreyi yıpratmamak sadece çevreye değil, para biriktirmekte de faydalı olmaktadır. Elektrik tasarruf ederken para tasarrufu da edilir ve aynı zamanda doğa bir takım yüklerden korunur. Böylece bir avantaj daha derhal oluşur. Temiz hava, bio ürünler, bisiklet kullanmak vs. sağlığa da faydalı olur. Kazanılan avantaj çok. Yapılan masraf az. Çevre sağlığı ile ilgili bilgi broşür ve prospektüslerini – Türkçe de olmak üzere – buradan sipariş edebilirsiniz:

Umweltbundesamt
Postfach 1406
06813 Dessau-Roßlau

ÇEVRE
UMWELT

Evde - *Zu Hause*

Konutun/Evin enerji belgesini
görmek istiyorum?
Ich möchte den Energiepass der
Wohnung/des Hauses sehen.
Bu konut/ev enerji tasarrufu için
yenilendi (modernleştirildi) mi?
Ist die Wohnung/das Haus
energieeffizient saniert?
Konutu/Evi enerji tasarruflu
duruma getirebilmek için
ne yapmam gerekir?
Was kann ich tun, um die Wohnung/
das Haus energieeffizienter
einzurichten?
Dış duvarların ısı yalıtımını
iyileştirebilirsiniz.
Sie können die Wärmedämmung an
den Außenwänden verbessern.
Dış duvarlarımın ısı
yalıtımını iyileştirmek istiyorum.
Ich möchte eine verbesserte
Wärmedämmung an meinen
Außenwänden.
Tasarruflu (Verimli) kalorifer
tesisatı taktırabilirsiniz.
Sie können eine effizientere
Heizungsanlage einbauen.
Verimli kalorifer tesisatının fiyatı
ne kadar?
Wie viel kostet eine effizientere
Heizungsanlage?
Konutumda enerji/elektrik
tasarrufu için ne yapabilirim?
Was kann ich tun, um Energie/Strom
in meiner Wohnung zu sparen?
Işıklar için hareket dedektörü
takabilirsiniz.
Sie können einen Bewegungsmelder
für die Lichter einbauen.
Kapatılabilen prizlerle çok para
tasarruf edebilirsiniz.
Sie können durch abschaltbare
Steckdosen viel Geld sparen.

Siz de çevre
dostu olarak
yaşayın!
Bu çok kolay!

Leben auch Sie umweltfreundlich! Es ist ganz leicht!

Doğru havalandırırsanız ısı masraflarınızı azaltırsınız.
Wenn Sie richtig lüften, sparen Sie Heizungskosten.

Sürekli havalandırmayın, kısa süreli çapraz havalandırın.
Lüften Sie nicht ständig, sondern stoßweise.

Evin/Konutun pencereleri çift cam mı?
Hat das Haus/die Wohnung eine Doppelverglasung/…?

Kalorifer tesisatımı solar kollektörleri ile donatabilir miyim?
Kann ich meine Heizungsanlage mit Solarkollektoren nachrüsten?

Kısa süreli çapraz havalandırmak yarı açık camdan daha iyidir.
Kurze Stoßlüftung ist besser als ein gekipptes Fenster.

Çatı solar sisteminin fiyatı ne kadardır?
Wie viel kostet eine Solaranlage auf dem Dach?

Eko elektriğe nasıl geçebilirim?
Wie kann ich zu Ökostrom wechseln?

Şirketiniz eko elektrik de sunuyor mu?
Bietet Ihre Firma auch Ökostrom an?

Çöp toplama arabası sarı torbalar/mavi bidon/siyah bidon/yeşil bidon için ayda kaç defa geliyor?
Wie häufig im Monat kommt die Müllabfuhr für den gelben Sack/die blaue Tonne/die schwarze Tonne/die grüne Tonne?

Özel çöpleri burada nereye verebilirim?
Wo kann ich hier in der Nähe Sondermüll abgeben?

Duvarlarda siyah lekeler var. Bu küf olabilir mi?
An der Wand sind dunkle Flecken. Kann das Schimmel sein?

Küf nasıl oluşur?
Wie entsteht Schimmel?

Küfe karşı ne yapabilirim?
Was kann ich gegen Schimmel tun?

147

Bahçede
Im Garten

Terasım için doğal taş/
… almak istiyorum.
Ich möchte Natursteine/… für
meine Terrasse kaufen.
Bahçe/… için solar lamba
almak istiyorum.
Ich möchte für den Garten/…
Solarlampen kaufen.
Ağaç bahçe mobilyası
almak istiyorum
Ich möchte hölzerne
Gartenmöbel kaufen.
Bahçe havuzu yapma hakkında
bana bilgi verebilir misiniz?
Können Sie mir Informationen
über das Anlegen eines
Gartenteiches geben?
Bahçe havuzu için yosunlara
karşı çevre sağlığına uygun
madde satıyor musunuz?
Verkaufen Sie umweltfreundliche
Mittel gegen Algen für den
Gartenteich?
En iyi nereye biyolojik komposto
kurabilirim (yapabilirim)?
Wo kann ich am besten einen
Biokompost anlegen?
Yeşil nokta ne anlama geliyor?
Was bedeutet der Grüne Punkt?
Yeşil noktalı ambalajlar sarı bidonlara/
sarı çöp torbalara atılıyor.
Verpackungen mit dem Grünen
Punkt kommen in die gelbe
Tonne/in den gelben Sack.
Bahçe çöplerimi/Yeşil çöpleri/…
nerede imha edebilirim?
Wo kann ich meinen Gartenabfall/
Grünabfall/… entsorgen?

Süper Markette
Im Supermarkt

Bu gıda maddesi koruyucu
madde içeriyor mu?
Beinhaltet dieses Lebensmittel
Konservierungsmittel?
Bio ürünleri satıyor musunuz?
Führen Sie Bioprodukte?
Bio bölümünüz var mı?
Haben Sie eine Bioabteilung?
Bu ürün bio olarak mı yetiştirildi?
Ist dieses Produkt aus
biologischem Anbau?
Fairtrade-Siegel – Fairtrade
Mühür'lü (Adil Ticaret Mühür'lü)
kahve çeşitleriniz/… var mı?
Haben Sie Kaffeesorten/… mit
dem Fairtrade-Siegel?
Balık/Et/… nereden geliyor?
Wo kommt der Fisch/
das Fleisch/… her?
Blauen Engel – Mavi Melek'li
ürünler satıyor musunuz?
Führen Sie Produkte mit
dem Blauen Engel?
Blauen Engel – Mavi Melek'li
ürünleri nerede bulabilirim?
Wo finde ich Produkte mit
dem Blauen Engel?
Blauen Engel – Mavi Melek'li
… nerede bulabilirim?
Wo finde ich … mit dem
Blauen Engel drauf?
Geri dönüşümlü kağıdı
nerede bulabilirim?
Wo finde ich Recyclingpapier?
Bu üründe zararlı madde az mı?
Ist das Produkt schadstoffarm?
Bu üründe zararlı madde yok mu?
Ist das Produkt schadstofffrei?
Ürün ambalajlarını
burada bırakabilir miyim?
Kann ich die Produktverpackungen
bei Ihnen lassen?

Elektronik Eşya Mağazasında
Im Elektrofachgeschäft

Enerji tasarruflu ampul almak istiyorum.
Ich möchte energiesparende
Glühbirnen kaufen.
Enerji tasarruflu lambaları
nereden alabilirim?
Wo kann ich Energiesparlampen kaufen?
Enerji tasarruflu lambalarınız
var mı?
Haben Sie Energiesparlampen?
Enerji tasarruflu lambalar ne
kadar enerji tasarrufu sağlar?
Wie viel Energie spart eine
Energiesparlampe?
Enerji tasarruflu lambaların
ışığını ayarlayabilir miyim?
Kann ich Energiesparlampen
auch dimmen?

Enerji tasarruflu lambanın
ömrü ne kadardır?
Wie lange hält eine
Energiesparlampe?
Eskimiş enerji tasarruflu lambaları
nerede imha edebilirim?
Wo kann ich ausgediente
Energiesparlampen entsorgen?
En iyisi enerji tasarruflu lambaları
bunlar için belirlenmiş yerlerde
imha edin.
Am besten entsorgen Sie die
Energiesparlampen in einer dazu
vorgesehenen Sammelstelle.
Tekrar şarj edilebilen pilleri
nerede bulabilirim?
Wo finde ich wiederaufladbare
Batterien?

149

Alkali-Mangen Pilleri/…
nerde imha edebilirim?
Wo kann ich Alkali-Mangan-
Batterien/… entsorgen?
Elektrikli cihazların elektrik
kaçağına karşı ne yapabilirim?
Was kann ich gegen unnötigen Strom-
verbrauch bei Elektrogeräten tun?
Elektrik tasarruf edebilmem için bu
cihaz tamamiyle kapatılabiliniyor mu?
Lässt sich dieses Gerät vollständig
abschalten, damit ich Strom
sparen kann?
Elektrik tasarruf paletli/GEEA
işaretli cihaz almak istiyorum.
Ich möchte ein Gerät mit Stromsparer
Plakette/GEEA Zeichen.
Bu cihaz çalışırken/görünüşte kapalıyken
ne kadar elektrik harcıyor?
Wie viel Strom verbraucht dieses
Gerät im Betrieb/im Scheinaus/
in Bereitschaftshaltung?
Duman dedektörü almak istiyorum.
Enerji tasarruflu modelleri var mı?
Ich möchte Rauchmelder kaufen.
Gibt es energiesparende Modelle?
Az gürültülü … nerede bulabilirim?
Wo finde ich lärmarme …?
Çevre sağlığına uygun dizüstü
bilgisayar istiyorum.
Ich möchte ein umweltfreundliches
Notebook.
Hangi markayı tercih edersiniz?
Welche Firma bevorzugen Sie?
… marka dizüstü bilgisayar
istiyorum.
Ich möchte ein Notebook der Firma …
Çamaşır yıkarken su tasarruf
etmek istiyorum.
Ich möchte beim Waschen
Wasser sparen.
Çamaşır makinem çamaşır yıkarken
ne kadar su harcıyor?
Mit wie viel Wasser wäscht
meine Waschmaschine?

Su tasarruf eden ayarı olan
çamaşır makinesi var mı?
Gibt es eine Waschmaschine, die eine
wassersparende Einstellung hat?
Buzdolabımı nerede imha edebilirim?
Wo kann ich meinen
Kühlschrank entsorgen?
Buzdolabımı/… FCKW (Kloroflorokarbon)
ihtiva ettiğini nasıl bilebilirim?
Woher weiß ich, ob mein
Kühlschrank/… FCKW
(Fluorchlorkohlenwasserstoffe) enthält?
Buzdolabı/Çamaşır makinesi/…
hangi enerji sınıfındandır?
Welche Energieklasse hat der
Kühlschrank/die Waschmaschine/…?
Enerji tasarruflu çamaşır makinesi/
buzdolabı/… almak istiyorum.
Ich möchte eine/-n energiesparende/-n
Waschmaschine/Kühlschrank/… kaufen.
Bu elektrikli süpürge/… kaç vattır?
Wie viel Watt hat der Staubsauger/…?
Hangi televizyon/… az elektrik harcıyor?
Welcher Fernseher/…
verbraucht wenig Strom?
Plazma televizyonlar daha
fazla elektrik harcıyorlar mı?
Benötigen Flachbildfernseher
mehr Strom?

İnşaat Malzemeleri Mağazasında
Im Baumarkt

Su tasarruflu musluk/Tuvalet
su tesisatı almak istiyorum.
Ich würde gern eine/-n wasser-
sparende/-n Toilettenspülung/
Wasserhahn kaufen.
Işıklarım için hareket detektör
cihazını nereden alabilirim?
Wo kann ich Bewegungsmelder
für meine Lampen kaufen?
Kapatılabilen dağıtıcı priz
almak istiyorum.
Ich möchte abschaltbare
Verteilersteckdosen kaufen.
İnşaat artıklarını nerede
imha edebilirim?
Wo kann ich meinen Bauabfall
entsorgen?

Trafikte
Im Straßenverkehr

Bu şehirde „Umweltzone"
çevre sağlığı için korunan yerler
var mı?
Gibt es in dieser Stadt
Umweltzonen?
„Umweltplakette" çevre
sağlığını koruma plaketine
ihtiyacım var mı?
Benötige ich eine
Umweltplakette?
Arabam için yeşil plaketi
nereden alabilirim?
Wo bekomme ich die grüne
Plakette für mein Auto?
Hibrit taşıtları nereden alabilirim?
Wo kann ich ein Hybridfahrzeug
kaufen?
Yoğun trafiği ne zaman atlatabilirim?
Wann kann ich die Hauptverkehrs-
zeit umgehen?

Araba dışarıya ne kadar CO2 atıyor?
Wie viel CO2 stößt das Auto aus?
Araba CO2 emisyonu azaltılmış
olarak sınıflandırılabilir mi?
Ist das Auto als CO2-
emissionsarm einzustufen?

Seyahatte
Auf Reisen

"atmosfair" organizasyonu için
bağışta bulunabilir miyim?
Kann ich für die Organisation
"atmosfair" spenden?
… gitmek istiyorum.
Ich möchte nach … fahren.
Birlikte yolculuk etme imkanı
arıyorum.
Ich suche eine Mitfahrgelegenheit.
Birlikte yolculuk etme/Toplu taşıma
araçlarıyla yolculuk etmeye çalışın.
Versuchen Sie, Mitfahrgelegenheiten/
öffentliche Verkehrsmittel zu benutzen.
Bu şehirde „Carsharing – Araba
paylaşma" var mı?
Gibt es in dieser Stadt Carsharing?
Araba yerine daha sık bisiklet kullanın.
Ersetzen Sie immer öfter das
Auto gegen ein Fahrrad.
Uzun süreli kırmızı trafik lambalarında
beklerken arabanın motorunu durdurun.
Schalten Sie den Automotor bei
langen roten Ampelphasen ab.
Motoru gereksiz yere uzun süre
çalışır vaziyette bırakmayın.
Lassen Sie den Motor nicht
unnötig lange laufen.
Arabanızın tekerleklerinin hava
basıncına dikkat edin.
Achten Sie bei Ihrem Wagen auf
den richtigen Reifendruck.
Arabanızı kullanırken zamanında
diğer bir yüksek vitese takın.
Schalten Sie bei der Autofahrt rechtzeitig
in den nächst höheren Gang.

Seyahat ederken çöp ayrımına
dikkat edin.
Achten Sie während Ihrer Reise
auf die Mülltrennung.
Çöpünüzü çevreye uygun
bir şekilde imha edin.
Entsorgen Sie Ihren Müll
umweltgerecht.

İş Yerinde
Bei der Arbeit

Lütfen bilgisayar ekranlarını
kapatmayı unutmayın.
Bitte denken Sie daran, die
Rechnerbildschirme auszuschalten.
Odaları terkederken ışıkları
kapatmayı unutmayın.
Achten Sie beim Verlassen der
Räume darauf, das Licht
auszuschalten.

Şarj cihazlarını kullanmazken
prizde takılı bırakmayın.
Lassen Sie nicht die
Ladegeräte ungenutzt an
den Steckdosen stecken.
Baskı çıkışı alırken kağıt
sarfiyatından kaçının.
Vermeiden Sie Verschwendung
beim Druck von Papier.
Baskı çıkışı alırken kağıdın
her iki yüzünü kullanın.
Drucken Sie mehrere Seiten
auf ein Blatt.
Yanlış basılan kağıtları karalama
kağıdı olarak kullanın.
Benutzen Sie falsch bedrucktes
Papier als Schmierpapier.

Siz de çevre dostu olarak yaşayın! Bu çok kolay!

Leben auch Sie umweltfreundlich! Es ist ganz leicht!

A/a

der **Abfall**,-̈e çöp
die **Abfallart**,-en çöp cinsi
der **Abfallbehälter**,- çöp bidonu (haznesi)
die **Abfallvermeidung** [tekil]
   çöp oluşumunu engellemek
das **Abgas**,-e egzoz gazı
— **abschalten** kapatmak
die **Abwasserentsorgung** [tekil] atık su arıtımı
die **Alkali-/Mangan-Batterie**,-n
   Alkali – Mangan pilleri
die **Alkali-Batterie**,-n alkali pilleri
der **Altbau**,-ten eski yapı
der **Anbau**,-ten ek bina yapımı
die **Anlage**,-n tesis
— **anschließen** bağlamak, monte etmek
— **anwenden** kullanmak
die **Anwendung**,-en Kullanım
der **Asbest**,-e asbest
die **Atmosphäre**,-n atmosfer
das **Atomkraftwerk**,-e atom elektrik santralı
die **Aufbereitung**,-en hazırlamak
die **Ausführung**,-en uygulamak
— **ausschalten** kapatmak
die **Außendämmung**,-en dış yalıtım
die **Ausstattung**,-en donanım
— **austrocknen** kurutmak
— **auswählen** seçmek
— **auswechseln** değiştirmek
die **Auswertung**,-en değerlendirmek
— **auswirken** etki etmek
die **Auswirkung**,-en etki
das **Auto**,-s otomobil, araba

B/b

die **Balkonpflanze**,-n balkon bitkileri
der **Bauabfall**,-̈e inşaat çöpü
— **bauen** inşa etmek
die **bauliche**,-n **Maßnahme**,-n inşaat önlemleri
der **Bauschutt** [tekil] inşaat mucuru
das **Bauteil**,-e yapı parçası
— **beheizen** ısıtmak
— **belasten** yük bindirmek,
   zarar vermek
die **Belastung**,-en yükleme, zarar verme
die **Beratung**,-en danışmanlık
die **Bereitschaft**,-en hazır olma durumu
— **bereitstellen** hazırlamak
die **Bereitstellung**,-en hazırlama
die **Beschaffenheit**,-en yapısal özellikler
die **Bestrahlung**,-en ışınlama
die **Betriebskosten** [çoğul] işletme masrafları
der **Biodiesel** [tekil] bio dizel
das **Biogas**,-e bio gaz
das **Bioprodukt**,-e bio ürünler

das **Bio-Siegel**,- bio mühür
der **Blaue Engel** [tekil] mavi melek
   (Çevre sağlığına yararlı ürünleri simgeler)
der **Boden**,-̈ zemin
die **Bodenverbesserung**,-en
   zemini iyileştirme
das **Braunkohlekraftwerk**,-e
   kömür santralı
der **Brennstoff**,-e yakıt

C/c

das **Car Sharing** [tekil] otomobili birlikte kullanmak
die **Chemikalie**,-n kimyasal
das **CO2** [tekil] karbondioksit
der **Computer**,- bilgisayar
der **Containerdienst**,-e konteyner servisi

D/d

die **Dämmung**,-en yalıtım
die **Dauerlüftung**,-en sürekli havalandırma
der **Dimmer**,- ışığı derecelendirerek ayarlama
das **Düngemittel**,- gübre maddesi
der **Dünger**,- gübre
der **Dunstabzug**,-̈e aspiratör
die **Durchschnittstemperatur**,-en
   ortalama ısı derecesi
der **Durchzug** [tekil] hava cereyanı

E/e

der **Effekt**,-e etki, verim
— **effizient** etkili, verimli
das **Eigenheim**,-e kendi evi (konutu)
das **Eigentumshaus**,-̈er mülk ev
die **Eigentumswohnung**,-en mülk daire
die **Einkünfte** [çoğul] gelir
— **einschalten** açmak, devreye almak
das **Elektronikgerät**,-e elektronik alet
der **Elektroschrott** [tekil] elektro hurda
die **Emission**,-en emisyon
der **Endverbraucher**,- son kullanıcı, son tüketici
der **Energiebedarf** [tekil] enerji gereksinimi
die **Energieeinsparung**,-en enerji tasarrufu
der **Energiepass**,-̈e enerji pasaportu
die **Energiequelle**,-n enerji kaynağı
die **Energiesparberatung**,-en
   enerji tasarrufu danışmanlığı
die **Energie**,-n **sparen** enerji tasarrufu etmek
— **energiesparend** enerji tasarrufu ederek
die **Energiesparlampe**,-n
   enerji tasarruflu ampul (lamba)
der **Energiespartipp**,-s enerji tasarruf önerisi
der **Energieverbrauch** [tekil] enerji sarfıyatı

154

der **Energieverbraucher**,- enerji sarfiyatçısı
die **Energieverbrauchsklasse**,-*n*
enerji sarfiyatı sınıfı
der **Energieverlust**,-*e* enerji kaybı
die **Energieverschwendung**,-*en* enerji israfı
— **entlüften** havalandırmak
die **Entsorgung**,-*en*
imha etme, bertaraf etme, arıtma
die **Entsorgungsgebühr**,-*en* imha ücreti
die **Entwicklung**,-*en* gelişme
die **Erde** [tekil] yeryüzü
die **Erde**,-*n* toprak
das **Erdgas** [tekil] doğal gaz
das **Erdöl** [tekil] petrol
die **Ernährung** [tekil] beslenme
— **erneuerbar** yenilenebilir
die **erneuerbare**,-*n* **Energie**,-*n*
yenilenebilir enerji
die **Erneuerung**,-*en* yenileme
die **Ernte**,-*n* ürün
die **Erwärmung**,-*en* ısınma
— **erzeugen** imalat etmek
das **Etikett**,-*en* etiket
die **EU-Richtlinie**,-*n* AB yönergesi

F/f

die **Fachfirma/Fachfirmen** uzman firma
der **Fachhandel** [tekil] uzman satış yeri
das **Fahrzeug**,-*e* otomobil
die **Fähigkeit**,-*en* yetenek
das **Fairtrade-Siegel**,- adil ticaret mührü
der **Faktor**,-*en* faktör
das **FCKW**,-*s* FCKW (Kloroflorokarbon)
der **Feinstaub**,- ince toz
das **Feld**,-*er* alan
das **Fenster**,- pencere
die **Fensterladen**,- kepenk
der **Fensterrahmen**,- pencere çerçevesi
die **Fensterverglasung**,-*en* pencere camı
— **feucht** nemli
die **Feuchtigkeit** [tekil] nemlilik
der **Feuchtigkeitsschaden**,- nemlilik zararı
die **Finanzierung**,-*en* finansman
die **Flüssigkeit**,-*en* sıvı
die **Fördermöglichkeit**,-*en* teşvik olanağı
die **Förderung**,-*en* teşvik
der **Fremdstoff**,-*e* yabancı madde
— **funktionieren** işlev görmek, çalışmak
die **Funktion**,-*en* işlev
die **Fußbodenheizung**,-*en* zemin altı kaloriferi

G/g

der **Garten**,- bahçe
das **Gartengrundstück**,-*e* bahçe arazisi
das **Gas**,-*e* gaz
der **Gaspreis**,-*e* gaz fiyatı
das **Gebäude**,- bina
die **Gebäudetechnik**,-*en* bina tekniği
— **gedämmt** yalıtılmış
— **geeignet** uygun
die **Gefahr**,-*en* tehlike
die **Gefährdung**,-*en* tehlikeye düşürme
— **gefährlich** tehlikeli
die **Gefriertemperatur**,-*en* donma derecesi
das **Geräusch**,-*e* gürültü
der **Geruch**,-*e* koku
— **geschlossen** kapalı
die **gesetzliche**,-*n* **Regelung**,-*en*
yasal kural
die **Gesundheit** [tekil] sağlık
das **Gesundheitsamt**,-*er* sağlık dairesi
die **Gesundheitsgefährdung**,-*en*
sağlığı tehlikeye atma
— **gesundheitsschädigend**
sağlığı tehlikeye düşürücü
— **gesundheitsschädlich** sağlığa zararlı
das **Gewässer**,- sular
der **Gewerbemüll** [tekil] sanayi (işletme) çöpü
das **Gift**,-*e* zehir
— **giftig** zehirli
das **Giftinformationszentrum/**
Giftinformationszentren
zehir bilgilendirme merkezi
die **Glühlampe**,-*n* ampul
der **Grünabfall**,-*e* yeşil çöp
der **Grüne Punkt** [tekil] yeşil nokta
der **Grünschnitt**,-*e* yeşil kesit (dal, budak)
die **Grünschnittsammelstelle**,-*n*
yeşil kesit (dal, budak) toplama yeri
die **Grünschnittsammlung**,-*en*
yeşil kesit (dal, budak) toplama

H/h

der **Hauseigentümer**,- ev sahibi
der **Haushalt**,-*e* bütçe
der **Haushaltsabfall**,-*e* ev çöpü
das **Haushaltsgerät**,-*e* ev aleti
das **Haushaltsgroßgerät**,-*e* büyük ev aleti
das **Haushaltskleingerät**,-*e* küçük ev aleti
der **Haushaltsstrom** [tekil] ev elektriği
der **Hausmüll** [tekil] ev çöpü
die **Haustür**,-*en* ev kapısı
die **Hauswand**,-*e* ev duvarı
— **heizen** ısıtmak
die **Heizenergie**,-*n* ısıtma enerjisi
der **Heizkörper**,- kalorifer radyatörü

155

den **Heizkörper**,- **entlüften**
radyatörün havasını almak
die **Heizung**,-en **kalorifer**
die **Heizungsanlage**,-n **kalorifer tesisi**
der **Herstellerhinweis**,-e **imalatçı bilgisi**
die **Herstellung**,-en **imalat**
die **Hitze** [tekil] **sıcaklık**
die **Hygiene** [tekil] **hijyen**

I/i

die **Industrie**,-n **sanayi**
der **Industrieabfall**,⸚e **sanayi çöpü**
die **Information**,-en **bilgi**
— **informieren** **bilgilendirme**
der **Inhaltsstoff**,-e **içerik maddesi**
die **Innenwanddämmung**,-en
iç duvar yalıtımı
die **Innovation**,-en **yenilikçilik**
— **innovativ** **yenilik**
— **investieren** **yatırım yapmak**
die **Investition**,-en **yatırım**
die **Isolation**,-en **yalıtım**
— **isolieren** **yalıtmak**

K/k

die **Kalkulation**,-en **hesaplama**
das **Kaltwasser** [tekil] **soğuk su**
die **Kennzeichnung**,-en **işaretleme**
das **Kilowatt**,- **kilovat**
die **Klasse**,-n **sınıf**
das **Klima**,-ta **iklim**
der **Klimaschutz** [tekil] **iklim korunması**
die **Klimaveränderung**,-en
iklim değişikliği
der **Klimawandel** [tekil]
iklim dönüşümü
die **Kohle**,-n **kömür**
der **Komfort** [tekil] **konfor**
die **Kompostierung**,-en
presleme, komposto etme
der **Kompost**,-e **komposto**
die **Kondition**,-en **koşul, şart**
— **kontrollieren** **kontrol etmek**
— **konventionell** **konvansiyonel**
die **Kosten** [çoğul] **masraflar**
das **Kraftwerk**,-e **enerji santralı**
die **Küche**,-n **mutfak**
der **Kunststoff**,-e **sentetik**
der **Kunststoffbehälter**,- **sentetik kap**

L/l

das **Ladegerät**,-e **şarj aleti**
die **Lagertemperatur**,-en
depo ısı derecesi
die **Lagerung**,-en **depolama**
die **Landwirtschaft** [tekil] **tarım**
der **Lärm** [tekil] **gürültü**
die **Lärmbelastung**,-en **gürültü yükü**
— **laut** **yüksek sesli**
die **Lautstärke**,-n **ses yüksekliği**
die **Lebensdauer**,-n **ömür**
das **Lebensmittel**,- **gıda maddesi**
der **Lebensmittelabfall**,⸚e
gıda maddesi çöpü
der **Leerlauf**,⸚e **boşta, rölanti**
die **Leerung**,-en **boşaltma**
— **leise** **sessiz**
die **Leistung**,-en **güç, performans**
— **leistungsfähig** **iş görebilir, muktedir**
der **Lichtschalter**,- **ışık şalteri**
— **lüften** **havalandırmak**
die **Lüftung**,-en **havalandırma**
die **Lüftungsanlage**,-n **havalandırma tesisi**
die **Luft**,⸚e **hava**
die **Luftfeuchtigkeit** [tekil] **hava nemi**
die **Luftverschmutzung**,-en
hava kirlenmesi

M/m

die **Maßnahme**,-n **önlem**
das **Material**,-ien **malzeme**
der **Meeresschutz** [tekil] **deniz koruma**
die **Mehrscheiben-Isolierverglasung**,-en
çok camlı yalıtım cam donanımı
die **Menge**,-n **miktar**
das **Messgerät**,-e **ölçüm aleti**
die **Messung**,-en **ölçüm**
der **Messwert**,-e **ölçüm değeri**
das **Metall**,-e **metal**
der **Mieter**,- **kiracı**
die **Mietwohnung**,-en **kiralık ev (daire)**
der **Mineralstoff**,-e **maden**
der **Mobilfunk** [tekil] **mobil telsiz**
das **Mobiliar** [tekil] **mobilya**
der **Müll** [tekil] **çöp**
die **Müllabfuhr**,-en **çöp taşınması**
die **Mülltonne**,-n **çöp bidonu**
die **Mülltrennung** [tekil] **çöp ayrımı**

N/n

der **Nachtstromtarif**,-*e* gece elektrik tarifesi
die **Nahrung** [tekil] gıda
das **Nahrungsmittel**,- gıda maddeleri
die **Natur** [tekil] doğa
das **Naturmaterial**,-*ien* doğal maddeler
das **Naturprodukt**,-*e* doğa ürünleri
der **Naturschutz** [tekil] doğanın korunması
— **No-Energy** enerji yok
die **Normaleinstellung**,-*en* normal ayar

O/o

— **ordnungsgemäß** düzenli
— **organisch** organik
der **organische**,-*n* **Gartenabfall**,-̈*e*
  organik bahçe çöpü
der **organische**,-*n* **Küchenabfall**,-̈*e*
  organik mutfak çöpü
der **Organismus/Organismen** organizma
das **Ozon** [tekil] ozon

Ö/ö

— **ökologisch** ekolojik
der **ökologische Anbau** [tekil] ekolojik tarım
die **Ökosteuer**,-*n* ekoloji vergisi
der **Ökostrom** [tekil] ekolojik elektrik enerjisi
der **Ökotest**,-*s* ekolojik test

P/p

die **Papiertonne**,-*n* kağıt bidonu
— **pflanzen** bitkiler
die **Pflanze**,-*n* bitki
der **Pflanzenabfall**,-̈*e* bitkisel çöp
das **Pflanzenschutzmittel**,- bitki koruma maddesi
der **Pilzschaden**,-̈ küf zararı
die **Planung**,-*en* planlama
der **Privathaushalt**,-*e* özel ev bütçesi
der **Problemabfall**,-̈*e* sorunlu çöp
die **Produktion**,-*en* üretim
— **produzieren** üretmek

Q/q

die **Qualität**,-*en* kalite
das **Quecksilber** [tekil] cıva

R/r

der **Radiator**,-*en* radyatör
der **radioaktive**,-*n* **Stoff**,-*e* radyoaktif maddeler
die **Radioaktivität**,-*en* radyasyon
der **Ratgeber**,- kılavuz
die **Raumtemperatur**,-*en* oda ısı derecesi
— **recyceln** dönüşüm
der **Recyclingkunststoff**,-*e* dönüşüm
  sentetik maddesi
das **Recyclingpapier** [tekil] dönüşüm kağıdı
— **regelmäßig** düzenli
der **Regenwald**,-̈*er* yağmur ormanı
das **Regenwasser** [tekil] yağmur suyu
— **reinigen** temizlemek
das **Reinigungsmittel**,- temizleme aracı
die **Renovierungsarbeit**,-*en*
  renovasyon (tadilat) işi
der **Restmüllbehälter**,-
  artık çöp haznesi (kabı)
die **Restmülltonne**,-*n* artık çöp bidonu
die **Restwärme** [tekil] kalan ısı
das **Risiko/Risiken** risk
der **Rohstoff**,-*e* hammadde
der **Rollladen**,-̈ kepenk

S/s

der **Sammelbehälter**,- toplama haznesi (bidonu)
der **Sammelcontainer**,- toplama konteyneri
die **Sammelstelle**,-*n* toplama yeri
die **Sanierung**,-*en* modernleştirmek, yenileme
— **schädigen** zarar vermek
die **Schädigung**,-*en* zarar verme
— **schädlich** zararlı
der **Schadstoff**,-*e* zararlı madde
— **schadstoffarm** zararlı maddesi az olan
die **Schadstoffbelastung**,-*en* zararlı madde yükü
— **schadstofffrei** zararlı maddeden arındırılmış
der **Schimmel** [tekil] küf
der **Schimmelbefall** [tekil] küflenme
das **Schimmelbekämpfungsmittel**,-
  küflenmeyi önleyici madde
die **Schimmelbildung** [tekil] küf oluşumu
der **Schimmelpilz**,-*e* küf mantarı
der **Schimmelschaden**,-̈ küf zararı
— **schützen** korumak
der **Schutz** [tekil] koruma
die **Sicherheit**,-*en* güvenlik
die **Solaranlage**,-*n* solar tesisi
die **Solarenergie**,-*n* güneş enerjisi
der **Sommersmog** [tekil] yaz sisi
die **Sonnenenergie** [tekil] güneş enerjisi
die **Sonnenstrahlung** [tekil] güneş ışınları
— **sparen** tasarruf
— **sparsam** tasarruflu
die **Speicherbatterie**,-*n* yükleme pili

der **Speiseabfall**,*-e* yemek çöpü
der **Sperrmüll** [tekil] büyük boyutlu çöp
die **Stadtwerke** [çoğul] şehir idaresi
das **Stand-By** [tekil] hazır bekleyen
die **Steckdose**,*-n* priz
die **Stiftung Warentest** [tekil]
   malları denetleyen ve
   değerlendiren kuruluş
die **Stoßlüftung** [tekil]
   çapraz havalandırma
der **Strom** [tekil] elektrik
der **Strompreis**,*-e* elektrik fiyatı
den **Strom sparen**
   elektrik tasarrufu etmek
der **Stromtarif**,*-e* elektrik tarifesi
der **Stromverbrauch** [tekil] elektrik sarfiyatı
die **Stromverschwendung** [tekil] elektrik israfı
der **Stromversorger**,*-* elektrik tedarikçisi
das **Stromversorgungsunternehmen**,*-*
   elektrik tedarik işletmesi
die **Studie**,*-n* araştırma

T/t

die **Technik**,*-en* teknik
die **Technologie**,*-n* teknoloji
die **Temperatur**,*-en* ısı derecesi
der **Temperaturregler**,*-*
   ısı derecesi ayarlayıcısı
der **Testbericht**,*-e* test raporu
der **Transformator**,*-en* transformatör
der **Treibstoff**,*-e* akaryakıt
der **Treibstoffpreis**,*-e* akaryakıt fiyatı
das **Trinkwasser** [tekil] içme suyu
die **Trinkwasseranlage**,*-n*
   içme suyu tesisi
die **Tür**,*-en* kapı
der **Typ**,*-en* tip, model

U/u – Ü/ü

— **übermäßig** fazla
— **überprüfen** kontrol etmek
die **Überprüfung**,*-en* kontrol
— **überschreiten** aşmak
die **Umdrehung**,*-en* döndürmek
die **Umgebung**,*-en* çevre
— **umwandeln** dönüşüm
die **Umweltbelastung**,*-en* çevre yükü,
   çevreye verilen zarar
das **Umweltbewusstsein** [tekil]
   çevreye duyarlı
das **Umweltbundesamt** [tekil]
   Federal Çevre Dairesi
— **umweltfreundlich** çevre dostu
— **umweltgerecht** çevreye uygun

das **Umweltministerium/**
   Umweltministerien Çevre Bakanlığı
das **Umweltproblem**,*-e* çevre sorunu
— **umweltschonend** çevreyi koruyucu
der **Umweltschutz** [tekil] çevreyi koruma
die **Umwelt schützen** çevreyi korumak
die **Umweltverschmutzung** [tekil] çevre kirliliği
— **ungeeignet** uygun olmayan
das **Ungeziefer**,*-* haşere
— **unsachgemäß** kurallara uymayan
die **Unterhaltungselektronik** [tekil]
   eğlence elektroniği
die **Untersuchung**,*-en* muayene
die **UV-Belastung**,*-en*
   Kızılötesi yükü (zararı)

V/v

der **Verbrauch** [tekil] sarfiyat
— **verbrauchen** sarf etmek
der **Verbraucher**,*-* tüketici (bay)
die **Verbraucherin**,*-nen* tüketici (bayan)
der **Verbraucherschutz** [tekil]
   tüketici koruma
die **Verbraucherzentrale**,*-n*
   tüketici koruma merkezi
— **verbrauchsarm** az tüketilen
die **Verbrauchsmenge**,*-n*
   sarfiyat miktarı
der **Verbrauchsunterschied**,*-e*
   sarfiyat farkı
die **Verbraucherberatungsstelle**,*-n*
   tüketici danışma yeri
die **Verbrennung**,*-en* yakmak
das **Verbundsystem**,*-e*
   bağlantı (bileşik) sistemi
die **Vergiftung**,*-en* zehirlenme
— **vermeiden** önlemek
der **Vermieter**,*-* ev sahibi, kiraya veren
die **Verminderung**,*-en* azaltmak
die **Verordnung**,*-en* yönetmelik
die **Verpflichtung**,*-en* taahhüt
— **verschwenden** israf
die **Verträglichkeit**,*-en* uyumluluk
die **Verunreinigung**,*-en* kirletme
— **verwertbar** değerlendirilebilir
die **Vorbeugung**,*-en* ön tedbir
— **vorheizen** ön ısıtma
die **Vorschrift**,*-en* hüküm, yönetmelik
die **Vorsorge** [tekil] önlem
der **Vorteil**,*-e* avantaj

W/w

die **Wand**,-*e* **duvar**
— **warm** **sıcak**
die **Wärmedämmung**,-*en* **ısı yalıtımı**
— **wärmen** **ısıtmak**
der **Wärmeschutz** [tekil] **ısı koruma**
das **wärmeschutzverglaste**,-*n* **Fenster**,-
   ısı koruyucu camlı pencere
die **Wärmeschutzverglasung**,-*en*
   ısı koruyucu cam
der **Wärmeverlust** [tekil] **ısı kaybı**
das **Warmwasser** [tekil] **sıcak su**
der **Warmwasserspeicher**,-
   sıcak su deposu
die **Warmwassertemperatur**,-*en*
   sıcak su derecesi
die **Wartung**,-*en* **bakım**
das **Wasser** [tekil] **su**
die **Wassernutzung**,-*en* **su kullanımı**
der **Wasserspeicher**,- **su deposu**
der **Wasserzähler**,- **su sayacı**
das **Watt**,- **vat**
der **Wert**,-*e* **değer**
— **wertvoll** **değerli**
— **wiederaufladbar** **şarj edilebilir**
die **Wiederverwertung**,-*en*
   tekrar değerlendirme
die **wilde**,-*n* **Müllkippe**,-*n*
   izinsiz çöp atılması
die **Windenergie**,-*n* **rüzgar enerjisi**
der **Wintergarten**,- **kış bahçesi**
die **Wirksamkeit**,-*en* **etkinlik**
die **Wirkung**,-*en* **etki**
die **Witterung**,-*en* **iklim koşulları**
die **Wohnung**,-*en* **daire (ev)**
der **Wohnungseigentümer**,-
   (bay) **daire (ev) sahibi**
die **Wohnungseigentümerin**,-*nen*
   (bayan) **daire (ev) sahibi**

Z/z

die **Zentralheizungsanlage**,-*n*
   merkezi kalorifer tesisatı
die **Zubereitung**,-*en* **hazırlamak**
die **Zugluft** [tekil] **esinti**
die **Zusatzheizung**,-*en*
   ilave ısıtıcı (kalorifer)
der **Zuschuss**,-*e* **avans**

SAĞLIK
GESUNDHEIT

GENEL SORULAR
ALLGEMEINE FRAGEN

Hasta - Patient

Bana iyi bir doktor/boğaz-burun-kulak
doktoru/çocuk doktoru/ ortopedist/
diş doktoru/... tavsiye edebilir misiniz?
Können Sie mir einen guten Arzt/
Hals-Nasen-Ohren-Arzt/Kinderarzt/
Orthopäden/Zahnarzt/... empfehlen?
Ön tedbir muayenelerini/…
nerede yaptırabilirim?
Wo kann ich Vorsorgeuntersuchungen/…
machen lassen?
Ön tedbir muayenesinde kocam/…
yanımda olabilir mi?
Darf mein Mann/... bei den
Vorsorgeuntersuchungen dabei sein?
Masraflar hastalık kasası
tarafından ödenir mi?
Werden die Kosten von der
Krankenkasse bezahlt?
Lütfen bana çocuk doktorunun/...
adresini verin.
Bitte geben Sie mir die Adresse
von einem Kinderarzt/...
Doktorun muayene saatleri ne zaman?
Wann hat der Arzt Sprechstunde?
Kocam/Çocuğum/Karım hasta.
Mein Mann/Kind/Meine Frau ist krank.
Buraya gelebilir misiniz, lütfen?
Können Sie bitte herkommen?

Lütfen bir ambulans/doktor çağırın.
Rufen Sie bitte einen
Krankenwagen/einen Notarzt.
Çocuğumu/Kocamı/Karımı
nereye götürüyorsunuz?
Wohin bringen Sie mein Kind/
meinen Mann/meine Frau?
Ben de gelmek istiyorum.
Ich möchte auch mitkommen.
Ben ... Hastalık Kasasında sigortalıyım.
Ich bin bei der ...-Krankenkasse
krankenversichert.
Buyurun, sigorta kartım buradadır.
Bitte, hier ist meine Versichertenkarte.
Lütfen bana bir rapor/iş
göremez belgesi verin.
Geben Sie mir bitte ein ärztliches
Attest/eine Arbeitsunfähigkeits-
bescheinigung.

DOKTORDA - BEIM ARZT

Hasta - Patient

... uzman doktoruna ... için
havale istiyorum.
Ich möchte eine Überweisung
zu einem Facharzt für ...
Şiddetli üşüttüm.
Ich bin stark erkältet.
Yaralandım. Ich habe mich verletzt.
Kendimi iyi hissetmiyorum.
Ich fühle mich nicht wohl.
Buram ağrıyor.
Hier habe ich Schmerzen.
Birçok defa kustum.
Ich habe mich mehrmals
übergeben.
Baygınlık geçirdim.
Ich bin ohnmächtig geworden.
Ayağımı/Kolumu/... hareket
ettiremiyorum.
Ich kann meinen Fuß/
Arm/... nicht bewegen.

Beni böcek/... soktu/ısırdı.
Mich hat ein Insekt/... gestochen/gebissen.
Düştüm. Ich bin gestürzt.
Kolum/Ayağım/... burkuldu/incindi.
Ich habe mir den Arm/Fuß/...
verrenkt/verstaucht.
Kolum/Ayağım/... kırıldı.
Ich habe mir den Arm/Fuß/... gebrochen.
Burası ağrıyor. Hier schmerzt es.
İshalim/Öksürüyorum/...
Ich habe Durchfall/Husten/...
Midemi bozdum.
Ich habe mir den Magen verdorben.
Başım ağrıyor/Kulağım ağrıyor/...
Ich habe Kopfschmerzen/
Ohrenschmerzen/...
Sık sık midem bulanıyor/başım dönüyor.
Mir wird oft übel/schwindelig.
Şiddetli sıcağa/Havaya
tahammül edemiyorum.
Ich kann die Hitze/Luft nicht vertragen.
Tetanos/... aşısı olmadım.
Ich bin nicht gegen Tetanus/... geimpft.
Benim penisiline/... karşı alerjim var.
Ich bin allergisch gegen Penicillin/...
Tansiyonum yüksek/düşük.
Ich habe einen hohen/
niedrigen Blutdruck.
Kalp pili taşıyorum.
Ich habe einen Herzschrittmacher.
... aylık hamileyim.
Ich bin im ... Monat schwanger.
Ben şeker hastasıyım.
Ich bin Diabetiker.
Düzenli olarak bu ilaçları alıyorum.
Ich nehme regelmäßig diese
Medikamente.
Bana rapor verebilir misiniz?
Können Sie mir ein Attest ausstellen?
Bir kere daha gelmem gerekiyor mu?
Muss ich noch einmal kommen?
Sigortam için bana bir makbuz
verin, lütfen.
Geben Sie mir bitte eine Quittung
für meine Versicherung.

Arzt - Doktor

Was für Beschwerden haben Sie?
Şikayetiniz nedir?
Wo haben Sie Schmerzen?
Nereniz ağrıyor?
Tut das weh? Acıyor mu?
Öffnen Sie den Mund.
Ağzınızı açın.
Zeigen Sie Ihre Zunge.
Dilinizi gösterin.
Bitte machen Sie den Oberkörper frei.
Lütfen vücudunuzun üst kısmını açın.
Bitte machen Sie Ihren Arm/... frei.
Kolunuzu/... açın.
Wir müssen Sie röntgen.
Röntgeninizi çekmemiz gerekiyor.
Atmen Sie tief ein.
Derin nefes alın.
Einatmen!
Nefes alın!
Ausatmen!
Nefes verin!
Atem anhalten!
Nefesinizi tutun!
Wie lange haben Sie diese
Beschwerden schon?
Ne zamandan beri bu rahatsızlığınız var?
Sind Sie gegen Tetanus/... geimpft?
Tetanos/... aşısı oldunuz mu?
Haben Sie einen Impfpass?
Aşı karneniz var mı?
Ihr Blut/Urin muss untersucht werden.
Size kan/idrar tahlili yapılması gerekiyor.
Sie müssen morgen/in ... Tagen
noch einmal kommen.
Yarın/... gün içinde tekrar
gelmeniz gerekiyor.
Sie müssen operiert werden.
Ameliyat olmanız gerekiyor.
Sie müssen im Krankenhaus
behandelt werden.
Hastanede tedavi edilmeniz gerekiyor.
Es ist nichts Ernstes.
Ciddi bir şey değil.

GÖZ DOKTORUNDA
BEIM AUGENARZT

Hasta - Patient

Gözlerimde sorun var.
Ich habe Probleme mit meinen
Augen.
Gözlerim yanıyor/kaşınıyor.
Meine Augen brennen/jucken.
Şimşek/Siyah noktalar/
Gölge/... görüyorum.
Ich sehe Blitze/schwarze
Punkte/Schatten /...
Perde/Gök kuşağı/Renkli
ışıklar/... görüyorum.
Ich sehe einen Vorhang/
Regenbogen/farbige Lichter/...
Çift/Çift resimler/... görüyorum.
Ich sehe doppelt/Doppelbilder/...
Gözüme bir şey kaçtı.
Ich habe etwas ins Auge bekommen.
Gözlerim kızarıyor/iltihaplanıyor/...
Meine Augen sind gerötet/ entzündet/...
... günden beri dalgalı/kötü görüyorum.
Ich sehe seit ... Tagen
verschwommen/schlecht.

Akşamları/Gündüzleri iyi görmüyorum.
Ich kann abends/tagsüber schlecht sehen.
Görme testi (benimle) yapar mısınız?
Können Sie einen Sehtest
(mit mir) machen?
Gözlüğü/... hastalık kasası öder mi?
Wird die Brille/... von der
Krankenkasse bezahlt?
Gözlük camlarını/Görme merceklerini
hastalık kasası öder mi?
Werden die Brillengläser/die Kontaktlinsen
von der Krankenkasse bezahlt?

Arzt - Doktor

Ich muss in Ihre Augen leuchten.
Gözlerinize ışık tutmam gerekiyor.
Ich möchte mit Ihnen einen
Sehtest machen.
Size görme testi yapmak istiyorum.
Können Sie die Zahlen/die
Buchstaben an der Wand lesen?
Duvardaki sayıları/harfleri
okuyabiliyor musunuz?
Können Sie die Zahlen/die Buchstaben
nun besser/schlechter lesen?
Duvardaki sayıları/harfleri
şimdi daha iyi mi/daha kötü
mü okuyorsunuz?
Sind Sie kurzsichtig/weitsichtig?
Siz de miyopluk/hipermetropilik var mı?
Sie haben eine Hornhautverkrümmung.
Gözlerinizde saydam bozulma var.
Ihre Netzhaut ist leicht/stark beschädigt.
Ağ tabakanız hafif/ağır bir
şekilde zarar görmüş.
Sie müssen eine Brille tragen.
Gözlük takmanız gerekiyor.
Sie müssen die Brille immer tragen.
Gözlüğü devamlı takmanız gerekiyor.
Sie müssen die Brille beim Lesen/
beim Autofahren tragen.
Gözlüğü okurken/araba kullanırken
takmanız gerekiyor.

Ich werde Ihnen Augentropfen/...
verschreiben.
Size göz damlası/... yazacağım.
Bitte kommen Sie in ... Tagen zur
Nachuntersuchung wieder.
Lütfen ... gün sonra tekrar kontrole gelin.
Sind Sie zuckerkrank?
Şeker hastası mısınız?
Haben Sie hohen Blutdruck?
Yüksek tansiyonunuz var mı?
Wird er behandelt?
Tedavi ediliyor mu?
Welche Medikamente nehmen Sie?
Hangi ilaçları alıyorsunuz?
Schauen Sie nach rechts/links/
oben/unten/geradeaus.
Sağa/Sola/Yukarı/Aşağı/Düz bakın.
Halten Sie Ihre Augen offen.
Gözlerinizi açık tutun.
Halten Sie Ihren Kopf/Ihre Augen ruhig.
Başınızı/Gözünüzü sabit tutun
(hareket ettirmeyin).
Sie haben eine Katarakt.
Siz de katarakt var.
Sie sollten sich operieren lassen,
damit Sie besser sehen können.
Daha iyi görebilmeniz için
ameliyat olmanız gerekiyor.
Sie haben eine Netzhautablösung.
Ağ tabakanızda çözülme var.
Sie müssen sofort operiert werden.
Derhal ameliyat olmanız gerekiyor.
Sie müssen das rechte/linke Auge ...
Stunden mit einem Pflaster zukleben.
Sağ/Sol gözünüzü ... saat bandaj
ile kapamanız gerekiyor.
Sie sind frisch operiert und müssen die
Augentropfen stündlich ins Auge geben.
Siz yeni ameliyat oldunuz ve gözünüze
göz damlasını her saat
damlatmanız gerekiyor.
Sie sind frisch operiert und müssen
die Augensalbe stündlich ins Auge geben.
Siz yeni ameliyat oldunuz ve gözünüze göz
merhemini her saat sürmeniz gerekiyor.

Sie dürfen sich nicht bücken/
auf die operierte Seite legen.
Eğilmemeniz/Ameliyat olan
tarafa yatmamanız gerekiyor.
Sie dürfen nicht schwer heben/
am Auge reiben/lesen.
Ağır kaldırmamanız/Gözünüze
bir şey sürmemeniz/
Okumamanız gerekiyor.
Sie dürfen keine gemeinsamen
Handtücher benutzen.
Başkalarıyla aynı havluyu
kullanmamanız gerekiyor.
Ihr Kind schielt.
Çocuğunuz şaşı bakıyor.
Ihr Kind muss die Brille
immer tragen.
Çocuğunuzun sürekli gözlük
takması gerekiyor.
Wenn Sie die Brille für Ihr Kind abgeholt
haben, lassen Sie sich einen Termin geben.
Çocuğunuzun gözlüğünü aldıktan
sonra, yeniden randevu alın.
Ihr Kind hat eine Infektion am Auge.
Çocuğunuzun gözünde
iltihaplanma var.
Ihr Kind darf nicht in den Kindergarten/...
bis die Entzündung vorbei ist.
İltihaplanma geçinceye kadar
çocuğunuz anaokuluna/... gidemez.

Mamografi (Screening) hastalık
kasası tarafından kaç defa ödenir?
Wie oft wird eine Mammografie
(Screening) von der
Krankenkasse bezahlt?
Bende göğüs kanseri var mı?
Habe ich Brustkrebs?
Koltuğumun altında düğüm
tespit ettim.
In meiner Achselhöhle habe
ich einen Knoten ertastet.
Düğümün ameliyat edilmesi
gerekir mi?
Muss der Knoten operiert werden?
En iyi şekilde nerede
ameliyat olabilirim?
Wo kann ich mich am besten
operieren lassen?
Hangi hastaneyi tavsiye edersiniz?
Welches Krankenhaus empfehlen Sie?

KADIN DOKTORUNDA
BEIM FRAUENARZT

Hasta - Patientin

Sol/Sağ göğüsümde düğüm tespit ettim.
Ich habe einen Knoten in meiner
linken/rechten Brust getastet.
Göğüslerimin mamografisini
(röntgenini) çektirmek istiyorum.
Ich möchte eine Mammografie
(Röntgenuntersuchung der
Brust) durchführen lassen.

Göğüsümde kızarıklıklar
dikkatimi çekti.
Ich habe Rötungen an
meiner Brust bemerkt.
Göğüsümün gerildiği dikkatimi çekti.
Ich habe Einziehungen an meiner
Brust bemerkt.
Adet görmeye başlamadan önce
göğüslerim çok ağrıyor.
Vor meiner Monatsblutung
schmerzen meine Brüste sehr.
Ateş basıyor/Ter basıyor/...
Ich habe Hitzewallungen/Schwitzen.
Huzursuz oluyorum/uykusuzluk
çekiyorum/...
Ich habe Unruhe/Schlaflosigkeit/...
... günden/haftadan beri
adet görmüyorum.
Ich bekomme seit ... Tagen/Wochen
meine Periode nicht mehr.
Hormon almam gerekiyor mu?
Muss ich Hormone einnehmen?
Menopoz için başka tedavi
şekli var mı?
Gibt es andere Möglichkeiten
für die Behandlung von
Wechseljahrsbeschwerden?
Hormonların ne gibi yan tesirleri var?
Welche Nebenwirkungen haben
Hormone?
Hamile kalabilir miyim?
Kann ich schwanger werden?
Korunmaya devam etmem gerekir mi?
Muss ich noch verhüten?
Vajinam (Kadınlık uzuvum)
çok kuru ve hassas.
Meine Scheide ist sehr trocken
und empfindlich.
Cinsel ilişkide yanıyor ve acıyor.
Sie brennt und schmerzt beim
Geschlechtsverkehr.
Sık sık tuvalete gitmem gerekiyor
ve idrar yaparken yanma oluyor.
Ich muss sehr oft zur Toilette gehen und
habe Brennen beim Wasserlassen.

Sidik torbasının/Ana rahminin/
Bağırsağın sarkması ameliyat
edilebilir mi/edilmeli mi?
Kann/Muss die Senkung von
der Blase/derGebärmutter/
dem Darm operiert werden?
Sarkmanın başka tedavi şekli var mı?
Gibt es andere Möglichkeiten der
Behandlung der Senkung?
Sağ/Sol böbrek kısmında ağrı var.
Ich habe Schmerzen in der rechten/
linken Nierengegend.
Karnımın alt orta kısmı (kramp
şeklinde) ağrıyor.
Ich habe (krampfartige) Schmerzen
in meinem mittleren Unterbauch.
Tenasül organlarımın etrafında
yanma/kaşınma/... var.
Ich habe Brennen/Jucken/... im
Bereich der Genitalien.
Akıntım sarımtırak/yeşilimsi/
kırmızımsı/...
Ich habe gelblichen/grünlichen/
rötlichen/... Ausfluss.
Adet görmeye başlamadan önce
daima karnımın alt kısmında
çok rahatsızlık oluyor.
Ich habe vor meiner Periode immer
starke Beschwerden im Unterbauch.
Korunmak istiyorum.
Ich würde gerne verhüten.
Korunma metotları nelerdir?
Welche Verhütungsmethoden gibt es?
Kısırlaştırılmak istiyorum.
Ich möchte sterilisiert werden.
Ne gibi olanaklar var?
Welche Möglichkeiten gibt es?
Kısırlaştırılma erkeklerde nasıl
uygulanıyor?
Wie wird die Sterilisation bei
Männern durchgeführt?
Kısırlık tedavisi cinsel ilişkileri
olumsuz etkiler mi?
Hat die Sterilisation negative
Auswirkungen auf die Sexualität?

Son zamanlarda kollarımda/
bacaklarımda yoğun tüylenme oluyor.
In letzter Zeit habe ich zunehmende
Behaarung an den Armen/
Beinen bemerkt.

Son zamanlarda yüzümde/karnımda/
göğüslerimde yoğun tüylenme oluyor.
In letzter Zeit habe ich zunehmende
Behaarung im Gesicht/am Bauch/
auf der Brust bemerkt.

Cinsel ilişkiye girme isteğim olmuyor.
Ich habe keine Lust auf
Sexualverkehr.

Cinsel ilişkideyken acı hissediyorum.
Ich habe Schmerzen beim
Geschlechtsverkehr.

... günden beri karnımın sağ alt
kısmında/sol alt kısmında ağrı var.
Seit ... Tagen habe ich Schmerzen
im rechten Unterbauch/
im linken Unterbauch.

Adet kanamam gecikti.
Meine Regel ist überfällig.

Ben hamile miyim?
Bin ich schwanger?

Kan/İdrar/Doku parça (ifrazat)/
... muayene sonuçlarını ne
zaman alabilirim?
Wann erfahre ich das Ergebnis
meiner Blutwerte/Urinprobe/
meines Abstriches?

... için hastalık kasası masrafları
üstlenir mi?
Übernimmt die Krankenkasse
die Kosten für ...?

Ben hamileyim. Ich bin schwanger.

Ben kaç haftalık hamileyim?
In der wievielten Schwangerschafts-
woche bin ich?

Hamilelik süresinde nelere
dikkat etmem gerekiyor?
Was muss ich während der
Schwangerschaft beachten?

Akraba evliliği yaptık.
Wir sind eine Verwandtenehe.

Bu tehlikeli midir?
Ist das gefährlich?

Annelik karnemi ne zaman alabilirim?
Wann bekomme ich den Mutterpass?

Çalışma yasağı ne zaman başlıyor?
Ab wann gilt das Beschäftigungsverbot?

Bu hamilelik tehlikeli bir
hamilelik midir?
Ist diese Schwangerschaft eine
Risikoschwangerschaft?

Çocuğumu normal olarak
doğurabilir miyim?
Kann ich mein Kind normal entbinden?

Doğum yapma olanakları hakkında
nereden bilgi alabilirim?
Wo kann ich mich über die Möglichkeiten
der Entbindung informieren?

Doğum yapmak evde de mümkün mü?
Ist eine Entbindung auch
zu Hause möglich?

Sezaryen çok tehlikeli mi?
Ist ein Kaiserschnitt sehr gefährlich?

Sezaryenle doğum yapmak istiyorum.
Ich möchte gerne per
Kaiserschnitt entbinden.

Çocuğu doğurmak istemiyorum.
Ich möchte dieses Kind nicht bekommen.

Ne yapmam gerekiyor?
Was kann ich tun?

Sancılarım var.
Ich habe Wehen.

Rahim ağzı açılmış mı?
Ist der Muttermund geöffnet?

Cenin suyu geldi mi?
Ist Fruchtwasser abgegangen?

Çocuğum erken mi doğacak?
Wird mein Kind zu früh geboren?

Çocuğumun kilosu ve boyu ne kadar?
Wie schwer und wie groß ist mein Kind?

Çocuğum sağlıklı mı?
Ist mein Kind gesund?

Çocuğun kalp atışları tespit
ediliyor mu?
Sind die Herzschläge des
Kindes festzustellen?

Çocuğum sakat mı?
Ist mein Kind behindert?
Doğum yaparken acıya (ağrıya)
karşı neler yapılıyor?
Was wird während der Geburt
gegen Schmerzen getan?
Çocuğumun cinsiyetini bana ne
zaman söyleyebilirsiniz?
Wann können Sie mir das
Geschlecht des Kindes sagen?
Erkek çocuğu mu, kız çocuğu mu?
Ist es ein Junge oder ein Mädchen?
Ameliyat tehlikeli mi?
Ist die Operation gefährlich?
Hemen mi ameliyat olmam gerekir?
Muss ich sofort operiert werden?
Hangi hastanede ameliyat olabilirim?
In welchem Krankenhaus kann
ich mich operieren lassen?
Ameliyat konusunda düşünmem
gerekiyor.
Ich möchte mir die Operation
noch überlegen.
Bende kanser var mı?
Habe ich Krebs?
Hastanede ne kadar kalmam gerekir?
Wie lange muss ich im Krankenhaus
bleiben?
Ameliyattan sonra ne kadar süre
çalışmamam gerekir?
Wie lange nach der Operation darf
ich nicht arbeiten?
Beni kim raporlu yazacak?
Wer schreibt mich krank?
Çocuklarım için eve yardımcı
alabilir miyim?
Kann ich eine Haushaltshilfe für meine
Kinder bekommen?
Yumurtalıklar da mı alınacak?
Müssen die Eierstöcke auch
entfernt werden?
Ameliyattan sonra cinsel ilişkide
bulunabilir miyim?
Kann ich nach der Operation noch
Geschlechtsverkehr haben?

Ameliyattan sonra nelere dikkat
etmem gerekir?
Was muss ich nach der Operation
beachten?
Ne kadar sıklıkta muayene
olmam gerekir?
Wie oft muss ich untersucht werden?
İyileşme şansı ne kadar?
Wie sind die Heilungschancen?
Günlük yaşamımda nelere
dikkat etmem gerekir?
Worauf muss ich im alltäglichen
Leben achten?
Neleri değiştirmem gerekir?
Was sollte ich ändern?
Kemoterapi sırasında saçlarımı
kaybedecek miyim?
Werde ich während der Chemotherapie
meine Haare verlieren?
Diğer yan tesirleri nasıl?
Wie sind die anderen Nebenwirkungen?

Arzt - Doktor

Kommt aus den Brustwarzen
Flüssigkeit?
Göğüs uçlarından sıvı akıyor mu?
Welche Farbe hat die Flüssigkeit?
Sıvı hangi renktedir?
Ist die Flüssigkeit blutig/grünlich/weißlich?
Sıvı kanlı/yeşilimsi/beyazımsı mı?
Gibt es in Ihrer Familie Brustkrebs?
Z.B. bei der Mutter/
Großmutter/ Schwester/...?
Ailenizde göğüs kanseri olan var mı?
Örneğin, anne/büyükanne/kız kardeş/...?
Verlieren Sie beim Lachen/Husten/
Treppensteigen/... manchmal Urin?
Gülerken/Öksürürken/Merdiven
çıkarken /... bazen idrar kaçırıyor musunuz?
Machen Sie Beckenbodengymnastik?
Leğen kemiği jimnastiği yapıyor musunuz?
Müssen Sie nachts aufstehen?
Geceleri kalkmanız gerekiyor mu?

Wie oft?
Kaç defa?

Haben Sie Blut im Urin?
İdrarınızda kan var mı?

Haben Sie Schmerzen in den Leisten?
Kasıklarınızda ağrı var mı?

Hat Ihr Mann/Partner auch
Brennen und Jucken?
Kocanızda/Eşinizde de yanma
ve kaşınma var mı?

Haben Sie Antibiotika genommen?
Antibiyotik aldınız mı?

Sind Sie zuckerkrank?
Şeker hastası mısınız?

In welchen Abständen
kommen die Wehen?
Sancılar hangi sıklıkta oluyor?

Haben Sie diese Beschwerden öfter?
Bu rahatsızlığınız sık sık
baş gösteriyor mu?

Haben Sie Ausfluss aus der Scheide?
Vajinanızda (Kadınlık
uzvunuzda) akıntı var mı?

Welche/-n Farbe/Geruch hat
der Ausfluss?
Akıntının rengi/kokusu nedir?

Bitte machen Sie Ihren
Unterkörper/Oberkörper frei.
Lütfen vücudunuzun alt
kısmını/üst kısmını açın.

Wann hatten Sie Ihre letzte
Krebsvorsorge?
Son olarak kansere karşı önlem
muayenesini ne zaman oldunuz?

Nehmen Sie die Antibabypille?
Doğum kontrol hapı alıyor musunuz?

Möchten Sie zur Empfängnisverhütung
die Pille/Spirale/Drei-Monatsspritze?
Doğum kontrolü için doğum
kontrol hapı mı/Spiral mı/üç
aylık iğne mi istiyorsunuz?

Haben Sie Ihre Periode regelmäßig?
Adet görmeniz düzenli mi?

Haben Sie Zwischenblutungen?
Ara kanamalarınız oluyor mu?

Haben Sie Blutungen beim
Geschlechtsverkehr?
Cinsel ilişki sırasında kanama oluyor mu?

Wann war der erste Tag
Ihrer letzten Regel?
Son adet kanamanızın ilk
günü ne zamandı?

Haben Sie schon einen Schwangerschaftstest machen lassen?
Hamilelik testi yaptırdınız mı?

Haben Sie erhöhten Blutdruck/
Zucker/... in der Schwangerschaft?
Hamilelikte yüksek tansiyonunuz/
şekeriniz/... var mı?

Ist Fruchtwasser abgegangen?
Cenin suyu geldi mi?

Ihre Gebärmutter ist stark vergrößert.
Rahminiz çok büyümüş.

Ihre Gebärmutter muss operiert werden.
Rahminizden ameliyat olmanız gerekiyor.

Sie haben Krebs am Eierstock/an
der Gebärmutter/in der Brust/...
Yumurtalıklarınızda/Rahminizde/
Göğüsünüzde/... kanser var.

Sie müssen operiert werden.
Ameliyat olmanız gerekiyor.

Sie müssen eine Chemotherapie
bekommen.
Kemoterapi tedavisi görmeniz gerekiyor.

Sie müssen bestrahlt werden.
Işın tedavisi görmeniz gerekiyor.

Sie müssen unbedingt regelmäßig zur
Nachsorgeuntersuchung kommen.
Düzenli olarak kontrol muayenesine
gelmeniz gerekiyor.

Die Ergebnisse/... liegen vor/nicht vor.
Sonuçlar/... hazır/hazır değil.

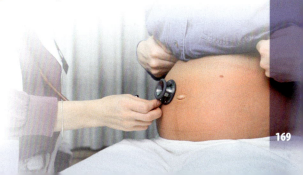

BOĞAZ BURUN KULAK DOKTORUNDA
BEIM HALS-NASEN-OHRENARZT

Genel Sorular
Allgemeine Fragen

Arzt - Doktor

Ist das plötzlich aufgetreten?
Aniden mi meydana geldi?
Sind die Beschwerden seit Tagen/
Wochen/Monaten/... da?
Rahatsızlığınız günlerden/
haftalardan/aylardan/
... beri mi var?
Wobei sind Ihre Beschwerden
aufgetreten?
Rahatsızlığınız ne yaparken
meydana geldi?
Wann treten Ihre Beschwerden
immer auf?
Rahatsızlığınız ne zaman
meydana geliyor?
Waren Sie schon bei einem
anderen Arzt (Facharzt)?
Başka bir doktora (uzman
doktora) gittiniz mi?
Was nehmen Sie für Medikamente?
Hangi ilaçları kullanıyorsunuz?

Haben Sie Fieber?
Ateşiniz var mı?
Haben Sie andere Erkrankungen?
Başka hastalığınız var mı?
Rauchen Sie?
Sigara içiyor musunuz?
Haben Sie eine Allergie gegen etwas?
Herhangi bir şeye karşı alerjiniz var mı?
Haben Sie eine Allergie
gegen Medikamente?
İlaçlara karşı alerjiniz var mı?
Sie müssen operiert werden.
Ameliyat olmanız gerekiyor.
Ich überweise Sie in eine HNO-Klinik.
Sizi Boğaz-Burun-Kulak
kliniğine havale ediyorum.
Ich erwarte eine schnelle Besserung.
Çabuk iyileşmenizi bekliyorum.
Die Erkrankung kann lange dauern.
Hastalığınız uzun sürebilir.
Die Erkrankung ist harmlos/ernst/...
Hastalığınız ciddi değil/ciddi/...

KULAK - OHR

Hasta - Patient

Sağ/Sol kulağım iyi duymuyor.
Ich höre auf dem rechten/
linken Ohr schlecht.
Her iki kulağım iyi duymuyor.
Ich höre auf beiden Ohren schlecht.
Çocuğumun sağ kulağı/sol kulağı/
her iki kulağı iyi duymuyor.
Mein Kind hört auf dem rechten Ohr/
linken Ohr/beiden Ohren schlecht.
Sağ/Sol/Her iki kulağım ağrıyor.
Ich habe Ohrenschmerzen
rechts/links/beidseitig.

Ağrılar kuvvetli/hafif.
Die Schmerzen sind stark/leicht.
Kulağımın işitme yolunda kaşınma var.
Ich habe Juckreiz im Gehörgang.
Kulaklarımda basınç var.
Ich habe Druck auf den Ohren.
Sağ/Sol kulağım kapalı.
Mein rechtes/linkes Ohr sitzt zu.
Kulaklarımda sık sık akıntı oluyor.
Ich habe oft Ohrenschmalz.
Kulak zarımda delik var.
Ich habe ein Loch im Trommelfell.
Lütfen kulaklarımı temizleyin/yıkayın.
Bitte reinigen/spülen Sie meine Ohren.
Kulağım akıyor/kanıyor.
Mein Ohr läuft (hat Ausfluss)/blutet.
Kulağımdan ameliyat olmuştum.
Mein Ohr ist schon einmal
operiert worden.
Kulak zarım yenilendi.
Ich habe ein neues Trommelfell.
Başım dönüyor.
Mir ist schwindelig.
Kulağım çınlıyor.
Ich habe Ohrgeräusche (Tinnitus).
Kulağımda ıslık sesi/vızıltı/
atardamar gibi vuruntu/... var.
Ich habe ein Pfeifen/Brummen/
Klopfen wie der Pulsschlag/... im Ohr.
Kulağıma darbe aldım ve o
nedenle iyi duymuyorum.
Ich habe einen Schlag auf das Ohr
bekommen und höre dadurch schlechter.
Daha iyi işitebilmem için ameliyat oldum.
Ich hatte eine gehörverbessernde
Operation.
Çocuğumdan ur (polip) alındı.
Mein Kind hatte eine
Polypenentfernung (Adenotomie).
Çocuğumun orta kulağında
boru (tüp) var/vardı.
Mein Kind hat/hatte Paukenröhrchen.
Çocuğum kulağına bir şey sokmuş.
Mein Kind hat sich etwas
in das Ohr gesteckt.

Arzt - Doktor

Wie lange haben Sie schon
die Beschwerden?
Ne zamandan beri rahatsızsınız?
Wie hören Sie?
Nasıl işitiyorsunuz?
Ich mache jetzt einen Hörtest/
Gleichgewichtstest.
Şimdi işitme/denge deneyi yapacağım.
Ich mache jetzt eine Gehörgangsspülung.
Şimdi işitme kanalınızı temizleyeceğim.
Sind Sie oft krank?
Siz sık sık hasta olur musunuz?
Sie haben ein normales
Mittelohr/Trommelfell.
Orta kulağınız/Kulak zarınız normal.
Sie haben eine Gehörgangsentzündung/
chronische Knocheneiterung.
Sizde işitme kanalı iltihabı/kronik
kemik süpürasyonu var.
Sie haben ein Loch im Trommelfell.
Kulak zarınızda delik var.
Sie haben ein Gehörgangsekzem/...
İşitme kanalında egzama var/...
Sie haben eine Innenohrschwerhörigkeit/
Mittelohrschwerhörigkeit.
İç kulağınızda/Orta kulağınızda
işitme zorluğu var.
Sie haben eine Nervenentzündung
des Gleichgewichtsnervs.
Denge sağlayan sinirlerinizde
iltihap var.
Sie haben eine Taubheit/
kombinierte Schwerhörigkeit.
Sizde sağırlık/her iki kulaktada
işitme zorluğu var.
Sie haben einen Tinnitus/...
Sizde kulak çınlaması/... var.
Sie haben einen Ausfall des
Gleichgewichtsorgans.
Denge sağlayan organlarınız
görev yapmıyor.
Wie hört Ihr Kind?
Çocuğunuz nasıl işitiyor?

Ihr Kind hat Paukenergüsse,
d.h. Wasser im Mittelohr.
Çocuğunuzda orta kulak hemorajisi
var, yani orta kulağında su var.
Deshalb hört Ihr Kind schlecht.
Bu nedenle çocuğunuz iyi işitemiyor.
Schnarcht Ihr Kind?
Çocuğunuz horluyor mu?
Ist Ihr Kind (Sind Sie) oft krank?
Çocuğunuz sık sık hasta olur mu?
Spricht Ihr Kind gut?
Çocuğunuzun konuşması iyi mi?
Ihr Kind hat eine
Sprachentwicklungsstörung.
Çocuğunuzun konuşmasında
gelişme rahatsızlığı var.
Ihr Kind hat Polypen, d.h.
vergrößerte Rachenmandeln.
Çocuğunuzda ur (polip) yani
yutağında büyük bademcikler var.
Ihr Kind hat stark vergrößerte
Mandeln (= Gaumenmandeln).
Çocuğunuzda çok büyük bademcikler
(= damar bademciği) var.
Ihr Kind braucht Paukenröhrchen,
d.h. kleine Röhrchen, die in das
Trommelfell eingesetzt werden
und die Luft vom Gehörgang
aus in das Mittelohr lassen.
Çocuğunuzun kulak zarına küçük
bir borunun takılması gerekiyor.
Yani kulak zarına takılan bu küçük
boru, havayı işitme yolundan
ortakulağa iletecek.
Ihr Kind braucht eine Sprachtherapie.
Çocuğunuzun konuşma
tedavisine ihtiyacı var.
Ihr Kind muss operiert werden.
Çocuğunuzun ameliyat olması gerekiyor.
Sie müssen operiert werden.
Sizin ameliyat olmanız gerekiyor.
Ich überweise Sie/Ihr Kind in eine
Hals-Nasen-Ohren-Klinik.
Çocuğunuzu/Sizi Boğaz-Burun-
Kulak Kliniğine havale ediyorum.

Sie brauchen Ohrentropfen/Antibiotika/
eine Salbe für den Gehörgang.
İşitme yolları için kulak damlasına/
antibiyotiğe/merheme ihtiyacınız var.

BOĞAZ - HALS

Hasta - Patient

Boğazım ağrıyor.
Ich habe Halsschmerzen.
Boğaz ağrısı kulağıma kadar
devam ediyor.
Die Halsschmerzen ziehen
sich bis in das Ohr.
Artık iyi yutamıyorum.
Ich kann nicht mehr richtig schlucken.
Sık sık bademciklerim iltihaplanıyor.
Ich habe oft eine Mandelentzündung.
Gırtlağımda sık sık iltihaplanma oluyor.
Ich habe oft eine Rachenentzündung.
Bademciklerim önceden alınmıştı.
Meine Mandeln wurden früher entfernt.
Küçük dilim çok şiş.
Mein Zäpfchen ist stark
angeschwollen.
Sık sık gırtlağımda iltihap oluyor.
Ich habe oft eine
Kehlkopfentzündung.
... dan beri/sık sık sesim kısılıyor.
Ich bin seit .../oft heiser.
Ağzımda/Boğazımda/Gırtlağımda
yanıcı ağrılar var.
Ich habe brennende Schmerzen
im Mund/Hals/Rachen.
Boğazımda lenf düğümleri şişti.
Die Lymphknoten an meinem Hals
sind angeschwollen (dick).
Boğazımda yabancı madde
hissi/daralma hissi var.
Ich habe ein Fremdkörpergefühl/
Engegefühl im Hals.
Yanağım şiş.
Meine Wange ist geschwollen.

Balgamsız/Balgamlı öksürüyorum.
Ich habe Husten ohne
Auswurf/mit Auswurf.
Boğazım kuru.
Ich habe einen trockenen Hals.
Boğazım kaşınıyor.
Ich habe Kratzen im Hals.
Kan tükürdüm/Kanlı öksürdüm/
Tükürüğümde kan tespit ettim.
Ich habe Blut gespuckt/Blut ausgehustet/
Blut im Speichel bemerkt.
(Yediğim şeyler) Devamlı genzime kaçıyor.
Ich verschlucke mich immer.
Devamlı horluyorum.
Ich schnarche immer.
Çocuğum devamlı horluyor.
Mein Kind schnarcht immer.
Uyurken eşim nefes almadığımı
tespit ediyormuş (etmiş).
Mein Partner bemerkt Atemaussetzer
bei mir, wenn ich schlafe.
Yediklerimin tadını (eskisi
kadar iyi) alamıyorum.
Ich schmecke nicht mehr
(nicht mehr so gut).
Koku (eskisi kadar iyi) alamıyorum.
Ich rieche nicht mehr (nicht
mehr so gut wie vorher).
Ağzım kokuyor.
Ich habe Mundgeruch.
Yabancı madde (örn., balık kılçığı) yuttum.
Ich habe einen Fremdkörper
(z.B. eine Fischgräte) verschluckt.

Arzt - Doktor

Sind die Knoten am Hals in der
letzten Zeit größer geworden?
Boğazınızdaki düğüm son
zamanlarda büyüdü mü?
Haben Sie eine Schilddrüsenerkrankung?
Guatr hastalığınız var mı?
Haben Sie Geschmacksstörungen?
Tat alma rahatsızlığınız var mı?

Haben Sie häufig Mandelentzündungen?
Sık sık bademciklerinizde
iltihaplanma oluyor mu?
Waren Sie schon in einem Schlaflabor?
Uyku laboratuvarında bulundunuz mu?
Sie haben eine akute/chronische
Mandelentzündung.
Sizde ileri derecede (kronik)
bademciklerinizde iltihaplanma var.
Sie haben eine Rachenentzündung/
Kehlkopfentzündung.
Gırtlağınızda/Yutağınızda iltihaplanma var.
Sie haben eine Pilzerkrankung
der Mundschleimhaut.
Ağız bezelerinizde mantar hastalığı var.
Sie haben eine gutartige
Veränderung im Hals/am Hals.
Boğazınızda olumlu gelişme var.
Sie haben eine bösartige
Erkrankung im Hals/am Hals.
Boğazınızda ciddi hastalık var.
Ich mache eine Ultraschalluntersuchung
vom Hals/der Nasennebenhöhlen/
Speicheldrüsen.
Boğazınızı/Sinüzitlerinizi/
guatrınızı ultrason (Ultraschall)
muayenesi yapacağım.
Ich mache eine Kehlkopfspiegelung.
Gırtlağınızı sonda ile muayene yapacağım.

BURUN - NASE

Hasta - Patient

Nezleyim.
Ich habe Schnupfen.
Burnumdan devamlı su gibi sıvı/
cerahatli sıvı/berrak sıvı/
bulanık sıvı akıyor.
Meine Nase läuft immer wie
Wasser/eitrig/klar/trüb.
Burnum devamlı kuru.
Meine Nase ist immer trocken.
Anlımın üst kısmı ağrıyor.
Ich habe Schmerzen über der Stirn.
Başım ağrıyor.
Ich habe Kopfschmerzen.
Burnumdan zor nefes alıyorum.
Ich bekomme schlecht Luft
durch die Nase.
Sağ/Sol burun deliğim
daima kapalı.
Mein rechtes/linkes Nasenloch
ist immer zu.
Burnumda ağrı var.
Ich habe Schmerzen in der Nase.
Sık sık burnum kanıyor.
Ich habe oft Nasenbluten.
Burun sinüslerimde sık sık
iltihaplanma oluyor.
Ich habe oft eine Nasenneben-
höhlenentzündung.
Burnum (bir defa) kırılmıştı.
Meine Nase (war einmal) gebrochen.
Burnum eğri/...
Meine Nase ist krumm/...
Burnumun şekli beni rahatsız ediyor.
Die Form meiner Nase stört mich.
Daima gırtlağıma akan sümük
(balgam) oluşuyor.
Ich habe immer Schleim, der
in den Rachen läuft.
Kokuları alamıyorum (artık).
Ich kann nicht (mehr) riechen.

Burnumda ur (polip) var.
Ich habe Polypen in der Nase.
Burnum daha önce ameliyat edildi.
Meine Nase ist schon operiert worden.
Burun sinüslerimden ameliyat oldum.
Meine Nasennebenhöhlen
sind operiert worden.
Alerjik nezleyim.
Ich habe einen allergischen Schnupfen.
Daha önce alerji testi oldum.
Bei mir ist bereits ein Allergietest
gemacht worden.
Sık sık burun spreyi kullanıyorum.
Ich nehme oft Nasenspray.
Çocuğum burnuna bir şey sokmuş.
Mein Kind hat sich etwas
in die Nase gesteckt.

Arzt - Doktor

Ist schon mal ein Allergietest
gemacht worden?
Alerji testi yaptırdınız mı?
In welchen Situationen ist
Ihre Nase immer zu?
Burnunuz hangi durumlarda
daima tıkanıyor?
Sie dürfen nicht regelmäßig
normales Nasenspray benutzen!
Düzenli olarak normal burun spreyi
kullanmamanız gerekiyor!
Wie oft blutet Ihre Nase?
Burnunuz ne kadar sıklıkta kanıyor?
Ich kann die Blutungsquelle mit
einer Strompinzette veröden.
Kanayan yerin faaliyetini elektrikli
cımbızla durdurabilirim.
Die Riechstörung kann man
nicht behandeln.
Koku alamama rahatsızlığı tedavi edilemez.
Sie haben eine chronische/akute
Nasennebenhöhlenentzündung.
Sinüslerinizde kronik/ileri
derecede iltihaplanma var.

Sie haben einen allergischen/
chronischen Schnupfen
Alerjik/Kronik nezlesiniz.
Sie haben eine verbogene
Nasenscheidewand.
Burun direğinizde eğrilik var.
Sie haben eine schiefe/
gebrochene Nase.
Burnunuz eğri/kırık.
Sie haben Nasenpolypen,
d. h. eine chron. Nasennebenhöhlen-
entzündung.
Burnunuzda ur (polip) var, yani
burun deliklerinde kronik
iltihaplanma var.
Ich mache eine Endoskopie
(Spiegelung) Ihrer Nase von innen.
Burnunuzu içten endoskopi
(sonda) yapacağım.
Ich mache einen Allergietest
(Pricktest).
Alerji testi yapacağım.
Ich sauge die Nasenhöhle ab.
Burnunuzun sıvısını çekeceğim.
Ich schicke Sie zu einem Röntgenarzt
für ein CT (Rö-Aufnahme) der
Nasennebenhöhlen.
Sinüslerinizin röntgeni çekilmesi için
röntgen doktoruna CT'ye (röntgen
çektirmeye) göndereceğim.
Nehmen Sie regelmäßig das Nasen–
spray über ... Tage/ Wochen.
Spreyi ... gün/hafta düzenli
olarak kullanın.
Ich rate von einer Nasenoperation ab.
Burun ameliyatı olmanızı
tavsiye etmem.
Ich rate Ihnen zur Operation
der äußeren/inneren Nase.
Burnunuzu dıştan/içten ameliyat
ettirmenizi tavsiye ederim.
Ich rate Ihnen zu einer Nasenscheide-
wandkorrektur/Nasenkorrektur.
Burun direğinizi/Burnunuzu
düzelttirmenizi tavsiye ederim.

CİLT HASTALIKLARI DOKTORUNDA
BEIM HAUTARZT

Hasta - Patient

Vücudum kaşınıyor/kepekleniyor/
kızarıyor.
Meine Haut juckt/schuppt/
ist gerötet.
Vücudumda egzama/pigmen
rahatsızlığı var.
Ich habe einen Hautausschlag/
eine Pigmentstörung.
Saçlarım dökülüyor.
Ich habe Haarausfall.
... ya karşı alerjim var mı?
Reagiere ich auf ... allergisch?
Son zamanlarda benler
artmaya başladı.
Ich habe in letzter Zeit viele
Muttermale bekommen.
Lütfen ... daki benleri iyice inceleyin.
Bitte schauen Sie sich meine Muttermale
an meinem ... genauer an.
Benler iyi/kötü huylu mu?
Sind die Muttermale bösartig/gutartig?
... da siğil (siğiller) var.
Ich habe eine Warze (Warzen) am ...
Siğil (Siğiller) alınabilinir mi?
Kann man die Warze (Warzen) entfernen?
Alerji testi (deneyi) yaptırmak istiyorum.
Ich möchte einen Allergietest
machen lassen.

Arzt - Doktor

Ich muss einen Allergietest
mit Ihnen machen.
Size alerji testi (deneyi) yapmam
gerekiyor.
Sie reagieren allergisch auf ...
... ya karşı alerjiniz var.

Ich werde Ihnen eine spezielle
Salbe/Creme/... verschreiben.
Size özel merhem/krem/... yazacağım.
Mit der Salbe/Creme/... reiben Sie die
juckende/gerötete/... Stelle ein.
Merhemi/Kremi/... kaşınan/
kızaran/... yere sürün.
Wir müssen die Muttermale
beobachten/untersuchen/...
Benleri izlememiz/muayene
etmemiz gerekiyor/...
Sie dürfen sich nicht für längere
Zeit der Sonne aussetzen.
Uzun süre güneşte kalmamanız gerekiyor.
Ich muss eine Hautprobe
von Ihnen nehmen.
Vücudunuzdan denemek için
bir parça almam gerekiyor.
Sie dürfen kein Parfüm/keine
parfümierten Waschmittel/... benutzen.
Parfüm/Parfümlü deterjan/...
kullanmamanız gerekiyor.
Ihre Seife/Body Lotion/Creme/...
muss ph-neutral sein.
Kullandığınız sabun/vücut
losyonu/kremi/... normal (ph)
dereceli olması gerekiyor.
Bitte kommen Sie in ... Tagen/Wochen
zur Nachuntersuchung wieder.
Lütfen ... gün/hafta sonra
tekrar kontrole gelin.

ÇOCUK DOKTORUNDA
BEIM KINDERARZT

Hasta - Patient

Çocuğumu muayene (önlem
muayenesi) ettirmek istiyorum.
Ich möchte mein Kind untersuchen
(Vorsorgeuntersuchung) lassen.
Verilen ilaçlar çocuğuma tesir etmiyor.
Die verschriebenen Medikamente
schlagen bei meinem Kind nicht an.

Lütfen, başka ilaç yazın.
Bitte verschreiben Sie
andere Medikamente.
Çocuğumu ... karşı aşı yaptırmak istiyorum.
Ich möchte mein Kind gegen
... impfen lassen.
... karşı aşıyı yeniletmem gerekiyor.
Ich möchte die Impfung gegen
... auffrischen lassen.
Çocuğum ... (ay/yıl) yaşında.
Mein Kind ist ... (Monate/Jahre) alt.
Hangi aşılar gerekiyor?
Welche Impfungen sind nötig?
Çocuğumu anaokulu/okul
muayenesi için getirdim.
Ich habe mein Kind zur
Kindergartenuntersuchung/
Schuluntersuchung mitgebracht.
Çocuğumu gençlik muayenesi
için getirdim.
Ich habe mein Kind zur Jugendunter-
suchung mitgebracht.
Çocuğum emeklemiyor/...
Mein Kind krabbelt/... nicht.
Çocuğum hala yürümüyor.
Mein Kind läuft noch nicht.
Çocuğum konuşmuyor.
Mein Kind spricht nicht.
Çocuğumun ne zaman iki kelimeli
cümle konuşması gerekiyor?
Wann sollte mein Kind
Zweiwortsätze sprechen?
Çocuğum basit emirleri anlamıyor.
Mein Kind versteht einfache
Anweisungen nicht.
Çocuğumun başı ağrıyor/...
Mein Kind hat Kopfschmerzen/...
Çocuğumun ... günden beri
... derece ateşi var.
Mein Kind hat seit ... Tagen ... Grad Fieber.
Çocuğum ... günden beri ishal.
Mein Kind hat Durchfall seit ... Tagen.
Çocuğum ... günden beri ishal ve kusuyor.
Mein Kind hat seit ... Tagen
Durchfall und Erbrechen.

Çocuğum ... günden beri nefes alıp vermekte güçlük çekiyor.
Mein Kind hat seit ... Tagen Schwierigkeiten bei der Atmung.

Çocuğum ... günden beri yemek yemek/içmek istemiyor.
Mein Kind will seit ... Tagen nicht essen/trinken.

... günden beri çocuğumun karnı ağrıyor.
Mein Kind hat seit ... Tagen Bauchschmerzen .

Bebeğim ... saatten/günden beri ağlıyor ve sakinleşmiyor.
Mein Säugling weint seit ... Stunden/Tage/-n und lässt sich nicht beruhigen.

Bebeğim dakikalarca kol ve bacaklarını çekiyor.
Mein Säugling zuckt minutenlang mit den Armen und Beinen.

Bebeğim ... günden beri içmek istemiyor.
Mein Säugling will seit ... Tagen nicht trinken.

Bebeğim ... günden beri tükürüyor ve kusuyor.
Mein Säugling spuckt/erbricht seit ... Tagen.

Bebeğim/Çocuğum kendisiyle konuştuğum zaman gereken tepkiyi göstermiyor.
Mein Säugling/Kind reagiert nicht richtig, wenn ich mit ihm rede.

Bebeğim/Çocuğum zor nefes alıyor.
Mein Säugling/Kind bekommt schlecht Luft.

Bebeğimin/Çocuğumun cildinde ... saatten beri dikkat çekici lekeler var.
Mein Säugling/Kind hat seit ... Stunden merkwürdige Flecken auf der Haut.

Bebeğimde/Çocuğumda ... günden beri görülecek kadar şişinlikler var.
Mein Säugling/Kind hat seit ... Tagen eine sichtbare Schwellung.

Bebeğim/Çocuğum ... günden beri sağ/sol bacağını dinlendiriyor.
Mein Säugling/Kind schont seit ... Tagen das rechte/linke Bein.

Bebeğim/Çocuğum ... günden beri sağ/sol kolunu dinlendiriyor.
Mein Säugling/Kind schont seit ... Tagen den rechten/linken Arm.

Bebeğim/Çocuğum ... günden beri öksürüyor.
Mein Säugling/Kind hustet seit ... Tagen.

Bebeğim/Çocuğum öksürük tutmasından sonra kusuyor.
Mein Säugling/Kind erbricht nach einem Hustenanfall.

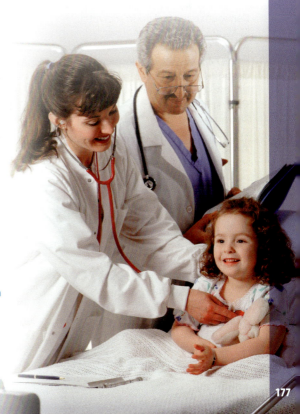

Çocuğum düştü/kafasının üzerine düştü.
Mein Kind ist hingefallen/
auf den Kopf gefallen.
Çocuğum hemen ağladı/kustu.
Es hat sofort geweint/gebrochen.
Çocuğum baş ağrısından şikayetçi.
Es klagt über Kopfschmerzen.
Ailemde alerji var.
In der Familie gibt es Allergien.
Çocuğumun alerjisi var mı?
Hat mein Kind eine Allergie?
Test yapabilir misiniz?
Können Sie einen Test machen?

Arzt - Doktor

Wie war der Schwangerschaftsverlauf?
Hamilelik süreciniz nasıl geçti?
Ist ihr Kind zum Termin (nach 40
Wochen) oder zu früh geboren?
Çocuğunuz vaktinde mi (40 hafta
sonra) yoksa erken mi doğdu?
Hatten Sie einen Kaiserschnitt?
Sezaryenle mı doğum yaptınız?
War die Geburt komplikationslos?
Doğum sorunsuz muydu?
Bringen Sie den Impfpass/
das Vorsorgeheft mit.
Aşı karnesini/Muayene defterini getirin.

Ihr Kind muss geimpft werden.
Çocuğunuzun aşı olması gerekiyor.
Ihr Kind muss in ... Tagen/Wochen/
Monaten nochmals geimpft werden.
Çocuğunuzun ... gün/hafta/ay sonra
tekrar aşı yapılması gerekiyor.
Ihr Kind kann leichtes Fieber nach
der Impfung bekommen.
Aşıdan sonra çocuğunuzda
hafif ateş olabilir.
Hat Ihr Kind Fieber?
Çocuğunuzun ateşi var mı?
Hat Ihr Kind Kopfschmerzen/...?
Çocuğunuzun başı/... ağrıyor mu?
Hat Ihr Kind Erbrechen/Durchfall/...?
Çocuğunuz kusuyor mu/
ishal mı/...?
Ihr Kind hat einen Infekt.
Çocuğunuzda enfeksiyon
(bulaşıcı hastalık) var.
Ihr Kind braucht Bettruhe.
Çocuğunuzun yatak
istirahatına ihtiyacı var.
Die Krankheit ist ansteckend/
nicht ansteckend.
Hastalık bulaşıcı/bulaşıcı değil.
Ihr Kind darf ... Tage den Kindergarten/
die Schule nicht besuchen.
Çocuğunuz ... gün anaokuluna/
okula gidemez.

Kommen Sie in ... Tagen wieder.
... gün sonra tekrar gelin.
Wann hat Ihr Kind sich das
erste Mal gedreht?
Çocuğunuz ilk defa ne zaman
dönmeye başladı?
Wann ist Ihr Kind gekrabbelt?
Çocuğunuz ne zaman
emeklemeye başladı?
Wann ist Ihr Kind gelaufen?
Çocuğunuz ne zaman yürümeye başladı?
Wann hat Ihr Kind Zweiwortsätze
gesprochen?
Çocuğunuz ne zaman iki
kelimeli cümle konuştu?
Befolgt Ihr Kind einfache Anweisungen?
Çocuğunuz basit emirlere uyuyor mu?
Geht Ihr Kind die Treppen im
Wechselschritt hinauf?
Çocuğunuz merdivenleri
düzenli çıkıyor mu?
Kann Ihr Kind alleine schaukeln?
Çocuğunuz salıncakta kendisi
sallanabiliyor mu?

Seit wann malt Ihr Kind?
Çocuğunuz ne zamandan
beri resim yapıyor?
Es ist eine Kinderkrankheit.
Çocuk hastalığıdır.
Ihr Kind ist nicht altersgemäß entwickelt.
Çocuğunuz yaşına göre
gelişme göstermiyor.
Ihr Kind muss durch Logopädie/...
gefördert werden.
Çocuğunuzun Logopedi
(konuşma bozukluğu tedavisi)/...
ile teşvik edilmesi gerekiyor.
Ist Ihr Kind hingefallen?
Çocuğunuz düştü mü?
Ist Ihr Kind auf den Kopf gefallen?
Çocuğunuz başının üzerine mi düştü?
Hat Ihr Kind sofort geweint?
Çocuğunuz hemen ağladı mı?
Hat Ihr Kind erbrochen?
Çocuğunuz kustu mu?
Klagt Ihr Kind über Kopfschmerzen?
Çocuğunuz baş ağrısından şikayetçi mi?
Kann Ihr Kind sich an den Sturz
erinnern (ab 6 Jahre)?
Çocuğunuz düştüğünü hatırlıyor
mu (6 yaşından itibaren)?

Haben noch andere Mitglieder in
ihrer Familie diese Symptome?
Ailenin diğer fertlerinde de
aynı belirtiler var mı?
Ihr Kind muss im Krankenhaus
behandelt werden.
Çocuğunuzun hastanede
tedavi edilmesi gerekiyor.
Gibt es Allergien in Ihrer Familie?
Ailenizde alerji var mı?
Hat jemand der Eltern Neurodermitis,
Asthma oder Heuschnupfen?
Ebeveynlerde nörodermit (cilt hastalığı),
asma veya bahar nezlesi var mı?
Trägt einer der Eltern eine Brille?
Ebeveynlerin biri gözlük
kullanıyor mu?
Gibt es in der Familie
Mittelmeeranämien?
Ailede Akdeniz anemisi (kansızlık)
var mı?
Sind die Eltern verwandt
(Cousin/Cousine)?
Ebeveynler akraba mı (kuzen)?

ORTOPEDİ DOKTORUNDA
BEIM ORTHOPÄDEN

Hasta - Patient

Ağrım var.
Ich habe Schmerzen.
Sakatlandım. (Yaralandım.)
Ich habe mich verletzt.
Ayağım burkuldu/Düştüm/...
Ich bin umgeknickt/gestürzt/...
Buram ağrıyor.
Hier habe ich Schmerzen.
Ağrı bel omurlarımdan
bacaklarıma kadar iniyor.
Die Schmerzen gehen von der
Lendenwirbelsäule aus und
strahlen in die Beine.

Ağrı boğaz omurlarımdan
kollarıma kadar iniyor.
Die Schmerzen gehen von
der Halswirbelsäule aus und
strahlen in die Arme.
Ağrı omuzlarımdan
pazularıma kadar iniyor.
Die Schmerzen gehen von der Schulter
aus und strahlen in die Oberarme.
Ağrı kalçamdan uyluğuma kadar iniyor.
Die Schmerzen gehen von der Hüfte
aus und strahlen in die Oberschenkel.
Omuz ve ense kısmında ağrılar var.
Ich habe Schmerzen im
Schulter-Nacken-Bereich.
Ağrılar başımın arka kısmına dağılıyor.
Die Schmerzen strahlen in den Hinterkopf.
Başım ağrıyor ve dönüyor.
Ich habe Kopfschmerzen
mit Schwindel.
...'ya karşı alerjim var.
Ich bin allergisch gegen ...
Kalbimde pil var.
Ich habe einen Herzschrittmacher.
Marcumar (kanı incelten
madde) alıyorum.
Ich nehme Marcumar (Blutverflüssiger).
Diyabetim Marcumar (insulin
almak zorundayım).
Ich bin Diabetiker (insulinpflichtig).

Arzt - Doktor

Welche Medikamente nehmen
Sie regelmäßig?
Düzenli olarak hangi ilaçları alıyorsunuz?
Bitte machen Sie den Oberkörper
frei. (Den BH können Sie anlassen.)
Lütfen vücudunuzun üst kısmındakileri
çıkartın. (Sütyeniniz kalabilir).
Bitte ziehen Sie sich aus! (BH und
Unterhose können Sie anlassen.)
Lütfen soyunun. (Sütyeniniz
ve külotunuz kalabilir).

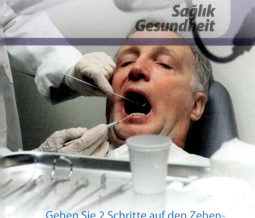

DİŞ DOKTORUNDA
BEIM ZAHNARZT

Hasta - Patient

Bana iyi bir diş doktoru
tavsiye edebilir misiniz?
Können Sie mir einen guten
Zahnarzt empfehlen?
Yarım yıllık kontrol yaptırmam
gerekiyor.
Ich muss zur halbjährlichen Kontrolle.
Hafif/Ağır rahatsızlığım var.
Ich habe leichte/starke Beschwerden.
Dişlerimi temizletmek istiyorum/...
Ich möchte eine Zahnreinigung/...
Dişim ağrıyor.
Ich habe Zahnschmerzen.
Bu dişim ağrıyor.
Dieser Zahn tut weh.
Kaplamam/... ağrıyor.
Ich habe an der Krone/... Schmerzen.
Sağ taraf/Sol taraf/Yukarı/
Aşağı/Ön/Arka ağrıyor.
Ich habe auf der rechten Seite/
linken Seite/oben/unten/
vorne/hinten Schmerzen.
Eğer soğuk/sıcak/tatlı bir şey
yersem bu dişim ağrıyor.
Wenn ich etwas Kaltes/Warmes/
Süßes esse, tut mir dieser Zahn weh.
Eğer soğuk/sıcak/tatlı bir şey
içersem bu dişim ağrıyor.
Wenn ich etwas Kaltes/Warmes/Süßes
trinke, tut mir dieser Zahn weh.
Bu diş delik.
Dieser Zahn hat ein Loch.
Bu dolgu düştü.
Diese Füllung ist herausgefallen.
Dişim/Kaplamam kırıldı.
Mir ist ein Zahn/eine Krone
abgebrochen.
Bu protezi tamir edin, lütfen.
Bitte reparieren Sie diese Prothese.

Gehen Sie 2 Schritte auf den Zehen-
spitzen und 2 Schritte auf den Hacken.
2 adım parmaklarınızın ucuna
basarak ve 2 adım da topuklarınızın
üzerinde yürüyün.
Halten Sie Ihre Arme nach
vorne und zur Seite!
Kollarınızı ön ve yan tarafa uzatın.
Bücken Sie sich nach vorne mit den
Händen in Richtung Fußboden
und kommen Sie wieder hoch!
Ellerinizi aşağıya uzatarak eğilin
(bükülün) ve tekrar doğrulun!
Legen Sie sich auf den Bauch/Rücken!
Karnınızın/Sırtınızın üzerine yatın!
Wir müssen eine
Blutuntersuchung machen.
Kan muayenesi yapmamız gerekiyor.
Sie bekommen einen Verband/Gips/...
Size sargı/alçı/... yapılacak.
Sie bekommen Krankengymnastik/
Massagen/...
Size tedavi jimnastiği/masaj/... yapılacak.
Sie bekommen Spritzen/
Akkupunktur/Bestrahlung/...
Size iğne/akupunktur/ışın
tedavisi/... yapılacak.
Sie müssen operiert werden.
Ameliyat olmanız gerekiyor.
Sie müssen im Krankenhaus
behandelt werden.
Hastanede tedavi edilmeniz gerekiyor.
Die Erkrankung ist harmlos/ernst.
Hastalığınız ciddi değil/ciddi.
Bitte kommen Sie noch einmal.
Lütfen tekrar gelin.

Dişimi geçici olarak tedavi eder misiniz?
Können Sie meinen Zahn
provisorisch behandeln?
Röntgende herhangi bir şey
tespit edebildiniz mi?
Haben Sie etwas bei der
Röntgenaufnahme feststellen können?
Lütfen uyuşturucu iğne yapmayın.
Bitte geben Sie mir keine
Betäubungsspritze.
Lütfen uyuşturucu iğne yapın.
Bitte geben Sie mir eine
Betäubungsspritze.
Eksik diş nasıl tamamlanır?
Wie kann man den fehlenden
Zahn ersetzen?
Tekrar ne zaman gelmeliyim?
Wann muss ich wieder kommen?

Arzt - Doktor

Wie kann ich Ihnen helfen?
Size nasıl yardımcı olabilirim?
Sie brauchen eine Brücke/
Füllung/Krone/ ...
Köprüye/Dolguya/Kaplamaya/...
ihtiyacınız var.

Nehmen Sie bitte Ihre
Prothese heraus.
Protezinizi çıkarın, lütfen.
Es sieht gut aus bis auf den Zahn
oben/unten/links/rechts.
Yukarıdaki/Aşağıdaki/Soldaki/
Sağdaki dişin dışında hepsi iyi.
Am Besten machen wir eine
Röntgenaufnahme.
En iyisi röntgenini çekelim.
Der überkronte Zahn ist sehr beschädigt.
Kuronu yapılmış olan diş çok
hasar görmüş.
Der Zahn muss herausgezogen/
extrahiert/... werden.
Bu dişin çekilmesi/çıkarılması/... gerekiyor.
Dieser Zahn kann plombiert
(gefüllt) werden.
Bu diş doldurulabilir.
Möchten Sie eine Amalgamfüllung/
Kunststofffüllung/Keramikfüllung/
Goldfüllung?
Amalgam/Plastik/Keramik/
Altın dolgu mu istersiniz?

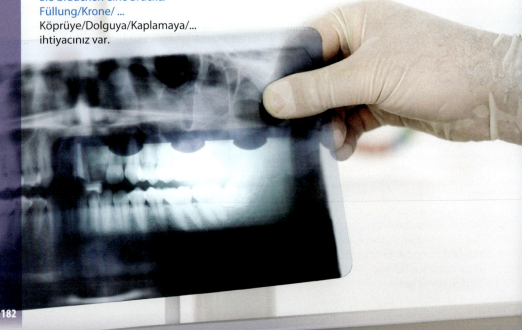

Ich muss diesen Zahn ziehen.
Bu dişi çekmem gerekiyor.
Die Zahnlücke kann durch eine
Brücke/herausnehmbare
Prothese ersetzt werden.
Eksik diş bir köprü/çıkarılabilen
protez ile tamamlanabilir.
Die Zahnlücke kann durch ein
Implantat/... ersetzt werden.
Eksik diş bir implantat/
... ile tamamlanabilir.
Spülen Sie Ihren Mund aus, bitte.
Ağzınızı çalkalayın, lütfen.
Bitte essen/trinken Sie nichts, bis die
Betäubung nachgelassen hat.
Lütfen uyuşukluk geçinceye kadar
bir şey yemeyin/içmeyin.
Bitte essen/trinken Sie ...
Stunden lang nichts.
Lütfen ... saat bir şey yemeyin/içmeyin.
Bitte essen Sie heute keine
heißen/kalten Speisen.
Lütfen bugün sıcak/soğuk bir
şey yemeyin.
Bitte trinken Sie heute keine
heißen/kalten Getränke.
Lütfen bugün sıcak/soğuk bir
şey içmeyin.
Bitte kommen Sie zur Kontrolle/
Nachuntersuchung in
... Tagen/Wochen.
Lütfen kontrole/tekrar muayeneye
... gün/hafta sonra gelin.

HASTANEDE
IM KRANKENHAUS

Hasta - Patient

Lütfen aileme/... haber verin.
Verständigen Sie bitte
meine Familie/...
Adı ve adresi buradadır.
Hier sind Name und Adresse.
Lütfen bana ağrı kesici hap/
uyku hapı/... verin.
Geben Sie mir bitte eine Schmerz-
tablette/Schlaftablette/...
Hemşire hanım! Lütfen bana
yardım edin.
Schwester! Bitte helfen Sie mir.
Doktor viziteye ne zaman gelir?
Wann kommt der Arzt zur Visite?
Ne zaman yiyebilirim/içebilirim/...?
Wann darf ich wieder essen/trinken/...?
Ne zaman kalkabilirim/
dışarı çıkabilirim/...?
Wann darf ich wieder
aufstehen/ausgehen/...?
Ne zaman ameliyat olacağım?
Wann werde ich operiert?
Kendimi kötü hissediyorum.
Ich fühle mich schlecht.
Lütfen doktora haber verin.
Verständigen Sie bitte den Arzt.
Doktor ile konuşmak istiyorum.
Ich möchte mit dem Arzt sprechen.
Burada ne kadar kalmam gerekiyor?
Wie lange muss ich hier bleiben?
Teşhis nedir?
Wie lautet die Diagnose?
Ne zaman taburcu olacağım?
Wann werde ich entlassen?
Lütfen teşhisi ve hastanede kaldığım
günleri belirten bir belge verin.
Geben Sie mir bitte eine Bescheinigung
über die Diagnose und Dauer des
Krankenhausaufenthaltes.

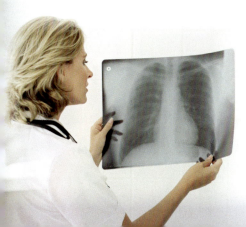

Arzt - Doktor

Sie müssen im Krankenhaus
weiterbehandelt werden.
Hastanede tedavi edilmeniz gerekiyor.
Geben Sie mir bitte Ihre Einweisung/
Unterlagen/Versichertenkarte.
Havalenizi/Evraklarınızı/Sigorta
kartınızı verin, lütfen.
Es müssen erst noch einige
Untersuchungen gemacht werden.
Bazı muayenelerin yapılması gerekiyor.
Sie müssen zum EKG/zum
Röntgen/zur Blutabnahme.
EKG/Röntgen/Kan vermeniz gerekiyor.
Sie werden morgen/... operiert.
Siz yarın/... ameliyat edileceksiniz.
Der Narkosearzt/Arzt/... wird
mit Ihnen sprechen.
Narkoz doktoru/Doktor/
... sizinle konuşacak.
Sie dürfen bis ... essen/trinken.
... ya kadar yiyebilirsiniz/içebilirsiniz.

Danach dürfen Sie nichts essen und trinken.
Daha sonra bir şey yiyemez ve içemezsiniz.
Der Eingriff ist Routine/eine
große/kleine Operation.
Müdahale rutindir/büyük/
küçük bir ameliyattır.
Sie bekommen einen Zugang/
Katheter gelegt.
Size sonda/... takılacak.
Sie müssen diese Sachen anziehen.
Bu şeyleri giymeniz gerekiyor.
Nach der Operation werden Sie auf
der Intensivstation aufwachen.
Ameliyattan sonra yoğun bakım
bölümünde uyandırılacaksınız.
Sie müssen aufstehen.
Kalkmanız gerekiyor.
Sie bekommen eine Infusion/
Spritze/Tablette/...
Size serum/iğne/hap/... verilecek.
Die Wunde/... heilt gut/nicht gut.
Yara/... iyileşiyor/iyileşmiyor.
Der Verband/Das Pflaster kann
jetzt entfernt werden.
Sargı/Flaster şimdi alınabilir.
Sie werden heute/morgen entlassen.
Siz bugün/yarın taburcu edileceksiniz.
Die Medikamente für die nächsten
... Tage bekommen Sie mit.
Size gelecek ... gün için ilaçlar verilecek.
Mit dem Bericht gehen Sie bitte zu
Ihrem weiterbehandelnden Arzt.
Lütfen bu rapor ile sizi tedavi
eden doktora gidin.

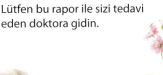

ECZANEDE
IN DER APOTHEKE

En yakın eczane nerededir?
Wo ist die nächste Apotheke?
Nöbetçi (Gece nöbeti) eczane
hangisi?
Welche Apotheke hat Notdienst
(Nachtdienst)?
Bir reçetem var.
Ich habe ein Rezept.
Bu ilacı bana verebilir misiniz?
Können Sie mir dieses
Medikament geben?

Küçük./Büyük bir kutu istiyorum.
Ich möchte eine kleine/große Packung.
- Für dieses Medikament brauchen
  Sie ein Rezept vom Arzt.
  Bu ilaç için doktordan reçete gerekli.
- Es muss bestellt werden.
  Sipariş edilmesi gerekiyor.
- Sie werden es auch woanders
  nicht sofort bekommen.
  Başka bir yerde de bunu hemen
  alamazsınız.
- Es muss erst fertig gemacht werden.
  Hazırlanması gerekiyor.

Ne zaman biter?
Wann ist es fertig?
Bekleyebilir miyim?
Kann ich warten?
- Das dauert ... Stunden/Tage.
  ... saat/gün sürer.
- Wir liefern es nach Hause.
  Evinize biz teslim ederiz.
- Ist das Medikament für Sie selbst?
  İlaç sizin için mi?

Evet, ilaç benim için.
Ja, das Medikament ist für mich.
Hayır, ilaç bir bayan/bay için.
Nein, das Medikament ist für meine
Frau/meinen Mann.

Hayır, ilaç ... yaşında bir çocuk için.
Nein, das Medikament ist für
ein ... jähriges Kind.
Bana baş ağrısına/güneş yanığına/
... karşı ilaç verebilir misiniz?
Können Sie mir etwas gegen Kopf-
schmerzen/Sonnenbrand/... geben?
Ben ateş kesici ilaç/öksürük
şurubu/... istiyorum.
Ich möchte ein fiebersenkendes
Mittel/einen Hustensaft/...

Çocuklara vermenin sakıncası var mı?
Kann man es bedenkenlos Kindern geben?
- Man kann es bedenkenlos Kindern geben.
  Çocuklara vermenin sakıncası yok.
- Nein, man kann es Kindern nicht geben.
  Hayır, çocuklara verilmez.
- Medikamentenumtausch
  ist nicht möglich.
  İlaçları değiştirmek mümkün değildir.

Bu ilacı nasıl kullanmalıyım?
Wie muss ich dieses Medikament
einnehmen?

Gute Besserung!
Geçmiş olsun! Acil şifalar!

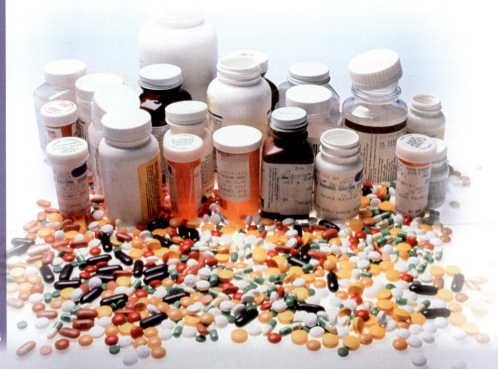

İLAÇ KULLANIMI
MEDIKAMENTEN-ANWENDUNG

Gegenanzeige	Uyarı ve önlemler
Nebenwirkungen	Yan etkileri
Zusammensetzung	Bileşim
unbekannt	Bilinmeyen
sehr viel stärker	Çok daha kuvvetli
sicher	Emin, emniyetli
wirken	Tesir etmek

Erwachsener	Yetişkin
Kinder	Çocuklar
(ab... /	(... yaşından itibaren
bis zu ... Jahren)	/... yaşına kadar)
Säuglinge	Bebekler
Schwangere	Hamileler
morgens	Sabahları
mittags	Öğlenleri
abends	Akşamları
nachts	Geceleri
täglich	Her gün, günlük
... mal täglich	Günde ... kere
pro Tag	Her gün, günde
dann jeden Tag	Ondan sonra her gün
bis zum Ende	bir tane alın
Der 5. Tag der Regel	Adetin 5. günü
= 1. Einnahme	İlaca başlamanın ilk günü
vor dem Schlafengehen	Yatmadan önce
Augentropfen	Göz damlası
(ins Auge ...	(Göze ...
Tropfen geben)	damla damlatın.)
Nasentropfen	Burun damlası
(in jedes Nasenloch ...	(Her iki burun deliğine ...
Tropfen)	damla)
Ohrentropfen	Kulak damlası
(Flasche in der Hand	(Şişeyi avucunuzda
vorher erwärmen	Önceden ısıtın
und ins Ohr geben)	ve kulağınıza damlatın.)

Dosierungsanleitung	Kullanım şekli ve dozu
Anwendung	Kullanım şekli
Anwendungsgebiete	Kullanıldığı yerler
Esslöffel	Yemek kaşığı
Messlöffel	Ölçü kaşığı
Teelöffel	Çay kaşığı
Einnahme	Alma/Yutma
äußerlich	Harici
nur äußerlich anwenden	Yalnız dışarıdan kullanın!
innerlich	Dahili
nüchtern	Aç karnına
unzerkaut einnehmen	Çiğnemeden almak
auf nüchternen Magen	Aç karnına
vor dem Essen	Yemekten önce
schlucken	Yutmak
lutschen	Yalamak, emmek
gurgeln	Gargara yapmak
im Mund zergehen lassen	Ağızda emilerek
vaginal einführen	Vajinalden alın
oral	Ağız yoluyla
rektal	Makattan
nicht einnehmen!	Yutmayın! (İçmeyin)!
nicht vergessen	Unutmayın

... kann zu Müdigkeit führen.
... yorgunluk yapabilir.

... kann zu Beeinträchtigungen
im Straßenverkehr führen.
... trafikte olumsuzluklara yol açabilir.

ÄRZTETABELLE - DOKTORLAR LİSTESİ
DEUTSCH / TÜRKISCH - ALMANCA / TÜRKÇE

Akupunktur (Nadelbehandlung)	Akupunktur
Allergologie	Alerjik Hastalıklar
Allgemeinmediziner	Genel Doktorlar
Anästhesie	Anastezi
Angiologie	Anjiyo
Arbeitsmedizin	İş Sağlığı
Augenheilkunde	Göz Sağlığı
Betriebsmedizin	İşletme Sağlığı
Chirurgie	Cerrahi
Diabetologie	Diyabetik
diagnostische Endokrinologie	Diagnostik Endokrinoloji
Frauenheilkunde und Geburtshilfe	Kadın Hastalıkları ve Kadın Doğum
Gastroenterologie	Gastroenteroloji
Gefäßchirurgie	Damar Hastalıkları
Hals-Nasen-Ohrenheilkunde	Kulak-Burun-Boğaz
Hämatologie und internistische Onkologie	Hematoloji ve Dahili Onkoloji
Handchirurgie	El Cerrahi
Haut- und Geschlechtskrankheiten	Cilt ve Cinsel Hastalıklar
Homöopathie	Homeopati
innere Medizin	İç Hastalıklar
Kardiologie	Kardiyoloji
Kinder- und Jugendärzte	Çocuk ve Gençlik Doktorları
Kinder- und Jugendpsychiatrie und Psychotherapie	Çocuk ve Gençlik Psikiyatrisi ve Psikoterapi
Kinderchirurgie	Çocuk Cerrahi
Laboratoriumsmedizin	Laboratuvar Tıbbı
Lungen- und Bronchialheilkunde	Akciğer ve Bronşsal Hastalıklar
Mund-Kiefer-Gesichtschirurgie	Ağız, Çene ve Yüz Cerrahi
Naturheilverfahren	Fizyoterapi
Nephrologie (Dialyse)	Böbrek Hastalıkları (Diyaliz)
Nervenheilkunde	Sinir Hastalıkları
Neurologie	Nevroloji
Nuklearmedizin	Nükleer Tıp
Orthopädie	Ortopedi
Pathologie	Patoloji
Phlebologie	Fleboloji
physikalische und rehabilitative Medizin	Fiziksel ve Rehabilitatif Tıp
plastische Chirurgie	Plastik Cerrahi
Psychiatrie und Psychotherapie	Psikiyatri ve Psikoterapi
psychotherapeutische Medizin	Psikoterapik Tıp
Psychotherapie	Psikoterapi
Radiologie	Radyoloji
Rheumatologie	Romatizmal Hastalıklar
spezielle Schmerztherapie	Özel Ağrı Terapisi
Sportmedizin	Spor Sağlığı
Umweltmedizin	Çevre Sağlığı
Urologie	Üroloji

DOKTORLAR LİSTESİ - ÄRZTETABELLE
TÜRKÇE / ALMANCA - TÜRKISCH / DEUTSCH

Türkçe	Almanca
Ağız, Çene ve Yüz Cerrahi	Mund-Kiefer-Gesichtschirurgie
Akciğer ve Bronşsal Hastalıklar	Lungen- und Bronchialheilkunde
Akupunktur	(Nadelbehandlung) Akupunktur
Alerjik Hastalıklar	Allergologie
Anastezi	Anästhesie
Anjiyo	Angiologie
Böbrek Hastalıkları (Diyaliz)	Nephrologie (Dialyse)
Cerrahi	Chirurgie
Çevre Sağlığı	Umweltmedizin
Cilt ve Cinsel Hastalıklar	Haut- und Geschlechtskrankheiten
Çocuk Cerrahi	Kinderchirurgie
Çocuk ve Gençlik Doktorları	Kinder- und Jugendärzte
Çocuk ve Gençlik Psikiyatrisi ve Psikoterapi	Kinder- und Jugendpsychiatrie und Psychotherapie
Damar Hastalıkları	Gefäßchirurgie
Diagnostik Endokrinoloji	diagnostische Endokrinologie
Diyabetik	Diabetologie
El Cerrahi	Handchirurgie
Fiziksel ve Rehabilitatif Tıp	physikalische und rehabilitative Medizin
Fizyoterapi	Naturheilverfahren
Fleboloji	Phlebologie
Gastroenteroloji	Gastroenterologie
Genel Doktorlar	Allgemeinmediziner
Göz Sağlığı	Augenheilkunde
Hematoloji ve Dahili Onkoloji	Hämatologie und internistische Onkologie
Homeopati	Homöopathie
İç Hastalıklar	innere Medizin
İş Sağlığı	Arbeitsmedizin
İşletme Sağlığı	Betriebsmedizin
Kadın Hastalıkları ve Kadın Doğum	Frauenheilkunde und Geburtshilfe
Kardiyoloji	Kardiologie
Kulak-Burun-Boğaz	Hals-Nasen-Ohrenheilkunde
Laboratuvar Tıbbı	Laboratoriumsmedizin
Nevroloji	Neurologie
Nükleer Tıp	Nuklearmedizin
Ortopedi	Orthopädie
Özel Ağrı Terapisi	spezielle Schmerztherapie
Patoloji	Pathologie
Plastik Cerrahi	plastische Chirurgie
Psikiyatri ve Psikoterapi	Psychiatrie und Psychotherapie
Psikoterapi	Psychotherapie
Psikoterapik Tıp	psychotherapeutische Medizin
Radyoloji	Radiologie
Romatizmal Hastalıklar	Rheumatologie
Sinir Hastalıkları	Nervenheilkunde
Spor Sağlığı	Sportmedizin
Üroloji	Urologie

A/a

acı   der **Schmerz**,-en
acımak **schmerzen; wehtun**
acil çağrı   der **Notruf**,-e
acil durum   der **Notfall**,﬩e
acil servis   die **Notaufnahme**,-n
aç karnına   **nüchtern**
adale ağrısı   die **Muskelschmerzen** [çoğul]
adale   der **Muskel**,-n
adet   die **Menstruation**,-en
kadın bağı (pad)   die **Damenbinde**,-n
adet görme düzeni   der **Menstruationszyklus/**
Menstruationszyklen
adet görme rahatsızlığı
die **Menstruationsbeschwerden** [çoğul]
adet kanaması   die **Regelblutung**,-en |
die **Menstruationsblutung**,-en
adet kesilme yılları   die **Wechseljahre** [çoğul]
adli tıp   die **Gerichtsmedizin** [tekil]
ağır ishal   die **Dysenterie**,-n
ağır malul   **schwerbehindert**
ağır maluliyet kimlik belgesi
der **Schwerbehindertenausweis**,-e
ağırlık   das **Gewicht**,-e
ağız   der **Mund**,﬩er
ağız kokusu   der **Mundgeruch**,﬩e
ağızdan ağıza suni teneffüs
die **Mund-zu-Mund-Beatmung**,-en
ağrı   der **Schmerz**,-en
ağrı hapı   die **Schmerztablette**,-n
ağrı kesici ilaç   das **Schmerzmittel**,-
ağrı terapisi   die **Schmerztherapie**,-n
ağrımak **schmerzen**
ağrısız **schmerzfrei**
ağrılı **schmerzhaft**
ağ tabaka   die **Netzhaut** [tekil] | die **Retina** [tekil]
ağ tabaka iltihabı
die **Netzhautentzündung**,-en
aids **Aids**
aile   die **Familie**,-n
aile yakını   (bay) der **Familienangehörige**,-n |
(bayan) die **Familienangehörige**,-n
akciğer   die **Lunge**,-n
akciğer kanseri   der **Lungenkrebs** [tekil]
akıl   der **Geist** [tekil] | der **Verstand** [tekil] |
die **Vernunft** [tekil]
akıl hastası   (bay) der **Geistesgestörte**,-n |
(bayan) die **Geistesgestörte**,-n
akraba   (bay) der **Verwandte**,-n |
(bayan) die **Verwandte**,-n
akupunktur   die **Akupunktur** [tekil]
akyuvar   das **weiße**,-n **Blutkörperchen**,-
alçı   der **Gips**,-e
alçı sargısı   der **Gipsverband/Gipsverbände**
alerji   die **Allergie**,-n
algılamak **wahrnehmen**
alın   die **Stirn**,-en

alıştırma   die **Übung**,-en
alışkanlık   die **Gewohnheit**,-en
alkol   der **Alkohol** [tekil]
almak **nehmen; einnehmen**
ambulans helikopteri
der **Rettungshubschrauber**,-
alt dudak   die **Unterlippe**,-n
ameliyat   die **Operation**,-en
ameliyat etmek **operieren**
ameliyat olmak **operiert werden**
ameliyat raporu   der **Operationsbericht**,-e
ana atardamar   die **Hauptschlagader**,-n
anjin   die **Angina/Anginen**
anne sütü   die **Muttermilch** [tekil]
antibiyotik   das **Antibiotikum/Antibiotika**
antraks   der **Milzbrand** [tekil]
apandis   der **Blinddarm**,﬩e
apandisit   die **Blinddarmentzündung**,-en
apandisit ameliyatı   die **Blinddarmoperation**,-en
apse   der **Abszess**,-e
arı sokması   der **Bienenstich**,-e |
der **Wespenstich**,-e
arpacık   das **Gerstenkorn**,﬩er
artroz   die **Arthrose**,-n
asabi **nervös**
asit   die **Säure**,-n
aspirin   das **Aspirin** [tekil]
astım   das **Asthma** [tekil]
astım krizi   der **Asthmaanfall**,﬩e
aşı   die **Impfung**,-en
aşılamak **impfen**
aşı karnesi   der **Impfpass**,﬩e
aşık eklemi   das **Sprunggelenk**,-e
aşık kemiği   das **Sprungbein**,-e
atar damar   die **Schlagader**,-n
ateş   das **Fieber** [tekil]
ateş düşürücü **fiebersenkend**
ateş kesici ilaç   das **fiebersenkende**,-n **Mittel**,-
ateş nöbeti   der **Fieberanfall**,﬩e
avuç   die **Handfläche**,-n
ayağı kaymak **ausrutschen**
ayak   der **Fuß**,﬩e
ayak bakımı   die **Fußpflege** [tekil]
ayak bileği   der **Knöchel**,-
ayak bilek kemikleri   der **Fußwurzelknochen**,-
ayak eklemi (mafsalı)   das **Fußgelenk**,-e
ayak jimnastiği   die **Fußgymnastik** [tekil]
ayak kırılması   der **Beinbruch**,﬩e
ayak mantarı   der **Fußpilz** [tekil]
ayak parmağı   der **Zeh**,-en
ayak protezi   die **Beinprothese**,-n
ayak tarağı   der **Mittelfuß**,﬩e
ayak tarak kemikleri   der **Mittelfußknochen**,-
ayılma servisi   die **Wachstation**,-en
ayılmak **erwachen; ernüchtern**
azaltmak   die **Linderung**,-en

B/b

bacak   das **Bein**,-e
bacak ağrısı   die **Beinschmerzen** [çoğul]
bacak toplardamar   die **Beinvene**,-n
bacak toplardamar trombozu, tıkanması
die **Beinvenenthrombose**,-n
bacakta şişme   die **Beinschwellung**,-en
bademcik   die **Rachenmandel**,-n | die **Mandel**,-n
bademcik iltihabı   die **Mandelentzündung**,-en
bağ dokusu   das **Bindegewebe**,-
bağımlı **abhängig; süchtig**
bağımlılık   die **Abhängigkeit**,-en | die **Sucht**,ᴗe
bağımlılık perhizi   die **Suchtdiät**,-en
bağımlılık yapan madde   die **Droge**,-n
bağırsak   der **Darm**,ᴗe
bağırsaklar   das **Gedärm**,-e
bağırsağın boşaltılması   die **Darmentleerung**,-en
bağırsak endoskopisi   die **Darmspiegelung**,-en
bağırsak gribi   die **Darmgrippe** [tekil]
bağırsak hastalığı   die **Darmerkrankung**,-en
bağırsak kanaması   die **Darmblutung**,-en
bağırsak kanseri   der **Darmkrebs** [tekil]
bağırsak polibi   der **Darmpolyp**,-en
bağırsak solucanı   der **Spulwurm**,ᴗer
bağırsak sondası   die **Darmsonde**,-n
bağırsak ülseri   das **Darmgeschwür**,-e
bağışıklık sistemi   das **Immunsystem**,-e
bahar nezlesi   der **Heuschnupfen** [tekil]
bakım   die **Pflege** [tekil]
bakım kademesi   die **Pflegestufe**,-n
bakım parası   das **Pflegegeld**,-er
bakım personeli   die **Pflegekraft**,ᴗe
bakım sigortası   die **Pflegeversicherung**,-en
bakıma ihtiyacı olan   **pflegebedürftig**
bakteri   die **Bakterie**,-n
baldır   die **Wade**,-n | der **Unterschenkel**,-
baldır kemiği   das **Schienbein**,-e
baldır krampı   der **Wadenkrampf**,ᴗe
balgam   der **Auswurf**,- | der **Schleim** [tekil]
bandaj   der **Verband**,ᴗe | die **Bandage**,-n
basur   die **Hämorrhoide**,-n
baş ağrısı   die **Kopfschmerzen** [çoğul]
baş ağrısı hapı   die **Kopfschmerztablette**,-n
baş dönmesi   der **Schwindel** [tekil]
başhekim   der **Chefarzt**,ᴗe
başhekim tedavisi   die **Chefarztbehandlung**,-en
baş parmak   der **Daumen**,-
baygın **bewusstlos; ohnmächtig**
baygınlık   die **Ohnmacht** [tekil] |
die **Bewusstlosigkeit** [tekil] | das **Koma**,-s/,-ta
bebek   der **Säugling**,-e | das **Baby**,-s
beden   der **Leib**,-er | der **Körper**,-
bekleme odası   das **Wartezimmer**,-
bel ağrısı   die **Rückenschmerzen** [çoğul]
bel fıtığı   der **Bandscheibenvorfall**,ᴗe
bel kemiği   die **Wirbelsäule** [tekil]
bel kemiği diski   die **Bandscheibe** [tekil]

bel omuru   der **Lendenwirbel**,-
bel tutulması   der **Hexenschuss** [tekil]
belirti   das **Anzeichen**,- | das **Symptom**,-e
ben   das **Muttermal**,-e
beslenme   die **Ernährung** [tekil]
beslenme danışmanı (bay)   der **Ernährungsberater**,-
(bayan)   die **Ernährungsberaterin**,-nen
beslenme planı   der **Ernährungsplan**,ᴗe
beslenmek **ernähren**
beyin   das **Gehirn**,-e | das **Hirn**,-e
beyin iltihabı   die **Hirnentzündung**,-en
beyin kan dolaşım bozukluğu
die **Hirndurchblutungsstörung**,-en
beyin kanaması   die **Hirnblutung**,-en
beyin sarsıntısı   die **Gehirnerschütterung**,-en
beyin sektesi   der **Gehirnschlag**,ᴗe
beyin ölümü   der **Hirntod** [tekil]
beyin travması   das **Hirntrauma**,-ta
beyin tümörü (uru)   der **Gehirntumor**,-e
beyin zarı   die **Gehirnhaut**,ᴗe
beyin zarı iltihabı   die **Hirnhautentzündung**,-en |
die **Meningitis** [tekil]
bıçak yarası   die **Schnittwunde**,-n |
die **Stichwunde**,-n
biberon   die **Saugflasche**,-n
bitkin **müde**
bitkinlik   die **Angeschlagenheit** [tekil]
bilek   das **Handgelenk**,-e
bilgisayar tomografisi
die **Computertomographie**,-n
bilirkişi raporu   das **Gutachten**,-
boğaz   der **Hals**,ᴗe | der **Rachen**,-
boğaz ağrısı   die **Halsschmerzen** [çoğul]
boğaz ağrısına karşı ilaç
das **Halsschmerzmittel**,-
boğaz iltihabı   die **Halsentzündung**,-en
boğaz kulak burun doktoru
der **Hals-Nasen-Ohren-Arzt**,ᴗe
boğaz şişliği   die **Halsschwellung**,-en
boğmaca   der **Keuchhusten** [tekil] |
der **Reizhusten** [tekil]
boy   die **Körpergröße**,-n
bozarmak **erblassen**
böbrek   die **Niere**,-n
böbrek ağrısı   die **Nierenschmerzen** [çoğul]
böbrek fonksiyonu   die **Nierenfunktion**,-en
böbrek fonksiyon rahatsızlığı
die **Nierenfunktionsstörung**,-en
böbrek hastalığı   die **Nierenerkrankung**,-en
böbrek iltihabı   die **Nierenentzündung**,-en
böbrek kanseri   der **Nierenkrebs** [tekil]
böbrek operasyonu   die **Nierenoperation**,-en
böbrek taşı   der **Nierenstein**,-e
böbrek uzman doktoru   der **Nephrologe**,-n
böbrek yetmezliği   das **Nierenversagen** [tekil]
böbrek üstü bezi   die **Nebenniere**,-n
böcek   das **Insekt**,-e
böcek ısırması   der **Insektenbiss**,-e

böcek sokması   der **Insektenstich**,-e
böğür sancısı   das **Seitenstechen** [tekil]
bölgesel   **lokal**
bölgesel anestezi   die **Lokalanästhesie**,-n
bronşit   die **Bronchitis** [tekil]
bronşit astım   das **Bronchialasthma** [tekil]
bronşiyal   **bronchial**
bronşlar   die **Bronchie**,-n
bulaşıcı   **ansteckend; inefektiös**
bulaşıcı hastalık   die **ansteckende**,-n **Krankheit**,-en
bulaştırmak **ansteckten; verseuchen**
bunamak **verblöden; altersschwach werden**
burkulma   die **Verstauchung**,-en
burkulmak   **verstauchen**
burkulmuş   **verstaucht**
burun   die **Nase**,-n
burun damlası   die **Nasentropfen** [çoğul]
burun kanaması   das **Nasenbluten** [tekil]
burun kemiği   das **Nasenbein**,-e
burun yan boşluğu   die **Nasennebenhöhle**,-n
burun yan boşluğu iltihabı
die **Nasennebenhöhlenentzündung**,-en
buz   das **Eis** [tekil]
büyüme   das **Wachstum** [tekil]
büyüme hormonu   das **Wachstumshormon**,-e
büyümek   **wachsen**
büyük tuvalet   der **Stuhlgang** [tekil]
büyük tuvalet örneği   die **Stuhlprobe**,-n
By-pass operasyonu   die **Bypass-Operation**,-en

C/c

cankurtaran   der **Lebensretter**,-
cankurtaran arabası   der **Krankenwagen**,-
cankurtaran simidi   der **Rettungsring**,-e
canlı   **lebend; lebendig; vital**
cenin kesesi   die **Fruchtblase**,-n
cenin suyu   das **Fruchtwasser** [tekil]
cenin suyu diagnostiği (teşhisi)
die **Fruchtwasserdiagnostik**,-en
cerahatlanma   die **Vereiterung**,-en
cerrah   der **Chirurg**,-en
cerrahi   die **Chirurgie** [tekil]
cerrahi müdahale   die **Operation**,-en
cerrahi servisi   die **chirurgische**,-n **Abteilung**,-en
ceset   die **Leiche**,-n
cılız   **mager**
cilde zararsız   **hautfreundlich**
cildin renklenmesi   die **Hautverfärbung**,-en
cilt   die **Haut**,:-e
cilt alerjisi   die **Hautallergie**,-n
cilt bakımı   die **Hautpflege** [tekil]
cilt doktoru   der **Hautarzt**,:-e
cilt döküntüsü   der **Ausschlag**,:-e
cilt hastalığı   die **Hauterkrankung**,-en |
die **Hautkrankheit**,-en
cilt iltihabı   die **Dermatitis** [tekil]

cilt kaşıntısı   das **Hautjucken** [tekil]
cilt kızarığı   die **Hautrötung**,-en
cilt koruma   der **Hautschutz** [tekil]
cilt lekeleri   der **Hautfleck**,-en
cilt mantarı   der **Hautpilz** [tekil]
cilt mantar hastalığı   die **Hautpilzerkrankung**,-en
cilt rengi   die **Hautfarbe**,-n
cilt temizliği   die **Hautreinigung**,-en
ciltte boğum (düğüm)   der **Hautknoten**,-
cinsel bölge   der **Intimbereich**,-e
cinsel güç   die **Potenz** [tekil]
cinsel güç bozukluğu   die **Potenzstörung**,-en
cinsel hastalık   die **Geschlechtskrankheit**,-en
cinsel ilişki   der **Geschlechtsverkehr** [tekil]
cinsel organ   das **Geschlechtsorgan**,-e
cinsiyet   das **Geschlecht**,-er
cüzzam hastalığı   die **Lepra** [tekil]

Ç/ç

çalışma   die **Arbeit**,-en | die **Funktion**,-en
çalışma saatleri   die **Sprechstunde**,-n
çalışmak   **arbeiten; funktionieren**
çaresiz   **hilflos; ratlos**
çatlak   der **Riss**,-e
çene   das **Kinn**,-e
çene altı   der **Unterkiefer**,-
çene kırığı   der **Kinnbruch**,:-e
çene kemiği   der **Kiefer**,-
çene kemiği ortopedisi   die **Kieferorthopädie** [tekil]
çene üstü   der **Oberkiefer**,-
çıban   das **Geschwür**,-e
çıkık   die **Verrenkung**,-en
çıplak   **nackt**
çiçek hastalığı   die **Pocken** [çoğul]
çiçek hastalığı aşısı   die **Pockenimpfung**,-en
çiçek tozu alerjisi   die **Pollenallergie**,-n
çiğnemek   **kauen**
çil   die **Sommersprosse**,-n
çocuk aldırma   die **Abtreibung**,-en
çocuk doktoru   der **Kinderarzt**,:-e
çocuk düşürme   der **Abortus/Aborte** |
die **Fehlgeburt**,-en
çocuk felci   die **Kinderlähmung**,-en | das **Polio** [tekil]
çocuk hastalığı   die **Kinderkrankheit**,-en
çocuk yuvası   das **Kinderheim**,-e
çoğu kez   **häufig**
çok canlı   **vital**
çöküş   der **Kollaps**,-e

D/d

dahiliyeci   der **Internist**,-en
dalak   die **Milz**,-en
damak   der **Gaumen**,-
damar   die **Ader**,-n | das **Gefäß**,-e

damar daralması   die **Gefäßverengung**,*-en*
damar kireçlenmesi   die **Gefäßverkalkung**,*-en*
damar pıhtılaşması   die **Thrombose**,*-n*
damar sertleşmesi   die **Arteriosklerose** [tekil]
damla   der **Tropfen**,*-*
… damlası…**-tropfen** [çoğul]
daralma   die **Verengung**,*-en*
davranış   das **Verhalten** [tekil]
davranış hatası   der **Verhaltensfehler**,*-*
dayanılmaz **unerträglich**
defnetmek **bestatten**
delik   das **Loch**,*⸚er*
demir eksikliği   der **Eisenmangel** [tekil]
denge   das **Gleichgewicht** [tekil]
denge kaybı   der **Gleichgewichtsverlust**,*-e*
deniz tutması   die **Seekrankheit**,*-en*
depresyon   die **Depression**,*-en*
dermansızlık   die **Erschöpfung**,*-en*
dezenfekte   die **Desinfektion**,*-en*
dezenfekte ilacı   das **Desinfektionsmittel**,*-*
dışkıda kan   das **Blut im Stuhlgang**
dikiş   die **Naht**,*⸚e*
dikişsiz **nahtlos**
dikkat   die **Vorsicht** [tekil]
dil   die **Zunge**,*-n*
dilsiz **stumm**
dindirmek   die **Linderung**,*-en*
dinlemek **hören**
dinlenmek **erholen**
direnç   die **Resistenz**,*-en*
dirençli **resistent**
dirsek   der **Ellbogen**,*-*
diş   der **Zahn**,*⸚e*
diş apsesi   der **Zahnabszess**,*-*
diş ağrısı   die **Zahnschmerzen** [çoğul]
diş çekmek   den **Zahn**,*⸚e* **ziehen**
diş çürüğü   die **Karies** [tekil]
diş doktoru (bay)   der **Zahnarzt**,*⸚e* |
(bayan)   die **Zahnärztin**,*-nen*
diş doldurmak   den **Zahn**,*⸚e* **plombieren**
diş dolgusu   die **Zahnfüllung**,*-en* | die **Plombe**,*-n*
diş eti   das **Zahnfleisch** [tekil]
diş eti iltihabı   die **Zahnfleischentzündung**,*-en*
diş eti kanaması   die **Zahnfleischblutung**,*-en*
diş kaplaması   die **Zahnkrone**,*-n*
diş kliniği   die **Zahnklinik**,*-en*
diş kökü   die **Zahnwurzel**,*-n*
diş pası   der **Zahnbelag**,*⸚e*
diş protezi   die **Zahnprothese**,*-n*
diş siniri   der **Zahnnerv**,*-en*
diş taşı   der **Zahnstein** [tekil]
diş tedavisi   die **Zahnbehandlung**,*-en*
dişe takılan tel   die **Zahnspange**,*-n*
dişler dizisi   das **Gebiss**,*-e*
dişsiz **zahnlos**
diyabet   der **Diabetes** [tekil]
diyaliz   die **Dialyse**,*-n*
diz   das **Knie**,*-*

diz bandajı   die **Kniebandage**,*-n*
diz iltihabı   die **Knieentzündung**,*-en*
diz kapağı   die **Kniescheibe**,*-n*
diz eklemi   das **Kniegelenk**,*-e*
diz eklemi iltihabı   die **Kniegelenkentzündung**,*-en*
doğum   die **Entbindung**,*-en*
doğum belgesi   die **Geburtsurkunde**,*-n*
doğum kontrol hapı   die **Antibabypille**,*-n*
doğum sancıları   die **Geburtswehe**,*-n*
doğum yardımı   die **Geburtshilfe**,*-n*
doğurmak **gebären; entbinden**
doğuştan **angeboren**
doktor   der **Arzt**,*⸚e*
doktor hatası   der **Arztfehler**,*-*
doktor muayenehanesi   die **Arztpraxis/Arztpraxen**
doktor raporu   das **Attest**,*-e*
doku   das **Gewebe** [tekil]
doku alınması   die **Gewebeentnahme**,*-n*
dolaşım   die **Durchblutung**,*-en*
dolgu   die **Plombe**,*-n* | die **Füllung**,*-en*
domuz vebası   die **Schweinepest** [tekil]
doz   die **Dosis/Dosen**
dozaj   die **Dosierung**,*-en*
döl kesesi   die **Fruchtblase**,*-n*
döl suyu   das **Fruchtwasser** [tekil]
döl yolu   die **Scheide**,*-n*
döl yolu iltihabı   die **Scheidenentzündung**,*-en*
dönem   die **Phase**,*-n* | die **Periode**,*-n*
dudak   die **Lippe**,*-n*
dudak uçuğu   das **Lippenbläschen**,*-* |
der **Herpes** [tekil]
duygu   das **Gefühl**,*-e*
duygusuz **gefühllos**
duyma aleti   das **Hörgerät**,*-e*
duyma güçlüğü **schwerhörig**
duyum   das **Gehör** [tekil]
düşme   der **Sturz**,*⸚e*
düşmek **stürzen; fallen**
düşük **niedrig**
düşük tansiyon   der **niedrige Blutdruck** [tekil]
düşük kan şekeri düzeyi
der **niedrige**,*-n* **Blutzuckerspiegel**,*-*
düşük vücut ısısı
die **niedrige**,*-n* **Körpertemperatur**,*-en*
düzenli, düzgün **regelmäßig**
düztaban   der **Plattfuß**,*⸚e*

E/e

ebe   die **Hebamme**,*-n*
ebelik   die **Geburtshilfe** [tekil]
eczane   die **Apotheke**,*-n*
eğilmek **bücken**
egzama   das **Ekzem**,*-e* | der **Hautausschlag**,*⸚e*
eklem   das **Gelenk**,*-e*
el   die **Hand**,*⸚e*
el bileği   das **Handgelenk**,*-e*

el tırnağı   der **Fingernagel**,-
emekli   der **Rentner**,-
emzirmek   **stillen**
emzirme süresi   die **Stillzeit**,-en
endoskopi   die **Endoskopie**,-n
enfarktüs   der **Infarkt**,-e
enfeksiyon   die **Infektion**,-en
enfeksiyon hastalığı   die **Infektionskrankheit**,-en
engelli   **behindert**
enjeksiyon iğnesi   die **Kanüle**,-n
ense   der **Nacken**,-
ense ağrısı   die **Nackenschmerzen** [çoğul]
ensülin   das **Insulin** [tekil]
ensülin iğnesi   die **Insulinspritze**,-n
erişkin   **erwachsen**
erken doğum   die **Frühgeburt**,-en
erken tanı (teşhis)   die **Frühdiagnose**,-n
erken teşhis muayenesi
die **Früherkennungsuntersuchung**,-en
esnek sargı   die **Elastikbinde**,-n
estetik cerrahi   die **Schönheitschirurgie** [tekil]
etki   die **Wirkung**,-en
etkili   **wirksam**
ev doktoru   der **Hausarzt**,-e
ev ecza kutusu   die **Hausapotheke**,-n
evde bakım   die **häusliche Pflege** [tekil]
ezilme   die **Quetschung**,-en
ezmek   **quetschen**

F/f

fango   der **Fango** [tekil]
felç   die **Lähmung**,-en | der **Schlaganfall**,-e
felçli   **paralytisch; gelähmt**
fıtık   der **Leistenbruch**,-e
fitil   das **Zäpfchen**,-
fizik tedavisi   die **Krankengymnastik** [tekil]
fizyoloji   die **Physiologie** [tekil]
fizyoterapi   die **Physiotherapie**,-n
flaster   das **Pflaster**,-
fobi   die **Phobie**,-n
formunda   **fit**
frengi hastalığı   die **Syphilis** [tekil]

G/g

gargara etmek   **gurgeln**
gargara için ilaç   das **Mundwasser**,-
gaz   die **Blähung**,-en
gazlı bezi   die **Mullbinde**,-n
gazdan zehirlenme   die **Gasvergiftung**,-en
gebe   **schwanger**
gebe olmak   **schwanger werden**
gebelik   die **Schwangerschaft**,-en
gebelikten korunma   die **Verhütung**,-en
gebelikten korunma ilacı   das **Verhütungsmittel**,-

gece hizmeti   der **Nachtdienst**,-e
gece körlüğü   die **Nachtblindheit** [tekil]
geç aşama   das **Spätstadium/Spätstadien**
geçmiş olsun   **Gute Besserung!**
geğirmek   **aufstoßen**
gelişme (büyüme) rahatsızlığı   die **Wachstumsstörung**,-en
gen   das **Gen**,-e
genetik   die **Genetik** [tekil]
genetik hastalığı   die **genetische**,-n **Krankheit**,-en
genzine kaçmak   **verschlucken**
gıcırdamak   **knirschen**
gıda maddeleri   das **Nahrungsmittel**,-
gıda maddesi alerjisi
die **Nahrungsmittelallergie**,-n
gıda zehirlenmesi   die **Lebensmittelvergiftung**,-en
gıdasızlık   die **Unterernährung**,-en
gırtlak   der **Kehlkopf**,-e | der **Rachen**,-
gırtlak iltihabı   die **Kehlkopfentzündung**,-en
gırtlak kanseri   der **Kehlkopfkrebs** [tekil]
göbek   der **Bauch**,-e
göbek fıtığı   der **Nabelbruch**,-e
göbek kordonu   die **Nabelschnur**,-e
göğüs   die **Brust**,-e
göğüs ağrısı   die **Brustschmerzen** [tekil]
göğüs kafesi   der **Brustkorb**,-e
göğüs kanseri   der **Brustkrebs** [tekil]
göğüs kemiği   das **Brustbein**,-e
göğüste düğüm   der **Brustknoten**,-
gömmek   **bestatten**
görme bozukluğu   die **Sehstörung**,-en
görme testi   der **Sehtest**,-s
görmek   **sehen**
göz   das **Auge**,-n
göz ağrısı   die **Augenschmerzen** [çoğul]
göz bebeği   die **Pupille**,-n
göz damlası   die **Augentropfen** [çoğul]
göz iltihabı   die **Augenentzündung**,-en
göz kapağı   das **Augenlid**,-er
göz keskinliği   die **Sehschärfe**,-n
göz kızarıklığı   die **Augenrötung**,-en
göz şişmesi   die **Augenschwellung**,-en
göz tansiyonu   das **Glaukom**,-e
gözlükçü   der **Optiker**,-
gözyaşı   die **Träne**,-n
gözyaşı kesesi   der **Tränensack**,-e
grip   die **Grippe**,-n
grip aşısı   die **Grippeimpfung**,-en
gripal enfeksiyon   der **grippale**,-n **Infekt**,-e
guatr   die **Schilddrüse**,-n
gudde   die **Drüse**,-n
guddelerin iltihabı   die **Drüsenentzündug**,-en
guddelerin şişmesi   die **Drüsenschwellung**,-en
gut   die **Gicht** [tekil]
güç   die **Kraft**,-e | die **Leistung**,-en
güçlendirici ilaç   das **Stärkungsmittel**,-
güçlü   **stark; kräftig**
güçsüz   **schwach; kraftlos**
güneş alerjisi   die **Sonnenallergie**,-n

güneş çarpması   der **Sonnenstich**,-e |
der **Hitzeschlag**,ᵉ
güneş yanığı   der **Sonnenbrand**,ᵉe
güneş yanığı için merhem   die **Sonnenbrandsalbe**,-n
güneşe karşı koruma   der **Sonnenschutz** [tekil]
günlük bakım   die **Tagespflege** [tekil]
günlük klinik   die **Tagesklinik**,-en

H/h

hafıza   das **Gedächtnis**,-se
hafıza kaybı   der **Gedächtnisverlust**,-e
hafıza zayıflığı   die **Gedächtnisschwäche**,-n
hafif felç   die **Parese**,-n
halsizlik   die **Angeschlagenheit** [tekil]
halsizlik durumu   der **Schwächezustand**,ᵉe
hamile **schwanger**
hamile kalmak   **schwanger werden**
hamile kalmamak için korunma
die **Schwangerschaftsverhütung**,-en
hamilelik   die **Schwangerschaft**,-en
hamilelik sancıları
die **Schwangerschaftswehen** [çoğul]
hamilelik testi   der **Schwangerschaftstest**,-s
hap   die **Tablette**,-n | die **Pille**,-n
… karşı hap   die **Tablette**,-n **gegen** …
hap alma (yutma)   die **Tabletteneinnahme**,-n
hap zehirlenmesi   die **Tablettenvergiftung**,-en
hapşırmak **niesen**
hareket   die **Bewegung**,-en
hareket ağrıları   die **Bewegungsschmerzen** [tekil]
hareket bozukluğu   die **Bewegungsstörung**,-en
hareket kaybı   der **Bewegungsverlust** [tekil]
hareketlilik   die **Mobilität** [tekil]
hareketsiz **bewegungslos**
hareketsizlik   die **Bewegungslosigkeit** [tekil]
hassas **empfindlich**
hasta **krank**
hasta bakıcısı (bay)   der **Krankenpfleger**,- |
hasta bakıcısı (bayan)   die **Krankenpflegerin**,-nen
hasta bakımı   die **Krankenpflege**,-
hasta bekleme odası   das **Patientenzimmer**,-
hasta bilgilendirme broşürü
die **Patienteninformationsbroschüre**,-n
hasta bilgilendirme   die **Patienteninformation**,-en
hasta imzası   die **Patientenunterschrift**,-en
hasta nakli   die **Krankenbeförderung**,-en
hasta tuvaleti   die **Patiententoilette**,-n
hasta yatağı   das **Krankenbett**,-en
hasta yemeği   die **Krankenkost** [tekil]
hasta ziyareti   der **Krankenbesuch**,-e
hastalanmak **erkranken**
hastalığın seyri   der **Krankheitsverlauf**,ᵉe
hastalık   die **Krankheit**,-en
hastalık raporu   der **Krankheitsbericht**,-e
hastane   das **Krankenhaus**,ᵉer
hastanede yatarak tedavi olmak
die **stationäre**,-n **Behandlung**,-en

haşarat   das **Insekt**,-en
haşarat ilacı   das **Insektenmittel**,-
haya   der **Hoden**,-
haya kanseri   der **Hodenkrebs** [tekil]
hayat   das **Leben**,-
hayat beklentisi   die **Lebenserwartung**,-en
hayat sigortası   die **Lebensversicherung**,-en
hayızdan kesilme (Menopoz)   die **Menopause** [tekil]
hava tutması   die **Luftkrankheit**,-en
hazım sistemi   das **Verdauungssystem**,-e
hazım zayıflığı   die **Verdauungsschwäche**,-n
hazımsızlık   die **Verdauungsstörung**,-en
hazır sargı   der **Schnellverband**,ᵉe
hazmedilmemiş **unverdaut**
hazmetmek **verdauen**
hekim hatası   der **Arztfehler**,-
hekim vizitesi   die **Arztvisite**,-n
hekimsel **medizinisch**
hemoraji   der **Bluterguss**,ᵉe | das **Hämatom**,-e
hemoroit   die **Hämorrhoide**,-n
hemşire   die **Krankenschwester**,-n
hepatit   die **Hepatitis** [tekil]
heyecanlı **aufgeregt**
hıçkırık   der **Schluckauf** [tekil]
HİV-aids enfeksiyonu   die **HIV-Infektion**,-en
hiddetli **gereizt**
hijyen   die **Hygiene** [tekil]
hiperaktif **hyperaktiv**
hissetme bozukluğu   die **Empfindungsstörung**,-en
hissetmek **empfinden**
histeri   die **Hysterie**,-n
homeopati   die **Homöopathie** [tekil]
homeopatik **homöopathisch**
horlamak **schnarchen**
hormon   das **Hormon**,-e
hormon tedavisi   die **Hormonbehandlung**,-en
hormonal **hormonal**
hormonal bozukluk die **hormonelle**,-n
Störung,-en
huzursuz **unruhig**
huzursuzluk   die **Unruhe** [tekil]

I/ı

ılık **lauwarm**
ısı   die **Temperatur**,-en
ısı düşürücü **temperatursenkend**
ısırık yarası   die **Bisswunde**,-n
ısırma   der **Biss**,-e
ısırmak **beißen**
ışık tedavisi   die **Lichtbehandlung**,-en
ışık yetersizliği   der **Lichtmangel** [tekil]
ışınlamak   die **Bestrahlung**,-en
ışın dozu   die **Strahlendosis/Strahlendosen**
ışın tedavisi   die **Strahlenbehandlung**,-en

İ/i

iç **innen**
iç kanama die **innere**,-n **Blutung**,-en
içe bakış die **Meditation**,-en
içgüdü der **Instinkt**,-e
idrar der **Harn** [tekil] | der **Urin** [tekil]
idrar kesesi die **Blase**,-n
idrar muayenesi die **Urinuntersuchung**,-en
idrar örneği die **Urinprobe**,-n
idrar tahlili der **Urinbefund**,-e |
die **Harnanalyse**,-n
idrarda kan das **Blut im Urin**
idrar torbası endoskopisi
die **Harnblasenspiegelung**,-en
idrar yolu enfeksiyonu die **Harnblaseninfektion**,-en
idrar yolu iltihabı die **Harnblasenentzündung**,-en
iğne die **Nadel**,-n | die **Spritze**,-n
iğne yapmak **spritzen**
ikinci muayene die **Nachuntersuchung**,-en
iklim das **Klima**,-ta
iktidarsız **impotent**
iktidarsızlık die **Impotenz** [tekil]
ilaç das **Medikament**,-e | die **Arznei**,-en
… karşı ilaç das **Arzneimittel**,-
(**Medikament**,-e) **gegen** …
ilaç bağımlılığı die **Medikamentensucht**,-̈e
ilaç kullanmak das **Medikament**,-e **einnehmen**
ilaç vermek das **Medikament**,-e **verabreichen**
ilaç yazmak das **Medikament**,-e **verschreiben**
ilerlemek **fortschreiten**
ilkbahar yorgunluğu die **Frühjahrsmüdigkeit** [tekil]
ilk yardım die **Erste-Hilfe** [tekil]
ilk yardım doktoru der **Rettungsarzt**,-̈e
iltihap die **Entzündung**,-en
iltihaplı **entzündet**
iltihap önleyici der **Entzündungshemmer**,-
implantasyon die **Implantation**,-en
implanta etmek **implantieren**
inanç der **Glaube** [tekil]
ilaç vermek das **Medikament**,-e **verabreichen**
inatçı **hartnäckig**
ince bağırsak der **Dünndarm**,-̈e
ince bağırsak iltihabı
die **Dünndarmentzündung**,-en
ince bağırsak kanseri der **Dünndarmkrebs** [tekil]
incime **verrenkt**
infüzyon die **Infusion**,-en
inlemek **stöhnen**
inme die **Paralyse**,-n | die **Lähmung**,-en
irin der **Eiter** [tekil]
irsi **erblich**
irsi hastalık die **Erbkrankheit**,-en
ishal der **Durchfall**,-̈e
ishal hastalığı die **Durchfallerkrankung**,-en
iskelet das **Skelett**,-e
istenilmeyen **unerwünscht**
işitme das **Gehör** [tekil]

işitme bozukluğu der **Gehörfehler**,-
işitme rahatsızlığı die **Hörstörung**,-en
işitme özürlülüğü die **Gehörlosigkeit** [tekil]
işitme yeteneği die **Hörfähigkeit**,-en
işitme yolu der **Gehörgang**,-̈e
işitme zayıflığı die **Gehörschwäche**,-n
işitmek **hören**
iştah der **Appetit** [tekil]
iştah açmak den **Appetit**,- **anregen**
iştah bozukluğu die **Appetitstörung**,-en
iştah kesici der **Appetitzügler**,-
iştahsızlık die **Appetitlosigkeit**,-en
iyi **gut**
iyi huylu **gutartig**
iyileşme die **Besserung**,-en
die **Genesung**,-en | die **Heilung**,-en
iyileştirmek **genesen**; **heilen**
iyileşmek **verheilen**; **gesund werden**

K/k

kabakulak der **Mumps** [tekil]
kabızlık die **Verstopfung**,-en
kabuk die **Kruste**,-n
kabuklanma die **Krustenbildung**,-en
kaburga die **Rippe**,-n
kabus der **Alptraum**,-̈e
kader das **Schicksal**,-e
kadın doktoru der **Frauenarzt**,-̈e
kadın evi das **Frauenhaus**,-̈er
kadın hekimliği die **Frauenheilkunde** [tekil]
kadın hormonları das **weibliche**,-n **Hormon**,-e
kafa der **Kopf**,-̈e
kafa derisi die **Kopfhaut** [tekil]
kafa yaralanması die **Kopfverletzung**,-en
kafatası der **Schädel**,-
kafatası fraktürü die **Schädelfraktur**,-en
kafatası kırığı der **Schädelbruch**,-̈e
kafein das **Koffein** [tekil]
kalbin hızlı atması das **Herzrasen** [tekil] |
das **Herzjagen** [tekil]
kalça die **Hüfte**,-n | die **Backe**,-n
kalça kemiği der **Hüftknochen**,-
kalın bağırsak der **Dickdarm**,-̈e
kalın bağırsak kanseri der **Dickdarmkrebs** [tekil]
kalın bağırsak polipi der **Dickdarmpolyp**,-en
kalıtım die **Vererbung**,-en
kalkan bezi die **Schilddrüse**,-n
kalkan bezinin az çalışması
die **Schilddrüsenunterfunktion** [tekil]
kalkan bezinin fazla çalışması
die **Schilddrüsenüberfunktion** [tekil]
kalkmak **aufstehen**
kalori die **Kalorie**,-n
kalorisiz **kalorienfrei**
kalorili **kalorienreich**
kalsiyum das **Kalzium** [tekil]

kalsiyum eksikliği   der **Kalziummangel** [tekil]
kalbin durması   der **Herzstillstand** [tekil]
kalp   das **Herz**,-en
kalp atışı   der **Herzschlag**,-̈e
kalp bozukluğu   der **Herzfehler**,-
kalp çarpıntısı   das **Herzklopfen** [tekil]
kalp enfarktüsü   der **Herzinfarkt**,-e
kalp fonksiyonu   die **Herzfunktion**,-en
kalp hastalığı   die **Herzerkrankung**,-en
kalp yetmezliği   die **Herzinsuffizienz**,-en
kalp krizi   der **Herzinfarkt**,-e
kalp pili   der **Herzschrittmacher**,-
kalp rahatsızlığı   die **Herzbeschwerden** [çoğul]
kalp ritim rahatsızlığı   die **Herzrhythmusstörung**,-en
kambur   der **Buckel**,-
kan   das **Blut** [tekil]
kan almak   das **Blut abnehmen**
kan analizi   die **Blutanalyse**,-n
kan bağışı   die **Blutspende**,-n
kan basıncı   der **Blutdruck** [tekil]
kan çıbanı   der **Furunkel**,-
kan damarı   das **Blutgefäß**,-e
kan değişimi   der **Blutaustausch**,-e
kan dolaşımı   der **Blutkreislauf**,-̈e
kan dolaşımı bozukluğu
die **(Blut-)Kreislaufstörung**,-en
kan dolaşımı hastalığı
die **(Blut-)Kreislauferkrankung**,-en
kan dolaşımı ilacı   das **Kreislaufmittel**,-
kan dolaşımı rahatsızlığı   die **Kreislaufstörung**,-en
kan dolaşımı şikayeti
die **Kreislaufbeschwerden** [çoğul]
kan grubu   die **Blutgruppe**,-n
kan nakli   die **Blutübertragung**,-en
kan kanseri   der **Blutkrebs** [tekil] | die **Leukämie**,-n
kan kaybetmek   das **Blut verlieren** | **verbluten**
kan kusmak   das **Blut erbrechen**
kan muayenesi   die **Blutuntersuchung**,-en
kan öksürmek   das **Blut husten**
kan şekeri   der **Blutzucker** [tekil]
kan şekerinin artması, yükselmesi
die **Blutzuckererhöhung**,-en
kan şekerinin düşmesi   die **Unterzuckerung** [tekil] |
die **Blutzuckersenkung**,-en
kan şekeri ölçüm aleti   das **Blutzuckermessgerät**,-e
kan verici (bağışlayıcı)   der **Blutspender**,-
kan yağı   das **Blutfett**,-e
kan yağı değeri   der **Blutfettwert**,-e
kan zehirlenmesi   die **Blutvergiftung**,-en
kanama   die **Blutung**,-en
kanamak   **bluten**
kanlı   **blutig**
kanser   der **Krebs** [tekil]
kanser erken teşhis muayenesi
die **Krebsvorsorgeuntersuchung**,-en
kanser riski   das **Krebsrisiko/Krebsrisiken**
kansızlık   die **Anämie**,-n | die **Blutarmut** [tekil]
kaplıca (tedavisi)   die **Kur**,-en

kaplıca hamamı   das **Heilbad**,-̈er
karaciğer   die **Leber**,-n
karaciğer hastalığı   die **Lebererkrankung**,-en
karaciğer iltihabı   die **Leberentzündung**,-en
karaciğer kanseri   der **Leberkrebs** [tekil]
karaciğer yağlanması   die **Fettleber**,-
karakter   der **Charakter**,-e
karamsar   **pessimistisch**
karamsar olan   der **Pessimist**,-en
karanfil   die **Nelke**,-n
karantina   die **Quarantäne**,-n
karbondioksit zehirlenmesi
die **Kohlendioxidvergiftung**,-en
kardiyolog   der **Kardiologe**,-n
karın   der **Bauch**,-̈e
karın ağrısı   die **Bauchschmerzen** [çoğul]
karın altı   der **Unterleib**,-er
karın derisinde şişkinlik
die **Bauchdeckenschwellung**,-en
karın rahatsızlığı   die **Bauchbeschwerden** [çoğul]
karıncalanmak   **kribbeln**
karışık tesir   die **Wechselwirkung**,-en
kas   der **Muskel**,-n
kas dokusu   das **Muskelgewebe**,-
kas gerilmesi   die **Muskelzerrung**,-en
kas krampı   der **Muskelkrampf**,-̈e
kas kopması   der **Muskelriss**,-e
kas lifi   die **Muskelfaser**,-n
kas sertleşmesi   die **Muskelhärte**,-n
kas yırtılması   der **Muskelriss**,-e
kas zayıflığı   die **Adynamie**,-n
kasık   die **Leiste**,-n
kasık ağrısı   die **Leistenschmerzen** [çoğul] |
die **Unterleibschmerzen** [çoğul]
kasık fıtığı   der **Leistenbruch**,-̈e
kasık şişliği   die **Leistenschwellung**,-en
kaşımak   **kratzen**
kaşınmak   **jucken**
kaşıntı   der **Juckreiz**,-e
katarakt   der **Katarakt**,-e
kapsül   die **Kapsel**,-n
karmaşık   **kompliziert**
kateter   der **Katheter**,-
kaval kemiği   das **Schienbein**,-e
kaval kemiği kırığı   der **Schienbeinbruch**,-̈e
kaza   der **Unfall**,-̈e
kaza sigortası   die **Unfallversicherung**,-en
kaza yeri   die **Unfallstelle**,-n
kekelemek   **stottern**
kel   die **Glatze**,-n
kemik   der **Knochen**,-
kemik iliği   das **Knochenmark** [tekil]
kemik iltihabı   die **Knochenentzündung**,-en
kemik hastalığı   die **Knochenerkrankung**,-en
kemik kırılması   der **Knochenbruch**,-̈e
kemik yoğunluğu   die **Knochendichte**,-n
kemik yoğunluğu ölçümü
die **Knochendichtemessung**,-en

kemoterapi   die **Chemotherapie**,*-n*
kendiliğinden iyi olma   die **Selbstheilung**,*-en*
kene   die **Zecke**,*-n*
kene ısırması   der **Zeckenbiss**,*-e*
kepek   die **Schuppe**,*-n*
kesik yarası   die **Schnittwunde**,*-n*
kıç   das **Gesäß**,*-e*
kıkırdak   der **Knorpel**,*-*
kırık   der **Br<u>u</u>ch**,*⸗e* | **gebrochen**
kırık tahtası   die **Bruchschiene**,*-n*
kırılgan tırnak   die **Nagelbrüchigkeit** [tekil]
kırmızı ışık tedavisi   die **Rotlichttherapie**,*-n*
kısır   die **Unfruchtbarkeit** [tekil] | **steril**
kısırlık **unfruchtbar**
kısırlaştırmak **sterilisieren**
kızamık   die **Masern** [çoğul]
kızarmak **erröten**
kızartı   die **Rötung**,*-en*
kızılhaç   das **Rote Kreuz** [tekil]
kızıl hastalığı   der **Scharlach** [tekil]
kızıl sıtması   das **Scharlachfieber** [tekil]
kızılay   der **Rote Halbmond** [tekil]
kilo alma   die **Gewichtszunahme**,*-n*
kilo fazlalığı   das **Übergewicht** [tekil]
kilo kaybı   der **Gewichtsverlust**,*-e*
kilo kontrolü   die **Gewichtskontrolle**,*-n*
kilo sorunu   das **Gewichtsproblem**,*-e*
kilo verme   die **Gewichtsabnahme**,*-n* |
die **Gewichtsreduktion**,*-en*
kilo vermek **abnehmen**
kireçlenmek **verkalken**
kirpik   die **Wimper**,*-n*
kist   die **Zyste**,*-n*
kimyevi (kimyasal) **chemisch**
kimyevi madde   die **Chemikalie**,*-n*
kiriş gerilmesi   die **Sehnenzerrung**,*-en*
klinik   die **Klinik**,*-en*
klor   das **Chlor** [tekil]
koklamak **riechen**
koku   der **Ger<u>u</u>ch**,*⸗e*
koku alma kabiliyeti   das **Geruchsvermögen**,*-*
koku alma rahatsızlığı   die **Geruchsstörung**,*-en*
kol   der **Arm**,*-e*
kol askısı   das **Armtrageb<u>a</u>nd**,*⸗er*
kol kırılması   der **Armbr<u>u</u>ch**,*⸗e*
kolera   die **Cholera** [tekil]
kolera vakası   der **Choleraf<u>a</u>ll**,*⸗e*
kolesterin muayenesi
die **Cholesterinuntersuchung**,*-en*
kolesterol   das **Cholesterin** [tekil]
kolesterol düşmesi   die **Cholesterinsenkung**,*-en*
kolesterol yükselmesi
der **Cholesterinanstieg**,*-e*
koltuk değneği   die **Krücke**,*-n*
koltukta boğum   der **Achselknoten**,*-*
koma   das **Koma**,*-s/,-ta* |
die **Bewusstlosigkeit** [tekil]
kompres   der **Umschl<u>a</u>g**,*⸗e* | die **Kompresse**,*-n*

konsantrasyon   die **Konzentration**,*-en*
konsantrasyon zayıflığı
die **Konzentrationsschwäche**,*-n*
kontrol   die **Kontrolle**,*-n*
kontrol altında tutmak **überwachen**
kontrol muayenesi   die **Kontrolluntersuchung**,*-en*
konuşma bozukluğu   die **Dysphasie**,*-n* |
die **Sprachstörung**,*-en*
konuşma bozukluklarını tedavi yöntemi
die **Logopädie**,*-*
korku   die **<u>A</u>ngst**,*⸗e*
korkulu durum   der **Angstzust<u>a</u>nd**,*⸗e*
kortizon   das **Kortison** [tekil]
kortizonsuz **kortisonfrei**
kortizon tedavisi   die **Kortisontherapie**,*-n*
korumak **schonen; schützen**
koruyucu aşı   die **Schutzimpfung**,*-en*
krem   die **Creme**,*-s*
krom   das **Chrom** [tekil]
kromozom   das **Chromosom**,*-en*
koşucu sancısı   die **Seitenstiche** [çoğul]
kök   die **Wurzel**,*-n*
kök tedavisi   die **Wurzelbehandlung**,*-en*
köprücük kemiği   das **Schlüsselbein**,*-e*
köprücük kemiği kırığı   der **Schlüsselbeinbr<u>u</u>ch**,*⸗e*
kör **blind**
körbağırsak   der **Blinddarm**,*⸗e*
körleşmek **erblinden**
körlük   die **Blindheit** [tekil]
kötü huylu **bösartig**
kötüleşme   die **Verschlechterung**,*-en*
kramp   der **Kr<u>a</u>mpf**,*⸗e*
kramp girmesi   der **Krampfanf<u>a</u>ll**,*⸗e*
kriz   die **Krise**,*-n*
kronik **chronisch**
kudurmak   die **Tollwut**,*-* **bekommen**
kuduz   die **Tollwut** [tekil]
kulak   das **Ohr**,*-en*
kulak apsesi   der **Ohrabszess**,*-e*
kulak ağrısı   die **Ohrenschmerzen** [çoğul]
kulak çınlaması   das **Ohrensausen** [tekil]
kulak damlası   die **Ohrentropfen** [çoğul]
kulak doktoru   der **Ohren<u>a</u>rzt**,*⸗e*
kulak iltihabı   die **Ohrenentzündung**,*-en*
kulak kanaması   das **Ohrenbluten** [tekil]
kulak kepçesi   die **Ohrmuschel**,*-n*
kulak kiri   der **Ohrenschmalz** [tekil]
kulak memesi   das **Ohrläppchen**,*-*
kulak pamuğu   das **Wattestäbchen**,*-*
kulak zarı   das **Trommelfell**,*-e*
kullanım   die **Anwendung**,*-en*
kullanım süresi   die **Anwendungsdauer**,*-n*
kullanım alanı   das **Anwendungsgebiet**,*-e*
kuron   die **Krone**,*-n*
kurtarıcı (bay)   der **Retter**,*-* |
(bayan)   die **Retterin**,*-nen*
kurtarma   die **Rettung**,*-en*
kurtarmak **retten; bergen**

kuru **trocken**
kuru cilt   die **trockene Haut** [tekil]
kusmak   **erbrechen, sich übergeben**
kuvvet   die **Leistung**,-en | die **Gewalt**,-en
kuvvetlendirici   die **Stärkung**,-en
kuvvetli   **leistungsfähig**
kuvvetlilik   die **Leistungsfähigkeit**,-en
kuyruk kemiği   das **Steißbein**,-e
küçük dil   das **Gaumenzäpfchen**,-
kür   die **Kur**,-en
kürtaj   die **Abtreibung**,-en
kürtaj olmak   **abtreiben lassen**
kuşak   die **Generation**,-en

L/l

laboratuvar değeri   der **Laborwert**,-e
lazer   der **Laser**,-
lazer ışını   der **Laserstrahl**,-en
lazer tedavisi   die **Lasertherapie**,-n
leğen kemiği   der **Beckenknochen**,-
lenf   das **Lymphom**,-e
lenf bezi   die **Lymphdrüse**,-n
lenf boğumları   der **Lymphknoten**,-
lenf kanseri   der **Lymphkrebs** [tekil]
lens   die **Linse**,-n
lezzet   der **Geschmack**,-̈er
lif kopması   der **Bänderriss**,-e
lösemi   die **Leukämie**,-n
logopedi   die **Logopädie** [tekil]
lokal   das **Lokal**,-e
lumbago   der **Hexenschuss** [tekil]

M/m

mafsal (eklem) ağrısı   die **Gelenkschmerzen** [çoğul]
mafsal (eklem) artrozu   die **Gelenkarthrose**,-n
mafsal (eklem) iltihabı   die **Gelenkentzündung**,-en
mafsal (eklem) kireçlenmesi
die **Gelenkverkalkung**,-en
mafsal (eklem) romatizması
der **Gelenkrheumatismus/Gelenkrheumatismen**
mafsal (eklem) şişmesi   die **Gelenkschwellung**,-en
magnezyum   das **Magnesium** [tekil]
magnezyum eksikliği   der **Magnesiummangel** [tekil]
makat ağrısı   die **Afterschmerzen** [çoğul]
makatta boğum   der **Afterknoten**,-
mantar   der **Pilz**,-e
mantar enfeksiyonu   die **Pilzinfektion**,-en
mantar zehirlenmesi   die **Pilzvergiftung**,-en
masaj   die **Massage**,-n
masaj yapmak   **massieren**
mayasıl   die **Hämorrhoide**,-n
meditasyon   die **Meditation**,-en
melankoli   die **Melancholie**,-n
meme başı   die **Brustwarze**,-n

meme başı kanaması   die **Brustwarzenblutung**,-en
menenjit   die **Hirnhautentzündung**,-en |
die **Meningitis** [tekil]
menopoz   die **Menopause** [tekil]
mentalite   die **Mentalität**,-en
mercek   die **Linse**,-n
merhem   die **Salbe**,-n
... karşı merhem   die **Salbe**,-n **gegen** ...
mesane   die **Blase**,-n
mesane iltihabı   die **Blasenentzündung**,-en
mesane kanseri   der **Blasenkrebs** [tekil]
mesane sarkması   die **Blasensenkung**,-en
mesane taşı   der **Blasenstein**,-e
mesane tümörü   der **Blasentumor**,-e
mesane zayıflığı   die **Blasenschwäche**,-n
meslek hastalığı   die **Berufskrankheit**,-en
metabolizma   der **Metabolismus/Metabolismen** |
der **Stoffwechsel**,-
metabolizma hastalığı
die **Stoffwechselerkrankung**,-en
metabolizma rahatsızlığı
die **Stoffwechselstörung**,-en
metot   die **Methode**,-n
meydan korkusu   die **Platzangst** [tekil]
mide   der **Magen**,-̈
mide ağrısı   die **Magenschmerzen** [çoğul]
mide ameliyatı   die **Magenoperation**,-en
mide asiti   die **Magensäure** [tekil]
mide bağırsak gribi   die **Magen-Darm-Grippe** [tekil]
mide kanaması   die **Magenblutung**,-en
mide bağırsak şikayeti
die **Magen-Darm-Beschwerden** [çoğul]
mide bulantısı   der **Brechreiz** [tekil] |
die **Übelkeit** [tekil]
mide endoskopisi   die **Magenspiegelung**,-en
mide hapı   die **Magentablette**,-n
mide hastalığı   die **Magenerkrankung**,-en
mide iltihabı   die **Magenentzündung**,-en
mide kanaması   die **Magenblutung**,-en
mide kanseri   der **Magenkrebs** [tekil]
mide krampları   der **Magenkrampf**,-̈e
mide sancısı   die **Magenschmerzen** [çoğul]
mide şikayeti   die **Magenbeschwerden** [çoğul]
mide ülseri   das **Magengeschwür**,-e
mide yanması   das **Sodbrennen** [tekil]
mide zarı iltihabı
die **Magenschleimhautentzündung** [tekil]
midenin fazla asit üretmesi
die **Magenübersäuerung** [tekil]
midesi boş   **nüchtern**
migren   die **Migräne** [tekil]
mikroskop   das **Mikroskop**,-e
mineral   das **Mineral**,-ien
mineraller   der **Mineralstoff**,-e
miyopluk   **kurzsichtig**
molekül   das **Molekül**,-e
moral   die **Moral** [tekil]
morfin   das **Morphium** [tekil]

motivasyon   die **Motivation**,*-en*
motive etmek   **motivieren**
muayenehane   die **Arztpraxis/Arztpraxen**
muayene odası   das **Behandlungszimmer**,*-*
muayene saati   die **Sprechstunde**,*-n*
muayene sonucu
das **Behandlungsergebnis**,*-se*
muayenehane ücreti   die **Praxisgebühr**,*-en*
munzam tabaka iltihaplanması
die **Bindehautentzündung**,*-en*
müshil   das **Abführmittel**,*-*
mütehassıs   der **Spezialist**,*-en*

N/n

nabız   der **Puls**,*-e*
nabız atışı   der **Pulsschlag**,*-̈e*
nabız damarı   die **Pulsader**,*-n*
nabız atışını saymak   den **Pulsschlag**,*-̈e* **zählen**
narkoz   die **Narkose**,*-n*
narkoz doktoru   der **Narkosearzt**,*-̈e* |
der **Anästhesist**,*-en*
nasır   die **Hornhaut**,*-̈e* | das **Hühnerauge**,*-n*
nasırlaşma   die **Verhornung**,*-en*
nefes   der **Atem** [tekil] | die **Puste** [tekil]
nefes almak   **einatmen**
nefes darlığı   die **Atemnot** [tekil] |
die **Atembeschwerden** [çoğul]
nefes borusu   die **Luftröhre**,*-n*
nefes tıkanması   die **Luftnot** [tekil]
nefes vermek   **ausatmen**
nefrolog   der **Nephrologe**,*-n*
nesil   die **Generation**,*-en*
nevroloji   die **Neurologie** [tekil]
nezle   der **Schnupfen** [tekil]
nikotin   das **Nikotin** [tekil]
nikotinsiz   **nikotinfrei**
nikel alerjisi   die **Nickelallergie**,*-n*
nöbet görevi   der **Bereitschaftsdienst**,*-e*
nöbet titremesi   der **Schüttelfrost** [tekil]
nukoza   die **Schleimhaut**,*-̈e*

O/o

obduktsiyon   die **Obduktion**,*-en*
obezite   die **Fettsucht** [tekil]
oksijen   der **Sauerstoff** [tekil]
oksijen eksikliği   der **Sauerstoffmangel** [tekil]
omur   der **Wirbel**,*-*
omur ağrısı   die **Kreuzschmerzen** [çoğul]
omurga   die **Wirbelsäule**,*-n*
omurilik   das **Rückenmark** [tekil]
omurilik iltihabı   die **Rückenmarksentzündung**,*-en*
omuz   die **Schulter**,*-n*
omuz ağrısı   die **Schulterschmerzen** [çoğul]
omuz kemiği   das **Schulterblatt**,*-̈er*

onkoloji   die **Onkologie** [tekil]
oral   **oral**
organ   das **Organ**,*-e*
organ bağışı   die **Organspende**,*-n*
orta kulak   das **Mittelohr** [tekil]
orta kulak iltihabı
die **Mittelohrentzündung**,*-en*
orta parmak   der **Mittelfinger**,*-*
ortopedi   die **Orthopädie** [tekil]
oruç tutmak   **fasten**
osteoporoz   die **Osteoporose** [tekil]
operasyon   die **Operation**,*-en*
operasyon raporu   der **Operationsbericht**,*-e*
optiker   der **Optiker**,*-*
ovmak   **einreiben**

Ö/ö

ödem   das **Ödem**,*-e* |
die **Gewebewassersucht** [tekil]
öksürük   der **Husten**,*-*
öksürük ilacı   das **Hustenmittel**,*-*
öksürük şurubu   der **Hustensaft**,*-̈e*
öksürük tutması   der **Hustenanfall**,*-̈e*
ölmek   **sterben**
ölü   (bay) der **Tote**,*-n* |
(bayan) die **Tote**,*-n*
ölmüş   **tot**
ölü gömme   die **Bestattung**,*-en*
ölüm   der **Tod**,*-e*
ölü doğum   die **Totgeburt**,*-en*
ölüm ilanı   die **Todesanzeige**,*-n*
ölüm korkusu   die **Todesangst**,*-̈e*
ölüm sebebi   die **Todesursache**,*-n*
ölüm tehlikesi   die **Lebensgefahr** [tekil]
ölüm vakası   der **Sterbefall**,*-̈e*
ölüm yardımı   die **Sterbehilfe**,*-n*
ölüm yardımı parası   das **Sterbegeld** [tekil]
ölümcül   **tödlich**
ölümcül hasta   **todkrank**
ömür   die **Lebensdauer** [tekil]
ön sinüs   die **Stirnhöhle**,*-n*
önleyici tedbir   die **Prävention**,*-en*
östrojen   das **Östrogen**,*-e*
östrojen eksikliği   der **Östrogenmangel**,*-*
özel   **privat**
özel hasta   der **Privatpatient**,*-en*
özel klinik   die **Privatklinik**,*-en*
özel sigorta   die **Privatversicherung**,*-en*
özendirme   die **Motivation**,*-en*
özendirmek   **motivieren**
özürlü   **behindert**
özürlüleri taşıyan araç
das **Behindertenfahrzeug**,*-e*
özürlülük   die **Behinderung**,*-en*

P/p

pamuk   die **Watte**,-n
pansuman   der **Verband**,--e
pansuman değişmesi   der **Verbandswechsel**,-
pansuman malzemesi   das **Verbandsmaterial**,-ien
panik   die **Panik**,-en
pankreas   die **Bauchspeicheldrüse**,-n
panzehir   das **Gegengift**,-e
papatya çayı   der **Kamillentee** [tekil]
parmak   der **Finger**,-
parmak eklemi   das **Fingergelenk**,-e
pastil   die **Pastille**,-n
patolog   der **Pathologe**,-n
patoloji   die **Pathologie** [tekil]
pedikür   die **Pediküre**,-n
penisilin   das **Penicillin** [tekil]
penisilin alerjisi   die **Penicillinallergie**,-n
perhiz   die **Diät**,-en
pıhtı   das **Gerinnsel**,-
pigment   das **Pigment**,-e
pigment lekesi   der **Pigmentfleck**,-en
pişmemiş gıda   die **Rohkost** [tekil]
piskopat   der **Psychopath**,-en
poliklinik   die **Poliklinik**,-en
portakal cilt   die **Orangenhaut** [tekil]
pozitif   **positiv**
potasyum   das **Kalium** [tekil]
prezervatif   das **Kondom**,-e
promil   das **Promille** [tekil]
prostat   die **Prostata**,-e
prostat büyümesi   die **Prostatavergrößerung**,-en
prostat ameliyatı   die **Prostataoperation**,-en
prostat şikayeti   die **Prostatabeschwerden** [çoğul]
protein   das **Eiweiß**,-e | das **Protein**,-e
proteinli   **proteinhaltig**
proteinsiz   **proteinfrei**
protein eksikliği   der **Proteinmangel** [tekil]
protez   die **Prothese**,-n
protokol   das **Protokoll**,-e
psikiyatri   die **Psychiatrie**,-n
psikiyatrist   der **Psychiater**,-
psikiyatri kliniği   die **psychiatrische**,-n **Klinik**,-en
psikolog   der **Psychologe**,-n
psikoloji   die **Psychologie** [tekil]
psikoterapist   der **Psychotherapeut**,-en
psikoterapi   die **Psychotherapie**,-n
pudra   der **Puder** [tekil]
pupil   die **Pupille**,-n

R/r

radyolog   der **Radiologe**,-n
rahim   die **Gebärmutter** [tekil]
rahim kanaması   die **Gebärmutterblutung**,-en
rahim kanseri   der **Gebärmutterkrebs** [tekil]
rahim tümörü   der **Gebärmuttertumor**,-e

rapor   der **Bericht**,-e | das **Attest**,-e
reaksiyon   die **Reaktion**,-en
reaksiyon göstermek   **reagieren**
reaksiyon yeteneği   das **Reaktionsvermögen**,-
reçete   das **Rezept**,-e
reçete yazmak   **Rezept verschreiben**
reçeteye tabi   **rezeptpflichtig**
reçetesiz   **rezeptfrei**
refakat   die **Begleitung**,-en
refakatçı (bay)   der **Begleiter**,- |
(bayan)   die **Begleiterin**,-nen
refleks   der **Reflex**,-e
rehabilitasyon   die **Rehabilitation**,-en
rehabilitasyon merkezi   das **Rehabilitationszentrum/
Rehabilitationszentren**
rejenerasyon   die **Regeneration**,-en
renk   die **Farbe**,-n
renk körü   **farbenblind**
renksiz   **blass; farblos**
rıza bildirimi   die **Einverständniserklärung**,-en
risk   das **Risiko/Risiken**
risk faktörü   der **Risikofaktor**,-en
riskli   **riskant**
riskli doğum   die **Risikogeburt**,-en
riskli hamilelik   die **Risikoschwangerschaft**,-en
ritim   der **Rhythmus/Rhythmen**
ritim bozukluğu   die **Rhythmusstörung**,-en
ritmik (ritimli)   **rhythmisch**
romatizma   das **Rheuma** [tekil]
romatizmal   **rheumatisch**
romatizma ilacı   das **Rheumamittel**,-
röntgen doktoru   der **Radiologe**,-n |
der **Röntgenarzt**,--e
röntgen çekimi   die **Röntgenaufnahme**,-n
röntgen filmi   das **Röntgenbild**,-er
röntgen ışını   der **Röntgenstrahl**,-en
röntgen servisi   die **Röntgenabteilung**,-en
ruh   die **Seele**,-n
ruhi   **seelisch**
ruh hali   die **Psyche**,-n
rutin   die **Routine** [tekil]

S/s

saç dökülmesi   der **Haarausfall** [tekil]
saç gelişme rahatsızlığı   die **Haarwuchsstörung**,-en
saç kepeği   die **Kopfschuppe**,-n
safra   die **Galle**,-n
safra kesesi   die **Gallenblase**,-n
safra kesesi suyu   die **Gallensäure** [tekil]
safra kesesi taşı   der **Gallenstein**,-e
safra rahatsızlığı   die **Gallenbeschwerden** [çoğul]
sağ   **rechts**
sağır dilsiz   **taubstumm**
sağırlık   die **Taubheit** [tekil]
sağlık   die **Gesundheit** [tekil]
sağlık memuru (bay)   der **Krankenpfleger**,-

sağlık memuru (bayan)   die **Krankenpflegerin**,*-nen*
sağlığa (sıhhate) zararlı   **gesundheitsschädlich**
sağlıklı   **gesund**
sağlıksız   **ungesund**
sağlık bakanlığı   das **Gesundheitsministerium/ Gesundheitsministerien**
sağlık dairesi   das **Gesundheitsamt**,*∸er*
sağlık danışmanlığı   die **Gesundheitsberatung**,*-en*
sağlık durumu   der **Gesundheitszustand**,*∸e*
sağlık hizmeti   der **Gesundheitsdienst**,*-e*
sağlık karnesi   das **Gesundheitszeugnis**,*-se*
sağlık kasası   die **Krankenkasse**,*-n*
sağlık sigortası   die **Krankenversicherung**,*-en*
sağlık raporu   die **Gesundheitsbescheinigung**,*-en*
sakat   **körperbehindert**
sakatlık   die **Behinderung**,*-en*
sakin   **ruhig**
sakinleştirme   **beruhigen**
sakinleştirici ilaç   das **Beruhigungsmittel**,*-*
salgın hastalık   die **Seuche**,*-n* |
die **ansteckende**,*-n* **Krankheit**,*-en*
salmonella   die **Salmonelle**,*-n*
salmonella zehirlenmesi   die **Salmonellenvergiftung**,*-en*
salya   der **Speichel** [tekil]
sanatoryum   das **Sanatorium/Sanatorien**
sara hastalığı   die **Epilepsie** [tekil]
sararmak   **erblassen**
sargı   der **Verband**,*∸e*
sargı değişmesi   der **Verbandswechsel**,*-*
sargı kutusu   der **Verbandskasten**,*∸*
sargı malzemesi   das **Verbandszeug**,*-e*
sarhoş   **betrunken**
sarıhumma   das **Gelbfieber** [tekil]
sarılık   die **Gelbsucht** [tekil]
sarmak   **binden**
sars hastalığı   die **SARS-Erkrankung**,*-en*
savunma zayıflığı   die **Abwehrschwäche** [tekil]
savunmada artış   die **Abwehrsteigerung** [tekil]
sedef hastalığı   die **Schuppenflechte** [tekil]
selülit   die **Cellulitis** [tekil]
sendrom   das **Syndrom**,*-e*
sersemlik hissi   die **Benommenheit** [tekil]
sert   **steif**
sertleşme rahatsızlığı   die **Erektionsstörung**,*-en*
serum   das **Serum/Sera**
serum alerjisi   die **Serumallergie**,*-n*
serum tedavisi   die **Serumbehandlung**,*-en*
ses bozukluğu   die **Dysphonie** [tekil]
ses kısıklığı   die **Heiserkeit** [tekil]
sesi kısık   **heiser**
ses teli   das **Stimmband**,*∸er*
ses teli iltihabı   die **Stimmbandentzündung**,*-en*
sessiz   **ruhig**
sevk etmek   **überweisen**
sevk kağıdı   der **Überweisungsschein**,*-e*
seyahat ecza kutusu   die **Reiseapotheke**,*-n*
seyahat hastalığı (seyahat ederken mide bulantısı)   die **Reisekrankheit**,*-en*

sıcaklık hissi   das **Hitzegefühl**,*-e*
sıkıntı hissi   das **Engegefühl**,*-e*
sıkmak   **drücken**; **quetschen**
sıklıkla   **häufig**
sır mükellefiyeti   die **Schweigepflicht** [tekil]
sırt   der **Rücken**,*-*
sıtma   die **Malaria** [tekil]
sıtma nöbeti   der **Malariaanfall**,*∸e*
sıvı   die **Flüssigkeit**,*-en*
sıvı eksikliği   der **Flüssigkeitsmangel** [tekil]
sidik torbası   die **Blase**,*-n*
sigara içmek   **rauchen**
sigara içmeyen   der **Nichtraucher**,*-*
sigarayı bırakma   die **Raucherentwöhnung** [tekil]
sigarayı bırakmak için ilaç
das **Tabakentwöhnungsmittel**,*-*
sigorta doktoru   der **Kassenarzt**,*∸e*
sigorta kartı   die **Versichertenkarte**,*-n*
sigortalı (bay) der **Versicherte**,*-n* |
(bayan) die **Versicherte**,*-n*
sinir   der **Nerv**,*-en* | die **Sehne**,*-n*
sinir doktoru   der **Nervenarzt**,*∸e*
sinir dokusu   das **Nervengewebe**,*-n*
sinir hastası   **nervenkrank**
sinir hastalıkları   die **Nervenkrankheit**,*-en*
sinir hastalığı   die **Nervenerkrankung**,*-en*
sinir iltihabı   die **Nervenentzündung**,*-en*
sinir krizi   die **Nervenkrise**,*-n*
sinir sistemi   das **Nervensystem**,*-e*
sinirleri yatıştırıcı   **nervenberuhigend**
sinirli   **nervös**; **wütend**; **gereizt**
sinirlilik   die **Nervosität** [tekil]
sinüsler   die **Nebenhöhle**,*-n*
sinüzit   die **Sinusitis** [tekil]
sinüzit iltihaplanması
die **Nasennebenhöhlenentzündung**,*-en*
sivilce   die **Akne**,*-n* | der **Pickel**,*-*
siyatik   der **Ischias** [tekil]
soğutma   die **Kühlung**,*-en*
soğuk algınlığı   die **Erkältung**,*-en*
soğuk şişinliği   die **Frostbeule**,*-n*
sokma   der **Stich**,*-e*
sokmak   **stechen**
sol   **links**
solgun   **blass**
solucan   der **Wurm**,*∸er*
soluk   die **Puste** [tekil]
solumak   **schnaufen**
solunum durması   der **Atemstillstand** [tekil]
solunum kesikliği   die **Atemlosigkeit** [tekil]
solunum yolları hastalığı   die **Atemwegserkrankung**,*-en*
soya çekim   die **Vererbung**,*-en*
spermada kan   das **Blut im Sperma**
spor   der **Sport** [tekil]
spor yapmak   **Sport treiben**
spor yaralanması   die **Sportverletzung**,*-en*
stresi (telaşı) yenme   die **Stressbewältigung**,*-en*
su   das **Wasser** [tekil]

su birikintisi   die **Wasseransammlung**,-*en*
suçiçeği   die **Windpocken** [çoğul]
suni tedavi   die **Kunsttherapie**,-*n*
sümüksel zar   die **Schleimhaut**,-̈*e*
sünnet   die **Beschneidung**,-*en*
süreç   der **Verlauf**,-̈*e*
süt çocuğu   der **Säugling**,-*e*

Ş/ş

şakak   die **Schläfe**,-*n*
şakak kemiği   das **Schläfenbein**,-*e*
şarbon   der **Milzbrand** [tekil]
şaşı bakmak   **schielen**
şeker hastalığı   die **Zuckerkrankheit**,-*en*
şeker hastası   **zuckerkrank**
şekeri düşme   die **Unterzuckerung** [tekil]
şiddet   die **Gewalt**,-*en*
şifalı bitkiler   das **Heilkraut**,-̈*er*
şikayet   die **Beschwerden** [çoğul]
şikayetsiz   **beschwerdefrei**
şiş   **(an-)geschwollen** | die **Schwellung**,-*en*
şişkinliğin inmesi   **abschwellen**
şişkinlik   die **(An-)Schwellung**,-*en* |
die **Beule**,-*n* | das **Geschwulst**,-̈*e*
şişman   **dick**
şişmanlık   die **Obesität**,-*en*
şişmek   **anschwellen**
şişmiş   **geschwollen**
şizofren   **schizophren**
şok   der **Schock**,-*s*
şurup   der **Sirup**,-*e/*,-*s*
şuur   das **Bewusstsein** [tekil]
şuursuz   **bewusstlos**
şüphe   der **Verdacht** [tekil]
şüpheli   **verdächtig**

T/t

tabi tedavi   die **Naturheilkunde** [tekil]
tablet   die **Tablette**,-*n*
... karşı tablet (hap)   die **Tablette**,-*n* **gegen**...
taburcu olmak   **entlassen**
tansiyon   der **Blutdruck** [tekil]
- düşük   der **niedrige Blutdruck** [tekil]
- yüksek   der **hohe Blutdruck** [tekil]
tansiyon değişimi   die **Blutdruckveränderung**,-*en*
tansiyonu düşürmek   den **Blutdruck senken**
tansiyon ölçme aleti   das **Blutdruckmessgerät**,-*e*
tat alma rahatsızlığı   die **Geschmacksstörung**,-*en*
tedavi   die **Therapie**,-*n*
tedavi eden kişi   der **Therapeut**,-*en*
tedavi edilen hasta   der **Patient**,-*en*
tedavi etmek   **behandeln**
tedavi usulü (şekli)   die **Behandlungsart**,-*en* |
die **Therapieform**,-*en*

tedavi odası   das **Behandlungszimmer**,-
tedbir   die **Vorsorge** [tekil]
tedbir muayenesi   die **Vorsorgeuntersuchung**,-*en*
tehlike   die **Gefahr**,-*en*
tehlikesiz   **gefahrlos**
tekerlekli sandalye   der **Rollstuhl**,-̈*e*
telaş   der **Stress** [tekil]
telaş durumu   die **Stresssituation**,-*en*
telaşı yenme   die **Stressbewältigung**,-*en*
tentür   die **Tinktur**,-*en*
tentürdiyot   das **Jod** [tekil]
tepki   die **Reaktion**,-*en*
tepki göstermek   **reagieren**
ter   der **Schweiß** [tekil]
ter boşalması   der **Schweißausbruch**,-̈*e*
ter dokusu   die **Schweißdrüse**,-*n*
terlemek   **schwitzen**
termometre   das **Fieberthermometer**,-
tesir   die **Einwirkung**,-*en* | die **Wirkung**,-*en*
tesir alanı   der **Wirkungsbereich**,-*e*
tesir süresi   die **Wirkungsdauer**,-*n*
tesirli   **wirksam**
testis   der **Hoden**,-
testis ağrısı   die **Hodenschmerzen** [çoğul]
testiste şişme   die **Hodenschwellung**,-*en*
testosteron   das **Testosteron** [tekil]
teşhis   die **Diagnose**,-*n* | die **Prognose**,-*n*
teşhis etmek   **diagnostizieren**
tetanos   der **Tetanus** [tekil]
tetanos aşısı   die **Tetanusimpfung**,-*en*
tetkik   der **Befund**,-*e*
tıbbi malzeme satış mağazası   das **Sanitätshaus**,-̈*er*
tıbbi   **medizinisch**
tıp   die **Medizin** [tekil]
tırnak   der **Nagel**,-̈
tırnak dibi iltihabı
die **Nagelbettentzündung**,-*en*
tırnak mantarı   der **Nagelpilz** [tekil]
tifo   der **Typhus** [tekil]
tifo aşısı   die **Typhusimpfung**,-*en*
titreme   der **Schüttelfrost** [tekil]
titremek   **zittern; frösteln**
topallamak   **hinken**
toplar damar   die **Vene**,-*n*
toprağa vermek   **beisetzen**
topuk   die **Achillessehne**,-*n* | die **Ferse**,-*n*
toz alerjisi   die **Stauballergie** [tekil]
travma   das **Trauma**,-*ta*
tromboz çorabı   der **Thrombosestrumpf**,-̈*e*
tuzlu   **salzig; gesalzen**
tuzsuz   **salzfrei; ungesalzen**
tüberkoloz   die **Tuberkulose**,-*n*
tükürmek   **ausspucken**
tükürük bezi   die **Speicheldrüse**,-*n*
tülbent sargısı   die **Mullbinde**,-*n*
tülbent bezi   die **Mullkompresse**,-*n*
tümör   der **Tumor**,-*e*

U/u

uçuk   der **Herpes** [tekil]
ultrason muayenesi
die **Ultraschalluntersuchung**,-en
ur   die **Geschwulst**,-̈e | die **Wucherung**,-en
uyandırmak **aufwecken**
uyanık **wach**
uyanmak **aufwachen**; **erwachen**
uyku   der **Schlaf** [tekil]
uyku hapı   die **Schlaftablette**,-n
uyku ilacı   das **Schlafmittel**,-
uyku rahatsızlığı   die **Schlafstörung**,-en
uyku tedavisi   die **Schlafbehandlung**,-en
uykusuzluk   die **Schlaflosigkeit** [tekil]
uykuya dalmak **einschlafen**
uyluk   der **Oberschenkel**,-
uyluk kemiği   die **Oberschenkelknochen** [çoğul]
uyluk kemiği kırığı   die **Femurfraktur**,-en
uyumak **schlafen**
uyurgezerlik **schlafwandeln**
uyuşkan olmayan **unverträglich**
uyuşturmak **betäuben**
uyuşturucu   das **Rauschgift**,-e |
das **Betäubungsmittel**,-
uyuşturucu madde bağımlılığı
die **Rauschgiftsucht** [tekil]
uyuşturucu madde bağımlısı **rauschgiftsüchtig**
uyuşuk **steif**; **bewegungsunfähig**
uyuşuk   die **Taubheit** [tekil]
uzman doktor   der **Facharzt**,-̈e
uzun süren tedavi   die **Langzeittherapie**,-n
uzun süreli test   der **Langzeittest**,-s

Ü/ü

üflemek **pusten**
ülser   das **Geschwür**,-e
üretmek **fortpflanzen**
üremek   die **Fortpflanzung**,-en
ürolog   der **Urologe**,-n
üroloji   die **Urologie** [tekil]
üst çene   der **Oberkiefer**,-
üst dudak   die **Oberlippe**,-n
üstkol   der **Oberarm**,-e
üşümek **frieren**

V/v

vajina   die **Vagina/Vaginen**
vajina (kadın uzvu) hastalığı die **Vaginalerkrankung**,-en
varis   die **Krampfader**,-n | die **Varize**,-n
varis çorabı   der **Stützstrumpf**,-̈e
veba hastalığı   die **Pest** [tekil]
vefat   der **Tod**,-e | (bay) der **Tote**,-en
vejeteryan (bay)   der **Vegetarier**,-|

(bayan) die **Vegetarierin**,-nen
veremli **tuberkulös**
verit genişlemesi   die **Venenerweiterung**,-en
verit hastalığı   die **Venenerkrankung**,-en
verit iltihabı   die **Venenentzündung**,-en
veteriner **veterinär**
virüs   das **Virus/Viren**
virüs enfeksiyonu   die **Virusinfektion**,-en
virüs hastalığı   die **Viruskrankheit**,-en
vitamin   das **Vitamin**,-e
vitamin eksikliği   der **Vitaminmangel** [tekil]
vitaminli **vitaminreich**; **vitaminhaltig**
vizite   die **Visite**,-n
vücudun üst kısmı   der **Oberkörper**,-
vücut   der **Körper**,- | der **Leib**,-er
vücut ısısı   die **Körpertemperatur**,-en
vücut ısısının normalin altına düşmesi
die **Unterkühlung**,-en
vücut kokusu   der **Körpergeruch**,-̈e
vücut yapısı   der **Körperbau** [tekil]

Y/y

yabancı madde   der **Fremdkörper**,-
yağ   das **Fett**,-e
yağ bezi   die **Talgdrüse**,-n
yağ dokusu   das **Fettgewebe** [tekil]
yağ hücreleri   die **Fettzelle**,-n
yağ içeriği   der **Fettgehalt** [tekil]
yan tesir   die **Nebenwirkung**,-en
yanak   die **Wange**,-n
yanık   die **Verbrennung**,-en
yanık merhemi   die **Brandsalbe**,-n
yanık yarası   die **Brandwunde**,-n
yanlış tedavi   die **falsche**,-n **Behandlung**,-en
yanlış teşhis   die **Fehldiagnose**,-n
yanma   die **Verbrennung**,-en
yanmak **brennen**; **sich verbrennen**
yapay beslenme   die **künstliche**,-n **Ernährung**,-en
yapışıcı yakı   das **Heftpflaster**,-
yara   die **Wunde**,-n
yara izi   die **Narbe**,-n
yara merhemi   die **Wundsalbe**,-n
yara tedavisi   die **Wundbehandlung**,-en
yaralanma   die **Verletzung**,-en
yaranın iyileşmesi   die **Wundheilung**,-en
yardım   die **Hilfe**,-n
yardımcı eleman   die **Hilfskraft**,-̈e
yardıma muhtaç **hilfsbedürftig**
yarı felç   die **Querschnittslähmung**,-en
yaşam   das **Leben**,-
yaşlanmak **altern**
yatmak **liegen**
yatağa bağımlı **bettlägerig**
yatağı ıslatmak **bettnässen**
yatak istirahatı   die **Bettruhe** [tekil]
yatırmak **hinlegen**

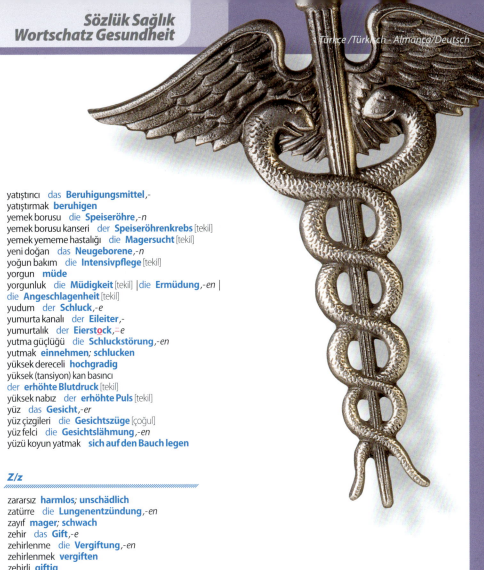

yatıştırıcı   das **Beruhigungsmittel**,-
yatıştırmak   **beruhigen**
yemek borusu   die **Speiseröhre**,-n
yemek borusu kanseri   der **Speiseröhrenkrebs** [tekil]
yemek yememe hastalığı   die **Magersucht** [tekil]
yeni doğan   das **Neugeborene**,-n
yoğun bakım   die **Intensivpflege** [tekil]
yorgun   **müde**
yorgunluk   die **Müdigkeit** [tekil] | die **Ermüdung**,-en |
die **Angeschlagenheit** [tekil]
yudum   der **Schluck**,-e
yumurta kanalı   der **Eileiter**,-
yumurtalık   der **Eierst**o**ck**,⸚e
yutma güçlüğü   die **Schluckstörung**,-en
yutmak   **einnehmen; schlucken**
yüksek dereceli   **hochgradig**
yüksek (tansiyon) kan basıncı
der **erhöhte Blutdruck** [tekil]
yüksek nabız   der **erhöhte Puls** [tekil]
yüz   das **Gesicht**,-er
yüz çizgileri   die **Gesichtszüge** [çoğul]
yüz felci   die **Gesichtslähmung**,-en
yüzü koyun yatmak   **sich auf den Bauch legen**

Z/z

zararsız   **harmlos; unschädlich**
zatürre   die **Lungenentzündung**,-en
zayıf   **mager; schwach**
zehir   das **Gift**,-e
zehirlenme   die **Vergiftung**,-en
zehirlenmek   **vergiften**
zehirli   **giftig**
zehrini atmak   **entgiften**
zeka   die **Intelligenz**,-en
zeka testi   der **Intelligenztest**,-s
zeki   **intelligent**
zihin   der **Geist**,-er
zihinsel   **geistig**
zihinsel özürlü   die **geistige**,-n **Behinderung**,-en
ziyaret   der **Besuch**,-e | die **Visite**,-n
ziyaretci bekleme odası   der **Besucherwarter**a**um**,⸚e
ziyaretci (bay)   der **Besucher**,- |
(bayan)   die **Besucherin**,-nen
ziyaret etmek   **besuchen**
ziyaretçi park yeri   der **Besucherparkpl**a**tz**,⸚e
ziyaretçi zamanı   die **Besuchszeit**,-en
zona hastalığı   die **Gürtelrose** [tekil]

A/a

das	**Abführmittel**,-	müshil ilacı
die	**Abgeschlagenheit** [tekil]	
	halsizlik, yorgunluk, bitkinlik	
—	**abhängig**	bağımlı
die	**Abhängigkeit**,-en	bağımlılık
—	**abklingen**	hafiflemek, azalmak
—	**abkühlen**	soğutmak
der	**Ablauf**,⸚e	akış, seyir
—	**abmagern**	zayıflamak
die	**Abmagerungskur**,-en	zayıflama (diyet) rejimi
—	**abnabeln**	bebeğin göbeğini kesmek
—	**abnehmen**	kilo vermek, zayıflamak
der	**Abort**,-e	çocuk düşürmek, düşük
—	**absaugen**	emmek, (hava) sıvı çekmek
—	**abschwellen**	şişkinliğin inmesi
der	**Abszess**,-e	apse
—	**abtasten**	yoklamak
—	**abtreiben**	çocuk aldırmak
die	**Abtreibung**,-en	çocuk aldırma, kürtaj
die	**Abwehrkräfte** [çoğul]	vücut direnci
die	**Achillessehne**,-n	topuk kirişi
die	**Achselhöhle**,-n	koltuk altı
die	**Ader**,-n	damar
die	**Adynamie**,-n	adinami, kas zayıflığı
der	**After**,-	makat
die	**Aggression**,-en	saldırganlık
—	**Aids**	Aids
die	**Aids-Infektion**,-en	Aids enfeksiyonu
die	**Akne**,-n	sivilce, akne
die	**Akupunktur**,-en	akupunktur
—	**akut**	akut
der	**Alkohol** [tekil]	alkol
der	**Alkoholiker**,-	(bay) alkolik
die	**Alkoholikerin**,-nen	(bayan) alkolik
der	**Alkoholtest**,-s	alkol testi
die	**Alkoholvergiftung**,-en	alkol zehirlenmesi
die	**Allergie**,-n	alerji
die	**Allergietest**,-s	alerji testi
—	**allergisch**	alerjik
der	**Alptraum**,⸚e	kabus
—	**alt werden**	ihtiyarlamak, yaşlanmak
das	**Alter**,-	yaş
die	**Alterserscheinung**,-en	yaşlanma belirtisi
das	**Altersheim**,-e	huzurevi, yaşlılar evi
die	**Alterskrankheit**,-en	yaşlılık hastalığı
der	**Alterungsprozess**,-e	yaşlanma süreci
die	**Alzheimerkrankheit** [tekil]	alzheimer hastalığı
das	**Amalgam**,-e	amalgam
die	**ambulante**,-n **Behandlung**,-en	ayakta tedavi
der	**ambulante**,-n **Pflegedienst**,-e	ayakta (evde) hasta bakımı
die	**Anämie**,-n	kansızlık
die	**Anamnese**,-n	hasta ile ilgili bilgiler
die	**Anästhesie** [tekil]	anestezi, narkoz
die	**Anästhesieabteilung**,-en	anestesi, (narkoz) bölümü

die	**Anatomie** [tekil]	anatomi
das	**Androgen**,-e	androjen
der	**Anfall**,⸚e	hastalık nöbeti
—	**angeboren**	doğuştan
die	**Angeschlagenheit** [tekil]	halsizlik
die	**Angina/Anginen**	anjina
die	**Angst**,⸚e	korku
der	**Angstzustand**,⸚e	korku durumu
—	**anschwellen**	şişmek
—	**anstecken**	bulaştırmak
—	**ansteckend**	bulaşıcı
der	**Antialkoholiker**,-	(bay) antialkolik
die	**Antialkoholikerin**,-nen	(bayan) antialkolik
die	**Anti-Baby-Pille**,-n	doğum kontrol hapı
das	**Antibiotikum/Antibiotika**	antibiyotik
der	**Anus/Ani**	anüs
die	**Anwendug**,-en	kullanım
die	**Anwendungsdauer**,-n	kullanım süresi
das	**Anwendungsgebiet**,-e	kullanım alanı
das	**Anzeichen**,-	belirti, işaret, semptom
—	**anziehen**	giyinmek
die	**Apotheke**,-n	eczane
der	**Apotheker**,-	(bay) eczacı
die	**Apothekerin**,-nen	(bayan) eczacı
die	**Appendizitis** [tekil]	apandist
der	**Appetit** [tekil]	iştah
—	**appetitlos**	iştahsız
die	**Appetitlosigkeit** [tekil]	iştahsızlık
der	**Appetitzügler**,-	iştah kesici
—	**arbeitsfähig**	çalışmaya elverişli
—	**arbeitsunfähig**	çalışmaya elverişiz
der	**Arbeitsunfall**,⸚e	iş kazası
der	**Arm**,-e	kol
der	**Armbruch**,⸚e	kol kırılması
das	**Armtragetuch**,⸚er	kol askısı
das	**Aroma/Aromen**	aroma
die	**Arterie**,-n	atardamar
die	**Arterienverkalkung**,-en	atardamar kireçlenmesi
die	**Arteriosklerose**,-n	damar sertleşmesi
die	**Arthrose**,-n	artroz
die	**Arthritis** [tekil]	mafsal iltihabı
das	**Arzneimittel**,-	ilaç
die	**Arzneimittelsucht** [tekil]	ilaç bağımlılığı
der	**Arzt**,⸚e	doktor
die	**Arztanordnung**,-en	doktor talimatı
der	**Arztbericht**,-e	doktor raporu
die	**Ärztekammer**,-n	tabipler odası
der	**Arztfehler**,-	doktor hatası
die	**Arzthelferin**,-nen	doktor yardımcısı
die	**Arztpraxis/Arztpraxen**	doktor muayenehanesi
das	**Aspirin** [tekil]	aspirin
das	**Asthma** [tekil]	astım
der	**Asthmaanfall**,⸚e	astım krizi
die	**Atembeschwerden** [çoğul]	nefes darlığı
die	**Atemlosigkeit** [tekil]	solunum kesikliği
die	**Atemnot** [tekil]	nefes darlığı
der	**Atemstillstand** [tekil]	solunum durması

die	**Atemwegserkrankung**,-en	solunum yolları hastalığı
der	**Atemzug**,⁼e	nefes
das	**Attest**,-e	doktor raporu
—	**aufatmen**	nefes almak
—	**aufgeregt**	heyecanlı
—	**aufstehen**	kalkmak
—	**aufstoßen**	geğirmek
—	**aufwachen**	uyanmak
das	**Auge**,-n	göz
die	**Augenentzündung**,-en	göz iltihabı
das	**Augenlid**,-er	göz kapağı
die	**Augenrötung**,-en	göz kızarıklığı
die	**Augenschmerzen** [çoğul]	göz ağrısı
die	**Augenschwellung**,-en	göz şişmesi
die	**Augentropfen** [çoğul]	göz damlası
—	**ausnüchtern**	ayıltmak
—	**ausrutschen**	ayağı kaymak
der	**Ausschlag**,⁼e	cilt döküntüsü
—	**ausspucken**	tükürmek
der	**Auswurf**,⁼e	balgam

B/b

die	**Backe**,-n	yanak
der	**Backenknochen**,-	elmacık kemiği
die	**Bahre**,-n	sedye
die	**Bakterie**,-n	bakteri
die	**Bandage**,-n	bandaj, sargı
der	**Bänderriss**,-e	lif kopması
die	**Bandscheibe**,-n	bel kemiği diski
der	**Bandscheibenvorfall**,⁼e	bel fıtığı
der	**Bauch**,⁼e	karın
die	**Bauchbeschwerden** [çoğul]	karın rahatsızlığı
die	**Bauchdeckenschwellung**,-en	karın derisinde şişkinlik
der	**Bauchkrampf**,⁼e	karın krampı
die	**Bauchlage**,-n	yüzü koyun yatırma
die	**Bauchschmerzen** [çoğul]	karın ağrısı
die	**Bauchspeicheldrüse**,-n	pankreas
das	**Bauchweh** [tekil]	karın ağrısı
das	**Becken**,-	kalça
die	**Beckenbodengymnastik** [tekil]	kalça alt kaslarını geliştirme jimnastiği
die	**Befreiung**,-en	kurtarış, kurtuluş
der	**Befund**,-e	tetkik, netice, bulgu
der	**Begleiter**,-	refakatçi
die	**Begleitung**,-en	refakat
—	**behandeln**	tedavi etmek
—	**behandelt werden**	tedavi görmek
die	**Behandlung**,-en	tedavi
die	**Behandlungsart**,-en	tedavi usulü
das	**Behandlungszimmer**,-	tedavi (muayene) odası
—	**behindert**	özürlü
das	**Behindertenfahrzeug**,-e	özürlüleri taşıyan araç
die	**Behinderung**,-en	özürlülük, sakatlık
das	**Bein**,-e	bacak

der	**Beinbruch**,⁼e	bacak kırılması
die	**Beinprothese**,-n	bacak protezi
die	**Beinschmerzen** [çoğul]	bacak ağrısı
die	**Beinschwellung**,-en	bacakta şişme
die	**Beinvene**,-n	bacak toplardamarı
die	**Beinvenenthrombose**,-n	bacak toplardamar trombozu
—	**beisetzen**	toprağa vermek
—	**beißen**	ısırmak
das	**Belastungs-EKG**,-s	eforlu EKG
die	**Benommenheit** [tekil]	sersemlik hissi
—	**beobachten**	gözlemek, gözetmek
der	**Bereitschaftsdienst**,-e	nöbetçilik, nöbet görevi
—	**bergen**	kurtarmak
der	**Bericht**,-e	rapor
die	**Berufskrankheit**,-en	meslek hastalığı
—	**beruhigen**	sakinleştirmek
das	**Beruhigungsmittel**,-	yatıştırıcı
die	**Beschneidung**,-en	sünnet
die	**Beschwerde**,-n	şikayet, rahatsızlık
—	**beschwerdefrei**	şikayetsiz
die	**Besserung** [tekil]	iyileşme
—	**bestatten**	gömmek, defnetmek
die	**Bestattung**,-en	ölü gömme, defin
die	**Bestrahlung**,-en	ışınlamak, ışın tedavisi
der	**Besuch**,-e	ziyaret
—	**besuchen**	ziyaret etmek
der	**Besucher**,-	(bay) ziyaretçi
die	**Besucherin**,-nen	(baya) ziyaretçi
der	**Besucherparklatz**,⁼e	ziyaretçi park yeri
der	**Besucherwarteraum**,⁼e	ziyaretçi bekleme odası
die	**Besuchszeit**,-en	ziyaret zamanı
—	**betäuben**	uyuşturmak
das	**Betäubungsmittel**,-	uyuşturucu madde
—	**betrunken**	sarhoş
das	**Bett**,-en	yatak
—	**bettlägerig**	yatağa bağımlı
—	**bettnässen**	yatağı ıslatmak
die	**Bettruhe** [tekil]	yatak istirahatı
die	**Beule**,-n	şişkinlik
die	**Bewegungsschmerzen** [çoğul]	hareket ağrıları
die	**Bewegungsstörung**,-en	hareket bozukluğu
der	**Bewegungsverlust** [tekil]	hareket kaybı
—	**bewusstlos**	şuursuz, baygın
die	**Bewusstlosigkeit** [tekil]	koma, şuursuzluk, baygınlık
das	**Bewusstsein** [tekil]	şuur
der	**Bienenstich**,-e	arı sokması
die	**Binde**,-n	sargı, bandaj
das	**Bindegewebe** [tekil]	bağ dokusu
—	**binden**	sarmak
der	**Biss**,-e	ısırma, sokma
die	**Bisswunde**,-n	ısırık yarası
die	**Blähung**,-en	bağırsak gazı, yel
die	**Blase**,-n	mesane, sidik torbası
die	**Blasenentzündung**,-en	mesane iltihabı
die	**Blasenschwäche** [tekil]	mesane zayıflığı

der **Blasenkrebs** [tekil] **mesane kanseri**
die **Blasensenkung** [tekil] **mesane sarkması**
der **Blasenstein**,-e **mesane taşı**
der **Blasentumor**,-e **mesane tümörü**
— **blass** **solgun, renksiz**
— **blind** **kör**
der **Blinddarm**,÷e **apandis, kör bağırsak**
die **Blinddarmentzündung**,-en
    apandisit, kör bağırsak iltihabı
die **Blindheit** [tekil] **körlük**
das **Blut** [tekil] **kan**
das **Blut abnehmen** **kan almak**
das **Blut erbrechen** **kan kusmak**
das **Blut husten** **kan öksürmek**
das **Blut im Sperma** [tekil] **spermada kan**
das **Blut im Stuhlgang** [tekil] **dışkıda kan**
das **Blut im Urin** [tekil] **idrarda kan**
das **Blut verlieren** **kan kaybetmek**
die **Blutader**,-n **kan damarı**
die **Blutanalyse**,-n **kan analizi, kan tahlili**
die **Blutarmut** [tekil] **kansızlık**
der **Blutaustausch** [tekil] **kan değişimi**
die **Blutbank**,-en **kan bankası**
der **Blutdruck** [tekil] **tansiyon**
— **- hoher** **yüksek**
— **- niedriger** **düşük**
das **Blutdruckmessgerät**,-e **tansiyon ölçme aleti**
die **Blutdrucksenkung** [tekil] **tansiyonu düşürmek**
— **bluten** **kanamak**
der **Bluterguss**,÷e **hemoraji**
das **Blutfett**,-e **kan yağı**
der **Blutfettwert**,-e **kan yağı değeri**
die **Blutglucose** [tekil] **kan şekeri**
die **Blutgruppe**,-n **kan grubu**
der **Bluthochdruck** [tekil] **yüksek tansiyon**
— **blutig** **kanlı**
der **Blutkrebs** [tekil] **kan kanseri**
der **Blutkreislauf**,÷e **kan dolaşımı**
die **Blutkreislaufstörung**,-en **kan dolaşım bozukluğu**
die **Blutspende**,-n **kan bağışı**
der **Blutspender**,- (bay) **kan verici (bağışlayıcı)**
die **Blutspenderin**,-nen
    (bayan) **kan verici (bağışlayıcı)**
die **Blutübertragung**,-en **kan nakli**
die **Blutung**,-en **kanama**
die **Blutuntersuchung**,-en **kan muayenesi**
die **Blutvergiftung**,-en **kan zehirlenmesi**
der **Blutverlust**,-e **kan kaybı**
der **Blutzucker** [tekil] **kan şekeri**
die **Blutzuckererhöhung**,-en **kan şekeri yükselmesi**
das **Blutzuckermessgerät**,-e **kan şekeri ölçüm aleti**
die **Blutzuckersenkung**,-en **kan şekeri düşmesi**
— **bösartig** **kötü huylu**
die **Brandsalbe**,-n **yanık merhemi**
die **Brandwunde**,-n **yanık yarası**
der **Brechdurchfall**,÷e **kusma ve ishal**
das **Brechmittel**,- **kusturucu ilaç**
der **Brechreiz** [tekil] **mide bulantısı**

— **brennen** **yanmak**
— **bronchial** **bronşiyal**
das **Bronchialasthma** [tekil] **bronşit astım**
die **Bronchie**,-n **bronşlar**
die **Bronchitis** [tekil] **bronşit**
der **Bruch**,÷e **kırık; fıtık**
die **Bruchschiene**,-n **kırık tahtası**
die **Brust**,÷e **göğüs**
das **Brustbein**,-e **göğüs kemiği**
der **Brustknoten**,- **göğüste boğum**
der **Brustkorb**,÷e **göğüs kafesi**
der **Brustkrebs** [tekil] **göğüs kanseri**
die **Brustschmerzen** [çoğul] **göğüs ağrısı**
die **Brustwarze**,-n **meme başı**
die **Brustwarzenblutung**,-en **meme başı kanaması**
der **Buckel**,- **kambur**
— **bücken** **eğilmek**
die **Bypass-Operation**,-en **By-pass ameliyatı**

C/c

das **Calcium** [tekil] **kalsiyum**
der **Charakter**,-e **karakter**
der **Chefarzt**,÷e **başhekim**
die **Chefarztbehandlung**,-en **başhekim tedavisi**
die **Chemikalie**,-n **kimyevi madde**
— **chemisch** **kimyevi, kimyasal**
die **Chemotherapie**,-n **kemoterapi**
der **Chirurg** **cerrah**
die **Chirugie**,-n **cerrahi**
die **chirugische**,-n **Abteilung**,-en **cerrahi servis**
das **Chlor** [tekil] **klor**
die **Cholera** [tekil] **kolera**
der **Cholerafall**,÷e **kolera vakası**
das **Cholesterin** [tekil] **kolesterin**
der **Cholesterinsenker**,- **kolesterin düşürücü**
die **Cholesterinsenkung**,-en
    kolesterinin düşürülmesi
der **Cholesterinspiegel** [tekil] **kolesterin düzeyi**
die **Cholesterinuntersuchung**,-en
    kolesterin muayenesi
das **Chrom** [tekil] **krom**
das **Chromosom**,-en **kromozom**
— **chronisch** **kronik**
— **chronisch krank** **kronik hasta**
die **Computertomographie**,-n
    bilgisayar tomografisi
die **Creme**,-s **krem**

D/d

die **Damenbinde**,-n **kadın bağı, pad**
der **Darm**,÷e **bağırsak**
die **Darmblutung**,-en **bağırsak kanaması**
die **Darmentleerung**,-en **bağırsak boşaltılması**
die **Darmerkrankung**,-en **bağırsak hastalığı**

das	**Darmgeschwür**,-e	**bağırsak ülseri**
die	**Darmgrippe** [tekil]	**bağırsak gribi**
der	**Darmkrebs** [tekil]	**bağırsak kanseri**
der	**Darmpolyp**,-en	**bağırsak polipi**
die	**Darmsonde**,-n	**bağırsak sondası**
die	**Darmspiegelung**,-en	**bağırsak endoskopisi**
der	**Darmverschluss**,-̈e	**bağırsak tıkanıklığı**
die	**Dauerbehandlung**,-en	**sürekli tedavi**
der	**Daumen**,-	**baş parmak**
die	**Degeneration**,-en	**dejenerasyon**
der	**Dentist**,-en (bay)	**dişçi, diş doktoru**
die	**Dentistin**,-nen (bayan)	**dişçi, diş doktoru**
die	**Depression**,-en	**depresyon**
die	**Dermatitis** [tekil]	
	dermatit, cilt iltihabı	
die	**Desinfektion**,-en	**dezenfeksiyon**
das	**Desinfektionsmittel**,-	**dezenfekte ilacı**
der	**Diabetes** [tekil]	**diyabet, şeker hastalığı**
der	**Diabetiker**,- (bay)	**diyabetli**
die	**Diabetikerin**,-nen (bayan)	**diyabetli**
die	**Diagnose**,-n	**teşhis**
—	**diagnostizieren**	
	tanı koymak, teşhis etmek	
die	**Dialyse**,-n	**diyaliz**
das	**Dialysezentrum/Dialysezentren**	
	diyaliz merkezi	
die	**Diät**,-en	**diyet, perhiz, rejim**
die	**Diätkost** [tekil]	**diyet (perhiz) yemeği**
—	**dick** **şişman**	
der	**Dickdarm**,-̈e	**kalın bağırsak**
der	**Darmkrebs** [tekil]	**bağırsak kanseri**
der	**Dickdarmkrebs** [tekil]	
	kalın bağırsak kanseri	
der	**Dickdarmpolyp**,-en	**kalın bağırsak polipi**
die	**Diphtherie** [tekil]	**difteri**
die	**Dosierung**,-en	**dozaj**
die	**Dosis/Dosen**	**doz**
das	**Dragee**,-s	**draje**
die	**Droge**,-n	**bağımlılık yapan madde**
die	**Drüse**,-n	**gudde, beze**
die	**Drüsenentzündung**,-en	**guddelerin iltihabı**
die	**Drüsenschwellung**,-en	**guddelerin şişmesi**
der	**Dünndarm**,-̈	**ince bağırsak**
der	**Dünndarmkrebs** [tekil]	
	ince bağırsak kanseri	
die	**Durchblutung**,-en	**kan dolaşım**
die	**Durchblutungsstörung**,-en	
	kan dolaşımı rahatsızlığı	
der	**Durchfall**,-̈e	**ishal**
die	**Durchfallerkrankung**,-en	**ishal hastalığı**
die	**Dysenterie**,-n	**ağır ishal**
die	**Dysfunktion**,-en	**hareketlik bozulması**
die	**Dyspepsie** [tekil]	**hazımsızlık**
die	**Dysphagie** [tekil]	**yutma bozukluğu**
die	**Dysphasie** [tekil]	**konuşma bozukluğu**
die	**Dysphonie** [tekil]	**ses bozukluğu**
die	**Dyspnoe** [tekil]	**nefes darlığı**

E/e

der	**Eierstock**,-̈e	**yumurtalık**
der	**Eileiter**,-	**yumurta kanalı**
—	**einatmen**	**nefes almak**
—	**einnehmen**	**almak, yutmak**
—	**einreiben**	**ovmak**
—	**einschlafen**	**uykuya dalmak**
die	**Einverständniserklärung**,-en	
	rıza bildirimi (beyanı)	
die	**Einwirkung**,-en	**tesir**
das	**Eis** [tekil]	**buz**
der	**Eisbeutel**,-	**buz torbası**
das	**Eisen** [tekil]	**demir**
der	**Eisenmangel** [tekil]	**demir eksikliği**
der	**Eiter** [tekil]	**irin**
—	**eitern**	**cerahat bağlamak**
das	**Eiweiß**,-e	**protein**
das	**EKG**,-s	**EKG elektrokardiyografi**
das	**Ekzem**,-e	**egzama**
die	**Elastikbinde**,-n	**esnek sargı**
der	**Ellbogen**,-	**dirsek**
die	**Empfängnisverhütung**,-en	
	gebe kalmamak için korunma	
—	**empfinden**	**hissetmek, duymak**
—	**empfindlich**	**hassas, duygulu**
die	**Empfindungsstörung**,-en	**hissetme bozukluğu**
die	**Endoskopie**,-n	**endoskopi**
das	**Engegefühl**,-	**sıkıntı hissi**
—	**entbinden**	**doğurmak**
die	**Entbindung**,-en	**doğum**
die	**Entbindung von der Schweigepflicht** [tekil]	
	sır mükellefiyeti iptali	
die	**Enteritis** [tekil]	**ince bağırsak iltihabı**
—	**entgiften**	**zehrini atmak**
—	**entlassen**	**taburcu olmak**
die	**Entschlackung**,-en	**zayıflama (vücudun**
	boşaltılması)	
—	**entzündet**	**iltihaplı**
die	**Entzündung**,-en	**iltihap**
der	**Entzündungshemmer**,-	**iltihap önleyici**
die	**Epilepsie**,-n	**epilepsi, sara hastalığı**
die	**Erbkrankheit**,-en	**irsi hastalık**
—	**erblassen**	**sararmak, bozarmak**
—	**erblich**	**irsi**
—	**erblinden**	**körleşmek**
—	**erbrechen**	**kusmak**
die	**Erektionsstörung**,-en	**sertleşme rahatsızlığı**
das	**erhöhte**,-n **Blutfett**,-e	**yüksek kan yağları**
das	**erhöhte**,-n **Blutgas**,-e	**yüksek kan gazları**
der	**erhöhte Blutdruck** [tekil]	
	yüksek tansiyon (kan basıncı)	
der	**erhöhte Puls** [tekil]	**yüksek nabız**
—	**erholen**	**dinlenmek, istirahat etmek**
die	**Erholung**,-en	**dinlenme, istirahat etme**
—	**erkälten**	**soğuk almak**
die	**Erkältung**,-en	**soğuk algınlığı**
—	**erkranken**	**hastalanmak**

die **Erkrankung**,-en hastalık
— **ermüden** yormak
— **ermüdend** yorucu
die **Ermüdung**,-en yorgunluk
— **ernähren** beslenmek
die **Ernährung** [tekil] beslenme
der **Ernährungsberater**,-
　(bay) **beslenme danışmanı**
die **Ernährungsberaterin**,-nen
　(bayan) **beslenme danışmanı**
die **Ernährungsberatung**,-en
　beslenme danışmanlığı
die **Ernährungsgewohnheit**,-en
　beslenme alışkanlığı
der **Ernährungsplan**,--e beslenme planı
die **Ernährungstherapie**,-n beslenme tedavisi
— **ernüchtern** ayıltmak
— **erregbar** sinirli
— **erröten** kızarmak
die **Erschöpfung**,-en dermansızlık, yorgunluk
die **Erste-Hilfe** [tekil] ilk yardım
— **erwachen** uyanmak
— **erwachsen** erişkin
— **erwecken** uyandırmak
die **Essstörung**,-en yemek yeme rahatsızlığı
das **Exanthem**,-e cilt kızarması
die **Exostose**,-n kemik şişi

F/f

der **Facharzt**,--e (bay) uzman hekim (doktor)
die **Fachärztin**,-nen (bayan) uzman hekim (doktor)
— **fallen** düşmek
die **falsche**,-n **Behandlung**,-en yanlış tedavi
die **Familie**,-n aile
der **Familienangehörige**,-n aile ferdi
die **Familienplanung**,-en aile planlaması
der **Fango** [tekil] fango
die **Farbe**,-n renk
— **farbenblind** renk körü
die **Farbenblindheit** [tekil] renk körlüğü
— **fasten** oruç tutmak
die **Fehldiagnose**,-n yanlış teşhis
die **Fehlgeburt**,-en çocuk düşürme
der **Femur**,-a uyluk kemiği
die **Femurfraktur**,-en uyluk kemiği kırığı
die **Ferse**,-n topuk
das **Fersenbein**,-e topuk kemiği
das **Fett**,-e yağ
der **Fettgehalt** [tekil] yağ içeriği
das **Fettgewebe** [tekil] yağ dokusu
die **Fettleber** [tekil] karaciğer yağlanması
die **Fettzelle**,-n yağ hücreleri
das **Fieber** [tekil] ateş
der **Fieberanfall**,--e ateş nöbeti
— **fiebersenkend** ateş düşürücü
das **fiebersenkende**,-n **Mittel**,- ateş düşürücü ilaç

das **Fieberthermometer**,- termometre
der **Finger**,- parmak
das **Fingergelenk**,-e parmak mafsalı (eklemi)
der **Fingernagel**,-- el tırnağı
— **fit** formunda
die **Flugangst** [tekil] uçma korkusu
die **Flüssigkeit**,-en sıvı
der **Flüssigkeitsmangel** [tekil] sıvı eksikliği
— **fortpflanzen** üremek
die **Fortpflanzung**,-en üreme
— **fortschreiten** ilerlemek
der **Frauenarzt**,--e kadın doktoru
die **Fraktur**,-en kemik kırığı
die **Frauenheilkunde** [tekil] kadın hekimliği
der **Fremdkörper**,- yabancı madde
— **frieren** üşümek
die **Frostbeule**,-n soğuk şişkinliği
— **frösteln** titreme
die **Fruchtblase**,-n cenin (döl) kesesi
das **Fruchtwasser** [tekil] cenin (döl) suyu
die **Fruchtwasserdiagnostik**,-en
　cenin suyu tanısı (teşhisi)
die **Frühdiagnose**,-n erken (teşhis) tanı
die **Früherkennungsuntersuchung**,-en
　erken teşhis muayenesi
die **Frühgeburt**,-en erken doğum
die **Frühjahrsmüdigkeit** [tekil]
　ilkbahar yorgunluğu
die **Füllung**,-en dolgu
der **Furunkel**,- kan çıbanı
der **Fuß**,--e ayak
das **Fußgelenk**,-e ayak mafsalı (eklemi)
die **Fußgymnastik** [tekil] ayak jimnastiği
die **Fußpflege** [tekil] ayak bakımı
die **Fußpilz** [tekil] ayak mantarı
die **Fußschmerzen** [çoğul] ayak ağrısı

G/g

die **Galle**,-n safra
die **Gallenbeschwerden** [çoğul] safra rahatsızlığı
die **Gallenblase**,-n safra kesesi
die **Gallensäure**,-n safra kesesi suyu
der **Gallenstein**,-e safra kesesi taşı
die **Gastritis** [tekil] gastrit, mide iltihabı
die **Gasvergiftung**,-en gazdan zehirlenme
der **Gaumen**,- damak
das **Gaumenzäpfchen**,- küçük dil
— **gebären** doğurmak
die **Gebärmutter** [tekil] rahim
die **Gebärmutterblutung**,-en rahim kanaması
der **Gebärmutterkrebs** [tekil] rahim kanseri
der **Gebärmuttertumor**,-e rahim tümörü
das **Gebiss**,-e dişler dizisi
— **gebrochen (Knochen)** kırık
die **Geburtshilfe**,-n doğum yardımı, ebelik
der **Geburtstermin**,-e doğum tarihi

die **Geburtsurkunde**,-n doğum belgesi
die **Geburtswehe**,-n doğum sancıları
das **Gedächtnis** [tekil] hafıza
die **Gedächtnisschwäche** [tekil] hafıza zayıflığı
der **Gedächtnisverlust** [tekil] hafıza kaybı
das **Gedärm**,-e bağırsak
die **Gefahr**,-en tehlike
— **gefahrlos** tehlikesiz
das **Gefäß**,-e damar
die **Gefäßverkalkung**,-en damar kireçlenmesi
die **Gefäßverengung**,-en damar daralması
das **Gefühl**,-e duygu, his
— **gefühllos** duygusuz
das **Gegengift**,-e panzehir
die **Gehhilfe**,-n yürümeye yardımcı alet
das **Gehirn**,-e beyin
die **Gehirnblutung**,-en beyin kanaması
die **Gehirnentzündung**,-en beyin iltihabı
die **Gehirnerschütterung**,-en beyin sarsıntısı
die **Gehirnhaut** [tekil] beyin zarı
die **Gehirnhautentzündung**,-en beyin zarı iltihabı
der **Gehirnschlag**,-̈e beyin sektesi
der **Gehirntumor**,-e beyin tümörü
das **Gehör** [tekil] işitme, duyum
der **Gehörfehler**,- işitme bozukluğu
der **Gehörgang**,-̈e işitme yolu
die **Gehörlosigkeit** [tekil] işitme özürlülüğü
der **Geist**,-er zihin, akıl
— **geistesgestört** akıl hastası
die **Geistesstörung**,-en akıl hastalığı
— **geistig** zihinsel
die **geistige**,-n **Behinderung**,-en
  zihinsel özürlülük
das **Gelbfieber** [tekil] sarıhumma
die **Gelbsucht** [tekil] sarılık
das **Gelenk**,-e eklem
die **Gelenkentzündung**,-en
  mafsal (eklem) iltihabı
der **Gelenkrheumatismus/Gelenkrheumatismen**
  mafsal (eklem) romatizması
die **Gelenkschmerzen** [çoğul] mafsal (eklem) ağrısı
die **Gelenkschwellung**,-en mafsal (eklem) şişmesi
die **Gelenkverkalkung**,-en
  mafsal (eklem) kireçlenmesi
das **Gen**,-e gen
die **Generation**,-en jenerasyon, kuşak, nesil
— **genesen** şifa bulmak, iyileşmek
die **Genesung** [tekil] şifa, iyileşme
die **Genetik** [tekil] genetik, kalıtımsal
die **genetische**,-n **Krankheit**,-en genetik hastalık
das **Genick**,-e ense
die **Genitalien** [çoğul] genital organlar
die **Genitalbeschwerden** [çoğul]
  genital organların rahatsızlığı
— **gereizt** sinirli, hiddetli
der **Gerichtsarzt**,-̈e adli doktor
die **Gerichtsmedizin** [tekil] adli tıp
das **Gerinnsel**,- pıhtı

das **Gerstenkorn**,-̈er arpacık
der **Geruch**,-̈e koku
das **Geruchsvermögen** [tekil] koku alma yeteneği
die **Geruchsstörung**,-en koku alma rahatsızlığı
das **Gesäß**,-e kıç
das **Geschlecht**,-er cinsiyet
die **Geschlechtskrankheit**,-en cinsel hastalık
das **Geschlechtsorgan**,-e cinsel organ
der **Geschlechtsverkehr** [tekil] cinsel ilişki
der **Geschmack**,-̈er tat, lezzet
die **Geschmacksstörung**,-en tat alma rahatsızlığı
— **geschwollen** şişmiş
das **Geschwulst**,-̈e ur, şişkinlik, yumru
das **Geschwür**,-e çıban, ülser
das **Gesicht**,-er yüz
die **Gesichtslähmung**,-en yüz felçi
die **Gesichtspflege**,-n yüz (cilt) bakımı
die **Gesichtszüge** [çoğul] yüz çizgileri
— **gesund** sağlıklı
die **Gesundheit** [tekil] sağlık, sıhhat
das **Gesundheitsamt**,-̈er sağlık dairesi
die **Gesundheitsberatung**,-en sağlık danışmanlığı
die **Gesundheitsbescheinigung**,-en sağlık raporu
der **Gesundheitsdienst**,-e sağlık hizmeti
das **Gesundheitsministerium/**
  Gesundheitsministerien sağlık bakanlığı
— **gesundheitsschädlich** sağlığa (sıhhate) zararlı
das **Gesundheitswesen** [tekil]
  sağlık işleri (hizmetleri)
das **Gesundheitszeugnis**,-se sağlık karnesi
der **Gesundheitszustand** [tekil] sağlık durumu
die **Gewalt**,-en şiddet, kuvvet
— **gewaltsam** şiddetli
das **Gewebe**,- doku
die **Gewebeentnahme**,-n doku alınması
das **Gewicht**,-e ağırlık
die **Gewichtsabnahme**,-n kilo verme
die **Gewichtskontrolle**,-n kilo kontrolü
das **Gewichtsproblem**,-e kilo sorunu
die **Gewichtsreduktion**,-en kilo verme
der **Gewichtsverlust**,-e kilo kaybı
die **Gewichtszunahme**,-n kilo alma
die **Gewohnheit**,-en alışkanlık
die **Gicht** [tekil] gut, damla hastalığı
das **Gift**,-e zehir
— **giftig** zehirli
der **Gips**,-e alçı
der **Gipsverband**,-̈e alçı sargısı
die **Glatze**,-n kel
das **Glaukom**,-e göz tansiyonu
das **Gleichgewicht** [tekil] denge
der **Gleichgewichtsverlust** [tekil] denge kaybı
die **Gliederschmerzen** [çoğul] vücut ağrıları
der **graue Star** [tekil] katarakt
— **grausam** merhametsiz, gaddar
— **grippale**,-n **Infekt**,-e grip enfeksiyon
die **Grippe** [tekil] grip
die **Grippeimpfung**,-en grip aşısı

das **Grippevirus/Grippenviren** grip virüsü
die **Gurgel**,-n gırtlak, boğaz
— **gurgeln** gargara etmek
die **Gürtelrose** [tekil] zona hastalığı
das **Gutachten**,- bilirkişi raporu
— **gutartig** iyi huylu
— **Gute Besserung!** Geçmiş olsun!
die **Gymnastik** [tekil] jimnastik
der **Gynäkologe**,-n kadın hastalıkları doktoru

H/h

das **Haar**,-e saç
der **Haarausfall** [tekil] saç dökülmesi
der **Haarersatz** [tekil] takma saç
die **Haarfarbe**,-n saç rengi
die **Haarwuchsstörung**,-en saç gelişme rahatsızlığı
die **Haarwurzel**,-n saç kökü
die **Halbseitenlähmung**,-en kısmi felç
der **Hals**,⁼e boğaz
die **Halsentzündung**,-en boğaz iltihabı
der **Hals-Nasen-Ohren-Arzt**,⁼e
  boğaz kulak burun doktoru
die **Halsschlagader**,-n boyun atardamarı
die **Halsschmerzen** [çoğul] boğaz ağrısı
die **Halsschmerztablette**,-n
  boğaz ağrısına karşı ilaç
die **Halsschwellung**,-en boğaz şişliği
der **Halsumschlag**,⁼e boyun sargısı
der **Halswirbel**,- boyun omurları
das **Hämatom**,-e hematom
die **Hämorrhagie**,-n hemoraji
die **Hämorrhoide**,-n hemoroit, mayasıl, basur
die **Hand**,⁼e el
die **Handfläche**,-n avuç
das **Handgelenk**,-e el bileği
— **harmlos** zararsız
der **Harn** [tekil] idrar
die **Harnanalyse**,-n idrar tahlili
die **Harnblase**,-n idrar torbası
die **Harnblasenspiegelung**,-en
  idrar torbası endoskopisi
der **Harnleiter**,- idrar yolu
die **Harnleiterentzündung**,-en idrar yolu iltihabı
die **Harnwegsinfektion**,-en idrar yolu enfeksiyonu
— **hartnäckig** inatçı
— **häufig** sık sık, çoğu kez
die **Hauptschlagader**,-n büyük atardamar
die **Hausapotheke**,-n ev ecza kutusu
der **Hausarzt**,⁼e ev doktoru
die **häusliche Pflege** [tekil] evde bakım
die **Haut**,⁼e cilt
die **Hautallergie**,-n cilt alerjisi
der **Hautarzt**,⁼e cilt doktoru
der **Hautausschlag**,⁼e egzama
die **Hauterkrankung**,-en cilt hastalığı
die **Hautfarbe**,-n cilt rengi

der **Hautfleck**,-en cilt lekesi
— **hautfreundlich** cilde zararsız
das **Hautjucken** [tekil] cilt kaşıntısı
der **Hautknoten**,- ciltte boğum
die **Hautkrankheit**,-en cilt hastalığı
die **Hautpflege** [tekil] cilt bakımı
das **Hautpflegemittel**,- cilt bakım maddeleri
der **Hautpilz** [tekil] cilt (deri) mantarı
die **Hautpilzerkrankung**,-en cilt mantar hastalığı
die **Hautreinigung** [tekil] cilt temizliği
die **Hautrötung**,-en cilt kızarığı
der **Hautschutz** [tekil] cildi koruma
die **Hautverfärbung**,-en cildin renklenmesi
die **Hebamme**,-n ebe
das **Heftpflaster**,- yapışıcı yakı
das **Heilbad**,⁼er kaplıca hamamı
— **heilen** iyileştirmek
das **Heilfasten** [tekil] sağlık orucu
die **Heilkräuter** [tekil] şifalı bitkiler
die **Heilung**,-en iyileşme, şifa
— **heiser** kısık ses
die **Heiserkeit** [tekil] ses kısıklığı
die **Hepatitis** [tekil] hepatit
der **Herpes** [tekil] herpes, uçuk
das **Herz**,-en kalp
der **Herzanfall**,⁼e kalp krizi
die **Herzbeschwerden** [çoğul] kalp rahatsızlığı
die **Herzerkrankung**,-en kalp hastalığı
der **Herzfehler**,- kalp bozukluğu
die **Herzfunktion**,-en kalp fonksiyonu
der **Herzinfarkt**,-e kalp enfarktüs
die **Herzinsuffizienz**,- kalp yetmezliği
das **Herzklopfen** [tekil] kalp çarpıntısı
die **Herzkrankheit**,-en kalp hastalığı
die **Herz-Kreislauf-Erkrankung**,-en
  kalp kan dolaşım hastalığı
das **Herzrasen** [tekil] kalbin hızlı atması
die **Herzrhythmusstörung**,-en
  kalp ritim rahatsızlığı
der **Herzschlag**,⁼e kalp atışı
der **Herzschrittmacher**,- kalp pili
der **Herzstillstand** [tekil] kalbin durması
das **Herzversagen** [tekil] kalbin görev yapmaması
der **Heuschnupfen** [tekil] bahar nezlesi
der **Hexenschuss** [tekil] bel tutulması
die **Hilfe**,-n yardım
— **hilflos** çaresiz
— **hilfsbedürftig** yardıma muhtaç
die **Hilfskraft**,⁼e yardımcı eleman
— **hinken** topallamak
— **hinlegen** yatırmak
das **Hirn**,-e beyin
die **Hirnblutung**,-en beyin kanaması
die **Hirndurchblutungsstörung**,-en
  beyin kan dolaşım bozukluğu
die **Hirnentzündung**,-en beyin iltihabı
die **Hirnhautentzündung**,-en menenjit
der **Hirnschlag**,⁼e beyin sektesi, inme

der **Hirntod** [tekil] **beyin ölümü**
der **Hirntumor,-e** **beyin tümörü**
das **Hitzegefühl,-** **sıcaklık hissi**
der **Hitzeschlag** [tekil] **güneş çarpması**
die **HIV-Infektion,-en** **HİV- enfeksiyonu**
— **hochgradig** **yüksek dereceli**
der **Hoden,-** **haya, erkeklik bezi, testis**
die **Hodenschmerzen** [çoğul] **testis ağrısı**
die **Hodenschwellung,-en** **testiste şişme**
der **hohe Blutdruck** [tekil] **yüksek tansiyon**
die **Homöopathie** [tekil] **homeopati**
— **homöopathisch** **homeopatik**
— **hören** **işitmek, dinlemek**
die **Hörfähigkeit** [tekil] **işitme yeteneği**
das **Hörgerät,-e** **işitme (duyma) cihazı**
das **Hormon,-e** **hormon**
— **hormonell** **hormonel**
die **hormonelle,-n Störung,-en** **hormonel bozukluk**
die **Hormonbehandlung,-en** **hormon tedavisi**
der **Hormonspiegel,-** **hormon düzeyi**
die **Hormontherapie,-n** **hormon terapisi**
die **Hornhaut,-̈e** **nasır**
die **Hörschwäche** [tekil] **işitme zayıflığı**
die **Hörstörung,-en** **işitme rahatsızlığı**
der **Hörsturz** [tekil] **ani duyma kaybı**
die **Hüfte,-n** **kalça**
das **Hüftgelenk,-e** **kalça kemiği**
das **Hühnerauge,-n** **nasır**
der **Husten** [tekil] **öksürük**
der **Hustenanfall,-̈e** **öksürük tutması**
das **Hustenmittel,-** **öksürük ilacı**
der **Hustensaft,-̈e** **öksürük şurubu**
die **Hygiene** [tekil] **hijyen**
— **hyperaktiv** **hiperaktif**
die **Hysterie** [tekil] **histeri**
— **hysterisch** **histerik**

I/i

das **Immunsystem,-e** **bağışıklık sistemi**
— **impfen** **aşılamak, aşı yapmak**
der **Impfpass,-̈e** **aşı karnesi**
die **Impfung,-en** **aşı**
die **Implantation,-en** **implantasyon**
— **implantieren** **implante etmek**
— **impotent** **iktidarsız, erkeklikten kesilme**
die **Impotenz** [tekil] **iktidarsızlık**
der **Infarkt,-e** **enfarktüs**
die **Infektion,-en** **enfeksiyon**
die **Infektionskrankheit,-en** **enfeksiyon hastalığı**
— **infektiös** **bulaşıcı**
— **infizieren** **bulaştırmak**
die **Infusion,-en** **infüzyon**
die **Inhalation,-en** **enhalasyon**
— **inhalieren** **enhalasyon yapmak**
der **Inhalt,-e** **içerik, kapsam, içindekiler**

die **Injektion,-en** **enjeksiyon**
die **innere,-n Blutung,-en** **iç kanama**
das **Insekt,-en** **böcek, haşarat**
der **Insektenbiss,-e** **böcek ısırması**
das **Insektenmittel,-** **haşarat ilacı**
der **Insektenstich,-e** **böcek sokması**
der **Instinkt,-e** **içgüdü**
das **Insulin** [tekil] **İnsülin**
die **Insulinspritze,-n** **İnsülin iğnesi**
— **intelligent** **zeki**
die **Intelligenz,-en** **zeka**
der **Intelligenztest,-s** **zeka testi**
— **intensiv** **yoğun**
der **Intimbereich,-e** **cinsel bölge**
der **Internist,-en** **dahiliyeci**
der **Ischias** [tekil] **işyaz, siyatik**

J/j

das **Jochbein,-e** **elmacık kemiği**
das **Jod** [tekil] **iyot**
— **jodhaltig** **iyotlu**
die **Jodtinktur** [tekil] **tentürdiyot**
— **jucken** **kaşınmak**
der **Juckreiz,-e** **kaşıntı**
die **Jungfrau,-en** **bakire**

K/k

der **Kaiserschnitt,-e** **sezaryen**
das **Kalium** [tekil] **potasyum**
der **Kaliummangel** [tekil] **postasyum eksikliği**
der **Kalk** [tekil] **kireç**
die **Kalorie,-n** **kalori**
— **kalorienfrei** **kalorisiz**
— **kalorienreich** **kalorili**
das **Kalzium** [tekil] **kalsiyum**
der **Kalziummangel** [tekil] **kalsiyum eksikliği**
die **Kanüle,-n** **enjeksiyon iğnesi**
die **Kapsel,-n** **kapsül**
der **Kardiologe,-n** **kardiyolog**
die **Kardiologie** [tekil] **kardiyoloji**
der **Karies** [tekil] **diş çürüğü**
der **Kassenarzt,-̈e** **sigorta doktoru**
die **Kastration,-en** **kastrasyon, kısırlaştırma**
der **Katarakt,-e** **katarakt**
der **Katheter,-** **kateter**
— **kauen** **çiğnemek**
der **Kehlkopf,-̈e** **gırtlak**
die **Kehlkopfentzündung,-en** **gırtlak iltihabı**
der **Kehlkopfkrebs** [tekil] **gırtlak kanseri**
der **Keuchhusten** [tekil] **boğmaca**
der **Kiefer,-** **çene kemiği**
der **Kieferbruch,-̈e** **çene kemiği kırığı**
die **Kieferorthopädie,-n** **çene kemiği ortopedisi**
das **Kind,-er** **çocuk**

der **Kinderarzt**,-̈e   çocuk doktoru
das **Kinderheim**,-e   çocuk yuvası
der **Kinderkrankheit**,-en   çocuk hastalığı
die **Kinderlähmung**,-en   çocuk felci
— **kinderlos**   çocuksuz
— **kinderreich**   çok çocuklu
das **Kinn**,-e   çene
der **Kinnbruch**,-̈e   çene kırığı
das **Kleinhirn**,-e   küçük beyin
die **Kleptomanie** [tekil]   kleptomani
das **Klima**,-ta   iklim
die **Klinik**,-en   klinik
das **Knie**,-   diz
die **Kniebandage**,-n   diz bandajı
die **Knieentzündung**,-en   diz iltihabı
das **Kniegelenk**,-e   diz (mafsalı) eklemi
die **Kniegelenkentzündung**,-en
   diz mafsalı (eklemi) iltihabı
die **Kniescheibe**,-n   diz kapağı
— **knirschen**   gıcırdamak
der **Knöchel**,-   ayak bileği kemiği
der **Knochen**,-   kemik
der **Knochenbruch**,-̈e   kemik kırılması
die **Knochendichte** [tekil]   kemik yoğunluğu
die **Knochendichtemessung**,-en
   kemik yoğunluğu ölçümü
die **Knochenentzündung**,-en   kemik iltihabı
die **Knochenerkrankung**,-en   kemik hastalığı
das **Knochengewebe** [tekil]   kemik dokusu
das **Knochenmark** [tekil]   kemik iliği
der **Knorpel**,-   kıkırdak
der **Knoten**,-   düğüm
das **Koffein** [tekil]   kafein
das **Kohlendioxid** [tekil]   karbondioksit
die **Kohlendioxidvergiftung** [tekil]
   karbondioksit zehirlenmesi
das **Kohlenhydrat**,-e   karbonhidrat
der **Kollaps**,-e   aniden (çöküş) düşüş
das **Koma**,-ta   koma
— **kompliziert**   karmaşık, zor
die **Kompresse**,-n   kompres
das **Kondom**,-e   prezervatif
das **Kontrastmittel**,-   kontrast ilacı
die **Kontrolle**,-n   kontrol
die **Kontrolluntersuchung**,-en   kontrol muayenesi
die **Konzentration**,-en   konsantrasyon
die **Konzentrationsschwäche**,-n
   konsantrasyon zayıflığı
der **Kopf**,-̈e   kafa
die **Kopfhaut**,-̈e   kafa derisi
die **Kopfschmerzen** [çoğul]   baş ağrısı
die **Kopfschmerztablette**,-n   baş ağrısı hapı
die **Kopfschuppen** [çoğul]   saç kepekleri
die **Kopfverletzung**,-en   kafa yaralanması
der **Körper**,-   vücut
der **Körperbau** [tekil]   vücut yapısı
— **körperbehindert**   sakat, engelli, özürlü
der **Körpergeruch**,-̈e   vücut kokusu

die **Körpergröße**,-n   boy
die **Körpertemperatur**,-en   vücut ısısı
das **Kortison** [tekil]   kortizon
die **Kost** [tekil]   gıda
die **Kraft**,-̈e   güç
— **kraftlos**   güçsüz
der **Krampf**,-̈e   kramp
die **Krampfader**,-n   varis
der **Krampfanfall**,-̈e   kramplaşma, kramp girmesi
— **krank**   hasta
— **krank werden**   hastalanmak
die **Krankenbeförderung** [tekil]   hasta nakli
der **Krankenbesuch**,-e   hasta ziyareti
das **Krankenbett**,-en   hasta yatağı
die **Krankengymnastik** [tekil]   fizik tedavisi
das **Krankenhaus**,-̈er   hastane
die **Krankenkasse**,-n   sağlık kasası
die **Krankenkost** [tekil]   hasta yemeği
die **Krankenpflege** [tekil]   hasta bakımı
der **Krankenpfleger**,-   hasta bakıcı, erkek hemşire
die **Krankenschwester**,-n   hemşire
die **Krankenversicherung**,-en   sağlık sigortası
der **Krankenwagen**,-   ambulans
die **Krankheit**,-en   hastalık
der **Krankheitsbericht**,-e   hastalık raporu
der **Krankheitsverlauf**,-̈e   hastalığın seyri
— **kratzen**   kaşımak
der **Krebs** [tekil]   kanser
das **Krebsrisiko/Krebsrisiken**   kanser riski
die **Krebsvorsorge**,-n   kanser erken
   teşhis muayenesi
der **Kreislauf** [tekil]   kan dolaşımı
die **Kreislaufbeschwerden** [çoğul]
   kan dolaşımı şikayeti
die **Kreislauferkrankung**,-en   kan dolaşım hastalığı
das **Kreislaufmittel**,-   kan dolaşımı ilacı
die **Kreislaufstörung**,-en   kan dolaşımı bozukluğu
die **Kreuzschmerzen** [çoğul]   bel ağrısı
— **kribbeln**   karıncalanmak
die **Krise**,-n   kriz
die **Krone**,-n   kuron
der **Kropf**,-̈e   guatr
die **Krücke**,-n   koltuk değneği
die **Kruste**,-n   kabuk
die **Krustenbildung** [tekil]   kabuklanma
die **Kühlung**,-en   soğutma
die **künstliche Ernährung** [tekil]   yapay beslenme
die **Kunsttherapie**,-n   suni tedavi
die **Kur**,-en   kür, kaplıca tedavisi
die **Kürettage**,-n   kürtaj, çocuk aldırma
— **kurzsichtig**   miyopluk

L/l

der **Laborwert**,-e   laboratuvar değerleri
die **Lähmung**,-en   felç
der **Langzeittest**,-s   uzun süreli test

die **Langzeittherapie**,-n   uzun süren tedavi
der **Laser** [tekil]   lazer
der **Laserstrahl**,-en   lazer ışını
die **Lasertherapie** [tekil]   lazer tedavisi
das **Leben**,-   hayat, yaşam
die **Lebensdauer** [tekil]   ömür
die **Lebenserwartung** [tekil]   hayat beklentisi
die **Lebensgefahr**,-en   ölüm tehlikesi
die **Lebensmittelvergiftung**,-en   gıda zehirlenmesi
der **Lebensretter**,-   cankurtaran
die **Lebensversicherung**,-en   hayat sigortası
die **Leber**,-n   karaciğer
die **Leberentzündung**,-en   karaciğer iltihabı
die **Lebererkrankung**,-en   karaciğer hastalığı
der **Leberkrebs** [tekil]   karaciğer kanseri
der **Leib**,-er   beden, vücut
die **Leiche**,-n   ceset, ölü
die **Leiste**,-n   kasık
der **Leistenbruch**,-̈e   kasık fıtığı
die **Leistenschmerzen** [çoğul]   kasık ağrısı
die **Leistenschwellung**,-en   kasık şişliği
die **Leistungsfähigkeit** [tekil]   güç, kuvvet
der **Lendenwirbel**,-   bel omuru
die **Lepra** [tekil]   cüzzam hastalığı
die **Leukämie**,-   lösemi, kan kanseri
die **Lichtbehandlung**,-en   ışık tedavisi
der **Lichtmangel** [tekil]   ışık yetersizliği
die **Lichttherapie** [tekil]   ışın tedavisi
das **Lid**,-er   göz kapağı
— **liegen**   yatmak
die **Linderung**,-en   azaltmak, dindirmek
die **Linse (opt.)**,-n   lens, mercek
die **Lippe**,-n   dudak
das **Lippenbläschen**,-   dudak uçuğu
— **lispeln**   pelteklemek
das **Loch**,-̈er   delik
die **Logopädie** [tekil]   logopedi (konuşma
bozukluğu tedavi yöntemi)
— **lokal**   lokal, bölgesel
die **Lokalanästhesie**,-n   bölgesel anestezi
die **Luftkrankheit**,-en   hava tutması
die **Luftnot** [tekil]   nefes tıkanması
die **Luftröhre**,-n   nefes borusu
die **Lumbago** [tekil]   omur ağrıları
die **Lunge**,-n   akciğer
die **Lungenentzündung**,-en   zatürre
der **Lungenkrebs** [tekil]   akciğer kanseri
die **Lymphdrüse**,-n   lenf beze
der **Lymphknoten**,-   lenf boğumları
der **Lymphkrebs** [tekil]   lenf kanseri
das **Lymphom**,-e   lenf

M/m

der **Magen**,-̈   mide
die **Magenbeschwerden** [çoğul]   mide şikayeti
die **Magenblutung**,-en   mide kanaması

die **Magen-Darm-Beschwerden** [çoğul]
mide bağırsak şikayeti
die **Magen-Darm-Blutung**,-en
mide bağırsak kanaması
die **Magen-Darm-Grippe** [tekil]   mide bağırsak gribi
die **Magenentzündung**,-en   mide iltihabı
die **Magenerkrankung**,-en   mide hastalığı
das **Magengeschwür**,-e   mide ülseri
die **Magenkrämpfe** [çoğul]   mide krampları
der **Magenkrebs** [tekil]   mide kanseri
die **Magenoperation**,-en   mide ameliyatı
die **Magensäure** [tekil]   mide asiti
die **Magenschleimhautentzündung**,-en
mide zarı iltihabı
die **Magenschmerzen** [çoğul]   mide ağrısı
die **Magenspiegelung**,-en   mide endoskopisi
die **Magentablette**,-n   mide hapı
die **Magenübersäuerung**,-en
midenin fazla asit üretmesi, mide ekşimesi
— **mager**   zayıf, cılız
die **Magersucht** [tekil]   yemek yememe hastalığı
das **Magnesium** [tekil]   magnezyum
der **Magnesiummangel** [tekil]
magnezyum eksikliği
die **Malaria** [tekil]   sıtma
der **Malariaanfall**,-̈e   sıtma nöbeti
die **Mandel**,-n   bademcik
die **Mandelentzündung**,-en   bademcik iltihabı
die **Masern** [çoğul]   kızamık
die **Massage**,-n   masaj
— **massieren**   masaj yapmak
das **Medikament**,-e   ilaç
das **Medikament**,-e **einnehmen**   ilaç kullanmak
das **Medikament**,-e **verschreiben**   ilaç yazmak
die **Medikamentenabhängigkeit**,-en
ilaç bağımlılığı
die **Meditation**,-en   meditasyon, içe bakış
die **Medizin** [tekil]   tıp
die **Medizin (Arznei)** [tekil]   ilaç
die **Medizin einnehmen**   ilaç almak
die **Medizin verabreichen**   ilaç vermek
— **medizinisch**   tıbbi
die **Melancholie**,-n   melankoli,
hüzün şeklinde görülen hastalık
die **Meningitis** [tekil]   menenjit
der **Meniskus/Menisken**   menisküs
die **Menopause** [tekil]   hayızdan kesilme
die **Menstruation**,-en   adet, ay başı
die **Menstruationsbeschwerden** [çoğul]
adet görme rahatsızlığı, adet ağrıları
die **Menstruationsblutung**,-en   adet kanaması
der **Menstruationszyklus/Menstruationszyklen**
adet görme düzeni
die **Mentalität**,-en   mentalite
der **Metabolismus/Metabolismen**   metabolizma
die **Methode**,-n   metot
die **Migräne**,-n   migren, yarımca
die **Mikrobe**,-n   mikrop

das	**Mikroskop**,-e	mikroskop
die	**Milz**,-en	dalak
der	**Milzbrand** [tekil]	şarbon
das	**Mineral**,-ien	mineral, maden
die	**Mineralstoffe** [çoğul]	mineraller
der	**Mittelfinger**,-	orta parmak
der	**Mittelfuß**,⁓e	ayak tarağı
der	**Mittelfußknochen**,-	ayak tarak kemikleri
das	**Mittel gegen ...**	... karşı ilaç
das	**Mittelhirn**,-e	orta beyin
das	**Mittelohr** [tekil]	orta kulak
die	**Mittelohrentzündung**,-en	orta kulak iltihabı
die	**Mobilität** [tekil]	mobilite, hareketlilik
das	**Molekül**,-e	molekül
die	**Monatsbeschwerden** [çoğul]	adet ağrıları
die	**Moral** [tekil]	moral
das	**Morphium** [tekil]	morfin
die	**Motivation**,-en	motivasyon, özendirme
—	**motivieren**	motive etmek, özendirmek
—	**müde**	yorgun, bitkin
die	**Müdigkeit** [tekil]	yorgunluk
die	**Mullbinde**,-n	tülbent sargısı
die	**Mullkompresse**,-n	tülbent bezi
—	**Mumps**	kabakulak
der	**Mund**,⁓er	ağız
der	**Mundgeruch**,⁓e	ağız kokusu
die	**Mund-zu-Mund-Beatmung**,-en	ağızdan ağıza suni teneffüs
der	**Muskel**,-n	kas, adale
die	**Muskelentzündung**,-en	kas iltihabı
die	**Muskelerkrankung**,-en	kas hastalığı
die	**Muskelfaser**,-n	kas lifi
das	**Muskelgewebe**,-	kas dokusu
die	**Muskelhärte**,-n	kas sertleşmesi
der	**Muskelkrampf**,⁓e	kas krampı
der	**Muskelriss**,-e	kas yırtılması
die	**Muskelschmerzen** [çoğul]	adale ağrısı
die	**Muskelzerrung**,-en	kas gerilmesi
—	**muskulös**	kaslı, adaleli
das	**Muttermal**,-e	ben
die	**Muttermilch** [tekil]	anne sütü

N/n

der	**Nabel**,-	göbek
der	**Nabelbruch**,⁓e	göbek fıtığı
der	**Nachtdienst**,-e	gece hizmeti
die	**Nabelschnur**,⁓e	göbek kordonu
die	**Nachtblindheit** [tekil]	gece körlüğü
der	**Nachtdienst**,-e	gece hizmeti
die	**Nachtpflege** [tekil]	gece bakımı
die	**Nachuntersuchung**,-en	ikinci (ilave) muayene
der	**Nacken**,-	ense
die	**Nackenschmerzen** [çoğul]	ense ağrısı
—	**nackt**	çıplak
der	**Nagel**,⁓	tırnak
die	**Nagelbettentzündung**,-en	tırnak dibi iltihabı

die	**Nagelbrüchigkeit**,-en	kırılgan tırnak
der	**Nagelpilz** [tekil]	tırnak mantarı
die	**Nahrung** [tekil]	gıda maddesi
die	**Nahrungsmittelallergie**,-n	gıda maddesi alerjisi
die	**Nahrungsmittelvergiftung**,-en	gıda zehirlenmesi
die	**Naht**,⁓e	dikiş
—	**nahtlos**	dikişsiz
die	**Narbe**,-n	yara izi
die	**Narkose**,-n	narkoz
der	**Narkosearzt**,⁓e	narkoz doktoru
die	**Nase**,-n	burun
das	**Nasenbein**,-e	burun kemiği
das	**Nasenbluten** [tekil]	burun kanaması
die	**Nasennebenhöhle**,-n	burun yan boşluğu
die	**Nasennebenhöhlenentzündung**,-en	burun yan boşluğu iltihabı
die	**Nasentropfen** [çoğul]	burun damlası
die	**Naturheilkunde** [tekil]	doğal tedavi
die	**Nebenhöhle**,-n	sinüsler
die	**Nebenniere**,-n	böbrek üstü bezi
die	**Nebenwirkung**,-en	yan tesir, yan etki
der	**Nephrologe**,-n	nefrolog (böbrek uzman doktoru)
der	**Nerv**,-en	sinir
—	**nervenberuhigend**	sinirleri yatıştırıcı
der	**Nervenarzt**,⁓e	sinir doktoru
die	**Nervenentzündung**,-en	sinir iltihabı
die	**Nervenerkrankung**,-en	sinir hastalığı
die	**Nervenfaser**,-n	sinir lifleri
das	**Nervengewebe**,-	sinir dokusu
—	**nervenkrank**	sinir hastası
die	**Nervenkrankheit**,-en	sinir hastalıkları
die	**Nervenkrise**,-n	sinir krizi
das	**Nervensystem**,-e	sinir sistemi
—	**nervös**	sinirli, asabi
die	**Nervosität** [tekil]	sinirlilik
die	**Netzhaut**,⁓e	ağ tabaka
die	**Netzhautentzündung**,-en	ağ tabaka iltihabı
das	**Neugeborene**,-n	yeni doğan
der	**Neurologe**,-n	nevroloji
der	**Nichtraucher**,-	sigara içmeyen
die	**Nickelallergie** [tekil]	nikel alerjisi
der	**niedrige Blutdruck** [tekil]	düşük tansiyon
der	**niedrige Blutzuckerspiegel** [tekil]	düşük kan şekeri düzeyi
die	**Niere**,-n	böbrek
die	**Nierenentzündung**,-en	böbrek iltihabı
die	**Nierenerkrankung**,-en	böbrek hastalığı
die	**Nierenfunktion**,-en	böbrek fonksiyonu
die	**Nierenfunktionsstörung**,-en	böbrek fonksiyon rahatsızlığı
die	**Niereninsuffizienz** [tekil]	böbrek yetmezliği
der	**Nierenkrebs** [tekil]	böbrek kanseri
die	**Nierenoperation**,-en	böbrek operasyonu
die	**Nierenschmerzen** [çoğul]	böbrek ağrısı
die	**Nierenstein**,-e	böbrek taşı
das	**Nierenversagen** [tekil]	böbrek yetmezliği
—	**niesen**	hapşırmak

das **Nikotin** [tekil]   nikotin
— **nikotinfrei**   nikotinsiz
die **Notaufnahme**,-n   acil servis
der **Notfall**,⸚e   acil durum
der **Notruf**,-e   acil çağrı
— **nüchtern**   aç karnına

O/o - Ö/ö

die **Obduktion**,-en   obdüksiyon
der **Oberarm**,-e   üst kol
der **Oberarmbruch**,⸚e   üst kol kırığı
der **Oberarmknochen**,-   üst kol kemiği
der **Oberarzt**,⸚e   başhekim
der **Oberkiefer**,-   üst çene
der **Oberkörper**,-   vücudun üst kısmı
die **Oberlippe**,-n   üst dudak
der **Oberschenkel**,-   uyluk
die **Obesität**,-en   obezite, şişmanlık
das **Ödem**,-e   ödem
die **Ohnmacht** [tekil]   baygınlık
— **ohnmächtig**   baygın
das **Ohr**,-en   kulak
der **Ohrabszess**,-e   kulak apsesi
der **Ohrenarzt**,⸚e   kulak doktoru
das **Ohrenbluten** [tekil]   kulak kanaması
die **Ohrenentzündung**,-en   kulak iltihabı
das **Ohrensausen** [tekil]   kulak çınlaması
der **Ohrenschmalz** [tekil]   kulak kiri
die **Ohrenschmerzen** [çoğul]   kulak ağrısı
die **Ohrentropfen** [çoğul]   kulak damlası
das **Ohrläppchen**,-   kulak memesi
die **Ohrmuschel**,-n   kulak kepçesi
die **Onkologie** [tekil]   onkoloji
der **Operationsbericht**,-e   ameliyat raporu
die **Operation**,-en   ameliyat
— **operieren**   ameliyat etmek
— **operiert werden**   ameliyat olmak
der **Optiker**,-   gözlükçü
— **oral**   oral, ağız yoluyla alınan
die **Orangenhaut** [tekil]   portakal cilt
das **Organ**,-e   organ
die **Organspende**,-n   organ bağışı
der **Orthopäde**,-n   ortopedist
die **Orthopädie** [tekil]   ortopedi
die **Osteoporose** [tekil]   osteoporoz
das **Östrogen**,-e   östrojen
der **Östrogenmangel** [tekil]   östrojen eksikliği
die **Otitis** [tekil]   kulak iltihabı

P/p

die **Panik** [tekil]   panik
das **Pankreas** [tekil]   pankreas
die **Paralyse**,-n   inme, felç
— **paralytisch**   felçli

die **Parese**,-n   hafif felç
die **Pastille**,-n   pastil
die **Pathologie** [tekil]   patoloji
der **Patient**,-en   tedavi edilen hasta
die **Patienteninformation**,-en   hasta bilgilendirme
die **Patienteninformationsbroschüre**,-n   hasta bilgilendirme broşürü
die **Patiententoilette**,-n   hasta tuvaleti
die **Patientenunterschrift**,-en   hasta imzası
das **Patientenwartezimmer**,-   hasta bekleme odası
das **Penicillin** [tekil]   penisilin
die **Penicillinallergie** [tekil]   penisilin alerjisi
der **Penis**,-se   penis, erkek cinsel organı
die **Periode**,-n   adet kanaması
der **Pessimist**,-en   pesimist, karamsar olan
— **pessimistisch**   pesimistik, karamsar
die **Pest** [tekil]   veba hastalığı
das **Pflaster**,-   flaster
die **Pflege** [tekil]   bakım
— **pflegebedürftig**   bakıma muhtaç
das **Pflegegeld** [tekil]   bakım parası
die **Pflegekraft**,⸚e   bakım personeli
die **Pflegemaßnahme**,-n   bakım uygulaması
die **Pflegestufe**,-n   bakım kademesi
die **Pflegeversicherung**,-en   bakım sigortası
der **Pfropf**,-e   pıhtı
die **Phase**,-n   dönem
die **Phobie**,-n   fobi, korku
die **Physiologie** [tekil]   fizyoloji
die **Physiotherapie** [tekil]   fizyoloji terapi
der **Pickel**,-   sivilce
das **Pigment**,-e   pigment
der **Pigmentfleck**,-en   pigment lekeleri
die **Pille**,-n   hap
der **Pilz**,-e   mantar
die **Pilzinfektion**,-en   mantar enfeksiyonu
die **Pilzvergiftung**,-en   mantar zehirlenmesi
der **Plattfuß**,⸚e   düztaban
die **Platzangst** [tekil]   meydan (yer) korkusu
die **Plombe**,-n   diş dolgusu
— **plombieren**   diş doldurmak
die **Pocken** [çoğul]   çiçek hastalığı
die **Pockenimpfung**,-en   çiçek hastalığı aşısı
die **Poliklinik**,-en   poliklinik, dispanser
die **Polio** [tekil]   polio, çocuk felci
die **Pollenallergie**,-n   çiçek tozu alerjisi
der **Polyp**,-en   polip
— **positiv**   pozitif, olumlu
die **Potenz** [tekil]   cinsel güç
die **Potenzstörungen** [çoğul]   cinsel güç rahatsızlığı
die **Prävention**,-en   hastalığın oluşmaması için önleyici tedbir
— **präventiv**   önleyici
die **Praxis/Praxen**   muayenehane
die **Praxisgebühr**,-en   muayenehane ücreti
die **Prellung**,-en   burkulma, incime
— **privat**   özel
die **Privatklinik**,-en   özel klinik

der **Privatpatient**,-en özel hasta
die **Privatversicherung**,-en özel sigorta
die **Probe**,-n numune, deneme
die **Prognose**,-n teşhis
— **progressiv** hastalığın giderek ilerlemesi
das **Promille** [tekil] promil, kanda alkol oranı
die **Prophylaxe**,-n Profilaktik,
  hastalığa karşı önceden korunma
die **Prostata**,-e prostat
die **Prostatabeschwerden** [çoğul] prostat şikayeti
die **Prostataoperation**,-en prostat ameliyatı
die **Prostatavergrößerung**,-en prostat büyümesi
das **Protein**,-e protein
— **proteinfrei** proteinsiz
— **proteinhaltig** proteinli
der **Proteinmangel** [tekil] protein eksikliği
die **Prothese**,-n protez
das **Protokoll**,-e protokol
die **Psyche**,-n ruh hali
der **Psychiater**,- psikiyatrist
die **Psychiatrie** [tekil] psikiyatri
die **psychiatrische**,-n **Klinik**,-en psikiyatri kliniği
der **Psychologe**,-n psikolog
die **Psychologie** [tekil] psikoloji
der **Psychopath**,-en piskopat
der **Psychotherapeut**,-en psikoterapist
die **Psychotherapie**,-n psikoterapi
die **Pubertät** [tekil] buluğ (erginlik) çağı
der **Puder**,- pudra
der **Puls**,-e nabız
die **Pulsader**,-n nabız damarı
der **Pulsschlag**,-̈e nabız atışı
die **Pupille**,-n göz bebeği
die **Puste** [tekil] nefes, soluk
— **pusten** üflemek

Q/q

die **Quarantäne**,-n karantina
die **Querschnittslähmung**,-en yarı felç
— **quetschen** ezmek, sıkmak
die **Quetschung**,-en ezilme

R/r

der **Rachen**,- boğaz, gırtlak
der **Rachenkatarrh**,-e yutak nezlesi (inmesi)
die **Rachenmandel**,-n bademcik
der **Radiologe**,-n radyolog
— **rauchen** sigara içmek
das **Raucherbein**,-e sigara nedeniyle bacakta
  oluşan damar sertliği
das **Raucherzimmer**,- sigara içilen salon
das **Rauschgift**,-e uyuşturucu madde
die **Rauschgiftsucht** [tekil]
  uyuşturucu madde bağımlılığı

— **rauschgiftsüchtig** uyuşturucu madde bağımlısı
— **reagieren** reaksiyon (tepki) göstermek
die **Reaktion**,-en reaksiyon, tepki
— **rechts** sağ
der **Reflex**,-e refleks
die **Regelblutung**,-en adet görme, adet kanaması
— **regelmäßig** düzenli, düzgün
die **Regeneration**,-en rejenerasyon
  (dokunun kendini yenilemesi)
die **Rehabilitation**,-en rehabilitasyon
das **Rehabilitationszentrum/**
  Rehabilitationszentren
  rehabilitasyon merkezi
die **Reiseapotheke**,-n
  seyahat (portatif) ecza kutusu
die **Reisekrankheit**,-en seyahat hastalığı
  (seyahat esnasında mide bulantısı)
der **Reizhusten** [tekil] boğmaca
der **Reizmagen**,-̈ mide yanması
der **Rentner**,- *(bay)* emekli
die **Rentnerin**,-nen *(bayan)* emekli
— **retten** kurtarmak
der **Retter**,- kurtarıcı
die **Rettung**,-en kurtarma
der **Rettungsarzt**,-̈e ilk yardım doktoru
der **Rettungshubschrauber**,-
  ambulans helikopteri
der **Rettungsring**,-e can kurtarma simidi
das **Rezept**,-e reçete
— **rezeptfrei** reçetesiz
— **rezeptpflichtig** reçeteye tabi
das **Rheuma** [tekil] romatizma
das **Rheumamittel**,- romatizma ilacı
— **rheumatisch** romatizmal
— **rhythmisch** ritmik, ritimli
der **Rhythmus/Rhythmen** ritim
die **Rhythmusstörung**,-en ritim bozukluğu
— **riechen** koklamak
die **Rippe**,-n kaburga
das **Risiko/Risiken** risk
der **Risikofaktor**,-en risk faktörü
die **Risikogeburt**,-en riskli doğum
die **Risikoschwangerschaft**,-en riskli hamilelik
— **riskant** riskli
der **Riss**,-e çatlak
die **Rohkost** [tekil] pişmemiş gıda
der **Rollstuhl**,-̈e tekerlekli sandalye
— **röntgen** röntgen çekmek
die **Röntgenabteilung**,-en röntgen servisi
die **Röntgenaufnahme**,-n röntgen çekimi
das **Röntgenbild**,-er röntgen filmi
der **Röntgenstrahl**,-en röntgen ışınları
die **Röteln** [çoğul] kızamık
der **Rote Halbmond** [tekil] kızılay
das **Rote Kreuz** [tekil] kızılhaç
die **Rotlichttherapie** [tekil] kırmızı ışık terapisi
die **Rötung**,-en kızarıklık
die **Routine** [tekil] rutin

der **Rücken**,- sırt
das **Rückenmark** [tekil] omurilik
die **Rückenmarksentzündung**,-en
omurilik iltihabı
das **Rückenproblem**,-e bel (sırt) ağrısı
die **Rückenschmerzen** [çoğul] bel ağrısı
— **ruhig** hareketsiz, sakin, sessiz

S/s

die **Salbe**,-n merhem
die **Salbe**,-n **gegen ...** ... karşı merhem
die **Salmonelle**,-n salmonella
die **Salmonellenvergiftung**,-en
salmonella zehirlenmesi
— **salzarm** az tuzlu
— **salzfrei** tuzsuz
das **Sanatorium/Sanatorien** sanatoryum
das **Sanitätshaus**,-̈er
tıbbi malzeme satış mağazası
die **SARS-Erkrankung**,-en sars hastalığı
der **Sauerstoff** [tekil] oksijen
der **Sauerstoffmangel** [tekil] oksijen eksikliği
die **Saugflasche**,-n biberon
der **Säugling**,-e süt çocuğu, bebek
die **Säure**,-n asit
der **Schädel**,- kafatası
der **Schädelbruch**,-̈e kafatası kırığı
die **Schädelfraktur**,-en kafatası kırığı
das **Schädeltrauma**,-ta kafatası travması
der **Scharlach** [tekil] kızıl hastalığı
das **Scharlachfieber** [tekil] kızıl sıtması
die **Scheide**,-n dölyolu
die **Scheidenentzündung**,-en dölyolu iltihabı
das **Schicksal**,-e kader
— **schielen** şaşı bakmak
das **Schienbein**,-e baldır kemiği, kaval kemiği
der **Schienbeinbruch**,-̈e kaval kemiği kırığı
die **Schilddrüse**,-n guatr
das **Schilddrüsenhormon**,-e
kalkan bezi hormonları
der **Schilddrüsenknoten**,- kalkan bezi
die **Schilddrüsenüberfunktion** [tekil]
kalkan bezinin fazla çalışması
die **Schilddrüsenunterfunktion** [tekil]
kalkan bezinin az çalışması
— **schizophren** şizofren
der **Schlaf** [tekil] uyku
die **Schlafbehandlung**,-en uyku tedavisi
— **schlafen** uyumak
die **Schläfe**,-n şakak
das **Schläfenbein**,-e şakak kemiği
— **schlaff** gevşek
die **Schlafgewohnheit**,-en uyku alışkanlığı
— **schlaflos** uykusuz
die **Schlaflosigkeit** [tekil] uykusuzluk
das **Schlafmittel**,- uyku ilacı

die **Schlafstörung**,-en uyku rahatsızlığı
die **Schlaftablette**,-n uyku hapı
— **schlafwandeln** uyurgezerlik
die **Schlagader**,-n atar damar
der **Schlaganfall**,-̈e felç
der **Schleim** [tekil] balgam
die **Schleimhaut**,-̈e sümüksel zar
— **schleimlösend** balgam söktürücü
der **Schluck**,-e yudum
der **Schluckauf** [tekil] hıçkırık
— **schlucken** yutmak
die **Schluckstörung**,-en yutma güçlüğü (bozukluğu)
das **Schlüsselbein**,-e köprücük kemiği
der **Schlüsselbeinbruch**,-̈e köprücük kemiği kırığı
der **Schmerz**,-en ağrı
— **schmerzen** ağrımak, acımak
— **schmerzfrei** ağrısız
— **schmerzhaft** ağrılı
das **Schmerzmittel**,- ağrı kesici ilaç
die **Schmerztablette**,-n ağrı kesici hap
die **Schmerztherapie**,-n ağrı terapisi
— **schnarchen** horlamak
— **schnaufen** solumak
der **Schneidezahn**,-̈e kesici diş
der **Schnellverband**,-̈e hazır sargı
die **Schnittwunde**,-n kesik yarası
der **Schnupfen** [tekil] nezle
der **Schock**,-s şok, sinir burhanı
— **schonen** korumak
der **Schönheitschirurg**,-en güzellik (estetik) cerrahı
die **Schönheitsoperation**,-en
güzellik (estetik) ameliyatı
die **Schonkost** [tekil] koruyucu gıda
der **Schrittmacher**,- kalp pili
die **Schulter**,-n omuz
das **Schulterblatt**,-̈er omuz (kürek) kemiği
die **Schulterschmerzen** [çoğul] omuz ağrısı
die **Schuppe**,-n kepek
die **Schuppenflechte** [tekil] sedef hastalığı
der **Schüttelfrost** [tekil] titreme
der **Schutz** [tekil] koruma
— **schützen** korumak
die **Schutzimpfung**,-en koruyucu aşı
— **schwach** zayıf
der **Schwächezustand**,-̈e halsizlik durumu
— **schwanger** hamile, gebe
— **schwanger werden** hamile olmak
die **Schwangerschaft**,-en gebelik, hamilelik
der **Schwangerschaftstest**,-s hamilelik testi
die **Schwangerschaftsverhütung**,-en
hamile kalmamak için korunma
die **Schwangerschaftswehen** [çoğul]
hamilelik sancıları
die **Schweigepflicht** [tekil]
sır mükellefiyeti, meslek sırrı
die **Schweinepest** [tekil] domuz vebası
der **Schweiß** [tekil] ter
der **Schweißausbruch**,-̈e ter boşalması

die **Schweißdrüse**,-n ter dokusu
die **Schwellung**,-en şiş, şişlik
— **schwer** ağır
— **schwerbehindert** ağır (malul) özürlü
der **Schwerbehindertenausweis**,-e
  ağır maluliyet kimlik belgesi
— **schwerhörig** duyma güçlüğü, ağır işiten
die **Schwiele**,-n nasır
der **Schwindel** [tekil] baş dönmesi
— **schwitzen** terlemek
die **Seekrankheit** [tekil] deniz tutması
die **Seele**,-n ruh
— **seelisch** ruhi
die **Sehbehinderung**,-en görme bozukluğu
— **sehen** görmek
die **Sehne**,-n sinir, kiriş
die **Sehnenzerrung**,-en kiriş gerilmesi
die **Sehschärfe**,-n göz keskinliği
die **Sehstörung**,-en görme bozukluğu
der **Sehtest**,-s görme testi
die **Seitenstiche** [çoğul] koşucu sancısı
das **Seitenstechen** [tekil] böğür sancısı
die **Selbstheilung**,-en kendiliğinden iyi olma
— **sensibel** duyarlı
das **Serum/Sera** serum
die **Serumallergie**,-n serum alerjisi
die **Serumbehandlung**,-en serum tedavisi
die **Seuche**,-n salgın hastalık
die **Sexualfunktionsstörung**,-en
  cinsel fonksiyon rahatsızlığı
der **Singultus** [tekil] hıçkırık
die **Sinusitis** [tekil] sinüzit
der **Sirup**,-e/,-s şurup
die **Sitte**,-n ahlak
das **Skelett**,-e iskelet
das **Sodbrennen** [tekil] mide yanması, ekşimesi
die **Sommersprosse**,-n çil
die **Sonde**,-n sonda
die **Sonnenallergie**,-n güneş alerjisi
der **Sonnenbrand**,ᵘe güneş yanığı
die **Sonnenbrandsalbe**,-n güneş yanığı için merhem
der **Sonnenschutz** [tekil] güneşe karşı koruma
der **Sonnenstich**,-e güneş çarpması
der **Speichel** [tekil] salya, tükürük
die **Speicheldrüse**,-n tükürük bezi
die **Speiseröhre**,-n yemek borusu
der **Spezialist**,-en mütehassıs, uzman
die **Sprechstunde**,-n çalışma saatleri
der **Sport** [tekil] spor
— **Sport treiben** spor yapmak
die **Sportverletzung**,-en
  spor yaralanması (sakatlanması)
die **Sprache**,-n lisan, dil
die **Sprachstörung**,-en konuşma bozukluğu
die **Sprechstunde**,-n çalışma (görüşme) saati
das **Sprechzimmer**,- muayene (konuşma) odası
die **Spritze**,-n iğne
— **spritzen** iğne yapmak

das **Sprungbein**,-e aşık kemiği
das **Sprunggelenk**,-e aşık eklemi
der **Spulwurm**,ᵘer bağırsak solucanı
— **stark** güçlü, kuvvetli
die **Stärkung**,-en kuvvetlendirici
das **Stärkungsmittel**,- güçlendirici ilaç
— **stationär** hastanede yatarak tedavi olmak
der **Staub** [tekil] toz
die **Stauballergie**,-n toz alerjisi
— **stechen** sokmak
— **steif** sert, katı, dik
das **Steißbein**,-e kuyruk kemiği
der **Sterbefall**,ᵘe ölüm vakası
das **Sterbegeld** [tekil] ölüm yardımı parası
die **Sterbehilfe**,-n ölüm yardımı
— **sterben** ölmek, vefat etmek
— **steril** kısır
— **sterilisieren** kısırlaştırmak
die **Stichwunde**,-n bıçak yarası
— **stillen** emzirmek
die **Stillzeit**,-en emzirme süresi
das **Stimmband**,ᵘer ses teli
die **Stimmbandentzündung**,-en ses teli iltihabı
die **Stirn**,-en alın
das **Stirnband**,ᵘer alın kemiği
die **Stirnfalte**,-n alın çizgisi (buruşukluğu)
die **Stirnhöhle**,-n ön sinüs, alın boşluğu
die **Stirnhöhlenentzündung**,-en
  alın boşluğu iltihabı
der **Stoffwechsel** [tekil] metabolizma
die **Stoffwechselerkrankung**,-en
  metabolizma hastalığı
die **Stoffwechselkrankheit**,-en
  metabolizma hastalığı
die **Stoffwechselstörung**,-en
  metabolizma rahatsızlığı
— **stöhnen** inlemek, oflamak
— **stottern** kekelemek
die **Strahlenbehandlung**,-en ışın tedavisi
die **Strahlendosis/Strahlendosen** ışın dozu
die **Strahlentherapie**,-n ışın (radyo) terapisi
der **Stress** [tekil] stres, telaş
die **Stressbewältigung**,-en stresi (telaşı) yenme
die **Stresssituation**,-en stres durumu
der **Stuhlgang** [tekil] büyük tuvalet (aptest)
die **Stuhlprobe**,-n büyük tuvalet örneği
— **stumm** dilsiz
der **Sturz**,ᵘe düşme
— **stürzen** düşmek
der **Stützstrumpf**,ᵘe varis çorabı
die **Sucht**,ᵘe bağımlılık
die **Suchtdiät**,-en bağımlılık perhizi
— **süchtig** bağımlı, düşkün
das **Symptom**,-e semptom, belirti
— **symptomatisch** semptomatik, belirtili
das **Syndrom**,-e sendrom
die **Syphilis** [tekil] frengi hastalığı

T/t

das **Tabakentwöhnungsmittel**,-
sigarayı bırakmak için ilaç
die **Tablette**,-n hap, tablet
die **Tablette**,-n einnehmen
hap almak (yutmak)
die **Tabletten**,-n gegen … … karşı hap, tablet
die **Tablettenvergiftung**,-en
tablet (hap) zehirlenmesi
die **Tagesklinik**,-en günlük klinik
die **Tagespflege** [tekil] günlük bakım
die **Talgdrüse**,-n yağ bezi
— **taub** sağır; uyuşuk
die **Taubheit** [tekil] sağırlık; uyuşma
— **taubstumm** sağır dilsiz
die **Telepathie** [tekil] telepati, ruhsal duyu
— **temperatursenkend** ısı (ateş) düşürücü
der **Testis/Testes** testis, haya bezleri
das **Testosteron**,-
testosteron, erkek seks hormonu
der **Tetanus** [tekil] tetanos
die **Tetanusimpfung**,-en tetanos aşısı
der **Therapeut**,-en tedavi eden kişi
die **Therapie**,-n tedavi, terapi
die **Therapieform**,-en terapi şekli
das **Thermalbad**,¨-er kaplıca hamamı
das **Thermometer**,- termometre, derece
der **Thorax**,-e göğüs kafesi
die **Thrombose**,-n damar pıhtılaşması
der **Thrombosestrumpf**,¨-e tromboz çorabı
die **Tinktur**,-en tentür
der **Tinnitus** [tekil] kulak çınlaması
die **Tobsucht** [tekil] kudurma
der **Tod**,-e ölüm, vefat
die **Todesangst**,¨-e ölüm korkusu
die **Todesanzeige**,-n ölüm ilanı
die **Todesursache**,-n ölüm sebebi
— **todkrank** ölümcül hasta
— **tödlich** ölümcül
die **Tollwut** [tekil] kuduz
— **tot** ölmüş, ölü
— **trocken** kuru
die **trockene Haut** [tekil] kuru cilt
das **trockene**,-n **Auge**,-n kuru göz
die **Tote**,-n (bayan) ölü
der **Tote**,-n (bay) ölü
die **Totgeburt**,-en ölü doğum
das **Toxin**,-e toksin
das **Trauma**,-ta travma
die **Träne**,-n gözyaşı
der **Tränensack**,¨-e gözyaşı kesesi
die **Transfusion**,-en kan nakli
das **Transplantat**,-e transplantat,
doku parçası veya organ nakli
die **Trauer** [tekil] yas
das **Trauma**,-ta travma
— **traumatisch** travmatik

— **träumen** rüya görmek
das **Trommelfell**,-e kulak zarı
der **Tropfen**,- damla
die **…-tropfen** [çoğul] … damlası
die **Tuberkulose**,-n tüberküloz
— **tuberkulös** veremli
der **Tumor**,-e tümör, ur
der **Typhus** [tekil] tifo
die **Typhusimpfung**,-en tifo aşısı

u/U - ü/Ü

die **Übelkeit**,-en mide bulantısı
— **üben** alıştırma yapmak
die **Überdosis/Überdosen**
normal dozajın üzerinde
— **übergeben (sich)** kusmak
das **Übergewicht** [tekil] kilo fazlalığı
— **übertragen** bulaştırmak,
nakletmek, geçirmek
— **überwachen** kontrol altında tutmak
— **überweisen** sevk etmek
der **Überweisungsschein**,-e sevk kağıdı
die **Übung**,-en alıştırma
das/die **Ulkus/Ulzera** ülser
der **Ultraschall** [tekil] ultrason
die **Ultraschalluntersuchung**,-en
ultrason muayenesi
der **Umschlag**,¨-e kompres
— **unbekannt** tanınmayan, bilinmeyen
— **unerträglich** dayanılmaz, çekilmez
— **unerwartet** beklenmeyen, ummadık
— **unerwünscht** istenilmeyen
der **Unfall**,¨-e kaza
die **Unfallstelle**,-n kaza yeri
die **Unfallversicherung**,-en kaza sigortası
— **unfruchtbar** kısır
die **Unfruchtbarkeit** [tekil] kısırlık
— **ungeduldig** sabırsız
— **ungesund** sağlıklı olmayan
— **unheilbar** tedavisi (iyileşmesi)
mümkün olmayan
die **Unruhe** [tekil] huzursuzluk
— **unruhig** huzursuz, kaygılı, endişeli
— **unschädlich** zararsız
der **Unterarm**,-e ön kol
das **Unterbewusstsein** [tekil] şuuraltı, bilinçaltı
die **Unterernährung** [tekil] gıdasızlık
die **Unterhaut** [tekil] alt deri
der **Unterkiefer**,- çene altı
der **Unterkieferbruch**,¨-e çene altı kırılması
die **Unterkühlung**,-en vücut ısısının
normalin altına düşmesi
der **Unterleib**,-er karın altı, karın alt kısmı
die **Unterlippe**,-n alt dudak
der **Unterschenkel**,- alt bacak, baldır
— **untersuchen** muayene etmek

die **Untersuchung**,-en **muayene**
das **Untersuchungsergebnis**,-se
muayene sonucu
die **Unterzuckerung** [tekil] **şekerin düşmesi**
— **unverdaulich hazmedilemeyen**
— **unverdaut hazmedilmemiş**
— **unverträglich uyuşkan olmayan**
der **Urin** [tekil] **idrar, sidik**
der **Urinbefund**,-e **idrar tahlili**
die **Urinprobe**,-n **idrar örneği**
die **Urinuntersuchung**,-en **idrar muayenesi**
der **Urologe**,-n **ürolog, bevliye doktoru**
die **Urologie** [tekil] **üroloji**
die **Ursache**,-n **sebep, neden**

V/v

die **Vagina/Vaginen vajina, dölyolu**
— **vaginal vajinal, dölyolu ile ilgili**
der **Vaginalabstrich**,-e
vajinadan alınan doku örneği
die **Vaginalerkrankung**,-en
vajina (kadın uzvu) hastalığı
die **Vaginaltablette**,-n
vajina tableti (hapı)
die **Varize**,-n **varis**
der **Vegetarier**,- *(bay)* **vejetaryen**
die **Vegetarierin**,-nen *(bayan)* **vejetaryen**
die **Vene**,-n **toplardamar**
die **Venenentzündung**,-en
toplardamar iltihabı
die **Venenerkrankung**,-en
toplardamar hastalığı
die **Venenerweiterung**,-en
toplardamar genişlemesi
der **Verband**,-̈e **sargı, bandaj**
der **Verbandskasten**,-̈ **sargı kutusu**
der **Verbandswechsel**,-
pansuman (sargı) değişmesi
das **Verbandszeug** [tekil] **sargı malzemesi**
— **verblöden bunamak**
— **verbluten kan kaybetmek**
die **Verbrennung**,-en **yanık, yanma**
der **Verdacht** [tekil] **şüphe**
— **verdächtig şüpheli**
— **verdauen hazmetmek, sindirmek**
die **Verdauung** [tekil] **hazım, sindirim**
die **Verdauungsschwäche** [tekil] **hazım zayıflığı**
die **Verdauungsstörung**,-en **hazımsızlık**
das **Verdauungssystem**,-e **hazım sistemi**
— **vereitert cerahatlenmiş**
die **Vereiterung**,-en **cerahatlenme**
die **Verengung**,-en **daralma**
die **Vererbung**,-en **kalıtım, soya çekim**
— **verfaulen çürümek**
— **vergiften zehirlemek**
die **Vergiftung**,-en **zehirlenme**

das **Verhalten** [tekil] **davranış**
der **Verhaltensfehler**,- **davranış hatası**
die **Verhaltenstherapie**,-n **davranış terapisi**
— **verheilen yaranın iyileşmesi**
die **Verhornung**,-en **nasırlaşma**
die **Verhütung**,-en **gebelikten korunma**
das **Verhütungsmittel**,-
gebelikten korunma aleti (yöntemi)
— **verkalken kireçlenmek**
der **Verlauf**,-̈e **süreç, gidişat**
die **Verletzung**,-en **yaralanma**
— **verrenkt incimiş, çıkmış**
die **Verrenkung**,-en **incinme, çıkık**
die **Verschlechterung**,-en **kötüleşme**
— **verschlucken genzine kaçmak**
— **verschreiben reçete (ilaç) yazmak**
der **Versicherte**,-n *(bay)* **sigortalı**
die **Versicherte**,-n *(bayan)* **sigortalı**
die **Versicherung**,-en **sigorta**
die **Versicherungskarte**,-n **sigorta kartı**
der **Verstand** [tekil] **akıl, şuur**
— **verstauchen burkulmak**
— **verstaucht burkulmuş**
die **Verstauchung**,-en **burkulma**
die **Verstopfung**,-en **kabızlık**
der **Verwandte**,-n *(bay)* **akraba**
die **Verwandte**,-n *(bayan)* **akraba**
— **verzweifeln ümitsizliğe düşmek**
der **Veterinär**,-e *(bay)* **veteriner**
die **Veterinärin**,-nen *(bayan)* **veteriner**
das **Virus/Viren virüs**
die **Virusinfektion**,-en **virüs enfeksiyonu**
die **Visite**,-n **vizite, ziyaret**
— **vital çok canlı**
die **Vitalität** [tekil] **canlılık**
das **Vitamin**,-e **vitamin**
— **vitaminarm az vitaminli**
— **vitaminhaltig vitaminli**
der **Vitaminmangel** [tekil] **vitamin eksikliği**
das **Völlegefühl** [tekil] **fazla doyma hissi**
die **Vollnarkose** [tekil] **tam narkoz**
die **Vorsicht** [tekil] **dikkat, özen**
die **Vorsorge** [tekil] **tedbir**
die **Vorsorgeuntersuchung**,-en
tedbir muayenesi
die **Voruntersuchung**,-en **ön muayene**

W/w

— **wach uyanık**
— **wachsen büyümek**
die **Wachstation**,-en **ayılma servisi**
(ameliyat sonrası uyanma bölümü)
das **Wachstum** [tekil] **büyüme, gelişme**
das **Wachstumshormon**,-e **büyüme hormonu**
die **Wachstumsstörung**,-en
gelişme (büyüme) rahatsızlığı

die **Wade**,-n **baldır**
das **Wadenbein**,-e **baldır kemiği**
der **Wadenkrampf**,⸚e **baldır krampı**
— **wahrnehmen** **algılamak**
die **Wange**,-n **yanak**
die **Wärmebehandlung**,-en **sıcaklık tedavisi**
das **Wartezimmer**,- **bekleme odası**
die **Warze**,-n **siğil**
das **Wasser** [tekil] **su**
die **Wasseransammlung**,-en **su birikintisi**
die **Watte**,-n **pamuk**
das **Wattestäbchen**,- **kulak pamuğu**
die **Wechseljahre** [çoğul] **adet kesilme yılları**
die **Wechseljahrsbeschwerden** [çoğul]
  adetten kesilme (yılları) şikayetleri
die **Wechselwirkung**,-en **karşılıklı tesir**
die **Wehe**,-n **doğum sancıları**
— **wehtun** **acımak**
das **weibliche**,-n **Hormon**,-e **kadın hormonu**
das **weiße**,-n **Blutkörperchen**,- **akyuvar**
— **weitsichtig** **hipermetrop**
der **Wespenstich**,-e **arı sokması**
die **Wimper**,-n **kirpik**
die **Windpocken** [çoğul] **suçiçeği**
der **Wirbel**,- **omur**
die **Wirbelsäule**,-n **bel kemiği, omurga**
— **wirksam** **tesirli, etkili**
die **Wirkung**,-en **tesir, etki**
der **Wirkungsbereich**,-e **tesir (etki) alanı**
die **Wirkungsdauer** [tekil] **tesir (etki) süresi**
— **wirkungsvoll** **tesirli, etkili**
die **Wucherung**,-en **ur, verem**
die **Wulst**,⸚e **kabarık**
die **Wunde**,-n **yara**
die **Wundbehandlung**,-en **yara tedavisi**
die **Wundheilung**,-en **yaranın iyileşmesi**
die **Wundsalbe**,-n **yara merhemi**
der **Wurm**,⸚er **solucan**
die **Wurzel**,-n **kök**
die **Wurzelbehandlung**,-en **kök tedavisi**

Z/z

der **Zahn**,⸚e **diş**
den **Zahn ziehen** **diş çekmek**
der **Zahnabszess**,-e **diş apsesi**
der **Zahnarzt**,⸚e **diş doktoru**
die **Zahnbehandlung**,-en **diş tedavisi**
der **Zahnbelag**,⸚e **diş pası**
den **Zahn**,-e **plombieren** **dişleri doldurmak**
die **Zahnfäule** [tekil] **diş çürüğü**
das **Zahnfleisch** [tekil] **diş eti**
die **Zahnfleischblutung**,-en **diş eti kanaması**
die **Zahnfleischentzündung**,-en **diş eti iltihabı**
die **Zahnfüllung**,-en **diş dolgusu**
der **Zahnkaries** [tekil] **diş çürüğü**
die **Zahnklinik**,-en **diş kliniği**

die **Zahnkrone**,-n **diş kaplaması**
— **zahnlos** **dişsiz**
die **Zahnlücke**,-n **diş arasındaki boşluk**
der **Zahnnerv**,-en **diş siniri**
die **Zahnprothese**,-n **diş protezi**
die **Zahnschmerzen** [çoğul] **diş ağrısı**
die **Zahnspange**,-n **dişe takılan tel**
der **Zahnstein** [tekil] **diş taşı**
der **Zahntechniker**,- *(bay)* **diş teknisyeni**
die **Zahntechnikerin**,-nen
  (bayan) **diş teknisyeni**
die **Zahnwurzel**,-n **diş kökü**
die **Zahnwurzelentzündung**,-en
  diş kökü iltihabı
das **Zäpfchen**,- **fitil**
die **Zecke**,-n **kene**
der **Zeckenbiss**,-e **kene ısırması**
der **Zeh**,-en **ayak parmağı**
der **Zehenknochen**,-
  ayak parmak kemikleri
der **Zeigefinger**,- **işaret parmağı**
die **Zelle**,-n **hücre**
das **Zellgewebe** [tekil] **hücre dokusu**
die **Zellulitis** [tekil] **selülit**
das **Zentralnervensystem**,-e
  merkezi sinir sistemi
das **Zentrum/Zentren** **merkez**
das **Zink** [tekil] **çinko**
der **Zinkmangel** [tekil] **çinko eksikliği**
die **Zerrung**,-en **(kas) gerilmesi**
— **zittern** **titremek**
der **Zorn** [tekil] **öfke**
— **zuckerkrank** **şeker hastası**
die **Zuckerkrankheit**,-en **şeker hastalığı**
— **zunehmen** **kilo almak, şişmanlamak**
die **Zunge**,-n **dil**
— **zusammenbrechen** **yıkılmak, çökmek**
der **Zustand**,⸚e **hal, durum, konum**
die **Zwangsernährung** [tekil] **mecburi beslenme**
der **Zwergwuchs** [tekil] **cücelik**
der **Zwilling**,-e **ikiz**
die **Zwillingsgeburt**,-en **ikiz doğumu**
der **Zwölffingerdarm** [tekil]
  onikiparmak bağırsağı
das **Zwölffingerdarmgeschwür**,-e
  onikiparmak bağırsağı ülseri
die **Zyste**,-n **kist**

... nerededir?
Wo ist der/die/das ...?
... hakkında nereden bilgi alabilirim?
Wo kann ich mich über ... informieren?

Acil Servis Numaraları - Notrufnummern
Polis - Polizei: 110
İtfaiye - Feuerwehr: 112
Kurtarma Servisi - Rettungsdienst: 112

RESMİ DAİRELER
BEHÖRDEN

Genel
Allgemeines

Abmeldungen
Kaydı Sildirme
Abfallentsorgung
Çöplerin İmhası
Abstammungsscheine
Köken Belgeleri
Adoptionen - Evlatlık Edinme
Bundesagentur für Arbeit
İş ve İşçi Bulma Kurumu/Federal İş Ajansı
Alten- und Pflegeheime
Yaşlı ve Bakım Evleri
Altenhilfe - Yaşlılara Yardım
Altenwohnungen - Yaşlılar Evi
Altöl, Altreifen
Eski Yağlar ve Tekerlekler
Amtsvormundschaften/-pflegschaften
Resmi Vasi ve Bakım İşleri
Amtsgericht - Yerel Mahkeme
Anmeldungen - İkamet Kayıtları
Anmeldung für Eheschließung
Evlenmek için Müracaat
Arbeitsgericht - İş Mahkemesi
Asylstelle - İltica Dairesi
Ausbildungsförderung (BAFöG)
Meslek Eğitim Bursu
Ausländerbeirat - Yabancılar Meclisi
Ausländerbüro - Yabancılar Dairesi
Beglaubigungen - Tasdikler, Onaylar
Behinderte - Engelliler
Anträge für Behindertenausweise
Engelliler Cüzdanı için Müracaatlar

225

Beratungsstellen für ...
... için Danışma

- AIDS-Telefonberatung
  AIDS-Telefon Danışmanlığı
- AIDS-Hilfe - AIDS-Yardımı
- Behindertenfahrdienst und
  Medikamenten-Notdienst
  İlaç ve Acil Yardım Servisi
- Krebsbetroffene - Kanserliler
  Blindenhilfe und Hilfe für hochgradig
  Sehschwache - Körlere ve İlerlemiş
  Düzeyde Göremeyenlere Yardım
- Pro-Familia
  Pro-Familia (Aile Danışmanlığı)
- Schulberatung
  Okul (Eğitim) Danışmanlığı
- Schuldenberatung
  Borçlular Danışmanlığı
- Drogenberatung
  Uyuşturucu Madde Bağımlılar
  Danışmanlığı
- Erziehungsberatung
  Eğitim Danışmanlığı

Bergbau-Berufsgenossenschaft
İş Kazası ve Meslek Hastalıkları Sigortası
Bundesknappschaft
Madenciler Emekli Sandığı
Bußgeld - Para Cezası
Bürgerbüro - Halk Hizmet Dairesi
Denkmalschutz - Tarihi Eserleri Koruma
Einwohneramt - Nüfus Dairesi
Eheschließung - Evlilik Akdi
Einbürgerung - Vatandaşlığa Alınma
Familienbildungsstätte
Aile Eğitim Merkezleri
Fernsehgebührenbefreiung
Televizyon Harcından Muafiyet
Feuerwehr - İtfaiye
Finanzamt - Maliye
Frauenbeirat - Kadınlar Meclisi
Frauenhaus - Kadınlar Evi
Führerscheine - Ehliyetler
Führungszeugnisse - İyi Hal Belgeleri

Fundbüro - Kayıp Eşya Dairesi
Geburten - Doğumlar
Geburtsscheine - Doğum Belgeleri

Gesundheitsaufsicht und
Desinfektionswesen
Sağlık Gözetleme ve Dezenfekte İşleri

- Gesundheitsamt - Sağlık Dairesi
- Gesundheitszeugnisse Sağlık Belgeleri
- Gesundheitszeugnis für
  Lebensmittelgewerbe
  Gıda Sektörü için Sağlık Belgesi
- Sozialpsychiatrischer Dienst
  Sosyal Psikiyatri Hizmeti

Gewerbeangelegenheiten
İşletme Ruhsat İşleri
Gewerbezentralregisterauskünfte
Merkezi İşletme Sicil Bilgileri
Haushaltsauflösung - Ev Eşyalarını Atma
Haushaltsbescheinigung
Hane Kayıt Belgesi
Hundesteuer - Köpek Vergisi
Informationsschriften - Bildiriler
Jugendamt - Gençlik Dairesi
Jugendförderung - Gençlik Teşviği
Jugendschutz - Gençleri Koruma
Kassen - Vezneler
Kämmerei - Belediye Meclisi
Kfz-Zulassung - Taşıt (Trafik) Kaydı
Kinderausweise Çocuk Nüfus Cüzdanları
Kindergärten - Anaokulları
Kindergeld - Çocuk Parası
Kinderschutzbund
Çocukları Koruma Teşkilatı
Kinder-Verkehrs-Club Çocuk Trafik Kulübü
Kleingärten - Küçük Bahçeler
Kulturbüro - Kültür Dairesi
Landgericht - Asliye Hukuk Mahkemesi
Lärmbeschwerden - Gürültüden Şikayet
Lebensbescheinigungen - Nüfus Kayıtları
Lebensmittelüberwachung
Gıda Maddeleri Denetleme
Lohnsteuerkarten - Vergi Karneleri

Mietangelegenheiten - Kira Konuları
Mietspiegel - Kira Göstergesi
Müllabfuhr
Çöp Bidonlarını Boşaltma Servisi
Museum - Müze
Namensänderungen - İsim Değiştirme
Naturschutz - Doğayı Koruma
Obdachlose - Evsizler
Ordnungsamt - Kamu Düzeni Dairesi
Personalausweise - Nüfus Cüzdanları
Pflegekinder - Bakıma Alınan Çocuklar
Polizeiwache - Polis Karakolu
Post - Postane
Presse- und Informationsamt
Basın ve Yayın Dairesi
Prozesskostenhilfe
Mahkeme Masrafları Yardımı
Rechtsamt - Hukuk Dairesi
Reisepässe - Pasaportlar
Rentenversicherung
Emeklilik Sigortası
Rundfunk- und Fernsehgebühren-
befreiung
Radyo ve Televizyon Harç Muafiyeti
Schiedsmänner - Arabulucular
Schulen - Okullar
Schulverwaltungsamt - Eğitim Dairesi
Schwerbehinderte - Ağır Engelliler
Schwerbehindertenausweise
Ağır Engelliler Kimlikleri
Seniorenbeirat - Yaşlılar Meclisi
Sondernutzung öffentlicher
Verkehrsflächen
Kamu Alanlarının Özel Kullanımı
Sozialamt - Sosyal Daire
Sozialhilfe - Sosyal Yardım
Sperrmüll - Atılacak Büyük Ev Eşyaları
Staatsangehörigkeiten Vatandaşlık İşleri
Staatsanwaltschaft - Savcılık
Stadtsportbund - Şehir Spor Birliği
Stadtwerke - Su, Elektrik, Gaz İşletmesi
Standesamt - Evlendirme Dairesi
Sterbefälle Ölüm Durumunda İşlemler
Sterbeurkunden Ölüm Belgeleri
Steueramt - Vergi Dairesi

Stiftungsberatung
Vakıflar Danışmanlığı
Straßenverkehrsamt
Trafik Dairesi
Telefon- und
Anschlussgebührenermäßigung
Telefon ve Hat Ücretleri İndirimi
Tierschutzverein
Hayvanları Koruma Derneği
Touristeninformation Turist Danışma
TÜV (Technischer Überwachungsverein)
Teknik Trafik Muayene Kurumu
Unterhaltsbeihilfe für Auszubildende
Meslek Eğitimi Görenlere Yardım
Ummeldungen - Kayıt Değiştirme
Umweltamt - Çevre Dairesi
Umweltschutz - Çevre Koruma
Umwelttelefon - Çevre Telefonu
Unterhaltssicherung für Wehrpflichtige
Asker Mükellefleri için Geçim Güvencesi
Untersuchungsberechtigungsscheine
Tıbbi Muayene Hak Belgesi
Vergnügungssteuer
Eğlence Yerleri Vergisi
Verkehrserziehung Trafik Eğitimi
Versorgungsamt Geçim ve Bakım Dairesi
Versicherungsamt Sigorta Dairesi
Veterinäramt - Veteriner Dairesi
Volkshochschule Halk Eğitim Merkezi
Wohnberechtigungsbescheinigung (WBS)
Sosyal Konut Hak Belgesi
Wohngeld - Konut Parası
Umweltservice - Çevre Servisi
Zollamt - Gümrük Dairesi

Yabancılar Dairesi
Ausländerbüro

... aylık turist vizem var.
Ich habe ein Touristenvisum
für... Monate.
İkametgah bildirisinde bulunmak
istiyorum.
Ich möchte meinen Aufenthalt
anzeigen.
Vizemi ... hafta/ay uzatmak istiyorum.
Ich möchte mein Visum für ... Wochen/
Monate verlängern.
Bir uyum (entegrasyon) kursuna
gitmek istiyorum.
Ich möchte einen Integrationskurs
besuchen.
Oturma izni için müracaat
etmek istiyorum.
Ich möchte eine Aufenthalts-
erlaubnis beantragen.
Oturma iznimi … yıl için
uzattırmak istiyorum.
Ich möchte meine Aufenthalts-
erlaubnis für ... Jahr/-e
verlängern lassen.
Süresiz oturma izni için müracaat
etmek istiyorum.
Ich möchte eine unbefristete
Aufenthaltserlaubnis beantragen.
Bunun için şu evraklara
ihtiyacınız var: ...
Dazu brauchen Sie
folgende Unterlagen: ...
Oturma izni/Süresiz oturma izni
alamazsınız. Çünkü ...
Sie können keine Aufenthalts-
erlaubnis/unbefristete Aufenthalts-
erlaubnis erhalten, weil ...
Babamı/... ziyaretçi olarak Almanya'ya
davet etmek istiyorum.
Ich möchte meinen Vater/... als
Besucher nach Deutschland einladen.
Kazanç belgem buradadır.
Hier ist meine Verdienstbescheinigung.

Burada kaldığı sürece geçimini temin
edeceğimi taahhüt ederim.
Ich verpflichte mich dazu, für seinen
Lebensunterhalt während seines
Aufenthaltes aufzukommen.

Federal İş Ajansı
Bundesagentur für Arbeit

İş ve işçi bulma/İş danışması için
müracaat yeri nerededir?
Wo ist die Stelle für Arbeitsvermittlung/
Arbeitsberatung?
İşsizlik parası hakkında bilgi almak
istiyorum.
Ich möchte mich über Arbeitslosengeld
informieren.
Meslek değiştirme kursları/... hakkında
nereden bilgi alabilirim?
Wo erhalte ich Informationen über
Umschulungsmaßnahmen/...?
Ebeveyn parası/Çocuk parası hakkında
bilgi almak istiyorum.
Ich möchte mich über Elterngeld/
Kindergeld informieren.
Çocuk parası/Ebeveyn parası için
başvurmak istiyorum.
Ich möchte gerne Kindergeld/
Elterngeld beantragen.
... tarihinden beri çocuk parası/ebeveyn
parası alamıyorum.
Ich bekomme seit ... kein Kindergeld/
Elterngeld mehr.
Lütfen nedenini bana söyleyin.
Bitte nennen Sie mir den Grund.
Ebeveyn sürecinde ücretimin yüzde
kaçını alabilirim?
Wie viel Prozent meines Lohnes stehen
mir während der Elternzeit zu?
Çocuk parası/Ebeveyn parası/
Çocuk zammı alabilmek için
hangi şartları yerine getirmem gerekir?
Welche Voraussetzungen muss ich erfüllen,
um einen Anspruch auf Kindergeld/
Elterngeld/Kinderzuschlag zu haben?

Devlet meslek bursu/Eğitim bursu
hakkında nereden bilgi alabilirim?
Wo kann ich mich über staatliche
Ausbildungsförderung/
Stipendienvergaben informieren?
BAföG'in (Berufsausbildungs-
förderungsgesetz - Meslek Eğitim
Teşvik Yasası) ne kadar olduğu
nasıl tespit ediliyor?
Wie wird die Höhe des
BAföG-Satzes ermittelt?
Meslek eğitim teşviğini geri
ödeme şekli nasıl?
Wie sehen die Rückzahlungs-
modalitäten von Berufsausbildungs-
förderung aus?
Mesleki olarak uyum
sağlamak istiyorum.
Ich möchte mich beruflich eingliedern.
İleri meslek eğitimi/… Agentur
für Arbeit - İş ajansı tarafından
karşılanıyor mu?
Werden die Fortbildungsmaßnahmen/…
von der Agentur für Arbeit finanziert?
Meslek eğitimi için bana neyi
önerebilirsiniz?
Welche Bildungsträger können Sie
mir empfehlen?
Bana uygun meslek eğitimi arıyorum.
Meslek danışmanını nerede bulabilirim?
Ich suche eine Berufsausbildung,
die zu mir passt. Wo finde ich
Berufsberater/-innen?
Meslek eğitimi yerlerine müracaat
etme süresi ne zaman bitiyor?
Wann enden die Fristen für
die Bewerbung um einen
Ausbildungsplatz?

Meslek eğitim teşviği için
başvurmak istiyorum.
Ich möchte Ausbildungsförderung
beantragen.
Meslek edinme teşvik bursu
alma hakkım var mı?
Steht mir Ausbildungsförderung zu?
Evet, meslek edinme teşvik
bursu alabilirsiniz.
Ja, Ihnen steht Ausbildungs-
förderung zu.
Hayır, meslek edinme teşvik bursu
alamazsınız.
Nein, Ihnen steht keine
Ausbildungsförderung zu.
Meslek eğitimini destekleyici
olanaklar neleri kapsamaktadır?
Was beinhalten die ergänzenden
Unterstützungsangebote zu einer
Berufsausbildung?
… tarihinden beri işsizim.
Ich bin seit … arbeitslos.
İş yeri arıyorum.
Ich suche einen Arbeitsplatz.
… Firmasında … olarak çalışmak
istiyorum.
Ich möchte demnächst bei der
Firma … als … arbeiten.
Çalışma izni için müracaat etmek istiyorum.
Ich möchte eine Arbeitserlaubnis
beantragen.
Maalesef, (size) çalışma izni
veremeyeceğiz. Çünkü …
Leider können wir (Ihnen) keine
Arbeitserlaubnis erteilen, weil …
Çalışma iznimi uzatmak istiyorum.
Ich möchte meine Arbeitserlaubnis
verlängern lassen.

Bundesagent
für Arbeit

229

Almanya'da çalışabilmem için hangi
tür oturma iznine ihtiyacım var?
Welchen Aufenthaltstitel brauche
ich, um in Deutschland
arbeiten zu dürfen?
İş bulma hizmetlerinden
yararlanmak istiyorum.
Ich möchte die Arbeitsvermittlung
in Anspruch nehmen.
Başvuru hazırlığını (denemesini)
nerede yapabilirim?
Wo kann ich ein Bewerbungs-
training machen?
İş tekliflerini hangi aralıklarda
sunuyorsunuz?
In welchen Abständen unterbreiten
Sie Vermittlungsvorschläge?
İş görüşmesi için yol masraflarım
Bundesagentur für Arbeit - Federal İş
Ajansı tarafından kabul edilir mi?
Trägt die Agentur für Arbeit
meine Reisekosten zu den
Bewerbungsgesprächen?
Akademisyenler için beceri
eğitimi/meslek değiştirme eğitimi/
meslekte ilerleme eğitimi/… hakkında
nereden bilgi alabilirim?
Wo kann ich mich über
Qualifizierungsmaßnahmen/
Umschulungsmaßnahmen/
Weiterbildungsmaßnahmen für
Akademiker/-innen informieren?
Serbest çalışmam için işletme izni
almam gerekir mi?
Muss ich für meine Selbstständigkeit
ein Gewerbe anmelden?
İşsizlik sigortası için gelir
sınırı ne kadar?
Wie hoch ist die Einkommensgrenze
für die Arbeitslosenversicherung?
Ne zamandan itibaren
Hartz IV alırım?
Ab wann beziehe ich Hartz IV?

Sosyal Daire
Sozialamt

Sosyal yardım talep edebilmem
için gelirimin ne kadar
olması gerekir?
Bis zu welchem Einkommen kann
ich Sozialhilfe beantragen?
Sosyal yardım ödemesi ne
zaman kesilir?
Wann wird mir die Sozialhilfe
gestrichen?
Ailem 5/… aile fertlerinden
oluşmaktadır.
Zu meinem Haushalt gehören 5/…
Familienmitglieder.
Konut yardımı alabilmek için hangi
şartları yerine getirmem gerekir?
Welche Voraussetzungen muss ich
erfüllen, um einen Anspruch auf
Wohngeld zu haben?
Bekar olarak kira yardımı
alabilir miyim?
Kann ich auch als alleinstehende
Person Wohngeld beziehen?
Kira yardımı alabilmek için
konutlarda şart aranıyor mu?
Gibt es Voraussetzungen an die
Wohnung, um Anspruch auf
Wohngeld zu haben?
Kira yardımı için müracaat
etmek istiyorum.
Ich möchte Wohngeld beantragen.
Kazanç belgem burada.
Hier ist meine Verdienstbescheinigung.
Konut hak edinme belgesi istiyorum.
Ich hätte gerne einen
Wohnberechtigungsschein.
Geçim avansı almak için hangi şartların
yerine getirilmesi gerekir?
Welche Voraussetzungen
müssen erfüllt werden, um einen
Anspruch auf Unterhaltsvorschuss
zu haben?

Geçim yardımı/... için müracaat
etmek istiyorum.
Ich möchte Hilfe für meinen
Lebensunterhalt/... beantragen.
Dil kursunun/Almanca kursunun
masrafları karşılanabilir mi?
Können die Kosten für den Sprachkurs/
Deutschkurs/... übernommen werden?
İkametim/İkametimiz için ne gibi
masraflar karşılanabilir?
Welche Kosten für meine/unsere
Unterkunft können übernommen werden?
Radyo ve televizyon ücretinden muaflık
dilekçesi vermek istiyorum.
Ich möchte einen Antrag auf
Rundfunk- und Fernsehgebühren-
befreiung stellen.
İncelendikten sonra başvuru hakında
karar verilecektir.
Nach einer Überprüfung wird über
den Antrag entschieden.

Vatandaş Hizmet Bürosu/
Nüfus Dairesi
Bürgerbüro/Einwohneramt

Yabancılar Dairesi/... Dairesi nerededir?
Wo ist das Ausländeramt/Amt für ...?
... için kim görevlidir?
Wer ist zuständig für ...?
... hakkında danışma nerededir?
Wo ist die Beratungsstelle für ...?
... konusunda kime müracaat
etmem gerekir?
An wen kann ich mich bei Fragen
über ... wenden?
İkamet/... kaydımı/kaydımızı
yaptırmak istiyorum.
Ich möchte meinen/unseren
Wohnsitz/... anmelden.
İkamet/... kaydımı/kaydımızı
sildirmek istiyorum.
Ich möchte meinen/unseren
Wohnsitz/... abmelden.

Lütfen şu formüleri doldurun.
Bitte füllen Sie das Formular aus.
Formun ev sahibi/... tarafından
imzalanması gerekir.
Das Formular muss vom Vermieter/...
unterschrieben werden.
Bu fotokopiyi/sureti/imzayı tasdik
ettirmek istiyorum.
Ich möchte diese Fotokopie/
Abschrift/Unterschrift
beglaubigen lassen.
Nüfus cüzdanı/Pasaport/Çocuk
nüfus cüzdanı tanzim
ettirmek istiyorum.
Ich möchte einen Personalausweis/
Reisepass/Kinderausweis/...
ausstellen lassen.
Muayene edilme hak belgesi
almak istiyorum/...
Ich möchte einen Untersuchungs-
berechtigungsschein/...
İkametgah belgesine/kayıt
belgesine ihtiyacım var.
Ich benötige eine Aufenthaltsbeschei-
nigung/Meldebescheinigung.
İyi hal kağıdına/... ihtiyacım var.
Ich benötige ein Führungszeugnis/...
İyi hal kağıdı/... resmi bir daire için mi,
yoksa özel bir amaç için mi?
Soll das Führungszeugnis/...
für eine Behörde oder für einen privaten
Zweck ausgestellt werden?
İyi hal kağıdı ... için.
Das Führungszeugnis ist für ...
Çocuğum için çocuk nüfus cüzdanı
tanzim ettirmek istiyorum.
Ich möchte für mein Kind einen
Kinderausweis ausstellen lassen.
Vergi karnesine ihtiyacım var.
Ich benötige eine Lohnsteuerkarte.
Vergi karnemin sınıfını
değiştirtmek istiyorum.
Ich möchte die Steuerklasse
auf meiner Lohnsteuerkarte
ändern lassen.

Yedek vergi karnesi tanzim
ettirmek istiyorum.
Ich möchte eine Ersatzlohnsteuer-
karte ausstellen lassen.
Muayene edilme belgesine
ihtiyacım var.
Ich benötige einen
Untersuchungsberechtigungsschein.
Para cezası/... için yetkili yer nerededir?
Wo ist die zuständige Stelle
für Bußgeld/...?

Polis
Polizei

En yakın polis karakolu nerede?
Wo ist die nächste Polizeiwache?
Çocuğum/... kayboldu.
Mein Kind/... ist verschwunden.
Bana yardımcı olur musunuz?
Können Sie mir helfen?
Ben bir hırsızlık/kaza vakası/
... ihbar etmek istiyorum.
Ich möchte einen Diebstahl/
Unfall/ ... melden.
Benim çantam/... çalındı.
Mir ist die Handtasche/...
gestohlen worden.
Arabam/... soyuldu.
Mein Auto/... ist ausgeraubt worden.
Genel olarak eşitlik/ayrımcılık
konusunda kime başvurmam gerekir?
An wen wende ich mich an
meinem Arbeitsplatz bei dem Thema
allgemeine Gleichbehandlung/
Diskriminierung?

İş yerimde ayrımcılığa uğradığımı
hissediyorum.
Ich fühle mich an meinem Arbeitsplatz
diskriminiert.
Cinsel taciz konusunda nereye
şikayetçi olabilirim?
Wo kann ich mich über sexuelle
Belästigung beschweren?
İş yerimde/…'da kendime cinsel
taciz edildiği hissindeyim.
Ich fühle mich an meinem
Arbeitsplatz/... sexuell belästigt.
Kadın sığınma evleri/… nerede?
Wo gibt es Frauenhäuser/…?
Ben dolandırıldım.
Ich bin betrogen worden.
Nerede ve ne zaman oldu?
Wo und wann ist es passiert?
...'da saat ...'da oldu.
Es ist in/am ... um ... Uhr passiert.
...'yı son olarak nerede ve ne
zaman gördünüz?
Wo und wann haben Sie
... zuletzt gesehen?
...'yı son olarak ... tarihinde gördüm.
Ich habe ... zuletzt am ... gesehen.
Lütfen ...'yı tarif edin.
Beschreiben Sie ... bitte.
Olayı araştıracağız.
Wir werden der Sache nachgehen.
Avukatım/... ile konuşmak
istiyorum.
Ich möchte mit meinem
Anwalt/... sprechen.

Lütfen aileme/... haber verin.
Verständigen Sie bitte meine Familie/...
Sigortam/... için bir belgeye
ihtiyacım var.
Ich brauche eine Bescheinigung
für meine Versicherung/...

İtfaiye ve Kurtarma Hizmetleri
Feuerwehr und Rettungsdienst

Yangın/... ihbarında bulunmak
istiyorum.
Ich möchte einen Brand/... melden.

- Araba yangını - Pkw-Brand
- Bahçe yaprakları yangını
  Gartenlaubenbrand
- Bodrum yangını - Kellerbrand
- Çatı yangını - Dachstuhlbrand
- Depo yangını - Depot-Brand
- Ev yangını - Wohnungsbrand
- Oda yangını - Zimmerbrand
- Kamyon yangını - Lkw-Brand
- Konteyner yangını - Containerbrand
- Mahsur kalan (kaybolan) kişi
  Eingeschlossene Person
- Patlama - Explosion
- İnsanlar/Hayvanlar/... zor durumda.
  Es sind Menschen/Tiere/... in Not.

Trafik kazası/... ihbarında
bulunmak istiyorum.
Ich möchte einen Verkehrsunfall/
... melden.

- Asansörde kalma
  Feststecken im Aufzug
- Bomba/Savunma malzemesi
  Bombe/Kampfmittel
- Gaz kazası - Gasunfall
- Bina çökmesi - Gebäudeeinsturz
- İnşaat kazası - Bauunfall
- Kendini aşağı atma tehditi
  Person droht zu springen
- Otobüs kazası - Busunfall
- Sıkışmış insan/-lar
  eingeklemmte Person/-en
- Tramvay kazası
  Straßenbahnunfall
- Tehlikeli madde
  gefährlicher Stoff
- Zincirleme kaza
  Massenunfall

Acil kurtarma servisine/
... ihtiyacımız var.
Wir brauchen dringend einen
Rettungsdienst/...

- Ambulans - Krankenwagen
- İlk yardım doktoru - Notarzt
- Kalp krizi/... vakası var.
  Es liegt ein Herzinfarkt/... vor.
- Bacak kırılması/Kol kırılması
  Beinbruch/Armbruch
- Çocuk acil durumu
  Kindernotfall
- Doğum - Entbindung
- Ev kazası - Hausunfall
- Felç - Schlaganfall
- Kesik yarası - Schnittwunde
- Şiddetli ağrı - starke Schmerzen
- Tepkisizlik - nicht ansprechbar

Nerede oldu?
Wo geschah es?
Ne oldu?
Was geschah?
Kaç kişi etkilendi?
Wie viele Personen sind betroffen?
Acil durum nedir? Hasta veya
yaralı var mı?
Welche Art der Notlage liegt vor?
Gibt es Kranke oder Verletzte?
Sorular için bekleyin!
Warten Sie auf Fragen!

Kayıp Eşya Bürosu
Fundbüro

Bu eşyayı (şeyi) ... tarihinde
saat ...'da buldum.
Ich habe diesen Gegenstand
am ... um ... Uhr gefunden.
...'yi ... tarihinde saat ...'da
kaybettim/unuttum.
Ich habe ... am ... um ... Uhr
verloren/liegenlassen.
Lütfen kaybedilen eşyayı tarif edin.
Beschreiben Sie bitte den
verlorenen Gegenstand.
Görünümü şöyleydi: ...
Er sah folgendermaßen aus: ...

Trafik Dairesi
Straßenverkehrsamt

Arabamı kaydettirmek istiyorum.
Ich möchte meinen Wagen anmelden.
Arabamın kaydını sildirmek istiyorum.
Ich möchte meinen Wagen abmelden.
Ehliyetimi kaybettim.
Ich habe meinen Führerschein verloren.
Ehliyetim çalındı.
Mein Führerschein ist mir
gestohlen worden.

Yeni bir ehliyet için müracaat
etmek istiyorum.
Ich möchte einen neuen
Führerschein beantragen.
Türk ehliyetimi değiştirmek istiyorum.
Ich möchte meinen türkischen
Führerschein umschreiben lassen.

Karışık
Gemischtes

Eğitim yardımı hakkında bilgi
almak istiyorum.
Ich möchte mich über
Erziehungshilfen informieren.
Haşeratlar için kim yetkili?
Wer ist zuständig für die
Schädlingsbekämpfung?
...'yı ihbar etmek istiyorum.
Ich möchte einen ... anzeigen.
Annelik danışma yeri nerededir?
Wo findet die Mütterberatung statt?

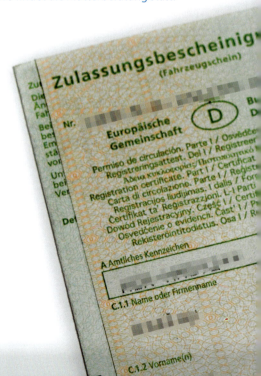

Hangi evrakları getirmem gerekir?
Welche Unterlagen muss
ich mitbringen?
Gürültüden dolayı şikayetçi
olmak istiyorum.
Ich möchte mich über
Lärmbelästigung beschweren.
...'dan rahatsız oluyorum.
Ich fühle mich durch ... gestört.
Çok çocuklu aileler için hangi
avantajlar (menfaatler) var?
Welche Vergünstigungen gibt es
für kinderreiche Familien?
Kazanç belgem burada.
Hier ist meine Verdienstbescheinigung.
Konut hak belgesi istiyorum.
Ich hätte gerne eine Wohnberechti-
gungsbescheinigung.

Hastalık sigortası/Kaza sigortası/...
hakkında bilgi edinmek istiyorum.
Ich möchte mich über die Kranken-
versicherung/Unfallversicherung/...
informieren.
Mahkeme masrafları yardımı için
müracaat etmek istiyorum.
Ich möchte Prozesskostenhilfe
beantragen.
Emeklilik sigortası hakkında
bilgi almak istiyorum.
Ich möchte mich über die Rentenver-
sicherung informieren.
Gençleri teşvik/Gençleri koruma
hakkında bilgi almak istiyorum.
Ich möchte mich über Jugendförderung/
Jugendschutz informieren.
Çocuğumu anaokuluna/ilkokula/...
kaydettirmek istiyorum.
Ich möchte mein Kind für den
Kindergarten/die Grundschule/...
anmelden.

A/a

die **Abbuchung**,-en hesaptan çıkarma; kayıttan silme
die **Abfallbeseitigung**,-en çöp imha etme
die **Abfindung**,-en tazminat
die **Abfindungssumme**,-n tazminat tutarı
die **Abgabefrist**,-en teslim süresi
— **abgeben** vermek, elden çıkarmak
— **abheben** hesaptan para çekmek
der **Abhilfebescheid**,-e yardım bildirisi
— **abkürzen** kısaltmak, azaltmak
die **Abkürzung**,-en kısaltma; azaltma
der **Ablauf der Frist**,-en süre bitimi
— **abmelden** kayıt yıktırmak, sildirmek
die **Abmeldung**,-en kayıt yıktırma, sildirme
— **abrechnen** hesaplamak, hesaplaşmak
die **Abrechnung**,-en hesap, hesaplaşma
die **Abschlagszahlung**,-en avans, borç taksidi
— **abschließen** sözleşme yapmak; neticelendirmek
der **Abschlusstest**,-s bitirme sınavı
die **Abschrift**,-en nüsha, suret
die **Abschlussmaßnahme**,-n bağlantılı tedbir
die **Abteilung**,-en birim, bölüm, departman, şube
— **abtreten** devir ve temlik etmek, istifa etmek
die **Abtretungserklärung**,-en devir beyanı
die **Abtretungsvereinbarung**,-en
  haktan vazgeçme anlaşması
der **Abzug**,⸚e indirim, iskonto
die **abzugsfähige**,-n **Aufwendung**,-en
  düşülebilen masraf, gideri
die **abzugsfähige**,-n
  Unterhaltsaufwendung,-en düşülebilen
  (kesilebilen, bakım) nafaka masrafları
die **Abzugssteuer**,-n kaynaktan
  kesilen vergi, stopaj vergisi
das **Adoptivkind**,-er evlat edinilen çocuk
die **Agentur**,-en ajans
die **Akademie**,-n akademi
die **Akontozahlung**,-en borca karşılık önceden
  yapılan kısmi ödeme, depozito, kapora, peşinat
die **Aktie**,-n hisse, hisse senedi
der **Aktieninhaber**,- hisse senedi sahibi, aksiyoner *(bay)*
die **Aktieninhaberin**,-nen hisse senedi
  sahibi, aksiyoner *(bayan)*
der **Aktionär**,-e hisse senedi sahibi,
  hissedar, pay sahibi *(bay)*
die **Aktionärin**,-nen hisse senedi sahibi,
  hissedar, pay sahibi *(bayan)*
die **Alleinstehende**,-n evli olmayan; kimsesiz *(bayan)*
der **Alleinstehende**,-n evli olmayan; kimsesiz *(bay)*
der **allgemeine**,-n **Integrationskurs**,-e genel uyum kursu
das **Alter** [tekil] yaş; kıdem, eskilik
der **Altersfreibetrag**,⸚e yaşlılık için
  vergi kesilmeyen tutar
das **Altersheim**,-e yaşlılar yurdu, huzur evi
die **Altersrente**,-n emekli maaşı
die **Altersversorgung**,-en yaşlılık sigortası
das **Amt**,⸚er daire; görev, iş, makam
das **Amt**,⸚er **für Einwohnerwesen** nüfus dairesi
das **Amt**,⸚er **für öffentliche Ordnung**
  kamu düzeni dairesi
das **Amt**,⸚er **für Wohnungswesen** konut dairesi
— **amtlich** resmen, resmi

die **amtliche**,-n **Beglaubigung**,-en resmi tasdik, onay
das **amtsärztliche**,-n **Zeugnis**,-se
  resmi doktor belgesi, rapor
das **Amtsgericht**,-e yerel mahkeme
der **An- und Verkauf**,⸚e alım ve satım
— **ändern** değiştirmek
die **Anerkennung**,-en tanıma, kabul etme
die **Angabe**,-n beyan, ifade
— **angeben** beyan etmek, zikretmek, göstermek
die **Anlageberatung**,-en yatırım danışmanlığı
die **Anlagefinanzierung**,-en yatırım finansmanı
die **Anleihe**,-n tahvil
das **Anleihepapier**,-e tahvil fonu
die **Anmeldefrist**,-en ihbar, kayıt yaptırma, bildiri süresi
— **anmelden** kayıt yaptırmak, bildirmek
die **Anmeldung**,-en kayıt yaptırma, bildiri
— **anrechnen** hesap etmek, yerine saymak
der **Anspruch**,⸚e bir hakkın talebi, hak telap etme
— **anspruchsberechtigt** hakkı olan, hak sahibi
der **Antrag**,⸚e dilekçe, müracaat, talep
der **Antrag**,⸚e **auf Lohnsteuerermäßigung**
  ücret vergisinin düşürülmesi için müracaat, talep
der **Antrag**,⸚e **auf Lohnsteuerjahresausgleich**
  yıllık vergi denkleştirmesi müracaatı
das **Antragsformular**,-e dilekçe formu
den **Antrag**,⸚e **stellen** dilekçe vermek
der **Antragsteller**,- dilekçe sahibi; davacı
der **Antragsvordruck**,-e dilekçe, talep formu
der **Anwalt**,⸚e avukat, dava vekili *(bay)*
die **Anwältin**,-nen avukat, dava vekili *(bayan)*
— **anzahlen** peşinat vermek, kapora yatırmak
die **Anzahlung**,-en avans, kapora verme, peşinat
— **arbeiten** çalışmak; işlemek
der **Arbeiter**,- işçi *(bay)*
die **Arbeiterin**,-nen işçi *(bayan)*
der **Arbeitgeber**,- işveren *(bay)*
die **Arbeitgeberin**,-nen işveren *(bayan)*
der **Arbeitnehmer**,- çalışan, işalan *(bay)*
die **Arbeitnehmerin**,-nen çalışan, işalan *(bayan)*
die **Arbeitnehmersparzulage**,-n işalan tasarruf zammı
das **Arbeitsamt**,⸚er iş ve işçi bulma kurumu
die **Arbeitserlaubnis**,-se çalışma müsaadesi
das **Arbeitsförderungsgesetz**,-e çalışmayı teşvik yasası
das **Arbeitsgericht**,-e iş mahkemesi
der **Arbeitslohn**,⸚e işçi ücreti
— **arbeitslos** işsiz
das **Arbeitslosengeld**,-er işsizlik parası
die **Arbeitslosenhilfe**,-n işsizlik yardımı
die **Arbeitslosenversicherung**,-en
  işsizliğe karşı sigorta, işsizlik sigortası
die **Arbeitssuche** [tekil] iş arama
die **Arbeitsvermittlung**,-en
  iş ve işçi bulma, iş danışması
das **Asyl**,-e iltica, mülteci
der **Aufbausprachkurs**,-e pekiştirici dil kursu
der **Aufenthalt**,-e ikametgah, mesken, oturulan yer
die **Aufenthaltsberechtigung**,-en oturma hakkı
die **Aufenthaltserlaubnis**,-se oturma izni
das **Aufenthaltsgesetz**,-e ikamet kanunu
der **Aufenthaltstitel**,- ikamet senedi
das **Aufgebot**,-e resmi duyuru
  (evlenme, alım satım, miras)
— **auflösen** çözmek; feshetmek, iptal etmek

der **Auftrag**,⸚*e* talimat, emir, vazife
die **Aufwandsentschädigung**,-*en* masrafların tazmini
die **Aufwendung**,-*en* giderler, masraflar
die **Aufwendung**,-*en* **für Arbeitsmittel**,-
  iş araç ve gereçleri için yapılan masraflar
die **Ausbildungsbeihilfe**,-*n* eğitim, öğrenim bursu
die **Ausbildungsförderung**,-*en* meslek bursu (teşviği)
der **Ausbildungsfreibetrag**,⸚*e* eğitim,
  öğrenim, tahsil için vergi kesilmeyen tutar
die **Ausbildungskosten** [çoğul] eğitim masrafları
der **Ausbildungskredit**,-*e* eğitim kredisi
die **Ausbildungsstätte**,-*n* eğitim tesisi, merkezi
— **ausführen** tamamlamak, ikmal etmek
— **ausfüllen** doldurmak; görevi yerine getirmek
die **Ausgabe**,-*n* (üretim ve hizmetler için yapılan) masraf
die **Auskunft**,⸚*e* danışma
die **Auslage**,-*n* masraf
der **Ausländer**,- yabancı *(bay)*
die **Ausländerin**,-*nen* yabancı *(bayan)*
die **Ausländerbehörde**,-*n* yabancılar dairesi
das **außergerichtliche**,-*n* **Einspruchsverfahren**,-
  mahkeme dışı itiraz işlemi
die **außergewöhnliche**,-*n* **Belastung**,-*en*
  olağanüstü masraflar
— **ausstellen** tanzim etmek; teşhir etmek
der **Aussteller**,- tanzim eden *(bay)*
die **Ausstellerin**,-*nen* tanzim eden *(bayan)*
die **Ausstellung**,-*en* düzenleme, tanzim; sergi
der **Ausweis**,-*e* kimlik cüzdanı, nüfus cüzdanı
— **auszahlen** ödemek
die **Auszahlung**,-*en* ödeme, para verme
die **Auszahlungsberechtigung**,-*en* ödeme yetkisi
der **Auszug**,⸚*e* hesap ekstresi, hesap özeti

B/b

das **BAföG=Berufsausbildungsförderungs-**
  gesetz [tekil] Meslek Eğitimi Teşvik Yasası
die **Bankleitzahl**,-*en* banka kod numarası
— **bar** nakit, peşin
— **bar mitnehmen** nakit alıp götürmek
das **Bargeld** [tekil] nakit para, peşin
die **Barzahlung**,-*en* nakden ödeme,
  nakit ödeme, peşin ödeme
der **Basissprachkurs**,-*e* temel dil kursu
das **Baudarlehen**,- konut kredisi
die **Baufinazierung**,-*en* yapı finansmanı
das **Bausparen** [tekil] yapı tasarrufu
die **Bausparkasse**,-*n* yapı tasarruf sandığı
der **Beamte**,-*n* devlet memuru *(bay)*
die **Beamtin**,-*nen* devlet memuru *(bayan)*
— **beantragen** talep etmek
die **Bearbeitungsgebühr**,-*en* işlem, muamele masrafı
— **beauftragen** bir kişiyi vekil etmek,
  bir kimseye talimat vermek
die **Beerdigungskosten** [çoğul] defin, cenaze masrafları
das **Bedürfnis**,-*se* ihtiyaç
— **befristet** süresi sınırlı
das **befristete**,-*n* **Darlehen**,- ödenmesi
  belirli bir süre sonuna bırakılmış borç
die **Beglaubigung**,-*en* tasdik, onay
die **Begrenzung**,-*en* tahdit etme, sınırlama
die **Behörde**,-*n* resmi makam

die **Behinderteneinrichtung**,-*en* sakatlar
  için özel tesisler
die **Beihilfe**,-*n* destek, maddi yardım, yardım
der **Beitrag**,⸚*e* aidat, taksit
— **bekommen** elde etmek, almak
der **Beleg**,-*e* belge, ispat edici belge, makbuz
— **benötigen** ihtiyacı olmak, gerekli olmak
— **benutzen** kullanmak
die **Benutzung**,-*en* kullanım
— **beraten** danışmanlık etmek, müzakere etmek
die **Beratung**,-*en* danışmanlık, müzakere
das **Beratungsgespräch**,-*e* danışma konuşması
die **Beratungsstelle**,-*n* danışma bürosu, merkezi, yeri
— **berechnen** hesap etmek
die **Berechnung**,-*en* hesap
die **Berechtigung**,-*en* hak, selahiyet, yetki
der **Berechtigungsschein**,-*e* hak belgesi
der **Beruf**,-*e* iş, meslek, görev, sanat
die **Berufsausbildung** [tekil] meslek eğitimi
die **Berufsausbildungsstelle**,-*n* meslek eğitim yeri
das **Berufsausbildungszentrum/**
  Berufsausbildungszentren meslek eğitim merkezi
die **Berufsberatung**,-*en* meslek rehberliği, danışması
die **Berufsbezeichnung**,-*en* meslek adı, meslek dalı
die **Berufsfachschule**,-*n* meslek uzmanlık okulu
die **Berufsfachbildung**,-*en* meslek geliştirme okulu
die **Berufsschule**,-*n* meslek, sanat okulu
— **berufstätig** iş sahibi, çalışan kişi
— **berufsunfähig** mesleğini icra edemeyen, çalışamayan
die **Berufsunfähigkeit** [tekil] mesleğini
  icra edememezlik, çalışamama
— **beschäftigen** çalıştırmak, istihdam etmek, iş vermek
die **Beschäftigung**,-*en* çalışma, istihdam, iş
der **Bescheid**,-*e* cevap, hüküm, ihbar, karar
die **Bescheidänderung**,-*en* bildiriyi, ihbarı değiştirme
die **Bescheinigung**,-*en* belge, ilmühaber, vesika
die **Beschwerde**,-*n* **einlegen** şikayet, itiraz etme
die **Besitzsteuer**,-*n* servet vergisi
die **Besprechung**,-*en* konuşma, görüşme
die **Bestätigung**,-*en* doğrulama,
  onama, onaylama, tasdik
— **besteuern** vergilendirmek
die **Besteuerungsgrenze**,-*n* vergi sınırı
der **Betrag**,⸚*e* tutar, para miktarı, meblağ
die **Betreuung**,-*en* bakma, himaye etme
die **Betreuungsaufwendung**,-*en*
  yardım, bakım masrafları
die **Betriebskosten** [çoğul] işletme maliyeti
die **Betriebskrankenkasse**,-*n* firma hastalık kasası
— **bevollmächtigen** vekil tayin etmek
— **beweisen** ispat etmek, kanıtlamak
— **bewerben** talip olmak, istemek, başvurmak
die **Bewerbung**,-*en* adaylık, talep, istek, başvuru
die **Bewerbungskosten** [çoğul] müracaat,
  başvuru masrafları
das **Bewerbungsgespräch**,-*e* başvuru görüşmesi
— **bezahlen** ödemek
die **Bilanz**,-*en* bilanço
die **Bildung** [tekil] eğitim; oluşum, teşkil
die **Bildungskosten** [çoğul] eğitim masrafları
die **Bonität**,-*en* güvenilirlik, krediyi
  geri ödeyebilme gücü olma
die **Börse**,-*n* borsa

die **Botschaft**,-en büyükelçilik; bildiri, haber, mesaj
der **Botschafter**,- büyükelçi *(bay)*
die **Botschafterin**,-nen büyükelçi *(bayan)*
die **Broschüre**,-n broşür
— **brutto** brüt
der **Bruttoarbeitslohn**,⸚e brüt kazanç
das **Bruttoeinkommen**,- brüt gelir
— **buchen** kaydetmek; hesaba geçirmek
der **Buchhalter**,- muhasebeci, muhasip *(bay)*
die **Buchhalterin**,-nen muhasebeci, muhasip *(bayan)*
die **Buchhaltung**,-en muhasebe
die **Buchung**,-en hesapları deftere geçirme; kaydetme
das **Budget**,-s bütçe
die **Bundesbank**,-en federal merkez bankası
der **Bundesfinanzhof** [tekil] federal vergi mahkemesi
das **Bundesgericht** [tekil] federal mahkeme
das **Bundesgesetz**,-e federal devletin
tamamında geçerli kanun
die **Bundesknappschaft** [tekil] madenciler emekli sandığı
das **Bundesland**,⸚er federal devlete bağlı eyalet
der **Bundesminister**,- federal devlet bakanı *(bay)*
die **Bundesministerin**,-nen federal
devlet bakanı *(bayan)*
das **Bundesministerium/**
Bundesministerien federal bakanlık
der **Bundesrechnungshof** [tekil] federal sayıştay
die **Bundesregierung** [tekil] federal hükümet
die **Bundesrepublik Deutschland** [tekil]
Almanya Federal Cumhuriyeti
das **Bundessozialgericht** [tekil]
federal sosyal mahkeme
die **Bundesverfassung** [tekil]
federal devlet anayasası
das **Bundesverfassungsgericht** [tekil]
federal anayasa mahkemesi
der **Bürge**,-n garantör, güvence veren, kefil
— **bürgen** garanti etmek, kefil olmak
das **bürgerschaftliche**,-n **Engagement**,-s
vatandaşlık yükümlülüğü
die **Bürgschaft**,-en kefalet
das **Bußgeld**,⸚er para cezası
der **Bußgeldbescheid**,-e para cezası bildirisi

C/c

die **Chiffre**,-n sayı, şifre
— **chiffriert** şifreli
der **Code**,-s kod
der **Coupon**,-s kupon
die **Courtage**,-n komisyonculuk ücreti

D/d

das **Darlehen**,- avans, kredi, ödünç para
der **Darlehensgeber**,- ödünç veren, kredi veren *(bay)*
die **Darlehensgeberin**,-nen ödünç
veren, kredi veren *(bayan)*
der **Darlehensnehmer**,- kredi alan, ödünç alan *(bay)*
die **Darlehensnehmerin**,-nen kredi
alan, ödünç alan *(bayan)*
der **Darlehensvertrag**,⸚e kredi sözleşmesi
das **Datum/Daten** gün, tarih
die **Daueranlage**,-n uzun vadeli yatırım

der **Dauerauftrag**,⸚e devamlı, düzenli ödeme talimatı
— **dauern** sürmek, devam etmek
— **deklarieren** beyan etmek, beyanda bulunmak
die **Depositen** [çoğul] depozito, teminat akçesi
das **Depot**,-s menkul kıymetler,
emanet hesabı, arşiv, depo
die **Depotgebühr**,-en muhafaza ücreti
der **Deutsch-Test**,-s **für Zuwanderer** [çoğul]
göçmenler için Almanca testi
die **Devisen** [çoğul] döviz, yabancı para
der **Devisenkurs**,-e cari kur, döviz kuru
die **Diebstahlversicherung**,-en hırsızlığa karşı sigorta
die **Dienstreise**,-n iş seyahatı
die **Dienststelle**,-n görev yeri; resmi daire
die **Diskriminierung** [tekil] ayrımcılık
das **Dokument**,-e belge, evrak, vesika, doküman
— **dolmetschen** sözlü tercüme etmek, sözlü aktarım
der **Dolmetscher**,- tercüman *(bay)*
die **Dolmetscherin**,-nen tercüman *(bayan)*
die **Doppelbesteuerung**,-en çifte vergilendirme
das **Doppelbesteuerungsabkommen**,-
çifte vergilendirme anlaşması
der **durchschnittliche**,-n **Verbrauch**,⸚e ortalama tüketim
der **durchschnittliche**,-n **Einkommen**,- ortalama gelir
die **Durchschnittskosten** [çoğul] ortalama maliyet
die **Durchschnittsprämie**,-n ortalama prim
der **Durchschnittsverdienst**,-e ortalama kazanç
die **Durchschnittsvergütung**,-en ortalama ücret
der **Durchschnittswert**,-e ortalama değer

E/e

der **effektive**,-n **Zins**,-en efektif faiz
die **Ehefrau**,-en kadın, bayan eş
die **Eheleute** [çoğul] evli çift, karı koca
der **Ehemann**,⸚er erkek eş
das **Ehepaar**,-e evli çift, karı koca
der **Ehepartner**,- eş *(bay)*
die **Ehepartnerin**,-nen eş *(bayan)*
die **Ehescheidung**,-en boşanma
die **Eheschließung**,-en evlenme, evlilik akdi, nikah
der **Eigenanteil**,-e kendi payı
der **Eigenbedarf** [tekil] zati ihtiyaç
das **Eigenkapital** [tekil] öz kaynak, öz sermaye
das **Eigentum** [tekil] mal, mülkiyet, sahiplik
der **Eigentümer**,- mal sahibi *(bay)*
die **Eigentümerin**,-nen mal sahibi *(bayan)*
die **Einbruchdiebstahlversicherung**,-en
hırsızlığa karşı sigorta
die **Einbürgerung**,-en vatandaslığa geçiş
das **Eingangsdatum/Eingangadaten** evrak giriş tarihi
der **eingetragene**,-n **Verein**,-e dernekler
sicilinde kayıtlı dernek
— **einkassieren** tahsil etmek
— **einkaufen** satın almak
der **Einkaufspreis**,-e alış fiyatı
das **Einkommen**,- gelir, hasılat
die **Einkommensteuer**,-n
gelir vergisi, kazanç vergisi
die **Einkommensteuererklärung**,-en
gelir, kazanç vergisi beyannamesi
das **Einkommensteuergesetz**,-e gelir vergisi kanunu
die **Einkünfte** [çoğul] gelir, gelirler

die **Einnahme**,*-n* gelir, hasılat
— **einreichen** vermek
die **Einschränkung**,*-en* sınırlandırma, tahdit etme
— **einsparen** tasarruf etmek, biriktirmek
der **Einspruch**,*∸e* itiraz
— **Einspruch einlegen** itiraz etmek
— **Einspruch erheben**
itiraz etmek, itirazda bulunmak
der **Einspruch**,*∸e* **gegen den Steuerbescheid**
takdir edilen vergiye itiraz etme
der **Einspruchsberechtigte**,*-n*
itiraz hakkına sahip olan *(bay)*
die **Einspruchsberechtigte**,*-n*
itiraz hakkına sahip olan *(bayan)*
die **Einspruchsfrist**,*-en* itiraz süresi
das **Einspruchsrecht**,*-e* itiraz hakkı
das **Einspruchsverfahren**,*-* itiraz usulü
der **Einstufungstest**,*-s* seviye tespit sınavı
die **Eintragung**,*-en* kayda geçirme, işleme koyma
das **Einverständnis** [tekil] anlaşma, uyuşma
die **Einverständniserklärung**,*-en*
anlaşma, uyuşma beyanı
die **Einwendung**,*-en* itiraz, muhalefet
das **Einwohneramt**,*∸er* nüfus dairesi
das **Einwohnermeldeamt**,*∸er* nüfus dairesi
— **einzahlen** ödemek; yatırmak
der **Einzahler**,*-* bankaya para yatıran
kimse, ödeyen, mevduat sahibi *(bay)*
die **Einzahlerin**,*-nen* bankaya para yatıran
kimse, ödeyen, mevduat sahibi *(bayan)*
die **Einzahlung**,*-en* ödeme
der **Einzahlungsbeleg**,*-e* ödeme fişi, ödeme belgesi
das **Einzahlungsformular**,*-e* ödeme formüleri
der **Einzelnachweis**,*-e* münferit, ayrı ispat
die **Einzugsermächtigung**,*-en* tahsil etme yetkisi
das **Elterngeld** [tekil] ebeveyn parası
der **Eltern- und Frauenintegrationskurs**,*-e*
ebebeyn ve bayanlara yönelik uyum kursu
die **Elternzeit**,*-en* ebeveyn süresi
der **Empfänger**,*-* alıcı
das **Entgelt**,*-e* bedel, değer, karşılık, ücret
— **entrichten** ödemek
die **Entscheidung**,*-en* karar, hüküm
— **entschädigen** tazmin etmek, bir
şey için tazminat vermek
die **Entschädigung**,*-en* tazminat
die **Erklärung**,*-en* açıklama, beyan, beyanname
der **Erlös**,*-e* gelir, mahsul
die **Ermächtigung**,*-en* izin, selahiyet,
vekalet, yetki; yetki belgesi
die **Ermäßigung**,*-en* indirim, tenzil, tenzilat
der **Ermäßigungsantrag**,*∸e* indirim, tenzilat talebi
— **ersetzen** karşılamak, tazminat
vermek, yerine getirmek
— **erstatten** bedelini ödemek,
karşılamak, tazminat ödemek
die **Erstattung**,*-en* geri verme, iade, karşılama
der **Ertrag**,*∸e* gelir, mahsul, kazanç, verim
die **Ertragssteuer**,*-n* gelir vergisi, hasılat vergisi
die **Erwerbsunfähigkeit**,*-en* çalışamama durumu
die **Erwerbsminderung**,*-en* iş gücü kaybı
— **erwerbstätig** çalışan, meslek sahibi
die **Erziehung**,*-en* eğitim, terbiye

die **Erziehungsberatung**,*-en* eğitim
danışması, pedagojik danışma
die **Erziehungsberatungsstelle**,*-n*
eğitim, pedagojik danışma bürosu
der **Etat**,*-s* bütçe
der **Export**,*-e* dış satım, ihracat

F/f

das **Fachgymnasium/Fachgymnasien** meslek lisesi
die **Fachhochschule**,*-n* meslek yüksek okulu
das **Fachhochschulstudium/Fachhochschulstudien**
mesleki yüksek öğretim
die **Fahrschule**,*-n* şoför eğitim okulu
das **Fahrtenbuch**,*∸er* seyahatin,
yolculuğun kaydedildiği defter
die **Fahrtkosten** [çoğul] seyahat, yol masrafları
die **Fahrtkostenerstattung**,*-en* seyahat,
yol masraflarının iadesi
der **Fahrtkostenzuschuss**,*∸e* yol masrafı yardımı
die **Fakultät**,*-en* fakülte
der **Fälligkeitstag**,*-e* vade, ödeme günü
das **Falschgeld**,*-er* sahte para
die **Familie**,*-n* aile
der **Familienangehörige**,*-n* aile ferdi (bay)
die **Familienangehörige**,*-n* aile ferdi (bayan)
der **Familienbetrieb**,*-e* aile işletmesi
die **Familienkrankenversicherung**,*-en*
aile hastalık sigortası
das **Familienmitglied**,*-er* aile ferdi
der **Familienname**,*-n* soyad
der **Familienstand** [tekil] medeni hal
— **feilschen** pazarlık etmek
die **Fernuniversität**,*-en* açık öğretim
die **Festgeldanlage**,*-n* vadeli para yatırma
die **Filiale**,*-n* şube
das **Finanzamt**,*∸er* maliye, vergi dairesi
die **Finanzbehörde**,*-n* defterdarlık, mal müdürlüğü
das **Finanzgericht**,*-e* maliye mahkemesi
— **finanziell** mali, parasal
— **finanzieren** finanse etmek
die **Finanzkasse**,*-n* maliye, vergi dairesi kasası
das **Finanzministerium/**
Finanzministerien maliye bakanlığı
die **Firma/Firmen** firma, işletme
der **Fonds**,*-* fon
die **Forderung**,*-en* alacak, hak, talep
das **Formular**,*-e* basılı örnek, formül, formüler
die **Fortbildung**,*-en* hizmet içi eğitim, ileri eğitim
die **Fortbildungskosten** [çoğul] meslekte
ilerleme için yapılan masraflar
der **Freibetrag**,*∸e* muaf tutulan meblağ, indirim
das **Fremdwährungskonto/**
Fremdwährungskonten döviz tevdiat hesabı
die **Frist**,*-en* müddet, süre
die **Frist**,*-en* **einhalten** süreye riayet etmek
die **Frist**,*-en* **einräumen** süre vermek
— **fristlos** süresiz
die **fristlose**,*-n* **Kündigung**,*-en* bildirimsiz
(süresiz) işten çıkarma
die **Frist**,*-en* **verlängern** süreyi uzatmak
die **Fristverlängerung**,*-en* süreyi uzatma
die **Frist**,*-en* **versäumen** süreyi geçirmek

der **Führerschein**,-e sürücü ehliyeti
das **Führungszeugnis**,-se iyi hal kağıdı
das **Fundbüro**,-s kayıp eşya bürosu

G/g

die **Gebühr**,-en harç, ücret
— **gebührenfrei** harçtan muaf, masrafsız
— **gebührenpflichtig** ücrete, harca tabi
das **Gehalt**,-̈er aylık, maaş
die **Gehaltsabrechnung**,-en maaş bordrosu
das **Geld**,-er para
die **Geldanlage**,-n para yatırımı
die **Geldausgabe**,-n masraf, para sarfı
die **Geldbuße**,-n para cezası
das **Geldinstitut**,-e banka
die **Geldüberweisung**,-en para havalesi
— **geltend machen** bir olayı,
durumu, şeyi geçerli kılmak
die **Gemeinde**,-n mahalli idare, belediye
die **Generalvollmacht** [tekil] genel, umumi vekaletname
das **Gericht**,-e mahkeme
der **Gerichtsvollzieher**,- icra memuru (bay)
die **Gerichtsvollzieherin**,-nen icra memuru (bayan)
der **Gesamtbetrag**,-̈e genel toplam, toplam tutar
der **Gesamtfreibetrag**,-̈e vergi
kesilmeyen toplam tutar
die **Gesamthochschule**,-n üniversite dengi yüksek okul
die **Gesamtkosten** [çoğul] toplam maliyet
die **Gesamtschule**,-n 13 yıllık çok amaçlı lise dengi okul
das **Geschäft**,-e mağaza, dükkan; muamele, ticari iş
das **Geschäftsanteil**,-e ortaklık hissesi
der **Geschäftsführer**,- yönetici, şirket müdürü (bay)
die **Geschäftsführerin**,-nen yönetici,
şirket müdürü (bayan)
der **Geschäftsinhaber**,- ticarethane
sahibi, patron (bay)
die **Geschäftsinhaberin**,-nen ticarethane
sahibi, patron (bayan)
das **Geschäftskapital** [tekil] ticarethane sermayesi
die **Geschäftsstelle**,-n şube, ofis
— **geschieden** boşanmış
die **Gesellschaft**,-en şirket, kuruluş, kurum, ortaklık
das **Gesetz**,-e kanun
— **gesetzlich** kanuni, yasal
die **gesetzliche**,-n **Krankenkasse**,-n
yasal hastalık sandığı
die **gesetzliche**,-n **Krankenversicherung**,-en
yasal hastalık sigortası
die **gesetzliche**,-n **Rentenversicherung**,-en
yasal emeklilik sigortası
die **gesetzliche**,-n **Sozialversicherung**,-en
yasal sosyal sigorta
— **gesetzmäßig** kanuna uygun, yasal
— **gesetzwidrig** kanuna aykırı
das **Gesundheitsamt**,-̈er sağlık dairesi, sağlık ocağı
das **Gesundheitszeugnis**,-se sağlık raporu, belgesi
die **Gewährung von Kindergeld** [tekil] çocuk
parasının verilmesi
das **Gewerbe**,- sanat, meslek, esnaflık
die **Gewerbesteuer**,-n esnaflık, sanayi vergisi
die **Gewerkschaft**,-en sendika
der **Gewerkschaftsbeitrag**,-̈e sendika aidatı

der **Gewinn**,-e kâr, kazanç
das **Girokonto/Girokonten** cari hesap
der **Gläubiger**,- alacaklı
die **Gleichberechtigung**,-en eşitlik
das **Grundbuchamt**,-̈er tapu dairesi
die **Grundbucheintragung**,-en tapu kaydı
das **Grundeigentum** [tekil] gayrimenkul,
toprak, arazi mülkiyeti
der **Grundeigentümer**,- gayrimenkul sahibi (bay)
die **Grundeigentümerin**,-nen gayrimenkul
sahibi (bayan)
die **Grunderwerbssteuer**,-n arazi
ferağ ve intikal vergisi
das **Grundkapital** [tekil] esas, temel sermaye
das **Grundstück**,-e arazi, arsa
das **Gründungskapital** [tekil] tesis etme, kurma sermayesi
— **gültig** geçerli, muteber
das **Guthaben**,- alacak, bakiye
die **Gutschrift**,-en matlup, hesabın
alacak tarafına düşen kayıt

H/h

das **Haben** [tekil] alacak, matlup
der **Handel** [tekil] ticaret, alışveriş
— **handeln** pazarlık etmek
der **Handelsvertrag**,-̈e ticari anlaşma,
mukavele, sözleşme
die **Handelsvertretung**,-en ticari temsilci
das **Handwerk**,-e meslek, sanat, esnaflık
die **Handwerkskammer**,-n sanatkar ve esnaf odası
der **Hauptschuldner**,- ana borçlu, esas borçlu (bay)
die **Hauptschuldnerin**,-nen
ana borçlu, esas borçlu (bayan)
die **Hauptstelle**,-n merkez, ana şube
die **Hauptverwaltung**,-en merkezi idare
der **Hausbesitzer**,- ev sahibi (bay)
die **Haubesitzerin**,-nen ev sahibi (bayan)
der **Haushalt**,-e bütçe; ev idaresi
die **Hausordnung**,-en mesken yönetim
talimatı, dahili nizamname
der **Hausrat** [tekil] ev eşyası
die **Hausratversicherung**,-en ev eşyası sigortası
das **Haustürgeschäft**,-e kapı önü satışları
die **Heiratsurkunde**,-n evlenme cüzdanı
das **Herkunftsland**,-̈er vatan, yurt
die **Hinterbliebene**,-n hayatta kalan (bayan)
der **Hinterbliebene**,-n hayatta kalan (bay)
die **Hinterbliebenenrente**,-n ölenin geride
kalan yakınlarına bağlanan sigorta aylığı
die **Hochschule**,-n yüksek okul
der **Höchstbetrag**,-̈e
azami, en yüksek tutar, meblağ

I/i

die **Immobilie**,-n gayrimenkul mallar, taşınmaz mallar
die **Immobiliensteuer**,-n emlak vergisi
die **Impfung**,-en aşı
die **Industrie- und Handelskammer**,-n sanayi
ve ticaret odası
die **Inflation**,-en enflasyon

der **Inhaber** ,- hamil, sahip, sahip olan (bay)
die **Inhaberin** ,-nen hamil, sahip, sahip olan (bayan)
— **insgesamt** hepsi birden, tümü
das **Institut** ,-e enstitü; müessese
die **Integration** [tekil] uyum, entegrasyon
die **Integarationsbedürftigkeit** [tekil] uyum gereksinimi
der **Integrationskurs** ,-e uyum kursu
die **Integrationsförderung** ,-en uyum teşviği
der **Integrationsträger** ,- uyum kursu kurumları
das **Integrationsprojekt** ,-e uyum projesi
der **Internetkauf** ,⸚e internet üzerinden alışveriş
die **Invalidität** ,-en sakatlık, malüllük
die **Invaliditätsversicherung** ,-en sakatlık, malüllük sigortası
das **Inventar** ,-e envanter, demirbaş eşya

J/j

— **ja** evet
das **Jahr** ,-e yıl, sene
die **Jahresbilanz** ,-en yıl sonu bilançosu, yıllık bilanço
das **Jahreseinkommen** ,- yıllık gelir
der **Jahresfreibetrag** ,⸚e vergi kesilmeyen yıllık tutar
— **jährlich** yıllık
das **Jugendamt** ,⸚er gençlik dairesi
der **Jugendarbeitsschutz** [tekil] gençlerin iş güvenliği
die **Jugendförderung** ,-en gençlik teşviği
der **Jugendintegrationskurs** ,-e gençlere yönelik uyum kursu
— **Jura** hukuk
die **Justizbehörde** ,-n adli merci

K/k

das **Kalenderjahr** ,-e takvim yılı
das **Kapital** [tekil] sermaye, kapital
die **Kapitalsteuer** ,-n sermaye üzerinden alınan vergi
die **Kaskoversicherung** ,-en kasko sigorta
die **Kasse** ,-n kasa, vezne, gişe
— **kassieren** para tahsil etmek
— **kaufen** satın almak
der **Käufer** ,- alıcı, müşteri (bay)
die **Käuferin** ,-nen alıcı, müşteri (bayan)
der **Kaufmann/Kaufleute** tüccar
der **Kaufvertrag** ,⸚e alım satım sözleşmesi, satış senedi
die **Kaution** ,-en kefalet, garanti, teminat
das **Kennwort** ,⸚er parola, rumuz
das **Kind** ,-er çocuk
die **Kinderbetreuungskosten** [çoğul] çocuklar için bakım masrafları
der **Kinderfreibetrag** ,⸚e çocuklar için vergi kesilmeyen tutar
der **Kindergarten** ,⸚ anaokulu, çocuk bahçesi, kreş
das **Kindergeld** [tekil] çocuk parası
der **Kinderhort** ,-e çocuk yuvası, kreş
der **Kinder- und Jugendschutz** [tekil] çocukların ve gençlerin korunması
die **kinderreiche** ,-n **Familie** ,-n çok çocuklu aile
die **Kinderzulage** ,-n çocuk zammı
der **Kinderzuschlag** ,⸚e çocuk zammı
die **Kommunikation** [tekil] iletişim
die **Konfession** ,-en mezhep
der **Konflikt** ,-e ihtilaf

der **Konkurs** ,-e iflas
das **Konsulat** ,-e konsolosluk
das **Konto/Konten** banka hesabı
das **Konto/Konten abschließen** banka hesabını kapatmak
der **Kontoauszug** ,⸚e dekont, hesap ekstresi, hesap özeti
das **Konto/Konten eröffnen** hesap açmak
der **Kontoinhaber** ,- hesap sahibi (bay)
die **Kontoinhaberin** ,-nen hesap sahibi (bayan)
die **Kontonummer** ,-n hesap numarası
das **Konto/Konten sperren** hesabı kapatmak
der **Kontostand** ,⸚e hesap durumu
das **Konto/Konten überziehen** hesabın kredi sınırını aşmak
die **Kontoüberziehung** ,-en hesabın kredi sınırını aşma
die **Körperbehinderte** ,-n vücutça engelli, sakat olan (bayan)
der **Körperbehinderte** ,-n vücutça engelli, sakat olan (bay)
der **Körperbehindertenfreibetrag** ,⸚e engelli için vergi kesilmeyen tutar
die **Korrektur** ,-en düzeltme, tashih
— **kosten** fiyatı olmak, masraflar
die **Kosten** [çoğul] gider, giderler, masraf, masraflar
der **Kostenbeitrag** ,⸚e masraf katkı payı
— **kostenfrei** gidersiz, masrafsız, ücretsiz
der **Kraftfahrzeugbrief** ,-e motorlu taşıt ruhsatnamesi
die **Kraftfahrzeugsteuer** ,-n motorlu taşıt vergisi
die **Kraftfahrzeugversicherung** ,-en motorlu taşıt sigortası
das **Krankengeld** [tekil] hastalık parası
das **Krankenhaus** ,⸚er hastane
die **Krankenkasse** ,-n hastalık, sağlık sigortası kurumu
das **Krankentagegeld** [tekil] hastalık halinde günde ödenen para
die **Krankenversicherung** ,-en sağlık, hastalık sigortası
die **Krankheitskosten** [çoğul] hastalık masrafları
der **Kredit** ,-e kredi, borç
die **Kreditaufnahme** ,-n kredi alma, borçlanma
das **Kreditinstitut** ,-e banka, kredi kuruluşu
die **Kreditlaufzeit** ,-en kredi süresi
das **Kreditlimit** ,-s kredi sınırı, kredi limidi
der **Kreditnehmer** ,- borç alan, kredi alan (bay)
die **Kreditnehmerin** ,-nen borç alan, kredi alan (bayan)
die **Kreditversicherung** ,-en kredi sigortası
— **kreditwürdig** kredisi olan, kredi alabilir, itibarlı
der **Kunde** ,-n mudi, müşteri (bay)
die **Kundin** ,-nen mudi, müşteri (bayan)
— **kündigen** feshetmek, iptal etmek; çıkış vermek
die **Kündigung** ,-en fesih, iptal, çıkış
die **Kündigungsfrist** ,-en fesih, iptal, çıkış müddeti
der **Kurswert** ,-e piyasa değeri, kur
das **Kurzarbeitergeld** [tekil] kısa çalışma parası

L/l

der **Laden** ,⸚ dükkan, mağaza
die **Landesversicherungsanstalt** ,-en sosyal sigortaları kurumu
das **Landgericht** ,-e bölge mahkemesi
der **Landwirt** ,-e ziraatçi, tarımcı, çiftçi (bay)

die **Landwirtin**,*-nen* ziraatçi, tarımcı, çiftçi *(bayan)*
die **Landwirtschaft** [tekil] ziraat, tarım, çiftçilik
— **langfristig** uzun vadeli
— **lastenfrei** borçsuz, harçtan muaf, masrafsız
die **Lastschrift**,*-en* borç kaydı
die **Laufzeit**,*-en* süre, müddet, vade
das **Leasing** [tekil] dayanıklı malların
uzun süreli kiralanması, leasing
die **Lebensgemeinschaft**,*-en* ortak yaşam
der **Lebenslauf**,*-̈e* özgeçmiş, hayat hikayesi
die **Lebensunterhaltskosten** [çoğul] geçim masrafları
die **Lebensversicherung**,*-en* hayat sigortası
die **Lebensversicherungspolice**,*-n*
hayat sigortası poliçesi
— **ledig** bekar
der **Lehrling**,*-e* çırak
das **leibliche**,*-n* **Kind**,*-er* öz evlat
— **leisten** yapmak, ifa etmek, üstesinden gelmek
der **Leiter**,*-* idareci, müdür *(bay)*
die **Leiterin**,*-nen* idareci, müdür *(bayan)*
das **lernbehinderte**,*-n* **Kind**,*-er* öğrenim
engelli çocuklar
der **lernbehinderte**,*-n* **Schüler**,*-* öğrenim
engelli öğrenci *(bay)*
die **lernbehinderte**,*-n* **Schülerin**,*-nen*
öğrenim engelli öğrenci *(bayan)*
— **lesen** okumak
— **leserlich** okunaklı
der **Lohn**,*-̈e* ücret, işçi ücreti
die **Lohnabrechnung**,*-en* ücret
bordrosu, maaş bildiri kağıdı
die **Lohn-und Gehaltsabrechnung**,*-en* ücret
ve maaş bordrosu
die **Lohnpfändung**,*-en* maaşın haczi, ücret haczi
die **Lohnsteuer**,*-n* ücret vergisi, kazanç vergisi
das **Lohnsteuergesetz**,*-e* ücret vergisi kanunu
der **Lohnsteuerjahresausgleich**,*-e* ücret
vergisi denkleştirimi
die **Lohnsteuerkarte**,*-n* ücret, kazanç
vergisi kartı, vergi karnesi
die **Lohnverpfändung**,*-en* ücret alacağının rehni
der **Lohnvorschuss**,*-̈e* ücret avansı

M/m

der **Mahnbescheid**,*-e* ihtar bildirisi, ihtarname
der **Mahnbrief**,*-e* ihtar mektubu
die **Mahnung**,*-en* ihtar
der **Makler**,*-* komisyoncu *(bay)*
die **Maklerin**,*-nen* komisyoncu *(bayan)*
die **Maklergebühr**,*-en* komisyon,
komisyonculuk ücreti
der **Mehraufwand** [tekil] fazla masraf
die **Mehrwertsteuer**,*-n* katma değer vergisi
das **Meldeamt**,*-̈er* kayıt ve bildirim dairesi
die **Meldefrist**,*-en* haber verme müddeti
— **mahnen** ihtar etmek, dikkatini çekmek
die **Meldepflicht**,*-en* kayıt bildirme zorunluluğu
die **Miete**,*-n* kira
die **Mieteinnahme**,*-n* kira geliri
der **Mieter**,*-* kiracı *(bay)*
die **Mieterin**,*-nen* kiracı *(bayan)*
der **Mieterschutz** [tekil] kira güvenliği

das **Mieterschutzgesetz**,*-e* kiracıları koruma kanunu
der **Mietpreis**,*-e* kira bedeli
der **Mietspiegel**,*-* kira göstergesi, tabelası
der **Mietvertrag**,*-̈e* kira mukavelesi
die **Migrationserstberatung**,*-en*
göçmen ön danışmanlığı
— **melden** bildirmek; haber vermek; ihbar etmek
— **minderjährig** ergin olmayan, reşit olmayan
die **Mitteilung**,*-en* bildiri
die **Mittelschule**,*-n* ortaokul
das **Modellprojekt**,*-e* model proje
der **Monat**,*-e* ay
— **mitteilen** bildirmek; haber vermek
das **monatliche**,*-n* **Einkommen**,*-* aylık gelir
das **Monatsgehalt**,*-̈er* aylık maaş
der **Monatslohn**,*-̈e* aylık ücret
die **Müllabfuhr**,*-en* çöp toplama
das **Mutterschaftsgeld** [tekil] analık
parası, doğum yardımı
der **Mutterschutz** [tekil] anneliğin korunması
— **monatlich** aylık, ayda

N/n

der **Nachweis**,*-e* delil, ispat, kanıt
die **Nachweispflicht**,*-en* ispat, delil mükellefiyeti
die **Nachzahlung**,*-en* ek ödeme, sonradan ödeme
der **Name**,*-n* ad, isim
die **Nationalität**,*-en* milliyet, tabiiyet, vatandaşlık
— **netto** net, safi
der **Nettoarbeitslohn**,*-̈e* net ücret, kazanç, gelir
der **Nettogewinn**,*-e* net gelir, kâr, kazanç
der **Nettoverdienst**,*-e* net kazanç, ücret
die **Niederlassung**,*-en* şube
der **Notar**,*-e* noter
das **Notariat**,*-e* noterlik
— **notariell beglaubigt** noter tastikli

O/o

das **Oberlandesgericht**,*-e*
eyalet yüksek mahkemesi
der **Offenbarungsbescheid**,*-e* yeminli mal beyanı
das **Ordnungsamt**,*-̈er* kamu düzeni dairesi
— **ordnungsmäßig** usulüne uygun olarak
das **Original**,*-e* orijinal, asıl
die **Orientierung**,*-en* oryantasyon
der **Orientierungskurs**,*-e* yönlendirme kursu

P/p

— **pachten** uzun dönem için kiralamak
der **Pachtvertrag**,*-̈e* uzun vadeli kira sözleşmesi
der **Pass**,*-̈e* pasaport
das **Passbild**,*-er* vesikalık fotoğraf
— **pauschal** götürü
die **Pauschalbesteuerung**,*-en* götürü vergilendirme
der **Pauschalbetrag**,*-̈e* götürü meblağ, tutar
der **Personalausweis**,*-e* hüviyet cüzdanı
der **Personenstand** [tekil] medeni hal
der **Pfandbrief**,*-e* ipotek teminatlı
tahvili, ipotekli borç senedi
— **pfänden** haczetmek

die **Pfändung**,-en   haciz, el koyma
die **Pflege** [tekil]   bakım
die **Pflegeeltern** [çoğul]   evlat edinen ebeveyn
das **Pflegeheim**,-e   bakımevi
das **Pflegekind**,-er   evlat edinilen çocuk
die **Pflegeversicherung**,-en   bakım sigortası
die **Pflichtversicherung**,-en   mecburi
sigorta, zorunlu sigorta
die **Police**,-n   poliçe, sigorta poliçesi
die **Polizei** [tekil]   polis
die **Post** [tekil]   postane
die **Prämie**,-n   ikramiye, prim
der **Preis**,-e   bedel, fiyat, kıymet
die **Preiserhöhung**,-en   fiyat zammı, fiyat artırımı
die **Preisermäßigung**,-en   fiyat indirimi, tenzilat
— **preiswert**   ucuz
— **privat**   özel, hususi, zati, şahsi
die **private**,-n **Haftpflichtversicherung**,-en
özel mesuliyet sigortası
das **Privatkonto/Privatkonten**   özel banka hesabı
der **Privatkredit**,-e   kişisel kredi, özel kredi
der **Projektträger**,-   proje hamili *(bay)*
die **Projektträgerin**,-nen   proje hamili *(bayan)*
die **Prozesskostenhilfe**,-n
mahkeme masrafları yardımı
die **Provision**,-en   komisyon, provizyon
das **Prozent**,-e   yüzdelik, yüzde
der **Prozentsatz**,—e   yüzde nispeti, yüzde oranı

Q/q

die **Qualität**,-en   kalite, nitelik
das **Quartal**,-e   üç aylık süre, yılın dörtte biri
die **Quellenangabe**,-n   kaynakların
belirtilmesi, bildirilmesi
die **Quittung**,-en   makbuz, belge

R/r

der **Rabatt**,-e   indirim, iskonto, tenzilat
die **Rate**,-n   pay, taksit
der **Ratenkauf**,—e   taksitle satın alma
die **Ratenzahlung**,-en   taksitle ödeme
der **Realzins**,-en   reel faiz oranı
— **rechnen**   hesap etmek
die **Rechnung**,-en   fatura, hesap
das **Recht**,-e   hak, adalet
das **Rechtsamt**,—er   hukuk dairesi
der **Rechtsanwalt**,—e   avukat, dava vekili *(bay)*
die **Rechtsanwältin**,-nen   avukat, dava vekili *(bayan)*
die **Rechtsberatung**,-en   hukuki danışma
die **Rechtshilfe**,-n   adli yardım
das **rechtskräftige**,-n **Urteil**,-e
kesin karar, kesinleşmiş hüküm
die **Rechtslage**,-n   hukuki durum
das **Rechtsmittel**,-   kanuni yol
die **Rechtsmittelbelehrung**,-en
kanuni itiraz yolları hakkında bilgi
die **Rechtsschutzversicherung**,-en
hukuki yardım sigortası
— **rechtswidrig**   gayrimeşru, illegal, yasalara aykırı
— **regelmäßig**   düzenli, muntazam
die **Regionalstelle**,-n   bölge bürosu

die **Reisekosten** [çoğul]
harcırah, seyahat masrafları
die **Religion**,-en   din
die **Rendite**,-n   bedel, getiri, verim
die **Rente**,-n   emeklilik, sigorta
aylığı, sosyal sigorta aylığı
der **Rentenanspruch**,—e
emeklilik, sigorta aylığı hakkı
der **Rentenantrag**,—e   emeklilik, sigorta aylığı talebi
die **Rentenversicherung**,-en   emeklilik
sigortası, sosyal sigorta
die **Rentenversicherungsanstalt**,-en
sosyal sigortalar kurumu
der **Rentner**,-   emekli *(bay)*
die **Rentnerin**,-nen   emekli *(bayan)*
die **Revision**,-en   temyiz, revizyon,
tekrar gözden geçirme
— **rückerstatten**   iade etmek
die **Rückerstattung**,-en   iade
— **rückzahlen**   geri ödemek
die **Rückzahlung**,-en   geri ödeme, para iadesi

S/s

die **Sachversicherung**,-en   mal ve mülk sigortası
das **Sachverständigengutachten**,-
bilirkişi, eksper raporu
der **Sachverständige**,-n   bilirkişi, eksper *(bay)*
die **Sachverständige**,-n   bilirkişi, eksper *(bayan)*
der **Saldo**,-s/**Saldi**   hesap bakiyesi, kalan, artan, bakiye
der **Saldobetrag**,—e   bakiye meblağı
das **Säumnis**,-se   gecikme, ihmal
die **Säumniszuschlag**,—e   gecikme zammı, tazminat
der **Schadenersatz** [tekil]   tazminat, zararın tazmini
der **Schadenersatzanspruch**,—e   tazminat talebi
der **Scheck**,-s   çek
die **Scheidung**,-en   boşanma
die **Schenkungssteuer**,-n   bağış, hibe, intikal vergisi
der **Schiedsmann**,—er   arabulucu
die **Schiedsfrau**,-en   arabulucu
das **Schließfach**,—er   kiralık kasa
der **Schlussverkauf**,—e   tasfiye
satışı, mevsim sonu satışı
das **Schreiben**,-   mektup, yazı
die **Schulausbildung**,-en   okul eğitimi
die **Schuld**,-en   borç; hata, kusur
— **schulden**   borçlu olmak
der **Schuldbetrag**,—e   borç miktarı
die **Schuldentilgung**,-en   borcun ödenmesi
der **Schuldner**,-   borçlu *(bay)*
die **Schuldnerin**,-nen   borçlu *(bayan)*
die **Schuldnerberatung**,-en   borçluya danışmanlığı
das **Schulverwaltungsamt**,—er   eğitim müdürlüğü
die **Schwerbehinderte**,-n   ağır sakat, malül *(bayan)*
der **Schwerbehinderte**,-n   ağır sakat, malül *(bay)*
der **Schwerbehindertenausweis**,-e
ağır sakatlık belgesi, pasosu
die **Sicherheit**,-en   depozito, garanti, güvence, teminat
das **Soll** [tekil]   borç, hesabın borç tarafına düşülen kayıt
der **Sollzins**,-en   borç faizi, borçluya yansıtılacak faiz
die **Sonderausgaben** [çoğul]   özel masraflar
die **Sonderschule**,-n   özel eğitim okulu
die **Sozialabgabe**,-n   sosyal vergiler

das **Sozialamt**,⸚er sosyal daire
die **Sozialhilfe**,-n sosyal yardım
das **Sozialhilfegesetz**,-e sosyal yardım kanunu
die **Sozialversicherung**,-en sosyal sigorta
die **Sozialversicherungsanstalt**,-en
  sosyal sigorta kurumu
der **Sozialversicherungsbeitrag**,⸚e sosyal
  sigortalar primi, aidatı
die **Sozialwohnung**,-en sosyal konut
das **Sparbuch**,⸚er tasarruf cüzdanı, banka cüzdanı
— **selbstständig** bağımsız, kendi başına, müstakil
der **Sparer**,- tasarruf hesabı sahibi *(bayan)*
die **Sparerin**,-nen tasarruf hesabı sahibi *(bayan)*
das **Sparguthaben**,- banka tasarruf
  hesabında bulunan para
die **Sparkasse**,-n tasarruf kasası, tasarruf bankası
das **Sparkonto/Sparkonten** tasarruf hesabı
die **Sparleistung**,-en biriktirmek,
  tasarruf etmek için yapılan ödeme
— **sparen** biriktirmek, tasarruf etmek
der **Sparvertrag**,⸚e tasarruf mukavelesi,
  tasarruf sözleşmesi
die **Sparzulage**,-n tasarruf zammı
— **sparsam** tutumlu, idareli
die **Spesen** [çoğul] giderler, masraflar
die **Sprache**,-n lisan, dil
— **spenden** bağışlamak, hediye etmek
das **Sprachniveau**,-s dil seviyesi
die **Staatsangehörigkeit**,-en tabiiyet, vatandaşlık
das **Staatsangehörigkeitsrecht**,-e vatandaşlık hakkı
die **Staatsanwaltschaft**,-en savcılık
der **Staatsbürger**,- vatandaş, yurttaş *(bay)*
die **Staatsbürgerin**,-nen vatandaş, yurttaş *(bayan)*
die **Staatskasse**,-n hazine, devlet kasası
die **Stadtkasse**,-n belediye kasası
die **Stadtverwaltung**,-en
  şehir, belediye idaresi, yönetimi
die **Stadtwerke** [çoğul] elektrik su ve
  hava gazı işletmesi, kurumu
das **Standesamt**,⸚er nüfus dairesi
das **Sterbegeld** [tekil] cenaze yardımı; ölüm tazminatı
die **Sterbekasse**,-n cenaze yardım sandığı
die **Sterbeurkunde**,-n ölüm kağıdı, belgesi
die **Steuer**,-n vergi
der **Steuerbeamte**,-n vergi memuru,
  vergi tahsildarı *(bay)*
die **Steuerbeamtin**,-nen vergi memuru,
  vergi tahsildarı *(bayan)*
die **Steuerbefreiung**,-en vergi muafiyeti
— **sprechen** konuşmak
die **Steuerbehörde**,-n vergi dairesi
der **Steuerberater**,- vergi uzmanı, mali müşavir *(bay)*
die **Steuerberaterin**,-nen vergi
  uzmanı, mali müşavir *(bayan)*
der **Steuerbescheid**,-e vergi tebligatı, vergi bildirisi
der **Steuerbetrug** [tekil] vergi kaçırma
die **Steuererhöhung**,-en vergi yükseltme, vergi artışı
die **Steuererklärung**,-en vergi beyanı
die **Steuererklärungspflicht**,-en vergi
  beyanı mükellefiyeti
der **Steuererlass**,⸚e vergi tenzili, indirimi
die **Steuerermäßigung**,-en vergi indirimi
die **Steuerfestsetzung**,-en vergi tahakkuku

— **steuerbegünstigt** vergi indirimi olan
der **Steuerfreibetrag**,⸚e vergiden muaf tutar
das **Steuergesetz**,-e vergi kanunu, vergi yasası
die **Steuerhinterziehung**,-en vergi
  kaçakçılığı, vergi kaçırma
die **Steuerklasse**,-n vergi sınıfı
der **Steuernachlass**,⸚e affedilen vergi miktarı
die **Steuernachzahlung**,-en sonradan,
  ilaveten vergi ödeme
die **Steuerpflicht**,-en vergi ödeme
  yükümlülüğü, mükellefiyeti
— **steuerfrei** vergiden muaf, vergisiz
die **Steuerpflichtige**,-n vergi mükellefi *(bayan)*
der **Steuerpflichtige**,-n vergi mükellefi *(bay)*
das **steuerpflichtige**,-n **Einkommen**,- vergiye tabi gelir
die **Steuerprüfung**,-en mali kontrol, teftiş
die **Steuerrückerstattung**,-en vergi iadesi
die **Steuerschuld**,-en vergi borcu
die **Steuerstrafe**,-n vergi cezası
der **Steuerzahler**,- vergi mükellefi, vergi ödeyen *(bay)*
die **Steuerzahlerin**,-nen vergi
  mükellefi, vergi ödeyen *(bayan)*
— **steuerpflichtig** vergiye tabi
das **Straßenverkehrsamt**,⸚er trafik dairesi
der **Student**,-en üniversite öğrencisi,
  yüksek okul öğrencisi *(bay)*
die **Studentin**,-nen üniversite öğrencisi,
  yüksek okul öğrencisi *(bayan)*
die **Studienbeihilfe**,-n öğrenim kredisi, öğrenci bursu
der **Subunternehmer**,- taşeron *(bay)*
die **Subunternehmerin**,-nen taşeron *(bayan)*
die **Summe**,-n meblağ, miktar, toplam, yekün
— **stornieren** iptal etmek

T/t

die **Tabelle**,-n tablo, cetvel
das **Tagesgeld**,-er gündelik ücret, günlük
der **Tageslohn**,⸚e gündelik, gündelik ücret, yevmiye
der **Tageskurs**,-e günün kambiyo fiyatları
der **Tagesumsatz**,⸚e günlük, devir, ciro ticaret
der **Tageszins** [tekil] günlük faiz
der **Tarif**,-e tarife, ücret cetveli
das **Tarifabkommen**,- toplu sözleşme
der **Tarifvertrag**,⸚e iş sözleşmesi, toplu iş sözleşmesi
die **Teilversicherung**,-en kısmi sigorta
die **Teilzahlung**,-en
  kısmi ödeme, taksit, taksitle ödeme
das **Termingeld**,-er vadeli mevduat
der **Text**,-e metin, açıklama, konu
— **tilgen** kredi borcunu geri ödemek
die **Tilgung**,-en kredi borcunu geri ödeme
der **Treuhandkredit**,-e teminata dayanan kredi
das **türkische**,-n **Gesetz**,-e Türk kanunu
das **türkische**,-n **Recht**,-e Türk hukuku
die **türkische Staatsangehörigkeit** [tekil]
  Türk vatandaşlığı
die **türkische Verfassung**,-
  Türkiye Cumhuriyeti Anayasası
die **türkische Währung** [tekil] Türk parası
der **TÜV (technischer Überwachungsverein)** [tekil]
  teknik trafik muayene kurumu

U/u

die **Umbuchung**,-en başka hesaba devir, nakil
die **Umlage**,-n yan masraflar
— **ummelden** kayıt değiştirmek
die **Ummeldung**,-en kayıt değiştirme
der **Umsatz**,⸚e ticari muamele, ciro
die **Umsatzsteuer**,-n muamele vergisi, satış
hasılatı üzerinden alınan vergi, satış vergisi
— **umschulden** borcu bir borçludan
diğerine aktarmak
die **Umschulung**,-en başka bir mesleğe geçme eğitimi
der **Umweltschutz** [tekil] çevre sağlığını koruma
die **Umzugskosten** [çoğul] taşınma masrafları
die **Unbedenklichkeitsbescheinigung**,-en iyi hal
kağıdı, maliyece mahzur olmadığına dair belge
— **unbefristet** süresiz, vadesiz
— **unbeschränkt** sınırsız
— **unbesteuert** vergi alınmamış, vergilendirilmemiş
— **unbezahlt** ödenmemiş
der **Unfall**,⸚e kaza
die **Unfallanzeige**,-n kazanın ihbari
die **Unfallentschädigung**,-en kaza tazminatı
die **Unfallrente**,-n kaza halinde bağlanan maaş
die **Unfallversicherung**,-en
kaza sigortası, kazaya karşı sigorta
— **ungedeckt** karşılıksız
die **Unkosten** [çoğul] masraflar; giderler
— **unpfändbar** haczolunamaz, haczedilemez
der **unpfändbare**,-n **Gegenstand**,⸚e
haczolunamaz, haczedilemez mal
— **unrentabel** rantabl olmayan, verimsiz, randımansız
der **Unterhalt** [tekil] nafaka
der **Unterhaltsanspruch**,⸚e nafaka
hakkı, nafaka talebi
die **Unterhaltsaufwendung**,-en bakım,
nafaka masrafı
der **Unterhaltsbeitrag**,⸚e nafaka yardımı
— **unterhaltsberechtigt** nafaka almaya hakkı olan
die **Unterhaltsberechtigte**,-n nafaka alacaklısı (bayan)
der **Unterhaltsberechtigte**,-n nafaka alacaklısı (bay)
die **Unterhaltsforderung**,-en nafaka talebi
die **Unterhaltskosten** [çoğul] bakım,
geçim, nafaka masrafları
die **Unterhaltspflicht**,-en nafaka mükellefiyeti
— **unterhaltspflichtig** nafaka ödemekle mükellef
die **Unterhaltspflichtige**,-n nafaka
vermekle mükellef olan kimse (bayan)
die **Unterhaltspflichtige**,-n nafaka
vermekle mükellef olan kimse (bay)
die **Unterhaltsverpflichtung**,-en nafaka,
bakım masraflarını ödemekle yükümlü
der **Unterhaltsvorschuss**,⸚e nafaka avansı
die **Unterhaltszahlung**,-en nafaka, bakım ödemesi
die **Unterlagen** [çoğul] döküman, evrak, vesika
die **Unterlagen einreichen** belgeleri
sunmak, ibraz etmek
die **Unterlagen einsenden** dökümanları göndermek
die **Unterlassung** [tekil] **der Zahlung**,-en
ödemeyi durdurmak
der **Untermieter**,- ikinci el olarak kiralayan (bay)
die **Untermieterin**,-nen ikinci el
olarak kiralayan (bayan)

das **Unternehmen**,- teşebbüs, işletme, kurum
die **Unternehmensberatung**,-en şirket,
işletme danışmanlığı
der **Unternehmer**,- girişimci, iş adamı,
işveren, müteahhit (bay)
die **Unternehmerin**,-nen girişimci, iş
adamı, işveren, müteahhit (bayan)
— **unterschreiben** imzalamak, imza etmek
die **Unterschrift**,-en imza
die **Unterschriftsvollmacht**,-en imza yetkisi
— **unterstützen** maddi yardım etmek, desteklemek
die **Unterstützung**,-en maddi yardım, destek
— **unterstützungsbedürftig** yardıma muhtaç
— **untervermieten** ikinci elden kiralamak
— **unterzeichnen** imzalamak,
imza etmek, paraf etmek
— **unverheiratet** evli olmayan, bekar
— **unverzinslich** faiz getirmeyen
— **unwiderruflich** değiştirilemez, geri alınamaz
— **unwirtschaftlich** verimsiz, iktisadi olmayan
die **Urkunde**,-n belge, döküman, evrak, ilmühaber
— **urteilen** hüküm, karar vermek

Ü/ü

der **Überbrückungskredit**,-e geçici
kredi, köprü kredisi
— **übernehmen** taahhüt etmek; kabul etmek
— **überschuldet** aşırı borçlu
die **Überschuldung**,-en aşırı borçlanma
der **Überschuss**,⸚e bakiye, fazla, fazlalık
— **übersetzen** tercüme etmek, çevirmek
die **Übersetzung**,-en tercüme, çeviri
— **überweisen** havale etmek,
nakletmek, transfer etmek
die **Überweisung**,-en havale, nakil, transfer
der **Überweisungsauftrag**,⸚e havale talimatı
der **Überweisungsbeleg**,-e havale makbuzu
— **überziehen** borçlandırmak
die **Überziehung**,-en cari hesap kredisi
das **überzogene**,-n **Konto/Konten** borçlu
hesap, mevcut olan miktardan daha
fazla para çekilen banka hesabı

V/v

die **veranlagte**,-n **Steuer**,-n takdir edilmiş vergi
— **veräußern** bir şeyi satmak, devretmek
der **Verband**,⸚e birlik, cemiyet, federasyon
die **Verbindlichkeit**,-en borç,
mükellefiyet, taahhüt, yükümlülük
der **Verbraucher**,- tüketici (bay)
die **Verbraucherin**,-nen tüketici (bayan)
die **Verbraucherberatung**,-en tüketici danışmanlığı
der **Verbraucherschutz** [tekil] tüketici günvenliği
der **Verbraucherkredit**,-e tüketici kredisi
— **verbürgen** kefil olmak, teminat vermek
— **verdienen** kazanmak
der **Verdienst**,-e kazanç
die **Verdienstbescheinigung**,-en kazanç belgesi
der **Verein**,-e birlik, dernek
— **vereinbaren** sözleşmek, kararlaştırmak, anlaşmak
die **Vereinbarung**,-en akit, sözleşme, mutabakat

— **verfügen** bir şeyi birinin emrine, kullanımına hazır etmek

die **Verfügung**,*-en* bir şeyi birinin emrine, kullanımına hazır etme

die **Vergünstigung**,*-en* imtiyaz, kolaylık

— **vergüten** tazmin etmek, zararı ödemek

die **Vergütung**,*-en* zarar ziyanı karşılama

— **verheiratet** evli

— **verjährt** zaman aşımına uğramış

die **Verjährung**,*-en* zaman aşımı

die **Verjährungsfrist**,*-en* hakkın düşme süresi, zaman aşımı süresi

der **Verkauf**,⸚*e* satış

— **verkaufen** satmak

der **Verkaufspreis**,*-e* satış fiyatı

die **Verkehrserziehung** [tekil] trafik eğitimi

der **Verkehrsunfall**,⸚*e* trafik kazası

— **verkürzen** kısaltmak, azaltmak

— **verlangen** talep etmek, ısrarla istemek

— **verlängern** uzatmak, tecil etmek

die **Verlängerung**,*-en* uzatma, tecil etme

der **Verlust**,*-e* zarar ziyan, zarar etme, kayıp

der **Vermerk**,*-e* not

— **vermieten** kiraya vermek

der **Vermieter**,*-* kiraya veren *(bay)*

die **Vermieterin**,*-nen* kiraya veren *(bayan)*

— **vermindern** azaltmak

die **Verminderung**,*-en* azaltma

das **Vermögen**,*-*
mal varlığı, servet, varlık, zenginlik

die **Vermögensabgabe**,*-n* servet vergisi

die **Vermögensbesteuerung**,*-en*
servet vergilendirmesi

die **Vermögensbildung**,*-en*
sermaye servet oluşumu

das **Vermögensbildungsgesetz**,*-e*
tasarruf, servet teşvik kanunu

die **Vermögenssteuer**,*-n*
servet vergisi, varlık vergisi

das **Vermögensverhältnis**,*-se* mali durum, maddi durum

der **Vermögenswert**,*-e* varlık; varlık değeri

die **vermögenswirksame**,*-n* **Leistung**,*-en*
servet edinmek için yapılan ödeme

die **Vermögenszuwachssteuer**,*-n*
sermaye kazançları vergisi

die **Verpflegungskosten** [çoğul] bakım masrafları

— **verpflichten** vazife edinmek, taahhüt etmek

die **Verpflichtung**,*-en* vazife edinme, taahhüt etme

— **verrechnen** hesaba mahsuben kaydetmek

der **Verrechnungsscheck**,*-s* mahsup çeki, takas ve mahsup çeki

das **Versäumnis**,*-e* **der Frist**,*-en* süreyi geçirme

die **Versicherung** [tekil] **an Eides statt**
yeminle teyit etme

— **versichern** sigorta etmek

die **Versicherung**,*-en* sigorta

das **Versicherungsamt**,⸚*er* sigorta dairesi, kurumu

der **Versicherungsbeitrag**,⸚*e* sigorta aidatı

die **Versicherungsgesellschaft**,*-en* sigorta şirketi

die **Versicherungskarte**,*-n* sigorta kartı

die **Versicherungskosten** [çoğul] sigorta masrafları

die **Versicherungssumme**,*-n* sigorta meblağı

der **Versicherungswert**,*-e* sigortalı değerler

das **Vermögen**,*-* mal varlığı, mülk, sermaye

der **Versorgungsausgleich**,*-e*
boşanan eşler arasındaki hakların denkleştirilmesi

der **Verspätungszuschlag**,⸚*e* gecikme zammı, gecikme tazminatı

die **Versteigerung**,*-en* açık artırma

— **versteuern** vergi ödemek, vergilendirmek

der **Vertrag**,⸚*e*
anlaşma, kontrat, mukavele, sözleşme

den **Vertrag**,⸚*e* **abschließen** mukavele akdetmek, sözleşme yapmak

den **Vertrag**,⸚*e* **kündigen** mukaveleyi, sözleşmeyi iptal etmek

den **Vertrag**,⸚*e* **lösen** mukaveleyi, sözleşmeyi feshetmek

den **Vertrag**,⸚*e* **unterzeichnen**
mukavele, sözleşme imzalamak

die **Verwaltung**,*-en* idare, işletme

— **verwandt** akraba

der **Verwandtschaftsgrad**,*-e*
akrabalık derecesi

das **Verwandtschaftsverhältnis**,*-se*
akrabalık derecesi

das **Verwarnungsgeld**,*-er* ihtar mahiyetinde kesilen para cezası

— **verwitwet** dul

— **verzichten** vazgeçmek, feragat etmek

die **Verzichtserklärung**,*-en* feragat bildirimi

— **verzinsen** faizini ödemek

— **verzinslich** faiz getiren

— **verzollen** gümrük vergisini ödemek

das **Vierteljahr**,*-e* yılın üç aylık dönemi, çeyrek yıl

die **Volkshochschule**,*-n* halk eğitim merkezi

— **volljährig** ergin, reşit

die **Vollkaskoversicherung**,*-en*
bütün risklere karşı sigorta

die **Vollmacht**,*-en* vekalet, vekaletname, yetki

die **Vollmacht**,*-en* **erteilen** vekalet vermek

der **Vollmachtgeber**,*-* vekalet, yetki veren *(bay)*

die **Vollmachtgeberin**,*-nen* vekalet, yetki veren *(bayan)*

der **Vollmachtinhaber**,*-*
vekil tayin edilen, yetki verilen *(bay)*

die **Vollmachtinhaberin**,*-nen*
vekil tayin edilen, yetki verilen *(bayan)*

die **Vollmachtsübertragung**,*-en*
vekaletin, yetkinin devri

der **Vollstreckungsbescheid**,*-e* icra emri

die **Voraussetzung**,*-en* ön şart

die **Vorintegration**,*-en* uyum öncesi

der **Vorintegrationskurs**,*-e* uyum öncesi kurs

— **vorauszahlen** peşin ödemek

die **Vorauszahlung**,*-en* avans, önceden ödeme, peşinat

der **Vordruck**,*-e* form

die **Vorkasse** [tekil] avans, önceden ödeme, peşinat

die **Vorleistung**,*-en* avans; önceden yapılan iş; peşin ödeme

der **Vorname**,*-n* ad, isim

der **Vorschuss**,⸚*e* avans

— **vorzeitig** önceden, vaktinden evvel

W/w

die **Währung**,*-en* döviz, para birimi
die **Währungseinheit**,*-en* aynı olan para birimi
der **Wechsel**,*-* borç senedi; değişiklik, değişme
der **Wechselkurs**,*-e* cari kur, döviz kuru
die **Weiterbildungskosten** [çoğul] bilginin geliştirilmesi için yapılan masraflar
die **Werbungskosten** [çoğul] tanıtım, reklam masrafı
der **Wert**,*-e* bedel, değer, kıymet
— **wertlos** değersiz, kıymetsiz
das **Wertpapier**,*-e* kıymetli kağıt, menkul kıymet
die **Wertsache**,*-n* kıymetli eşya
die **Wertschätzung**,*-en* değer tahmini, değer takdiri
die **Wiederbeschaffung**,*-en* tekrar yerine getirme, yerine koyma
die **Wiederbeschaffungskosten** [çoğul] yeniden imal etme (yenileme) maliyeti
die **Wirtschaft**,*-en* ekonomi, iktisat, işletme
die **Wirtschaftsberatung**,*-en* iktisadi danışma
der **Wirtschaftsprüfer**,*-* bağımsız muhasebe denetçisi *(bay)*
die **Wirtschaftsprüferin**,*-nen* bağımsız muhasebe denetçisi *(bayan)*
die **Witwe**,*-n* dul kadın
die **Witwenrente**,*-n* dul aylığı
der **Witwer**,*-* dul erkek
der **Wohlfahrtsverband**,*⸚e* sosyal yardım derneği
der **Wohnberechtigungsschein**,*-e* sosyal konut hak belgesi
— **wohnen** ikamet etmek, oturmak
das **Wohngeld**,*-er* kira yardımı
der **Wohnort**,*-e* ikamet yeri
der **Wohnsitz**,*-e* ikametgah
die **Wohnung**,*-en* konut, mesken
die **Wohnungsbaufinanzierung**,*-en* mesken inşaat finansmanı
der **Wohnungskredit**,*-e* konut kredisi

Z/z

die **Zahl**,*-en* rakam, sayı
— **zahlbar** ödenebilir, ödenecek
— **zahlen** ödemek
das **Zahlen bei Fälligkeit**,*-en* vadesinde ödeme
der **Zahlschalter**,*-* vezne
die **Zahlung**,*-en* ödeme
die **Zahlung**,*-en* **einstellen** ödemeyi durdurmak
die **Zahlung**,*-en* **in Raten** taksitle ödeme
die **Zahlungsaufforderung**,*-en* ödeme emri, talebi
die **Zahlungsbedingung**,*-en* ödeme şartı
der **Zahlungsbefehl**,*-e* ödeme emri, ödeme ihbarı
der **Zahlungsbeleg**,*-e* ödeme belgesi, ödeme makbuzu
die **Zahlungsbestätigung**,*-en* ödeme makbuzu, teyidi
der **Zahlungseingang**,*⸚e* tahsilat
die **Zahlungseinstellung**,*-en* ödemeyi durdurma
der **Zahlungsempfänger**,*-* ödemeyi alan, kabul eden *(bay)*
die **Zahlungsempfängerin**,*-nen* ödemeyi alan, kabul eden *(bayan)*
die **Zahlungserinnerung**,*-en* ödeme ihtarı

— **zahlungsfähig** ödeme yapabilir, ödeyebilir
die **Zahlungsfähigkeit**,*-en* ödeme kabiliyeti, ödeyebilirlik
die **Zahlungsfrist**,*-en* ödeme tarihi, ödeme müddeti
die **Zahlungsfristverlängerung**,*-en* ödeme vadesini uzatma
die **Zahlungspflicht**,*-en* ödeme mecburiyeti, mükellefiyeti
der **Zahlungspflichtige**,*-n* borçlu, ödemeyi yapacak olan (bay)
die **Zahlungspflichtige**,*-n* borçlu, ödemeyi yapacak olan (bayan)
die **Zahlungsschwierigkeit**,*-en* ödeme güçlüğü
der **Zahlungstermin**,*-e* ödeme günü, vadesi
— **zahlungsunfähig** borcu ödeyememe durumunda olan
die **Zahlungsunfähigkeit**,*-en* borcu ödeyememe durumunda olma
die **Zahlungsvereinbarung**,*-en* ödemenin karara bağlanması
die **Zahlungsverweigerung**,*-en* ödemeden kaçınma, borcu ödememe
der **Zahlungsverzug**,*⸚e* ödemenin gecikmesi
der **Zeitwert**,*-e* güncel değer
die **Zentralbank**,*-en* merkez bankası
die **Zentrale**,*-n* genel merkez, merkez
das **Zeugnis**,*-se* vesika, sertifika, karne, diploma
das **Zertifikat**,*-e* sertifika
die **Zielgruppe**,*-n* hedef kitlesi
die **Ziffer**,*-n* rakam
der **Zins**,*-en* faiz
— **zinsbringend** faiz getiren
die **zinsbringende**,*-n* **Kapitalanlage**,*-n* faiz getiren sermaye yatırımı
die **Zinseinnahme**,*-n* faiz geliri
die **Zinserhöhung**,*-en* faiz artırılması
der **Zinseszins**,*-en* bileşik faiz, faizin faizi
— **zinsfrei** faizsiz, faizden muaf
die **Zinsgutschrift**,*-en* faiz olarak hesaba geçen meblağ
der **Zinssatz**,*⸚e* faiz oranı
das **Zollamt**,*⸚er* gümrük dairesi
die **Zollbestimmung**,*-en* gümrük yönetmeliği
die **Zulage**,*-n* zam, ilave
der **Zuname**,*-n* soyad
— **zurückzahlen** geri ödemek
der **Zuschlag**,*⸚e* zam, ilave, arttırma
der **Zuschuss**,*⸚e* para yardımı, bağış, katkı
— **zuständig** yetkili, sorumlu, selahiyetli
die **zuständige**,*-n* **Behörde**,*-n* yetkili makam
die **Zuständigkeit**,*-en* yetki
das **Zuwanderungsgesetz**,*-e* göçmenlik kanunu
die **Zwangsversteigerung**,*-en* mecburi arttırma
die **Zwangsvollstreckung**,*-en* cebri icra
der **Zwischenkredit**,*-e* geçici kredi, ara kredi

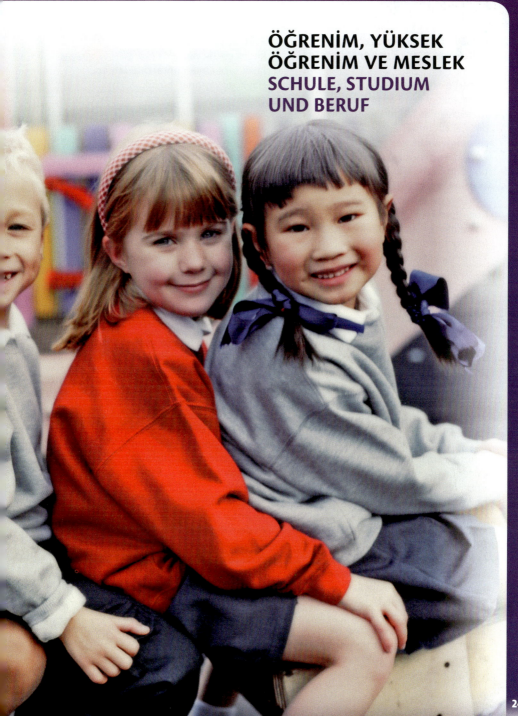

ÖĞRENİM, YÜKSEK
ÖĞRENİM VE MESLEK
SCHULE, STUDIUM
UND BERUF

Çocuk Yuvası/Anaokulu
Kindergarten/Kindertagesstätte

Ebeveynlerle iş birliği yapan gündüz
çocuk bakım tesisi arıyorum?
Ich suche eine Kindertageseinrichtung,
die viel mit den Eltern
zusammenarbeitet.
Çocuklara gündüz bakım tesisinde
bir yerin fiyatı ne kadar?
Wie viel kostet ein Platz in dieser
Kindertageseinrichtung?
Çocuğumu çocuk yuvasına/
anaokuluna kaydettirmek istiyorum.
Ich möchte mein Kind für den
Kindergarten/die Kindertagesstätte
anmelden.
Lütfen, şu kayıt belgesini doldurun.
Bitte füllen Sie den Anmeldebogen aus.
Anaokulunuzun çalışma saatleri nasıl?
Wie sind die Öffnungszeiten
Ihrer Kindertagesstätte?
Saat …'dan …'ya kadar açığız.
Wir haben von … Uhr
bis … Uhr geöffnet.
Ücreti ne kadardır?
Wie hoch ist der Kostenbeitrag?
Ücreti gelire mi bağlı?
Ist der Beitrag einkommensabhängig?
Ücreti, … Euro'dur ve her ay
önceden ödenmesi gerekir.
Er beträgt … Euro und muss monatlich
im Voraus bezahlt werden.
Çocuğum, çocuk yuvasında/
anaokulunda sigortalı mıdır?
Ist mein Kind in dem Kindergarten/
in der Kindertagesstätte versichert?
Evet, çocuk yuvasında/anaokulunda
meydana gelen kazalara karşı
yasal olarak sigortalıdır.
Ja, bei einem Unfall im Kindergarten/
in der Kindertagesstätte tritt die
gesetzliche Unfallversicherung ein.
Üç yaşından daha küçük çocuk var mı?
Gibt es Kinder unter drei Jahren?

Evet, üç yaşından daha
küçük çocuk var.
Ja, es gibt Kinder unter drei Jahren.
Hayır, üç yaşından büyük
çocukları kabul ediyoruz.
Nein, wir nehmen nur Kinder
ab drei Jahre auf.
Tam gün bakım sunuyor musunuz?
Bieten Sie eine Ganztagsbetreuung an?
Evet, tam gün bakım sunuyoruz.
Ja, wir bieten eine
Ganztagsbetreuung an.
Hayır, yalnız öğleden önceleri/…
bakım sunuyoruz.
Nein, wir betreuen nur vormittags/…
Anaokulunuzda/… kaç grup var?
Wie viele Gruppen hat Ihre
Kindertagesstätte/…?
Anaokulumuzda … grup var.
In unserer Kindertagesstätte
gibt es … Gruppen.
Her grupta kaç çocuk var?
Wie viele Kinder sind jeweils
in einer Gruppe?
Her grupta … çocuk var.
Es sind … Kinder in einer Gruppe.
Bir grup için kaç eğitici var?
Wie viele Erzieher/-innen stehen
einer Gruppe zur Verfügung?
Her grup için … eğitici var.
Je Gruppe gibt es … Erzieher/-innen.
Çocuklar anaokulunda/… birlikte
kahvaltı yapıyorlar mı?
Frühstücken die Kinder gemeinsam
in dem Kindergarten/…?
Evet, çocuklar anaokulunda/…
birlikte kahvaltı yapıyorlar.
Ja, die Kinder frühstücken gemeinsam
in dem Kindergarten/….
Hayır, çocuklar anaokulunda/…
birlikte kahvaltı yapmıyorlar.
Nein, die Kinder frühstücken nicht
gemeinsam in dem Kindergarten/….
Öğlen yemeği saat kaçta yeniyor?
Um wie viel Uhr wird mittags gegessen?

Öğlen yemeği saat …'da yeniyor.
Es wird mittags um … Uhr gegessen.
Tam gün çocukları öğlen uyuyorlar mı?
Machen die Tageskinder
einen Mittagsschlaf?
Evet, tam gün çocukları öğlen uyuyorlar.
Ja, die Tageskinder machen
einen Mittagsschlaf.
Hayır, tam gün çocukları
öğlen uyumuyorlar.
Nein, die Tageskinder machen
keinen Mittagsschlaf.
Müslüman çocuklar için
yemek seçimi var mı?
Gibt es eine Menüauswahl
für muslimische Kinder?
Evet, Müslüman çocuklar
için yemek seçimi var.
Ja, es gibt eine Menüauswahl
für muslimische Kinder.
Hayır, Müslüman çocuklar
için yemek seçimi yok.
Nein, es gibt keine Menüauswahl
für muslimische Kinder.
İsterseniz, çocuğunuz için kendiniz
yiyecek bir şeyler koyabilirsiniz
Wenn Sie möchten, können Sie Ihrem
Kind etwas zu essen einpacken.
Çocuklar anaokulunda/… terlik
giymek zorundalar mı?
Müssen die Kinder in der Kindertages-
stätte/… Hausschuhe tragen?
Evet, çocuklar anaokulunda/…
terlik giymek zorundalar.
Ja, die Kinder müssen in der Kindertages-
stätte/… Hausschuhe tragen.
Hayır, çocuklar anaokulunda/…
terlik giymek zorunda değiller.
Nein, die Kinder müssen in der
Kindertagesstätte/… keine
Hausschuhe tragen.
Çocuğumun spor giysisine/yağmurluğa/
giyecek eşyalara ihtiyacı var mı?
Braucht mein Kind Turnkleidung/
Regenbekleidung/Umziehsachen?

Başka önemli hususlar var mı?
Gibt es weitere wichtige Punkte?
Evet, şu hususlara dikkat
edilmesi gerekir: …
Ja, man muss auf folgende
Punkte achten: …
Anaokulunun/… hangi çeşitleri var?
Welche Arten von Kindertages-
stätten/… gibt es?
Kiliselere bağlı/Devlete bağlı/
Bağımsız/… anaokulları var.
Es gibt kirchliche/staatliche/
freie/… Kindertagesstätten/….
Çocuklar anaokulunun/… avlusunu
her zaman kullanabilirler mi?
Können die Kinder zu jeder
Zeit das Außengelände der
Kindertagesstätte/… benutzen?
Evet, çocuklar anaokulunun/…
avlusunu her zaman kullanabilirler.
Ja, die Kinder dürfen das Außen-
gelände der Kindertagesstätte/…
immer benutzen.
Hayır, yalnız belirli saatlerde
birlikte dışarıya çıkıyoruz.
Nein, wir gehen nur zu bestimmten
Zeiten gemeinsam nach draußen.
Hangi bayramları kutluyorsunuz?
Welche Feste feiern Sie?
… Bayramları kutluyoruz.
Wir feiern die Feste …
Hangi kursları sunuyorsunuz?
Welche Kurse bieten Sie an?
Dil kursları/Beden eğitimi
kursları/… sunuyoruz.
Wir bieten Sprachkurse/
Sportkurse/… an.
Çocuklar oda düzenlemesine
katılabilirler mi?
Dürfen sich die Kinder an der
Raumgestaltung beteiligen?
Evet, çocuklar kendi yaptıkları
resimleri asabilirler.
Ja, die Kinder dürfen ihre selbst
gemalten (gemachten) Bilder aufhängen.

Hayır, çocuklar oda düzenlemesine katılamazlar.
Nein, die Kinder dürfen sich nicht an
der Raumgestaltung beteiligen.
Anaokulunun/… çevresinde sorunlar/
tehlike kaynakları/… çocuklarla birlikte
takip edilip çözümler aranıyor mu?
Werden Konflikte/Gefahrenquellen/…
im Umfeld der Kindertagesstätte/…
gemeinsam mit den Kindern
verfolgt und Lösungen gesucht?
Evet, çocuklarla birlikte
anaokulunun çevresinde tehlike
kaynaklarına/… çözümler aranıyor.
Ja, wir suchen gemeinsam mit den
Kindern Lösungen für Gefahrenquellen/…
im Umfeld der Kindertagesstätte.
Hayır, çocukları tehlike kaynaklarında/…
yalnız bırakmıyoruz.
Nein, wir lassen die Kinder nicht alleine
in die Nähe von Gefahrenquellen.
Çocuklarla birlikte çevredeki
etkinliklere katılıyor musunuz?
Beteiligen Sie sich gemeinsam mit den
Kindern an Veranstaltungen im Umfeld?
Hayır, çocuklarla birlikte çevredeki
etkinliklere katılmıyoruz.
Nein, wir beteiligen uns nicht
gemeinsam mit den Kindern an
Veranstaltungen im Umfeld.
Evet, çocuklarla birlikte çevredeki
etkinliklere katılıyoruz.
Ja, wir beteiligen uns gemeinsam
mit den Kindern an
Veranstaltungen im Umfeld.
Günlük geziler yapılıyor mu?
Werden Tagesausflüge gemacht?
Evet, günlük geziler yapılıyor.
Ja, Tagesausflüge werden gemacht.
Hayır, günlük geziler yapılmıyor.
Nein, Tagesausflüge werden
nicht gemacht.
Ebeveynlerin izlemesine
izin veriyor musunuz?
Dürfen die Eltern hospitieren?

Evet, ebeveynler izleyebilirler.
Ja, die Eltern dürfen hospitieren.
Hayır, maalesef bu mümkün değildir.
Nein, das ist uns leider nicht möglich.
Ebeveynler pedagojik ve tasarım
gelişmelerine katılabilirler mi?
Dürfen sich die Eltern an
pädagogischen und konzeptionellen
Entwicklungen beteiligen?
Evet, ebeveynler pedagojik ve
tasarım gelişmelerine katılabilirler.
Ja, die Eltern dürfen sich an
pädagogischen und konzeptionellen
Entwicklungen beteiligen.
Hayır, ebeveynler pedagojik ve
tasarım gelişmelerine katılamazlar.
Nein, die Eltern dürfen sich nicht an
pädagogischen und konzeptionellen
Entwicklungen beteiligen.
Anaokulunda/… ebeveynler için
örneğin, dil kursu/… gibi özel
olanaklar sunuyor musunuz?
Bieten Sie in der Kindertagesstätte/…
spezielle Angebote, wie z.B.
Sprachkurse/… für die Eltern?
Evet, ebeveynler için özel
sunumlar yapıyoruz.
Ja, es gibt spezielle Angebote
für die Eltern.
Hayır, ebeveynler için özel
sunumlar yapmıyoruz.
Nein, es gibt keine speziellen
Angebote für die Eltern.
Babalar da anneler gibi
muhatap alınıyorlar mı?
Werden Väter ebenso
angesprochen wie Mütter?
Ebeveynlerin ikisi de aynı
derecede muhatap alınıyor.
Beide Elternteile werden
gleichermaßen angesprochen.
Birlikte çalıştığınız partner
ilkokulunuz var mı?
Haben Sie eine Partnergrundschule,
mit der Sie zusammenarbeiten?

Birlikte çalıştığımız çok iyi
partner ilkokulumuz var.
Wir haben eine sehr gute
Partnergrundschule.
Hayır, ilkokullarla birlikte çalışmıyoruz.
Nein, wir arbeiten nicht mit
Grundschulen zusammen.
Hangi aralıklarla ebeveyn
toplantıları yapılmakta?
In welchen Abständen finden
Elternversammlungen statt?
… haftada/ayda bir ebeveyn
toplantıları yapılmakta.
Es finden alle … Wochen/Monate
Elternversammlungen statt.
Karışık yaş gruplarınız var mı?
Haben Sie altersgemischte Gruppen?
Evet, anaokulumuz/… karışık yaş
gruplarından oluşmaktadır.
Ja, unsere Kindertagesstätte/… besteht
aus altersgemischten Gruppen.
Hayır, gruptaki çocukların
yaşları aynıdır.
Nein, die Kinder in einer
Gruppe sind gleich alt.
Aile birliği var mı?
Gibt es einen Elternrat?
Evet, aile birliği var. Aktif
ebeveynler de arıyoruz.
Ja, es gibt einen Elternrat. Wir
suchen sogar engagierte Eltern.
Hayır, aile birliğimiz yok.
Nein, wir haben keinen Elternrat.
Çocukları özellikle teşvik
ettiğiniz bölüm var mı?
Gibt es einen Bereich, in dem Sie
die Kinder besonders fördern?
Çocukları diğer insanlarla
ilişkilerini/… teşvik ediyoruz.
Wir fördern die Kinder besonders im
Umgang mit anderen Menschen/...
Çocukları her alanda aynı
teşvik ediyoruz.
Wir fördern die Kinder in allen
Bereichen gleich viel.

Okul
Schule

Sekreterliğin açık olduğu
saatler nasıl?
Wie sind die Öffnungszeiten
des Sekretariats?
Sekreterliğin çalışma
saatleri … 'dan …'e kadar.
Die Öffnungszeiten des Sekretariats
sind von … bis … Uhr.
Okul türleri ve okul zorunluluğu
hakkında bilgi edinmek istiyorum.
Ich möchte mich über Schularten
und die Schulpflicht informieren.
… de oturuyorum.
Ich wohne in …
Çocuğum için en yakın okul nerededir?
Wo ist die nächste Schule für mein Kind?
Çocuğunuz için en yakın okul … 'da.
Die nächste Schule für Ihr Kind ist in …
Çocuğunuz kaç yaşında?
Wie alt ist Ihr Kind?
Çocuğum … yaşında.
Mein Kind ist … Jahre alt.
Çocuğunuz Almanca biliyor mu?
Kann Ihr Kind Deutsch?
Evet, çocuğum Almanca biliyor.
Ja, mein Kind kann Deutsch.
Hayır, çocuğum Almanca bilmiyor.
Nein, mein Kind kann kein Deutsch.
Çocuğunuz, Türkiye'de/Almanya'da
hangi sınıfa/okula devam etti?
Welche Klasse/Schule hat Ihr Kind in
der Türkei/in Deutschland besucht?
Çocuğum, Türkiye'de/Almanya'da
… sınıfa/… okuluna devam etti.
Mein Kind war in der …Klasse/…Schule
in der Türkei/in Deutschland.
Buyrun, evraklar (belgeler) buradadır.
Bitte, hier sind die Unterlagen.
Çocuğunuz için, … okulu görevlidir.
Für Ihr Kind ist die … Schule zuständig.
Okulun adresi …
Die Adresse der Schule lautet …

Hangi okul türleri var?
Welche Schulformen gibt es?
... okul türleri var.
Es gibt … Schulformen.
Çocuğuma hangi yüksek okula
gitmesini önerirsiniz?
Welche weiterführende Schule würden
Sie meinem Kind empfehlen?
Çocuğunuza … okula gitmesini öneririz.
Wir würden Ihrem Kind
die … Schule empfehlen.
Çocuğum hangi sınıftan/not
ortalamasından sonra bundan
sonraki yüksek okula gidebilir?
Ab welcher Klasse/welchem
Notendurchschnitt kann mein Kind
auf die nächst höhere Schule gehen?
Çocuğunuz … sınıftan/not
ortalamasından sonra bundan
sonraki … yüksek okula gidebilir?
Ihr Kind kann ab der … Klasse/ab
einem Notendurchschnitt von … auf
die nächst höhere Schule gehen.
Okulunuz tam gün okul/... mu?
Ist Ihre Schule eine Ganztagsschule/…?
Evet, okulumuz tam gün okul/...
Ja, unsere Schule ist eine
Ganztagsschule/…
Hayır, okulumuz tam gün okul/... değil.
Nein, unsere Schule ist keine
Ganztagsschule/…
Dersler öğleden sonra hangi
günler yapılıyor?
An welchen Tagen ist
Nachmittagsunterricht?
Dersler öğleden sonra pazartesi
günleri/... yapılıyor.
Nachmittagsunterricht findet
jeden Montag/… statt.
Öğrenim yılı ne zaman başlıyor?
Wann beginnt das Schuljahr?
Öğrenim yılı ... tarihinde başlıyor.
Das Schuljahr beginnt am …
Ders ne zaman başlıyor?
Wann fängt der Unterricht an?

Ders saat ... 'da başlıyor.
Der Unterricht fängt um … Uhr an.
Hangi okul kitaplarını satın
almamız gerekmektedir?
Welche Schulbücher müssen wir kaufen?
Şu okul kitaplarını satın almanız gerekir: …
Sie müssen folgende
Schulbücher kaufen: …
Okul kitapları, okul tarafından hazır
bulundurulur/geri alınmak üzere verilir.
Die Schulbücher werden von
der Schule gestellt/von der
Schule ausgeliehen.
Her sınıfta kaç çocuk var?
Wie viele Kinder sind jeweils
in einer Klasse?
Her sınıfta ... çocuk var.
Es sind … Kinder in einer Klasse.
Her dönemde kaç sınıf var?
Wie viele Klassen gibt es in
jeder Jahrgangsstufe?
Her dönemde ... sınıf var.
Es gibt … Klassen in einer
Jahrgangsstufe.
Çocuklar bir öğrenim yılında
kaç sınav yazıyor?
Wie viele Klausuren schreiben die
Kinder in einem Schuljahr?
Çocuklar bir öğrenim
yılında ... sınav yazıyor.
Die Kinder schreiben in einem
Schuljahr … Klausuren.
Temel/İleri düzeyde kurslar
sunuyor musunuz?
Bieten Sie Grundkurse/
Erweiterungskurse an?
Temel/İleri düzeyde kurslar
sunmuyoruz.
Wir bieten keine Grundkurse/
Erweiterungskurse an.
Temel/İleri düzeyde kurslar sunuyoruz.
Wir bieten Grundkurse/
Erweiterungskurse an.
İyileştirici dersler (var mı) veriliyor mu?
Bieten Sie Förderunterricht an?

Matematik/Almanca/İngilizce/...
iyileştirici dersler (var) veriliyor.
Es gibt Förderunterricht in den Fächern
Mathematik/Deutsch/Englisch/…
Maalesef iyileştirici dersler
verilmiyor.
Es gibt leider keinen
Förderunterricht.
Günlük turlar/sınıf turları
yapıyor musunuz?
Machen Sie Tagesausflüge/
Klassenfahrten?
Evet, ...'ya günlük turlar/
sınıf turları yapıyoruz.
Ja, wir machen nach/zu/in …
Tagesausflüge/Klassenfahrten.
Hayır, günlük turlar/sınıf
turları yapmıyoruz.
Nein, wir machen keine
Tagesausflüge/ Klassenfahrten.
Çocukların haftada kaç gün
spor dersi/... var?
An wie vielen Tagen in der Woche
haben die Kinder Sportunterricht/…?
Çocukların haftada ... gün
spor dersi/... var.
Die Kinder haben an … Tagen in
der Woche Sportunterricht/…
Veliler görüşmesi (toplantısı)
ne zaman yapılıyor?
Wann finden Elternsprechtage statt?
Veliler görüşmesi (toplantısı)
... günleri yapılıyor?
Elternsprechtage finden
an … Tagen statt.
"Blauer Brief – Mavi Mektup" nedir?
Was ist ein „Blauer Brief"?
"Blauer Brief – Mavi Mektup"
öğrencilerin sınıfta kalmalarına
neden olabilecek başarısız oldukları
dersleri ebeveynlere bildiridir.
"Blauer Brief" ist eine Mitteilung an
die Eltern über nicht ausreichende
Leistungen in Fächern, die die
Versetzung der Kinder gefährden.

Çocuklar kaçıncı sınıftan sonra
seçmeli derslerini seçiyor?
Ab der wievielten Klasse wählen
die Kinder ihre Wahlfächer?
Çocuklar ... sınıftan sonra
seçmeli derslerini seçiyor.
Die Kinder wählen ab der …
Klasse ihre Wahlfächer.
Çocuklar okulda hangi yabancı
dilleri öğrenebilir?
Welche Fremdsprachen können die
Kinder an der Schule erlernen?
Çocuklar okulda ... (yabancı
dilleri) öğrenebilir.
Die Kinder können (die Fremdsprachen)
… an der Schule erlernen.
İngilizce/Fransızca/... iki dilli
bölüm sunuyor musunuz?
Bieten Sie den bilingualen Zweig
für Englisch/Französisch/… an?
Evet, İngilizce/Fransızca/... iki
dilli bölüm sunuyoruz.
Ja, wir bieten den bilingualen Zweig
für Englisch/Französisch/… an.
Hayır, İngilizce/Fransızca/... iki
dilli bölüm sunmuyoruz.
Nein, wir bieten keinen
bilingualen Zweig für Englisch/
Französisch/… an.
Okulunuzun toplam kaç öğrencisi var?
Wie viele Schüler hat Ihre
Schule insgesamt?
Okulumuzun toplam … öğrencisi var.
Unsere Schule hat insgesamt … Schüler.
Bu öğrenim yılı için hangi okul
malzemeleri gerekiyor?
Welche Schulmaterialien werden
in diesem Schuljahr benötigt?
Öğrenciler bölüm öğretmenleri
tarafından bilgilendirilecek.
Die Kinder bekommen jeweils von
den Fachlehrern eine Mitteilung.
Okul malzemelerinin/... fiyatı ne kadar?
Wie hoch sind die Kosten für
die Schulmaterialien/…?

Okul malzemelerinin/... fiyatı ... Euro tutar.
Die Kosten für die Schulmaterialien/…
betragen … Euro.
Okul parası ne kadar?
Wie hoch ist das Schulgeld?
Okul parası ... Euro.
Das Schulgeld beträgt … Euro.
Okulun ne gibi özellikleri var?
Welche Besonderheiten hat
die Schule?
Okulun şu özellikleri var: ...
Die Schule hat folgende
Besonderheiten: …
Okulda özel projeler var mı,
örneğin: Her çocuğa bir
müzik aleti gibi?
Gibt es in der Schule besondere
Projekte, wie z.B.: „Jedem
Kind sein Instrument"?
Evet, okul şu projelere
katılıyor: ...
Ja, die Schule nimmt an
folgenden Projekten teil: …
Hayır, okul projelere katılmıyor.
Nein, die Schule nimmt an
keinen Projekten teil.
Çocuklara hangi kurslar sunuluyor?
Welche Kurse werden den
Kindern angeboten?
Çocuklara ... kursları sunulmakta.
Die Kurse ... werden den
Kindern angeboten.
Müslüman çocuklara ek olarak
din dersi veriliyor mu?
Findet für muslimische Kinder
Religionsersatzunterricht statt?
Evet, Müslüman çocuklara ek
olarak din dersi veriliyor.
Ja, für muslimische Kinder findet
Religionsersatzunterricht statt.
Hayır, Müslüman çocuklara ek
olarak din dersi verilmiyor.
Nein, für muslimische Kinder
findet kein Religionsersatz-
unterricht statt.

Mesleki belgelerimi ve
diplomalarımı nerede
tanıtabilirim?
Wo kann ich meine beruflichen
Dokumente und Zeugnisse
anerkennen lassen?
Mesleki belgelerinizi ve
diplomalarınızı …'da
tanıtabilirsiniz.
Sie können Ihre beruflichen
Dokumente und Zeugnisse beim/
in … anerkennen lassen.
Diplomamı nerede tercüme
ve tasdik ettirebilirim?
Wo kann ich mein Abschlusszeugnis übersetzen und
beglaubigen lassen?
Diplomalarınızı …'da
tercüme ve tasdik
ettirebilirsiniz.
Sie können Ihr Abschlusszeugnis
in … übersetzen und
beglaubigen lassen.
Yüksek okul (Üniversite)
ücreti ne kadar?
Wie hoch sind die
Studiengebühren?
Yüksek okul (Üniversite)
ücreti ... Euro'dur.
Die Studiengebühren
betragen … Euro.
Yüksek öğrenim bursu için
nereye müracaat
edebilirim?
Wo kann ich mich um ein
Stipendium für Studierende
bewerben?
Öğrenim bursu için …'ya
müracaat edebilirsiniz.
Sie können sich in/beim … um
ein Stipendium bewerben.

Halk Eğitim Merkezi
Volkshochschule

… kursu hakkında bilgi
almak istiyorum.
Ich möchte mich über
den … Kurs informieren.
Almanca kursuna
katılmak istiyorum.
Ich möchte einen Deutsch-
kurs belegen.

Yeni başlayanlar/İlerlemişler
için Almanca kursuna
katılmak istiyorum.
Ich möchte einen Deutschkurs
für Anfänger/Fortgeschrittene
besuchen.
Ben öğrenciyim/işsizim.
Ich bin Student (Schüler)/arbeitslos.
Kursun ücreti ne kadar?
Wie teuer ist der Kurs?

257

Okul, Yüksek Öğrenim ve Meslek Kelime Listesi
Wortliste Schule, Studium und Beruf

akademi   die **Akademie**, -n
Alman filolojisi   die **Germanistik** [tekil]
anaokulu öğretmeni (bay)   der **Kindergärtner**, - |
(bayan)   die **Kindergärtnerin**, -nen
arkeoloji   die **Archäologie** [tekil]
artist (bay)   der **Schauspieler**, - |
(bayan)   die **Schauspielerin**, -nen
astronomi   die **Astronomie** [tekil]
aşçı (bay)   der **K**o**ch**, ̈-e |
(bayan)   die **Köchin**, -nen
bahçıvan (bay)   der **Gärtner**, - |
(bayan)   die **Gärtnerin**, -nen
balık satan (bay)   der **Fischhändler**, - |
(bayan)   die **Fischhändlerin**, -nen
balıkçı (bay)   der **Fischer**, - |
(bayan)   die **Fischerin**, -nen
berber (bay)   der **Friseur**, -e |
(bayan)   die **Friseurin**, -nen
biyoloji   die **Biologie** [tekil]
boyacı (bay)   der **Anstreicher**, - | der **Maler**, - |
(bayan)   die **Anstreicherin**, -nen |
die **Malerin**, -nen
camcı (bay)   der **Glaser**, - |
(bayan)   die **Glaserin**, -nen
coğrafya   die **Geographie** [tekil]
çiçekçi (bay)   der **Blumenhändler**, - |
(bayan)   die **Blumenhändlerin**, -nen
çiftçi (bay)   der **Landwirt**, -e |
(bayan)   die **Landwirtin**, -nen
çilingir (bay)   der **Schlosser**, - |
(bayan)   die **Schlosserin**, -nen
çırak   der **Lehrling**, -e
demirci (bay)   der **Schmied**, -e |
(bayan)   die **Schmiedin**, -nen
devlet memuru (bay)   der **Beamte**, -n |
(bayan)   die **Beamtin**, -nen
doktor (bay)   der **A**rzt, ̈-e |
(bayan)   die **Ärztin**, -nen
duvarcı (bay)   der **Maurer**, - |
(bayan)   die **Maurerin**, -nen
ebe   die **Hebamme**, -n
eczacı (bay)   der **Apotheker**, - |
(bayan)   die **Apothekerin**, -nen
ekmekçi (bay)   der **Bäcker**, - |
(bayan)   die **Bäckerin**, -nen
elektrikçi (bay)   der **Elektriker**, - |
(bayan)   die **Elektrikerin**, -nen
elektroteknik   die **Elektrotechnik**, -en
enstitü   das **Institut**, -e
ev kadını   die **Hausfrau**, -en
fakülte   die **Fakultät**, -en
filozofi   die **Philosophie** [tekil]

fırıncı (bay)   der **Bäcker**, - |
(bayan)   die **Bäckerin**, -nen
fizik   die **Physik** [tekil]
fotoğrafçı (bay)   der **Fotograf**, -en |
(bayan)   die **Fotografin**, -nen
garson (bay)   der **Kellner**, - |
(bayan)   die **Kellnerin**, -nen
gazeteci (bay)   der **Journalist**, - |
(bayan)   die **Journalistin**, -nen
gazetecilik   die **Publizistik** [tekil]
gözlükçü (bay)   der **Optiker**, - |
(bayan)   die **Optikerin**, -nen
hakim (bay)   der **Richter**, - |
(bayan)   die **Richterin**, -nen
halıcı (halı tüccarı) (bay)
der **Teppichhändler**, - |
(bayan)   die **Teppichhändlerin**, -nen
hasta bakıcı (bay)   der **Krankenpfleger**, - |
(bayan)   die **Krankenpflegerin**, -nen
hemşire   die **Krankenschwester**, -n
heykeltıraş (bay)   der **Bildhauer**, - |
(bayan)   die **Bildhauerin**, -nen
hukuk   **Jura** [tekil]
ıtriyatçı (bay)   der **Drogist**, -en |
(bayan)   die **Drogistin**, -nen
ilkokul   die **Grundschule**, -n
işçi (bay)   der **Arbeiter**, - |
(bayan)   die **Arbeiterin**, -nen
iş göremez   **berufsunfähig**
jeoloji   die **Geologie** [tekil]
kapıcı (bay)   der **Hausmeister**, - |
(bayan)   die **Hausmeisterin**, -nen
kasap (dükkan)   die **Fleischerei**, -en |
die **Metzgerei**, -en
kasap (bay)   der **Metzger**, - |
(bayan)   die **Metzgerin**, -nen
kimya   die **Chemie** [tekil]
kitapçı (bay)   der **Buchhändler**, - |
(bayan)   die **Buchhändlerin**, -nen
kuaför (bay)   der **Friseur**, -e |
(bayan)   die **Friseurin**, -nen
kunduracı (bay)   der **Schuhmacher**, - |
(bayan)   die **Schumacherin**, -nen
kürkçü (bay)   der **Kürschner**, - |
(bayan)   die **Kürschnerin**, -nen
kuyumcu (bay)   der **Juwelier**, -e |
(bayan)   die **Juwelierin**, -nen
lise   das **Gymnasium/Gymnasien**
madenci   der **Bergmann/Bergleute**
makine yapımı   der **Maschinenbau** [tekil]
manav (bay)   der **Gemüsehändler**, - |
der **Obsthändler**, - |
(bayan)   die **Gemüsehändlerin**, -nen |
die **Obsthändlerin**, -nen
memur (devlet) (bay)   der **Beamte**, -n |
(bayan)   die **Beamtin**, -nen

(özel sektör) memur (bayan)   die **Angestellte**, *-n*
(bay)   der **Angestellte**, *-n* |
meslek   der **Beruf**, *-e*
meslek eğitimi   die **Berufsausbildung**, *-en*
meslek okulu   die **Berufsschule**, *-n*
mimari   die **Architektur** [tekil]
müdür (bay)   der **Geschäftsführer**, *-* |
(bayan)   die **Geschäftsführerin**, *-nen*
muhasebeci (bay)   der **Buchhalter**, *-* |
(bayan)   die **Buchhalterin**, *-nen*
mühendis (bay)   der **Ingenieur**, *-e* |
(bayan)   die **Ingenieurin**, *-nen*
mühendislik bilimleri
die **Ingenieurwissenschaften** [çoğul]
müzik   die **Musik** [tekil]
müzisyen (bay)   der **Musiker**, *-* |
(bayan)   die **Musikerin**, *-nen*
okul   die **Schule**, *-n*
ormancı (bay)   der **Förster**, *-* |
(bayan)   die **Försterin**, *-nen*
oyuncu (bay)   der **Spieler**, *-* |
(Theater) der **Schauspieler**, *-* |
(bayan)   die **Spielerin**, *-nen* |
(Theater) die **Schauspielerin**, *-nen*
öğrenci (bay)   der **Schüler**, *-* |
(bayan)   die **Schülerin**, *-nen*
öğrenim dalı   das **Studienfach**, *̈er*
öğretmen (bay)   der **Lehrer**, *-* |
(bayan)   die **Lehrerin**, *-nen*
özel memur (bay)   der **Angestellte**, *-n* |
(bayan)   die **Angestellte**, *-n*
papaz   der **Pfarrer**, *-*
pastacı (bay)   der **Konditor**, *-en* |
(bayan)   die **Konditorin**, *-nen*
pedagoji   die **Pädagogik** [tekil]
psikoloji   die **Psychologie** [tekil]
polis memuru (bay)   der **Polizist**, *-en* |
(bayan)   die **Polizistin**, *-nen*
postacı (bay)   der **Briefträger**, *-* |
(bayan)   die **Briefträgerin**, *-nen*
profesör (bay)   der **Professor**, *-en* |
(bayan)   die **Professorin**, *-nen*
ressam (bay)   der **Maler**, *-* |
(bayan)   die **Malerin**, *-nen*
ruhbilim   die **Psychologie** [tekil]
saat tamircisi (bay)   der **Uhrmacher**, *-* |
(bayan)   die **Uhrmacherin**, *-nen*
sanat tarihi   die **Kunstgeschichte** [tekil]
sanatçı (bay)   der **Künstler**, *-* |
(bayan)   die **Künstlerin**, *-nen*
saraç (bay)   der **Sattler**, *-* |
(bayan)   die **Sattlerin**, *-nen*
satıcı (bay)   der **Verkäufer**, *-* |
(bayan)   die **Verkäuferin**, *-nen*
sosyal bilimler   die **Sozialwissenschaften** [çoğul]
spor bilimleri   die **Sportwissenschaften** [çoğul]

stajer (bay)   der **Praktikant**, *-en* |
(bayan)   die **Praktikantin**, *-nen*
şoför (bay)   der **Fahrer**, *-*
(bayan)   die **Fahrerin**, *-nen*
şoförlük öğretmeni (bay)   der **Fahrlehrer**, *-* |
(bayan)   die **Fahrlehrerin**, *-nen*
tamirci (bay)   der **Mechaniker**, *-* |
(araba)   der **Automechaniker**, *-* |
(bayan)   die **Mechanikerin**, *-nen* |
(araba)   die **Automechanikerin**, *-nen*
tarih   die **Geschichte** [tekil]
teknik   die **Technik**, *-en*
teknik üniversite   die **Technische**, *-n*
Hochschule, *-n*
tekniker (bay)   der **Techniker**, *-* |
(bayan)   die **Technikerin**, *-nen*
tenekeci (bay)   der **Klempner**, *-* |
(bayan)   die **Klempnerin**, *-nen*
tercüman (bay)   der **Dolmetscher**, *-* |
(bayan)   die **Dolmetscherin**, *-nen*
terzi (bay)   der **Schneider**, *-* |
(bayan)   die **Schneiderin**, *-nen*
tesisatçı (bay)   der **Installateur**, *-e* |
(bayan)   die **Installateurin**, *-nen*
tezgahtar (bay)   der **Verkäufer**, *-* |
(bayan)   die **Verkäuferin**, *-nen*
ticaret okulu   die **Handelsschule**, *-n*
ticari bilim   die **Wirtschaftswissenschaft**, *-en*
tıp   die **Medizin** [tekil]
tüccar (bay)   der **Kaufmann/Kaufleute** |
(bayan)   die **Kauffrau**, *-en*
tümel okul   die **Gesamtschule**, *-n*
turistik rehber (bay)   der **Reiseleiter**, *-* |
der **Reiseführer**, *-* |
(bayan)   die **Reiseleiterin**, *-nen* |
die **Reiseführerin**, *-nen*
Türk dili ve edebiyatı   die **Türkologie** [tekil]
usta (bay)   der **Meister**, *-* |
(bayan)   die **Meisterin**, *-nen*
üniversite   die **Universität**, *-en*
üst okul   die **Oberschule**, *-n*
veteriner (bay)   der **Tierarzt**, *̈e* |
(bayan)   die **Tierärztin**, *-nen*
veterinerlik   die **Tiermedizin** [tekil]
yazar (bay)   der **Schriftsteller**, *-* |
(bayan)   die **Schriftstellerin**, *-nen*
yazarlık   die **Publizistik** [tekil]
yüksek öğrenim   das **Studium/Studien**
yüksek okul   die **Hochschule**, *-n*
yüksek okul öğrencisi (bay)   der **Student**, *-en* |
(bayan)   die **Studentin**, *-nen*
zanaatkar (bay)   der **Handwerker**, *-* |
(bayan)   die **Handwerkerin**, *-nen*

259

Almanya'da
Eğitim Sistemi
Das Schulsystem in
Deutschland

Grundschule

Grundschule her çocuk için eğitim ve öğretimin ilk basamağıdır. Bu okulun Eyalet Yasası ve Eğitim ve Öğretim Kanununun Talimatları gereği şu görevleri yerine getirmesi gerekmektedir.

• Her öğrencinin kişisel gelişmesinde oluşan şartlar, sosyal durumu, müzik ve pratik konularda yetenekleri dikkate alınarak eşit olarak kapsamlı bir şekilde teşvik edilmesi gerekmektedir.
• Öğrencilerin temel yetenekleri, bilgileri ve becerilerinin içeriği ve şekli tespit edilerek kişisel öğrenme olanakları ve tecrübeleri uyumlu hale getirilmesi gerekir.
• Bu okullarda öğrenim metotları teşvik edici ve cesaret verici bir şekilde, sistemli olarak uygulanır ve öğrencilerin bundan sonra devam edecekleri okullara hazırlanmalarında yardımcı olunur.
• Öğrencilerin başarıları korunacak ve teşvik edilecektir.

Grundschule'de öğretim kural olarak dört yıl sürer. 2005/2006 öğretim yılından beri Nordrhein-Westfalen Eyaletinde okula başlama aşaması uygulanmaktadır. Birinci ve ikinci sınıfları kapsayan bu süre, okul öncesi eğitimi uyumlu hale getirmektedir. Bu uygulamanın amacı, çocukların Grundschule'ye başlamalarını esnek hale getirmek suretiyle birinci ve ikinci öğretim yıllarında yenilenen öğrenim metotları ve organize sayesinde öğrencilerin daha başarılı olmalarını sağlamaktır.

Hauptschule

Konu Başlıkları
• Giriş
• Deneme Aşaması
• Geçiş Olanakları
• Dersler
• Derslerin Düzenlenmesi
• Ağırlıklı Ders Kursları
• Seçmeli Dersler
• Destek Dersleri
• Tam Gün Okul
• Diploma ve Geçerliliği
• 10. sınıf

Hauptschule, 5'ten 10'a kadar sınıfları kapsar. Her okul, eğitim ve öğretim görevi temelinde ve kendisi için geçerli olan yönetmelik ve öğretim planı çerçevesinde, pedagojik çalışmasının özel hedeflerini, ağırlık konuları ve düzenleme biçimlerini okul programında (müfredatında) belirler.

Giriş
İlkokul 4. sınıfı başarıyla bitiren bütün öğrenciler Hauptschule'ye devam edebilirler. Çocuğun eğitimi için en uygun okul Hauptschule ise, ilkokul okul türü olarak Hauptschule'yi tavsiye eder. Velilerin, bu tavsiyeyi göz önünde bulundurmaları yerinde olur. Bazen, bir okulun kapasitesi kayıt için başvuran öğrencilerin hepsini almaya yeterli olmaz. Bu durumda okul, okul denetleme kurulu ve şehir eğitim dairesi, ailelerin isteğini başka türlü yerine getirmenin yollarını arar. Deneme Aşaması - Sekundarstufe 1'in 5. ve 6. sınıflarında, Deneme Aşamasının eğitim bilimi açısından özel bir yeri vardır. Çocukların ilkokul öğrenim tecrübelerine bağlı olarak öğretmenler, bu iki yıl içinde çocukları Hauptschule'nin öğretim yöntemlerine ve derslerine alıştırırlar. Deneme Aşamasında okul, çocukların bilgilerini, yeteneklerini ve becerilerini

gözetler ve teşvik eder. Burada amaç, veli ile birlikte seçilen okul türüne çocuğun uygun olduğu kararını pekiştirmektir. Deneme Aşamasında öğrenciler, sınıf geçirme kararına gerek olmadan doğrudan 5. sınıftan 6. sınıfa geçerler.

Geçiş Olanakları

6. sınıfın, yani Deneme Aşamasının sonunda, not durumuna göre başka bir okul türüne geçiş mümkündür. 5. sınıf sonunda okul değişimi, sadece istisna durumlar için söz konusudur. Eğer okul değişimi gerekli görürse, bunu veliye bildirir ve bunun için danışma görüşmesi önerisinde bulunur.

Dersler

- Almanca
- Sosyal Bilgiler (Tarih/Politika, Coğrafya)
- Matematik
- Fen Bilimleri (Biyoloji, Fizik, Kimya)
- İngilizce
- İş Bilgisi (Teknik/Ekonomi/Ev Ekonomisi)
- Müzik/Sanat/Tekstil İşleri
- Din Bilgisi
- Spor

İngilizce, 5. sınıftan 10. sınıfa kadar zorunlu derstir.

Derslerin Düzenlenmesi

5. ve 6. sınıflarda dersler genelde sınıf halinde verilir. Bu sınıflarda dersler ilkokulun ders biçimleri ile içeriğine bağlı olarak, her bir çocuğun bilgi, yetenek ve becerilerini tanıması ve teşvik etmeyi hedefler. Hauptschule'lerin öğrenim hedeflerinden biri de öğrencilerin öğrenim eksikliklerini ve zayıf yanlarını dengelemektir. 7'den 10. sınıfa kadar olan dersler, sınıflarda zorunlu derslerden, ders kurslarından ve seçmeli derslerden oluşur.

Ağırlıklı Ders Kursları

İlgiler ve yatkınlıklar farklıdır. Aynı biçimde, öğrencilerin öğrenme kapasitesinde de farklılıklar vardır. Bu nedenle 7. sınıftan 9. sınıfa kadar Matematik ve İngilizce dersleri için temel ve ileri düzeyde kurslar verilir. Bu kurslarda öğrencilerden farklı ve yüksek düzeyde başarı beklenir.

Seçmeli Dersler

7. sınıftan 10. sınıfa kadar, zorunlu ders ile ders kursları, seçmeli dersler ile bütünlenir. Doğa Bilimleri, İş Bilgisi ile Sanat ve Müzik alanları arasında seçim yapılabilir. 9. sınıftan itibaren seçmeli derste ve A tipi 10. sınıfta öncelikli olarak, İş Bilgisi ve Doğa Bilimleri alanlarında projeye dayanan konular işlenmelidir. Enformasyon ve haberleşme tekniği temel eğitimi üzerine kurulu olarak, öğrenciler enformatik alanındaki bilgi ve becerilerini derinleştirip artırabilirler.

Destek Dersleri

Destek dersi, bütün sınıflarda ek ders olarak verilebilir. 9. ve 10. sınıfın B tipinde Almanca, Matematik ve İngilizce destek dersleri olarak verilir.

Tam Gün Okul

Çoğu Hauptschule'ler, tam gün okul olarak da öğretim yapıyor. Bu Hauptschule'lerde, ek olarak haftada üç ya da dört kez öğleden sonra saat 16.00'ya kadar öğrencilere okulda öğrenme, çalışma ve boş zamanlarını verimli olarak geçirme olanağı sağlanır.Böylece teşvik olanakları genişletilir ve ev ödevlerinin yapılması da sağlanır.

Diploma ve Geçerliliği

Hauptschule'de Sekundarstufe 1'in bütün diplomaları edinilebilinir. Bunlar:

* Hauptschule Diploması
* A tipi 10. sınıfın başarıyla bitirilmesiyle 10. sınıftan sonrası Hauptschule Diploması
* B tipi 10. sınıftan sonra Ortaokul Diploması (Fachoberschulreife)

10. sınıf

Hauptschule'lerde 10. sınıf iki farklı bölüme ayrılır:

* A tipi, Fen Bilimleri ile İş Bilgisi ağırlıklıdır.
* B tipi, Almanca, İngilizce ve Matematik ağırlıklı olup Fachoberschulreife kazandırır.

B tipi 10. sınıfın başarıyla bitirilmesiyle Ortaokul Diploması (Fachoberschulreife) edinilir. Bütün dersler en azından orta ise, bu diploma liseye (Gymnasium), Karma Okul (Gesamtschule) ya da üniversiteye girme yeterliliği sağlayan tam okul dengindeki Meslek Okuluna devam etme hakkını kazandırır.

Realschule

Konu Başlıkları

* Giriş
* Deneme Aşaması
* Geçiş Olanakları
* Dersler
* Derslerin Düzenlenmesi
* Seçmeli Dersler
* Diploma ve Geçerliliği

Realschule öğrencileri, ileri düzeyde bir genel öğretim görürler. Teorik konulara ilgi kadar, öğrencilerin pratik yetenekleri de teşvik edilir. Realschule'lerin ileri düzeydeki ders programında (müfredatında), 6. sınıftan itibaren ikinci bir yabancı dil verilir. Genelde bu Fransızca'dır. Fransızca'nın yerine Flamanca (Hollandaca) ya da İspanyolca da alınabilinir.

Giriş

İlkokul 4. sınıfı başarıyla bitiren bütün çocuklar Realschule'ye devam edebilirler. Çocuğun eğitimi için en uygun okul Realschule ise, ilkokul, okul türü olarak Realschule'yi tavsiye eder. Velilerin, bu tavsiyeyi göz önünde bulundurmaları yerinde olur. Bazen, bir okulun kapasitesi kayıt için başvuran öğrencilerin hepsini almaya yeterli olmaz. Bu durumda okul, okul denetleme kurulu ve şehir eğitim dairesi, ailelerin isteğini başka türlü yerine getirmenin yollarını arar.

Deneme Aşaması

Sekundarstufe 1'in 5. ve 6. sınıflarında, Deneme Aşamasının eğitim bilimi açısından özel bir yeri vardır. Çocukların ilkokul öğrenim tecrübelerine bağlı olarak öğretmenler, bu iki yıl içinde çocukları Realschule'nin öğretim yöntemlerine ve derslerine alıştırırlar. Deneme Aşamasında okul, çocukların bilgilerini, yeteneklerini ve becerilerini gözetler ve teşvik eder. Burada amaç, veli ile birlikte seçilen okul türüne çocuğun uygun olduğu kararını pekiştirmektir. Deneme Aşamasında öğrenciler, sınıf geçirme kararına gerek olmadan doğrudan 5. sınıftan 6. sınıfa geçerler. 6. sınıfın sonunda sınıf geçirme kurulu, öğrencinin 7. sınıfa geçip geçmeyeceğini, aynı zamanda da Realschule'de kalıp kalmayacağına karar verir. Öğrenci 7. sınıfa kesin olarak geçirilmezse, bu durumda başka bir okul türüne gönderilir. Sınıf geçirme kurulu, Deneme Aşamasının sonunda, çocuğun okul türünü değiştirmesine karar verirse, bu durumu en geç ders yılının sona ermesinden altı hafta önce veliye yazılı olarak bildirir. Aynı zamanda veliye danışma görüşmesi önerilir. Okul yönetimi, çocuğun tavsiye edilen okul türüne geçmesinde veliye destek olur.

Geçiş Olanakları

Sekundarstufe 1'den başka bir okul türüne geçiş, 9. sınıfın başlamasına kadar mümkündür. Okul değişimi ilke olarak, sadece ders yılı başında gerçekleşir. Eğer okul değişimi düşünülüyorsa ya da okul bunu yerinde buluyorsa, okul ile veli arasında mümkün olduğu kadar erken danışma görüşmeleri yapılmalıdır.

Dersler

• Almanca
• Sosyal Bilgiler (Coğrafya, Tarih, Politika)
• Matematik
• Fen Bilimleri (Biyoloji, Fizik, Kimya)
• İngilizce (1.Yabancı Dil)
• Sanat, Müzik, Tekstil İşleri
• Din Bilgisi
• Spor

Destek dersleri, ders programının ayrılmaz bir parçasıdır. Destek dersleri, öncelikle Almanca, İngilizce ve Matematik ile Fen Bilimleri derslerinde öğrencilerin teşvik edilmesine hizmet eder. Okulun kararına bağlı olarak, 9. sınıftan itibaren ikinci bir yabancı dil ile ev ekonomisi dersleri de verilebilir.

Derslerin Düzenlenmesi

5. ve 6. sınıflarda dersler genelde sınıf halinde verilir. Farklı ders şartlarının dengelenmesi için bu sınıflarda ek olarak teşvik dersleri oluşturulabilinir.

Seçmeli Dersler

7. sınıftan itibaren her öğrencinin alması gereken dersler, seçmeli dersle tamamlanır. Öğrenciler, seçmeli ders alanında bireysel yeteneklerini ortaya koyup, değişik ağırlıklı alanlar arasından seçim yapabilirler. Her Realschule, yabancı dil ağırlıklı alan sunar. Buna göre 6. sınıfta alınmış olan yabancı dil, 10. sınıfın sonuna kadar ağırlıklı ders olarak sürdürülür. Buna ek olarak okul olanaklarına göre aşağıdaki dersler sunulur.

• Fen bilimleri - teknik ağırlıklı alan; Biyoloji, Kimya, Fizik, Teknik ya da Enformatik dersleriyle
• Sosyal Bilimler ağırlıklı alan; sosyal bilimsel derslerle
• Müzik – sanat ağırlıklı alan; Müzik ya da Sanat ağırlıklı derslerle

Her bir ağırlıklı alanda yazılı sınav yapılır. Realschule, sunduğu bu derslerle öğrencilerinin farklı ilgi ve yeteneklerini teşvik eder.

Diploma ve Geçerliliği

Realschule'de Sekundarstufe 1'in bütün diplomaları edinilebilinir. Bunlar:

• 10. sınıftan sonra Ortaokul Diploması (Fachoberschulreife). Bütün dersler için orta notun alınmış olması bu diploma ile liseye (Gymnasium) devam etme hakkı sağlar.
• 10. sınıftan sonra verilen Hauptschule Diplomasıyla eşit Diploma
• Hauptschule Diplomasına eşit Diploma

Gesamtschule

Konu Başlıkları

- Dersler
- Seçmeli Dersler
- Ağırlıklı Ders Kursları, Tamamlayıcı Dersler
- Mezuniyetler
- Lise Yüksek Bölümü

Seçmeli Dersler

Başarı durumu farklı öğrenciler Gesamtschule'ye gider ve bu okul öğrencilerinin devam edecekleri eğitim yolunu uzun süre açık tutar. Gesamtschule'ler genel olarak tam gün okuludur. Bu okulun Sekundarstufe I bölümünde Hauptschule, Realschule ve Gymnasium'da elde edinilebilecek mezuniyetler alınabilir. Gesamtschule Sekundarstufe 1'de 5. sınıftan 10. sınıfa kadar, Sekundarstufe 2'de (lisenin yüksek bölümü) şimdi 11. ve 13. yıllık kademeleri kapsamaktadır. Başarılı öğrenciler doğrudan 12. yıllık kademeye de geçebilirler. Öğrenciler, 5. sınıftan 9. sınıfa kadar sınıfta kalmadan öğrenime devam ederler. 5. ve 6. sınıfların dersleri sınıf halinde yapılır. Grundschule'de yapılan ders şekilleri ve kapsamı devam ettirilir.

Dersler

Zorunlu bölümde dersler ve öğrenim bölümleri şöyle oluşmaktadır:

- Almanca
- Sosyal Bilgiler (Coğrafya, Tarih, Politika)
- İngilizce
- Matematik
- Fen Bilimleri (Biyoloji, Kimya, Fizik)
- İş Bilimleri (Teknik/Ekonomi/Ev Ekonomisi)
- Müzik/Sanat/Tekstil işleri
- Din Dersi
- Spor

Öğrenciler 6. sınıfta bireysel ağırlıklı derslerini seçerek ek olarak bir ders daha alırlar. Bu seçmeli zorunlu ders ikinci modern Yabancı Dil veya Latince, İş Bilimleri (Teknik/Ekonomi/ Ev Ekonomisi) ve Fen Bölümlerinden olabilir. Okul, bunun dışında öğrenim bölümünü hazırlayarak geliştirir ve sunar. 8. sınıftan sonra başka bir yabancı dil ikinci veya üçüncü yabancı dil olarak sunulur.

Ağırlıklı Ders Kursları, Tamamlayıcı Dersler

Gesamtschule, öğrencilerin değişik öğrenme özelliklerini ve yeteneklerini daha iyi teşvik etmek amacıyla bazı dersler için kurslar düzenlemektedir. Bu kurslarda yapılan derslerde öğrenci gruplarından daha fazla verimlilik beklenmektedir. Öğrencilerin temel veya ilerlemiş kurslara katılması öğrencilerin velileriyle kararlaştırılır. 7. sınıftan sonra İngilizce ve Matematik kursları, 8. veya 9. sınıftan sonra Almanca ve 9. sınıftan sonra Fizik veya Kimya kursları verilir. Öğrenciler 10. sınıfa kadar başarı durumlarına göre temel veya ilerlemiş kurslardan birini seçebilirler. Bu seçim kural olarak öğretim yılı başında yapılır. Ek olarak sunulan özendirme kursları, kursların seçimine refakat eder ve örneğin öğrenilemeyen dersleri telafi eder. Tamlayıcı dersler olarak adlandırılan dersler, ders programlarına dahildir. Bunlar özellikle Almanca, Matematik, Yabancı Dil veya Fen Bilimleri bölümünden alınan seçmeli dersleri özendirmeye yaramaktadır. Bu kurslar, 10. sınıfta lise yüksek bölümünde diğer derslerin konmasını sağlar.

Mezuniyetler

Gesamtschule'de Sekundarstufe 1'de mümkün olan mezuniyetlerin hepsi olanaklıdır:

* Hauptschule mezuniyetine eşit olan diploma
* Hauptschule'nin 10. sınıf mezuniyetine eşit olan diploma
* 10. sınıftan sonra orta dereceli okula (yüksek meslek okulu) eşit olan mezuniyet

Orta dereceli okul mezuniyet hakkına (meslek kolejine devam etme hakkına) sahip olabilmek için en az iki genişletilmiş kursta "geçer" not almak, temel kurslarda "yeterli" not almak, iki "iyi" not ve ayrıca diğer derslerde ise orta not almak gerekmektedir. Burayı bitiren ve genişletilmiş kursların üçünden ve diğer ders notları en az ,yeterli' ve temel kurs notları en az "iyi" olan öğrenciler, lisenin ve Gesamtschule'nin yüksek bölümüne veya bu okullara eşit olan tam gün eğitim yapan meslek kolejine gitme hakkına sahip olurlar.

Lise Yüksek Bölümü

Lisenin yüksek bölümü 5. sınıftan 10. sınıfa kadar sürer ve lise bitirme sınavıyla sonuçlanır.

Gymnasium

Konu Başlıkları

* Deneme aşaması
* Zorunlu bölüm, seçmeli ve destekleyici dersler
* Sekundarstufe 1 mezuniyeti
* Tam gün okul
* Lise bitirme kademesi

Lise, yüksek okullarda (üniversitelerde) öğrenim yapmak ve meslek eğitimi için gerekli olan derinleştirilmiş genel eğitim vermektedir. Lisede yapılan dersler, zor problemlerin analiz edilmesini

ve bu problemlerin soyut ve kritik düşünce tarzıyla çözme yeteneğini geliştirmektedir. Lise sürekli öğretim süresi Sekundarstufe 1 (5. sınıftan 10. sınıfa kadar; kısaltılmış öğretim süresi: 5. sınıftan 9. sınıfa kadar) ve Oberstufe'den (öğretim yılı kademesi 11'den 13'e kadar; kısaltılmış öğretim süresi: 10'dan 12'ye kadar) oluşmaktadır. Sekundarstufe 1'de görülen dersler ve öğrenim bölümleri aşağıda görülmektedir:

- Almanca
- Toplum Bilimleri (Tarih, Politika, Coğrafya)
- Matematik
- Fen Bilimleri (Biyoloji, Fizik, Kimya)
- İngilizce
- İkinci yabancı dil
- Sanat, Müzik
- Din Dersi
- Spor

İngilizce 5. sınıftan itibaren birinci yabancı dil olarak öğretilmeye başlanır. Okul, 5. sınıftan sonra başka bir modern yabancı dil veya Latince sunabilir. 6. sınıftan itibaren ikinci bir yabancı dil öğretilmeye başlanır. Bu dil modern başka bir dil veya Latince olabilir.

Deneme Aşaması

Sekundarstufe 1'de 5. ve 6. sınıflarda "Erprobungsstufe" (Deneme Aşaması) olarak özel pedagojik bir birim oluşturulmaktadır. Öğretmenler, çocukların Grundschule'de öğrendiklerini dikkate alarak lisede öğretim metotlarını ve sunulan dersleri uygulamaya koyarlar. Öğretmenler, öğrencilerin bilgilerini, yeteneklerini ve becerilerini inceleyerek teşvik ederler ve öğrencilerin velileriyle birlikte seçimi yapılan okula uyum sağlamalarında yardımcı olurlar. Öğrenciler, deneme aşamasında sınıfta kalmadan 5. sınıftan 6. sınıfa geçerler. Öğretmenler kurulu öğrencilerin 6. sınıftan 7. sınıfa geçmeleri ve liseye devam etmeleri konusunda karar verir.

Eğer öğretmenler kurulu, Deneme Kademesinin sonunda öğrencinin okul değiştirmesi kanaatine varırsa, eğitim yılının bitmesine 6 hafta kala öğrencinin velisine yapılan öneri yazılı olarak bildirilir ve görüşme ve danışma tarihi sunulur. Okul yönetimi, öğrenci velisine tavsiye edilen okul değişikliği konusunda yardımcı olur.

Zorunlu Bölüm, Seçmeli ve Destekleyici Dersler

Yukarıda bahsedilen dersler 5. sınıftan 7. sınıfa kadar olan zorunlu derslerdir. Yabancı Dil, Din ve Spor dersleri veya diğer teşvik edilen dersler paralel sınıfların aynı dönem öğrencileri için gruplar halinde birleştirilebilir. 8. sınıftan itibaren sınıf şeklinde görülen seçmeli dersler için öğrenciler bireysel isteklerini belirtebilirler. Okul üçüncü bir yabancı dilin yanı sıra Fen Bilimleri bölümünden ve Beslenme, İnformatik, Politik/Ekonomi, Teknik ve Sekundarstufe 1'in ders programından dersler teklif edebilir. Her öğrenci bu derslerden birini seçmek zorundadır. Ders programına destekleyici dersler mutlaka dahil edilir. Bunlar özellikle Almanca, Matematik, Yabancı Dil veya Fen Bilimleri bölümünden ya da ders programının sunduğu genişletilmiş dersleri özendirmeye yaramaktadır.

Sekundarstufe 1 Mezuniyeti

Lisede 10. sınıfa kadar Sekundarstufe 1 kapsamında bulunan kademelerin hepsinden mezun olunabilir:

- Hauptschule mezuniyetine eşit olan diploma
- Hauptschule'nin 10. sınıf mezuniyetine eşit olan diploma
- 10. sınıftan sonraya eşit orta dereceli okul (yüksek meslek okulu) mezuniyet diploması

Ayrıca lisenin yüksek kısmına, Gesamt-schule'ye veya bu okula eşit olan tam gün eğitim veren meslek kolejine devam etme hakkı da kazanılmış olunur.

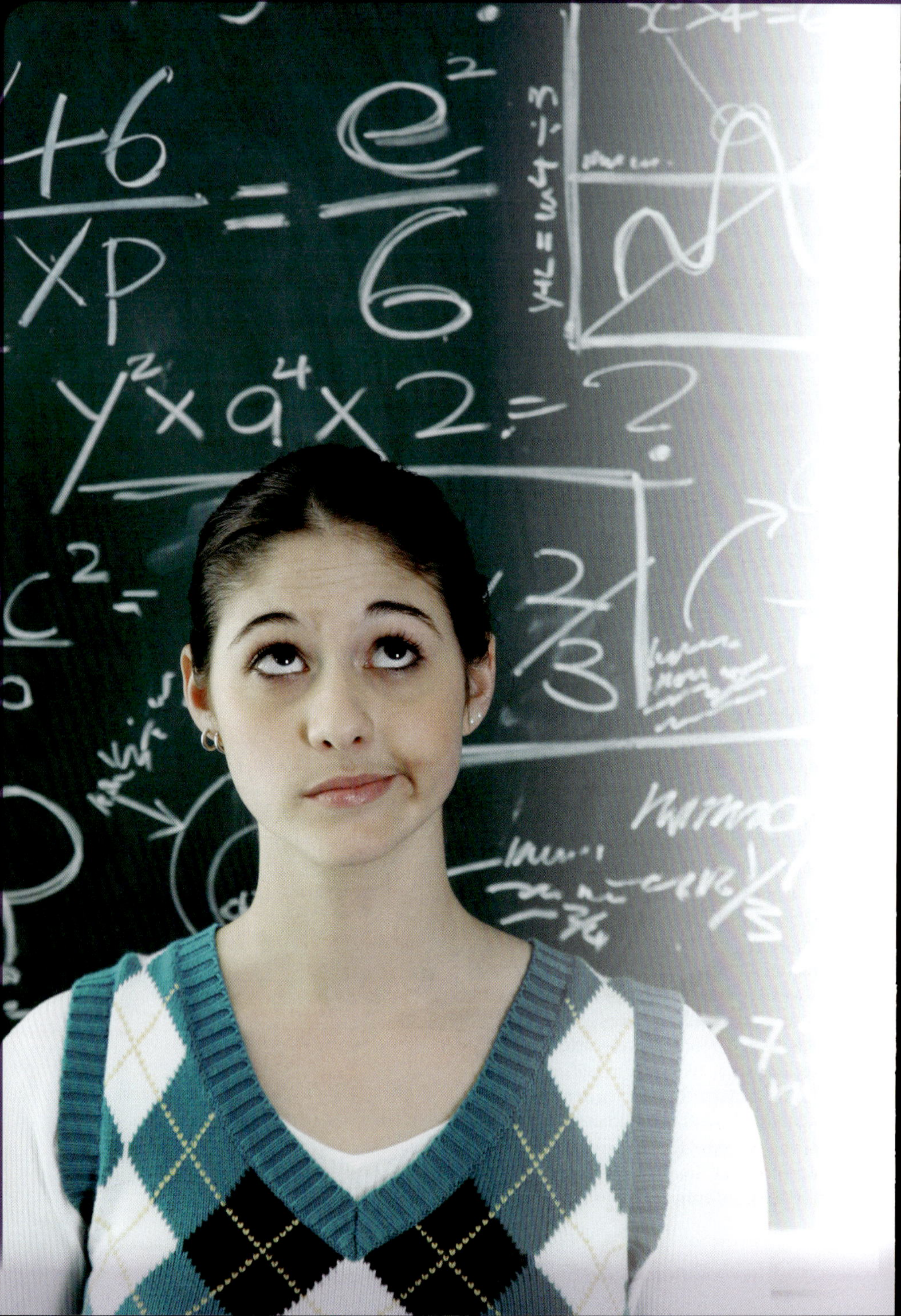

Tam Gün Okul

Bazı liseler tam gün olarak eğitim vermektedir. Bu liseler öğrencilerine ek olarak haftada üç veya dört gün öğleden sonraları saat 16.00'ya kadar okulda çalışma ve boş zamanlarını değerlendirme olanakları sunmaktadır. Diğer liseler öğrencilerine Nordrhein-Westfalen Eyaleti teşvik programı çerçevesinde öğleden sonra himaye olanağı sunmaktadır.

Lisenin Bitirme Kademesi

Öğrenciler kısaltılmış eğitim şeklinde 10. sınıfa geçerek lisenin yüksek bölümüne devam ederler ve bundan sonra (11. ve 12. sınıflar) olgunlaşma devresi başlar. 13 yıllık eğitim şeklinde lisenin yüksek bölümü, 11. sınıftan 13. sınıfa kadar sürer. Liseyi başarı ile bitiren ve lise bitirme sınavlarını kazanan öğrenciler yüksek okullara (üniversitelere) gitme hakkına sahip olurlar.

Okul Tipleri ve Okula Gitme Zorunluluğu

Altı yaşına giren her çocuk Federal Almanya'nın her yerinde genelde dört yıl süren ve «Grundschule» adı verilen bir temelokula başlamak zorundadır. Temelokula başlama bazı özel durumlarda çocuk daha beş yaşındayken ya da yedi yaşına geldiğinde olabilir. Temelokulu izleyen okul eğitimi 16 Federe Eyalette genellikle farklı yapılandırılmıştır. Aynı şekilde bazı okullar ve diplomaları eyaletten eyalete farklılık gösterir, ancak her eyalet diğer eyaletin Eğitim Sistemini ve diplomasını tanır. Temelokulu bitiren çocuklar eğitimlerine nasıl devam edeceklerine anne-babaları ve öğretmenleriyle birlikte karar verirler. Bu karar alınırken temelokuldaki başarı ve kişisel koşullar dikkate alınır. Temelokuldan sonra çocuklar «Hauptschule» (esasokul), «Realschule» (ortaokul) ya da «Gymnasium» (lise) arasında seçim yapabilirler. Bunun yanı sıra birçok federe eyalette karma bir model olan «Gesamtschule» entegre (toplu) okul

vardır. Fakat «Hauptschule» ve «Realschule» eğitimi veren okullara gitmek de mümkündür. Temelokulu veya ortaokulu bitiren öğrenci, ya bir meslek okuluna ya da yüksek öğretime devam imkânı sağlayan bir okula gidebileceği gibi ikili sisteme dayanan bir meslek eğitimine de başlayabilir. Bu sistemde uygulama ve kuram bir arada verilir. Okula gitme yükümlülüğünün (9 ya da 10 yıl) sona ermesinden sonra, üç yıllık bir meslek okulu yükümlülüğünün bulunduğunu unutmayın. Lise eğitimi, öğrencinin genel yüksekokul olgunluğuna eriştiği anlamına gelen olgunluk sınavı (Abitur) ile tamamlanır. Bu sınavı başarıyla verip diplomasını alan öğrenci, istediği üniversitede ya da meslek yüksek okullarından birinde öğrenime başlayabilir. Devletin tanıdığı okullardaki eğitim parasızdır. Devlet okullarının yanı sıra çocuklarınız özel okullara da gidebilir. Özel kuruluşlara ait okullar, yatılı okullar ve Waldorf okulları bunlardan bazılarıdır. Mevcut okul tipleri hakkında istediğiniz bilgiyi bulunduğunuz yerde öğrenebilirsiniz.

Yüksek Öğrenim

Almanya'da 103'ü Üniversite, 176'sı yüksek okul olmak üzere toplam 393 yüksek öğretim kurumu bulunmaktadır. Bu yüksek okullarda öğrenim gören öğrenci sayısı yaklaşık 2 milyondur. Almanya'da yüksek öğretim büyük oranda parasızdır. Öğrenim harçları düzenlemesinde farklı uygulamalar vardır. Yedi eyalette ilk öğrenim için sömestr başına yaklaşık 500 Euro harç alınmaktadır. Öğrenimlerini uzatan veya ikinci öğrenim gören öğrenciler genellikle her yerde harç ödemek zorundadırlar.

ALMANYA'DA "DUALES SYSTEM" MESLEK EĞİTİMİ

Almanya'da yaklaşık 350 öğrenilen meslek bulunmaktadır. Genç insanlar zanaat, ticari, tarım, hizmet sektörü, idari, (doktor muayenehaneleri ve avukat büroları) gibi serbest meslek, gemicilik veya ev ekonomilerinden oluşan ve "**duales System der Berufsausbildung – Dual Sistem Meslek Öğrenimi**" yaparlar.

İşletmeler ve **Meslek Okullarının** gençlere mesleki eğitim verdikleri için bu şekilde yapılan meslek öğrenimine "**Dual**" denmektedir.

Meslek öğrenimi yapmak isteyen gençlerin kanunen herhangi bir okulu bitirmiş olmaları gerekmemektedir. Buna rağmen işletmeler müracaat eden gençlerin diplomalarını dikkate almaktadırlar. Kendilerine uygun olan ve meslek eğitimlerini yapabilecekleri işletmelerin bulunmasında

"**Berufsberatung der Arbeitsagenturen** **İş Ajanslarının Meslek Danışma Servisleri**"

yardımcı olmaktadır. İşletmeler ve meslek okulları, meslek eğitimi konusunda aynı haklara sahip olan iki ortak gibi çalışmaktadırlar. Meslek eğitimi mesleğine göre iki ile üç buçuk yıl sürmektedir. Özel başarı durumlarında ve bazı okul eğitimi dikkate alınarak meslek öğrenim süresi kısaltılabilir. Meslek eğitiminde "**Ausbildungsordnung** – **Meslek Eğitim Düzenlemesi**" esas alınır. Gençlerin "**Mechatronik** – **Makine Elektronik**" veya "**Kfz-Mechaniker** - **Araba Mekanik**" ya da "**Friseur** – **Kuaför**" veya "**Bürokaufmann** – **Büro Elemanı**" meslek sahibiyiz diyebilmeleri için

"**Bundeswirtschaftsministerium** – **Federal Ekonomi Bakanlığı**" Almanya genelinde geçerli olan düzenleme yapmıştır. Bu düzenlemenin yerine getirilebilmesi için işletmeler meslek eğitimi gören gençlere Meslek Eğitim Planı hazırlarlar ve bu planlar meslek öğrenen öğrenciler tarafından kendi rapor defterlerine yazılır. Meslek öğrenimi yapan öğrencilerin, ara sınavlarında ve bitirme sınavında teorik ve pratik bilgilerini ispatlamaları gerekmektedir. Meslek eğitimi gören öğrenciler ve eğitim süreci için işletmelerde "**Ausbilder** – **Eğitici**" (zanaat kollarında "**Meister** – **Usta**") sorumludur. Meslek okullarında işletmelerin öğrencilere vermiş oldukları uygulamalar mesleki teorik, pratik ve genel bilgi dersleri ile tamamlanır. Öğrenciler bazı mesleklerde haftada bir ile iki gün okula giderler. Bazı mesleklerde teori derslerini blok ders şeklinde alırlar: Yılda birçok hafta meslekle ilgili olan dersler meslek okullarında verilir. Öğrenciler yılın geri kalan kısmını devamlı olarak işletmelerde kalırlar. Meslek eğitimi gören öğrenciler bölgelerinde bulunan

"**Industrie- und Handelskammer** **Sanayi ve Ticaret Odası** **Handwerkskammer** **Zanaatkarlar Odası** **Landwirtschaftskammer** **Ziraat Odası**"

gibi odalarla ilişkide bulunurlar. Bu kuruluşlar, meslek eğitim sözleşmelerini meslek eğitim ilişkileri dosyasına kaydeder, öğrencilerin ve işletmelerin meslek eğitimi ile ilgili her türlü sorunlarına cevap verir ve sınavları uygular. Bu kuruluşlar bulunduğunuz yerde "**duales System**" meslek eğitimi konusunda bilgi edinebileceğiniz ilk adreslerdir.

**Almanya Hakkında
Genel Bilgiler
Informationen
über Deutschland**

Coğrafi Yapısı
Geografie

Almanya Avrupanın ortasında yer almaktadır. 1949'dan beri demokratik, parlamenter federal devlet şeklinde yönetilmekte olan Almanya'nın başkenti Berlin'dir. Ülke yüzölçümü 357.093 km² olan Almanyanın kuzeyiyle güneyi arasındaki mesafe 876 km, doğusu ile batısı arasındaki mesafe ise 640 km'dir. Almanya'nın sınırları 3.757 km ve sahil kıyılarının uzunluğu 2.389 km'dir.

Ülkenin içinden geçen Tuna, Ren, İzar, Main Irmakları ve turistik göller ile güney güneybatı boyunca uzanan Alpen - Alpler, Schwarzwald – Kara Orman Dağları tabiata ayrı bir güzellik katmaktadır. Doğu ve Kuzey Denizleri deniz ticaretine büyük katkı sağlamakta, bu yüzden Hamburg ve Bremen liman şehri olarak anılmaktadır.

Danimarka, Polonya, Çek Cumhuriyeti, Avusturya, İsviçre, Fransa, Lüksemburg, Belçika ve Hollanda olmak üzere Almanya'nın 9 komşu ülkesi vardır. Almanya Avrupa'da en çok komşusu olan ülkedir. Almanya'nın güneyinde Danimarka, güneydoğusunda Polonya, doğusunda Çek Cumhuriyeti, güneydoğusunda Avusturya, güneyinde İsviçre, güneybatısında Fransa, batısında Lüksemburg ve Belçika, kuzeybatısında Hollanda bulunmaktadır.

Siyasi ve Hukuki Yapısı
Rechts- und politisches System

Demokratik, sosyal ve hukuk devleti olan Almanya, federal cumhuriyet sistemiyle yönetilmektedir. Federal Almanya Cumhuriyeti kendi yönetim mekanizmasına sahip olan 16 eyaletten oluşmaktadır. Siyasi yapı olarak her eyalet, Almanya genelinde geçerli kanunları uygulamakta ve kendi içlerinden seçtikleri milletvekilleri tarafından Berlin'deki Parlamentoda temsil edilmektedirler. Anayasa ve kanunlar ortak olmakla birlikte her eyaletin kendine ait uygulamaları için farklı mevzuatı da bulunmaktadır.

Anayasayla, temel haklar, kişilik hakları, insan haysiyeti, insan hakları, özgürlükler ve sosyal güvenlik garanti altına alınmıştır. Alman siyasi sisteminin en üst kademesinde Cumhurbaşkanı bulunur. Cumhurbaşkanı parlamentonun çoğunluk oyuyla 5 yıl için seçilir.

Başbakan, halkın oylarıyla seçilen milletvekillerinin oluşturduğu parlamentonun çoğunluk oyuyla belirlenir. Başbakan da kendi bakanlarını atar. Yönetim politikasını belirleyen başbakan geniş yetkilerle donatılmıştır.

Alman Milli Marşı
Deutsche Nationalhymne

August Heinrich Hoffman von
Fallersleben (1798-1874)
tarafından yazılmıştır.

Einigkeit und Recht und Freiheit
für das deutsche Vaterland!
Danach lasst uns alle streben
brüderlich mit Herz und Hand!
Einigkeit und Recht und Freiheit
sind des Glückes Unterpfand.
Blüh im Glanze dieses Glückes,
blühe, deutsches Vaterland!

Alman Milli Bayrağı
Deutsche Nationalflagge

Enlemesine 3 eşit parça halinde siyah,
kırmızı ve altın sarısı renklerden
oluşmaktadır.

Konrad Adenauer

Almanya'da Cumhurbaşkanlığı Yapmış Kişiler - Die Deutschen Bundespräsidenten		
Theodor Heuss	1949-1959	(FDP)
Heinrich Lübke	1959-1969	(CDU)
Gustav Heinemann	1969-1974	(SPD)
Walter Scheel	1974-1979	(FDP)
Karl Carstens	1979-1984	(CDU)
Richard v. Weizsäcker	1984-1994	(CDU)
Roman Herzog	1994-1999	(CDU)
Johannes Rau	1999-2004	(SPD)
Horst Köhler	2004-2010	(CDU)
Christian Wulff	2010'dan beri	(CDU)

Almanya'da Başbakanlık Yapmış Kişiler - Die Deutschen Bundeskanzler		
Konrad Adenauer	1949-1963	(CDU)
Ludwig Erhard	1963-1966	(CDU)
Kurt Georg Kiesinger	1966-1969	(CDU)
Willi Brandt	1969-1974	(SPD)
Helmut Schmidt	1974-1982	(SPD)
Helmut Kohl	1982-1998	(CDU)
Gerhard Schröder	1998-2005	(SPD)
Angela Merkel	2005'ten beri	(CDU)

Federal Eyaletler ve
Bu Eyaletlerin Başkentleri
Bundesländer und
ihre Hauptstädte

SCHLESWIG-HOLSTEIN
Kiel

HAMBURG
Hamburg

MECKLENBURG-VORPOMMERN
Schwerin

BREMEN
Bremen

BRANDENBURG

Berlin
Potsdam

NIEDERSACHSEN
Hannover

Magdeburg

SACHSEN
Dresden

NORDRHEIN-WESTFALEN
Düsseldorf

Erfurt

THÜRINGEN

HESSEN
Wiesbaden

Mainz

RHEINLAND-PFALZ

SAARLAND
Saarbrücken

BADEN-WÜRTTEMBERG
Stuttgart

BAYERN
München

16 Federal Eyalet ve Bu Eyaletlerin Başkentleri ve Nüfusları Die 16 Bundesländer und die Hauptstädte mit deren Einwohnerzahlen:			
Federal Eyalet **Bundesland**	**Başkent** **Landes-Hauptstadt**	**Nüfusu** **Einwohner (x 1.000)**	**Yüzölçümü** **Fläche (km²)**
Baden Württemberg	Stuttgart	10,749	35.752
Bayern	München	12,520	70.552
Berlin	Berlin	3,416	892
Brandenburg	Potsdam	2,535	29.479
Bremen	Bremen	663	404
Hamburg	Hamburg	1,770	755
Hessen	Wiesbaden	6,072	21.115
Mecklenburg-Vorpommern	Schwerin	1,679	23.180
Niedersachsen	Hannover	7,971	47.624
Nordrhein-Westfalen	Düsseldorf	17,996	34.85
Rheinland-Pflaz	Mainz	4,045	19.853
Saarland	Saarbrücken	1,036	2.569
Sachsen	Dresden	4,220	18.416
Sachsen-Anhalt	Magdeburg	2,412	20.446
Schleswig-Holstein	Kiel	2,837	15.799
Thüringen	Erfurt	2,289	16.172
Taplam 16 Eyalet (Gesamt)		**82,217**	**357.093**

Kaynak: Fedaral ve Eyaletlerin istatistik daireleri tarafından 31 Aralık 2007 tarihli verilerine dayanmaktadır.

1957 – 1990

nach 1990
1990'den sonra

Yeniden Birleşme
Die Wiedervereinigung

11 Eylül 1989'da Macaristan'ın sınırı tamamen açmasıyla binlerce doğulu Alman Batı Almanya'ya kaçtı. 7 Ekim 1989'daki DDR'in 40. yıl kutlamaları başarısızlıkla sonuçlandı ve 8 Kasım 1989'da Almanya Komünist Partisi kapatıldı. Bütün bu gelişmeler iki Almanya'nın birleşmesini zorunlu kılmıştır. 9 Kasım 1989 akşamı Berlin Duvarı yıkıldı. İki Almanya arasında imzalanan çeşitli anlaşmalar sonucu 3 Ekim 1990'da DDR tamamen BRD'ye katıldı ve Almanya tek bir cumhuriyet haline geldi. Doğu Almanya'nın siyasi ve ekonomik sistemi iflas etti. Batı Almanya'nın sistemi ve anayasası Birleşik Almanya için geçerli kılındı. 3 ekim tarihi Almanya genelinde resmi tatil olarak kutlanmaktadır.

DDR = Deutsche Demoktarische Republik
Demoktarik Almanya Cumhuriyeti
BRD = Bundesrepublik Deutschland
Almanya Federal Cumhuriyeti

Partiler
Die Parteien

 CDU *Christlich Demokratische Union Deutschlands - Hıristiyan Demokrat Birliği* Bayern Eyaletinin dışında Almanya'nın her yerinde temsil edilen tutucu Hıristiyan Demokrat halk partisidir.

 Sozialdemokratische Partei Deutschlands - Almanya Sosyal Demokrat Partisi Almanya'nın parlamentoda temsil edilen en eski sosyal demokrat partisidir.

FDP *Freie Demokratische Partei Hür Demokrat Parti* Bu parti liberal bir partidir.

 *Bündnis 90/Die Grünen Birlik 90 / Yeşiller* „Die Grünen" ve „Bündnis" Partilerinin 1993'te birleşmesinden oluşmuş bir partidir.

CSU *Christlich-Soziale Union Hıristiyan Sosyal Birlik* Tutucu parti olan Hıristiyan Sosyal Birlik yalnız Bayern Eyaletinde seçilebilen bir partidir. Bu parti Hıristiyan Demokrat Birliği ile Federal Mecliste ortak fraksiyon oluşturmaktadır.

DIE LINKE. *Die Linke - Sol Parti* Sol Parti 2007 yılında WASG = Alternate Auswahl für Arbeit und soziale Gerechtigkeit - İş ve Sosyal Adalet Partisi - Seçim Alternatifi ve PDS = *Partei des Demokratischen Sozialismus - Demokratik Sozializm Partisi*'nin birleşmesinden oluşmuştur.

Uluslararası Organizasyonlarda Üyelik
Mitgliedschaft in internationalen Organisationen

 EU (AB) Avrupa Birliği Europäische Union

 NATO Kuzey Atlantik Paktı Nordatlantische Allianz

 UN (BM) Birleşmiş Milletler Vereinte Nationen

 OSZE (AGİT) Avrupa Güvenlik ve İşbirliği Teşkilatı Organisation für Sicherheit und Zusammenarbeit in Europa

 WTO Dünya Ticaret Örgütü Welthandelsorganisation

 IMF Uluslararası Para Fonu Internationaler Währungsfonds

G20 (20 Grubu) Dünyanın en gelişmiş 25 milli ekonomisinden 19'unu ve AB'yi kapsayan 20 ekonomi bakanı ve merkez bankası müdürü veya bunların dengi devlet görevlilerinden oluşan gruptur.

Nüfusu Yoğun Olan Bölgeler
Ballungsgebiete

Almanya'da ülke geneline yayılmış nüfusu 100.000'nin üzerinde olan yaklaşık 80 büyük şehir bulunmaktadır. Bu şehirlerin 14'ünden fazlasının 500.000'den fazla nüfusu vardır.

Nüfusu En Çok Olan 5 Şehir Şunlardır (Son durum Ağustos 2008):	
1. Berlin	3.42 milyon
2. Hamburg	1.77 milyon
3. München	1.31 milyon
4. Köln	996.690 bin
5. Frankfurt am Main	659.021 bin

Dil - Sprache

Almanya'nın resmi dili Almanca'dır ve yaklaşık 100 milyon insan tarafından konuşulmaktadır. Almanca (EU) Avrupa Birliği'nde en çok kullanılan anadildir.

Toplum - Bevölkerung

Almanya Federal Cumhuriyeti'nin nüfusu 82.093 milyondur. Böylece Almanya dünyada nüfusu en yoğun olan ülkelerdendir. Almanya nüfusunun yaklaşık % 8,8 oranı yabancı kökenlidir. Türk kökenliler, 13 Aralık 2007 tarih itibariyle Almanya'da bulunan toplam sayısı 7.255.949 olan yabancıların 1.713.551'ini teşkil ederek en büyük grubu oluşturmaktadır.

Federal Almanya Hukuku
Bundesdeutsches Recht

Federal Almanya Cumhuriyeti, görevleri ve hakları yasa ile belirlenmiş olan sosyal ve hukuk devletidir (Art. 28 Abs. 1 Satz 1 GG). Almanya'da siyasi yapılanmada kuvvetler ayrılığı ve yürütmenin yargıya karşı sorumluluğu ilkeleri geçerlidir. Tüm devlet organları anayasal ("Temel Yasa") her vatandaşın temel hak ve özgürlüklerini ve insan haklarını güvence altına alır. Federal Anayasa Mahkemesi, anayasaya uyulmasını sağlar. Anayasa Mahkemesi'nin kararları diğer tüm devlet organları için bağlayacıdır.

Almanya'nın En Önemli Endüstri Sektörleri
Otomobil endüstrisi
Makine sanayisi
Kimya endüstrisi
Uçak ve gemi sanayisi
Biyoteknoloji endüstrisi
Çevre teknolojisi endüstrisi
Enerji sanayisi
Hizmet sektörü
Ulaşım sektörü

Ekonomi
Wirtschaft

Almanya'da ekonomi özellikle sanayi ve hizmet sektörlerine dayanmaktadır. Almanya, gayrisafi dahili hasıla ölçülerine göre Avrupa Birliği ülkelerinde birinci, dünyada ise Amerika Birleşik Devletleri, Japonya ve Çin Cumhuriyeti'nden sonra dördüncü büyük milli ekonomisine sahiptir. Almanya şu an itibariyle (2009) dünyada 3. büyük ekonomik güce sahiptir. Dış ticaret ve ihracatta ise dünyada 1. sırada yer almaktadır.

Sosyal Yapı
Sozialsystem

Almanya yurttaşlarına geniş olarak sosyal güvence sunmaktadır.

Krankenversicherung – Sağlık Sigortası
Unfallversicherung – Kaza Sigortası
Rentenversicherung – Emeklilik Sigortası
Arbeitslosenversicherung und Pflegeversicherung – İşsizlik ve Bakım Sigortası

Bu temel güvenceyi oluşturan sigorta aidat primleri çalışan ve işverenler tarafından ödenmektedir. Oluşan boşluklar vergilerden karşılanmaktadır.

Din - Religion

"Din ve vicdan ile din ve dünyevi inanç özgürlüğüne dokunulmaz."
(Federal Almanya Cumhuriyeti Anayasası 'Grundgesetzbuch', Madde 4, Paragraf 1)

„Die Freiheit des Glaubens, des Gewissens und die Freiheit des religiösen und weltanschaulichen Bekenntnisses sind unverletzlich."
(Art. 4 Abs. 1 GG)

Almanya'da yaklaşık 26 milyon Katolik, 26 milyon Protestan ve 900 bin Ortodoks olmak üzere yaklaşık 53 milyon Hıristiyan bulunmaktadır. Sayısı yaklaşık 3.3 milyon olan müslümanlar Almanya'da ikinci büyük dini grubu oluşturur. Din ve vicdan özgürlüğü Federal Almanya Cumhuriyeti Anayasası tarafından garanti edilmiştir.

Resmi ve Dini Bayramlar - Fest- bzw. Feiertage:

Neujahr - Yeni Yıl

Yeni bir yılın başlangıcı 31 Aralığı 1 Ocağa bağlayan gece (yılbaşı gecesi) kutlanır. Diğer ülkelerde olduğu gibi, Almanya'nın her yerinde yılbaşı eğlenceleri yapılır ve yeni yıl gece yarısı yapılan havai fişek gösterileriyle karşılanır. 1 Ocak (yeni yıl) ülke çapında resmi tatil günüdür.

Das Osterfest - Paskalya Bayramı

Paskalya Bayramı Hıristiyanlığın en önemli ve kilise yılının temel bayramıdır. Kilisenin bu en eski bayram Hazreti İsa'nın ölümü (çarmıha geriliş) ve yeniden diriliş (= Paskalya Pazarı) anısına yapılır. Çarmıha geriliş ve yeniden diriliş Hıristiyanlığın temel inançlarıdır. Ölüm bir son olarak değil bir kurtuluş olarak anımsanır. Paskalya bayramı her yıl ilkbahar dolunayından sonraki ilk pazar günüdür.
Paskalya'dan önceki Cuma günü (Karfreitag) ve Paskalya Pazartesi'si (Ostermontag) resmi dini bayram günleridir.

1. Mai - 1 Mayıs

1 Mayıs birçok ülkede olduğu gibi "işçi hareketi"nin bayramıdır. Alman Sendikalar Birliği (DGB) 1 Mayıs günü sabahı birçok büyük kentte yürüyüş ve politik mitingler düzenler. Bir Mayıs'tan önceki akşam Mayıs Ayına Giriş Dansı (Tanz in den Mai) sloganı altında müzikli eğlenceler yapılır. Bu şekilde eski bir gelenek devam ettirilerek, ilkbahar mevsimi mayıs ayının gelişiyle selamlanır. Bu yöndeki diğer bir gelenek ise, bazı yörelerde dikilen ve ismine "Maibaum" denilen süslü direklerdir. "Maibaum" temelde ilkbahar aylarının üretkenlik sembolüdür.

Himmelfahrt - İsa Peygamberin Urcu

Paskalya Bayramından sonraki 40. gün İsa Peygamberin urcu anlamına gelen dini "Christi Himmelfahrt" bayramıdır. Bu bayramın içeriği İsa'nın babaya (Allah'a) ulaşmasıdır. „Himmelfahrt" bayramı Pantkot Yortu'sundan dokuz gün önceki perşembe gününe rastlar.

Das Pfingstfest - Pantkot Yortusu

Pazar (Pfingstsonntag) ve Pazartesi (Pfingstmontag) günlerinden oluşan Pantkot Yortusu Paskalya bayramından sonraki 50. güne rastlar. İsa Peygamberin müritlerine kutsal ruhun pantkot yortusunda malum olması, Hıristiyanlaştırma hareketinin başlangıcı sayılır. Pantkot Yortusu bu nedenle kilisenin doğuşu olarak da nitelenir. Pazartesi dini tatil günüdür.

3. Oktober - 3 Ekim

Üç Ekim Batı ve Doğu Almanya'nın 1990 yılında resmi antlaşma yaparak birleştikleri gündür. Bu milli bayram günü diğer ülkelerdeki benzer bayramlara, örneğin Fransa'daki "Cumhuriyet Bayramı" (14 Temmuz) ve ABD'deki "Bağımsızlık Bayramı" (4 Temmuz) göre sakin bir şekilde kutlanır. Askeri geçit törenleri yerine bayram şenliği ve parlamentolarda günün anlamıyla ilgili konuşmalar yapılır.

Das Weihnachtsfest - Noel Bayramı

Noel Bayramı üç gün sürer. 24 Aralık, "Kutsal Akşam", İsa Peygamberin doğum tarihi olan birinci Noel günü (25.12.) ve ikinci Noel günü (26.12.). 24 Aralık akşamı Hıristiyan Alman aileler birbirlerine hediye verirler. Hediye dağıtılması esnasında Noel Ağacının mumları yakılır. Noel şarkıları söylenir. Çocuklara hediyelerin Noel Baba (Weihnachtsmann) veya İsa Peygamberi çocuk olarak gösteren tasvirler (Christkind) tarafından getirildiği anlatılır. Birinci ve ikinci tatil günlerinde çoğu insanlar bayram ayinlerine katılırlar. 25 ve 26 Aralık dini tatil günleridir.

Heilige Drei Könige - Epifani Yortusu

Bu dini bayram 6 Ocak günü Bavyera, Baden-Württenberg ve Saksonya-Anhalt Eyaletlerinde kutlanır. Epifani yortusu (Epifani = Görünme) ile İsa'nın doğum ve vaftizi kutlanır. Halk arasındaki geleneğe göre bu gün ev takdisi yapılır. Kral kostümleriyle dolaşan üç çocuk, ev kapılarının üzerine C + M + B harflerini yazarlar. Bu harfler "christus mansionem benedicat" sözcüklerinin baş harfleridir ve "İsa bu evi takdis et" anlamına gelir.

Fronleichnam - Katoliklerin Esas Yortusu

Katolik Esas Yortu Töreni Pantkot Yortusundan sonraki ikinci perşembe günü kutlanır. Almanca "Fronleichnam", kelimesi "fron" (Tanrı) ve "leichnam" (vücut) kelimelerinden oluşur ve Evharistiya unsurlarını anımsatır. Bu bayram Baden-Württemberg, Bavyera, Hessen, Kuzey Ren Vestfalya, Rheinland-Pfalz, Saarland, Saksonya ve Thüringen Eyaletlerinde dini tatil günüdür.

Mariä Himmelfahrt - Meryem Ana Günü

İsa Peygamber'in anası olduğundan dolayı Meryem ananın Allah katına ruh ve vücuduyla kabul edilmesine "Mariä Himmelfahrt" denir. Bu gün sadece Bavyera ve Saarland Eyaletlerinde 15 Ağustosta bayram günü olarak kutlanır.

Reformationstag - Protestanlık İlanı Yortusu

Protestanlık mezhepli Hıristiyanlar için 31 Ekim "Reformationstag" günü tüm dünyada önemli bir tarihtir. Bu gün Almanya'nın Brandenburg, Mecklenburg-Vorpommern, Saksonya, Saksonya-Anhalt ve Thüringen eyaletlerinde resmi bayram günüdür. Reformu amaçlayan kilise hareketi 16. yüzyılda Martin Luther tarafından başlatılmış ve ortaya çıkmasına neden olmuştur.

Allerheiligen - Azizler Yortusu

Azizler Yortusu 1 Kasım günü kahramanlar ve ölenlerin anılarıyla birlikte kutlanır. Bugün mezarlıklar ziyaret edilir ve mezarlar çiçek ve mumlarla süslenir. Katolik kilisesine ait mezarlıklarda mum yakılır. Mum ışıkları ölenleri aydınlatan ebedi ışığı sembolize eder. Bu bayram Baden-Württemberg, Bavyera, Kuzey Ren Vestfalya, Rheinland-Pfalz ve Saarland eyaletlerinde dini tatil günüdür.

Buß- und Bettag - Perhiz ve Dua Günü

Perhiz ve Dua Günü daima kilise yılının son pazar gününden önceki çarşamba gününe denk gelir. Protestan kilisesine ait bu ilk perhiz ve dua günü ayini "Türklerle yapılan savaşlar"dan dolayı sadece Strassburg'da 1532 yılında yapıldı. Bu gün sadece Saksonya eyaletinde resmi tatil günüdür.

Rund um Ostern - Paskalya Bayramı

Adetleri "Paskalya Tavşanı ve Paskalya Yumurtası" Paskalya Ateşi ve Paskalya Mumu Paskalya Bayramının özelliklerindendir. Bunlar ölümü yenen ve yeniden dirilen İsa'yı sembolize ederler. Paskalya Bayramı ile ilgili halk arasında yaygın olan geleneklerin çoğu, Hıristiyanlık öncesi efsanevi zamana kadar uzanır. Bu gelenekler zamanla Hıristiyanlığın simgeleriyle birleştirilmiştir. Paskalya Tavşanı ve Paskalya Yumurtası iki temel semboldür. Çok eski Cermen Halkı inançlarına göre yumurtalar eskilerden beri çeşitli renklere boyanır. Çocuklar anne ve babaları tarafından evin içine veya bahçeye saklanan Paskalya Yumurtaları, Çikolata, Paskalya Tavşanları ve diğer şekerleri Paskalya Pazarı arayıp bulmaya çalışırlar.

Birlikte Yaşamanın Dili

284

Allgemeines

Die Besonderheit der türkischen Sprache besteht darin, dass Endungen (Suffixe) die grammatischen Aufgaben, z. B. Deklination und Konjugation, übernehmen. Diese Suffixe werden an den unveränderlichen Stamm angehängt. Wegen dieser Eigenschaft bezeichnet man die türkische Sprache auch als eine agglutinierende, d.h. verschmelzende Sprache.

Türkisch wird in der Regel so ausgesprochen, wie es geschrieben wird. Die Betonung ist im Türkischen nicht so ausgeprägt wie im Deutschen. Man betont das, was man hervorheben will.

Das türkische Alphabet

aA	bB	cC	çÇ	dD	eE	fF	gG	ğĞ
hH	iİ	ıI	jJ	kK	lL	mM	nN	oO
öÖ	pP	rR	sS	şŞ	tT	uU	üÜ	vV
yY	zZ							

Die Unterschiede zwischen dem türkischen und dem deutschen Alphabet:
Die Buchstaben Ä ä Q q W w X x sind im Türkischen **nicht** vorhanden.
Die Buchstaben Ç ç Ğ ğ I ı Ş ş sind im Deutschen **nicht** vorhanden.
Die türkische Aussprache entspricht im Großen und Ganzen der deutschen,
bis auf wenige Laute, die nachstehend aufgeführt werden:

Die Aussprache der türkischen Sprache

c / C
wie dsch (Dschungel)
Aussprache: *ceket* { *dscheket* } **Jacke**

ç / Ç
wie tsch (Deutsch)
Aussprache: *çok* { *tschok* } **viel**

ğ / Ğ
Yumuşak g, also ğ, wird nicht betont, sondern dehnt nur den vorangegangenen Vokal. ğ kann durch eine Pause ersetzt werden.
Aussprache: *soğuk* { *so'uk* } **kalt**

h / H
wie h in Haus oder Hemd
Aussprache: *hata* { *hata* } **Fehler**

j / J
wie stimmhaftes sch (Garage)
Aussprache: *jilet* { *schilet* } **Rasierklinge**

ı / I
wird mehr in der Kehle gebildet, wie ein kurzes, dumpfes i, fast wie das e in machen, danken
Aussprache: *balık* { *balık* } **Fisch**

s / S
wie ß (Straße)
Aussprache: *su* { *ßu* } **Wasser**

ş / Ş
wie sch (Schule, schön)
Aussprache: *şemsiye* { *schemsiye* } **Schirm**

v / V
wie w (Wasser, Weg)
Aussprache: *ve* { *we* } **und**

y / Y
wie j (Japan, ja)
Aussprache: *yemek* { *jemek* } **Speise**

z / Z
wie s (Sonne, Hase)
Aussprache: *zor* { *sor* } **schwierig**

Anrede

Wenn man sich nicht duzt, spricht man sich überwiegend mit weiblichem Vornamen + Hanım *hanım* (Aysel Hanım) bzw. männlichem Vornamen + Bey *bej* (Berat Bey) an. Die Bezeichnungen für „Frau" und „Herr" sind also dem Vornamen nachgestellt, aber nicht dem Nachnamen. Eine besonders höfliche Form ist die Anrede Bayan *bajan* + Familienname (Bayan *bajan* Müller) für die Frau bzw. (Bay *baj* + Müller) für den Mann.

Frau... Bayan ... *{ bajan ... }*
... Hanım *{ ... hanım }*
Herr... Bay ... *{ baj ... }*
... Bey *{ ... bej }*

Als förmliche Anrede einer fremden Person dienen:

Beyefendi *{ bejefendi }*
mein Herr
Hanımefendi *{ hanımefendi }*
gnädige Frau

Sehr üblich sind jedoch Verwandtschaftsbezeichnungen als Anrede. Damit wird eine quasiverwandtschaftliche Atmosphäre geschaffen, die die Kommunikation erleichtern soll.

abi *{ abi }* **großer Bruder**
bzw. abla *{ abla }* **große Schwester**
So nennt man eine/-n Angehörige/-n der eigenen Generation, wenn er/sie älter als man selbst ist.

kardeş *{ kardesch }*
kleine/-r Schwester/Bruder
So nennt man die Schwester/ den Bruder, wenn sie/er jünger als man selbst ist.

amca *{ amdscha }* **Onkel**
bzw. teyze *{ tejse }* **Tante**
So nennt man Angehörige der nächst älteren Generation.

dede *{ dede }* **Großvater**
bzw. nine *{ nine }* **Großmutter**
So nennt man die noch Älteren.

oğlum *{ o'lum } mein Sohn*
kızım *{ kısım } mein/-e*
Mädchen/Tochter
oder **yavrum** *{ jawrum }*
mein Kleines
So nennen ältere Personen
die Jüngeren

Begrüßung

Bei der Begrüßung gibt man
sich die Hand. Vertraute
Personen begrüßen sich auch
mit Wangenküssen.

Merhaba! *{ merhaba! } Hallo!*
Diese Standardgrußformel
kann zu jeder Tageszeit
verwendet werden.

Günaydın! *{ günajdın! }*
Guten Morgen! (am Morgen)

İyi günler! *{ iji günler! }*
Guten Tag! (tagsüber)

İyi akşamlar! *{ iji akschamlar! }*
Guten Abend! (abends)

Selam! *{ ßelam! } Hallo!*
ist ein gängiger Gruß zu jeder
Tageszeit. Diese Grüße werden
mit den gleichen Worten
beantwortet.

Selamünaleyküm!
{ ßelamünalejküm! }
Friede sei mit Euch!
Besonders fromme Leute
verwenden gerne diesen Gruß.

Aleykümselam!
{ alejkümßelam! }
Friede sei mit Euch!
Während die anderen Grüße mit
denselben Worten beantwortet
werden, wird der obige Gruß mit
diesem Gegengruß erwidert.

Bei Besuchen gibt es eine
besondere Grußformel:
Hoş geldiniz.
{ hosch geldinis. }
Seien Sie willkommen.
Schön Sie/euch anzutreffen.
oder Angenehm.

Hoş geldin. *{ hosch geldin. }*
Sei willkommen.
Schön dich anzutreffen.
oder Angenehm.
Der Besuch wird mit diesen
Worten empfangen.

289

Hoş bulduk.
{ hosch bulduk. }
Schön Sie/Euch anzutreffen.
oder Angenehm.
Der Besuch erwidert mit diesen
Worten die Begrüßung.
Nachdem man sich auf diese
Weise willkommen geheißen hat,
wird die Begrüßungszeremonie
mit Fragen nach dem
Wohlbefinden fortgesetzt:

Nasılsınız? *{ naßılßınıs? }*
Wie geht es Ihnen/euch?
Nasılsın? *{ naßılßın? }*
Wie geht es dir?

Teşekkür ederim, iyiyim.
{ teschekkür ederim, ijijim. }
Danke, mir geht es gut.
Unabhängig davon, wie es
dem Sprecher wirklich geht,
wird immer die obige
Antwort gegeben.

Siz nasılsınız?
{ ßis naßılßınıs? }
Und wie geht es Ihnen/euch?
Sen nasılsın?
{ ßen naßılßın? }
Und wie geht es dir?

Teşekkür ederim, ben de iyiyim.
{ teschekkür ederim,
ben de ijijim. }
Danke, mir geht es auch gut.
Die Gegenfrage wird auch wieder
positiv beantwortet.

 # Abschied

İyi günler!
{ iji günler! }
Einen guten Tag noch!

İyi akşamlar!
{ iji akschamlar! }
Einen schönen Abend noch!
Diese werden auch als
Abschiedsgrüße verwendet.

İyi geceler!
{ iji gedscheler! }
Gute Nacht!
Sagt man, wenn es bereits
sehr spät ist.

Hoşça kal!
{ hoschtscha kal! }
Mach's gut!
Görüşürüz!
{ görüschürüs! }
Wir sehen uns!
Diese Abschiedsformeln sind
unter Bekannten üblich.

Höflichkeit

Die Türken legen allgemein großen Wert auf Höflichkeit und sie sind darin wahre Meister. So erwarten sie auch von ihren Mitmenschen eine ähnliche Höflichkeit. Der ausgeprägte Hang zur Höflichkeit zeigt sich auch in einer Fülle von Höflichkeitsfloskeln, die das alltägliche Leben erweitern.

Allaha ısmarladık!
{ allaha ıßmarladık! }
Gott befohlen!
Diese Abschiedsformel wird meistens mit religiösem Hintergrund verwendet.

Güle güle!
{ güle güle! }
Lachend!
Die bleibende Person verwendet dies als Antwort.

Güle güle kullanın.
{ güle güle kullanın. }
Benutzen Sie es mit Freuden.
Güle güle kullan.
{ güle güle kullan. }
Benutze es mit Freuden.
Sagt man jemandem, der sich etwas Neues gekauft hat.

Güle güle giyin.
{ güle güle gijin. }
Tragen Sie es mit Freuden.
Güle güle giy.
{ güle güle gij. }
Trage es mit Freuden.
Sagt man jemandem, der sich neue Kleidung gekauft hat.

Güle güle oturun.
{ güle güle oturun. }
Wohnen Sie mit Freuden.
Güle güle otur.
{ güle güle otur. }
Wohne mit Freuden.
Sagt man jemandem, der in eine neue Wohnung eingezogen ist oder eine gekauft hat.

Geçmiş olsun.
{ getschmisch olsun. }
Gute Besserung.
Sagt man jemandem, der krank ist oder dem ein Unglück passiert ist.

Ellerinize sağlık.
{ ellerinize ßa'lık. }
etwa: Mögen Ihre Hände
gesund bleiben.
Ellerine sağlık.
{ ellerine ßa'lık. }
etwa: Mögen deine Hände
gesund bleiben.
Das ist ein Lob an
die/den Köchin/Koch.

Afiyet olsun!
{ afijet olßun! }
Guten Appetit! oder Zum Wohl!
Sagt man jemandem,
der gerade isst oder fertig
gegessen hat.

Şerefe!
{ scherefe! }
Prosit! oder Zum Wohl!
Diesen Ausdruck verwendet
man nur bei alkoholischen
Getränken.

Kolay gelsin.
{ kolaj gelßin. }
Möge es dir leicht fallen.
Sagt man jemandem,
der gerade schwer arbeitet.

Affedersiniz!
{ affederßinis ! }
Entschuldigen Sie!
Affedersin!
{ affederßin! }
Entschuldige!
Özür dilerim!
{ ösür dilerim! }
Entschuldigung!
Önemi yok.
{ önemi jok. }
Es ist nicht wichtig
oder Fark etmez.
{ fark etmes. }
Macht nichts.
Diese werden als höfliche
Antworten darauf benutzt.

Teşekkür ederim!
{ teschekkür ederim! }
Danke!
Çok teşekkür ederim!
{ tschok teschekkür ederim! }
Vielen Dank!

Bir şey değil.
{ bir schej de'il. }
Keine Ursache. Bitte sehr.
Rica ederim.
{ ridscha ederim. }
Ich bitte Sie.
Memnuniyetle.
{ memnunijetle. }
Gern geschehen.

Bedeutungen
der türkischen Namen

In der Regel haben türkische Vornamen eine Bedeutung.
Hier sind einige Beispiele für Sie aufgeführt:

Weibliche Vornamen:

Alev	Feuer, Flamme
Bahar	Frühling
Buket	Blumenstrauß
Defne	Loorbeere
Dilek	Wunsch
Elmas	Brillant, die Geliebte
Fidan	Sprössling, junger Baum
Filiz	Spross
Gönül	Liebe, Seele, Herz
Gül	Rose
Güneş	Sonne
Harika	Wunder
Işık	Licht, Helligkeit
Kiraz	Kirsche
Melek	Engel, mit einem guten Charakter
Müjde	freudige und gute Nachricht
Ömür	Leben, Lebensdauer
Özlem	Sehnsucht, sich sehnen
Sevgi	Liebe, Verliebtheit
Yıldız	Stern
Zümrüt	Smaragd

Männliche Vornamen:

Bora	Sturm, Orkan
Can	Leben, Lebenskraft, lieb, liebenswert, Seele
Cihan	Welt
Çağdaş	Zeitgenosse, eine zeitgemäße, moderne Person
Demir	Eisen
Deniz	das Meer
Derya	Meer, jemand mit endlosem Wissen, viel
Devrim	Revolution, Umbruch
Erdem	Ehre, Tugend, Talent, Begabung
Fatih	Eroberer, Bezwinger, Herrscher
Kahraman	Held, mutig
Kaya	der Felsen
Murat	Wunsch
Onur	Stolz, Selbstachtung
Özgür	frei, unabhängig
Ümit	Hoffnung
Uğur	geschickt, Glück
Yıldırım	Blitz, Blitzschlag
Yılmaz	unerschrocken, furchtlos
Yunus	Delphin
Zeki	intelligent

Feiertage in der Türkei

Yılbaşı (1 Ocak) *{ jılbaschı }*
Neujahr (1. Januar)

Ulusal Egemenlik ve Çocuk Bayramı (23 Nisan)
{ ulusal egemenlik we tschodschuk bajramı (jirmi ütsch nißan) }
Tag des Parlamentes und der Kinder (23. April)

Gençlik ve Spor Bayramı (19 Mayıs)
{ gentschlik ve ßpor bajramı (on dokus majıß) }
Tag der Jugend und des Sportes (19. Mai)

Zafer Bayramı (30 Ağustos)
{ safer bajramı (otus a'ußtoß) }
Tag des Befreiungssieges (30. August)

Cumhuriyet Bayramı (29 Ekim)
{ dschumhurijet bajramı (jirmi dokus ekim) }
Tag der Republik (29. Oktober)

Ramazan Bayramı
{ ramazan bajramı }
Ramadanfest

Die Festlegung des Ramadanfestes sowie des Opferfestes unterliegt den Besonderheiten des islamischen Kalenders, eines Jahreskalenders mit 12 Mondmonaten zu 29 oder 30 Tagen von Neumond zu Neumond. Somit ist das islamische Jahr um 10 Tage kürzer als das Sonnenjahr und damit wandern auch alle islamischen Festtermine jedes Jahr in unserem Kalender um 10 Tage nach vorne. Nach den Gesetzen des Islams darf während des Fastenmonats nicht gegessen und getrunken werden. „İftar" nennt man das gemeinsame Mahl am Abend zum Fastenbrechen. Ein „iftarlık" ist ein kleiner Leckerbissen zum İftar als Belohnung für einen langen Tag des Fastens ohne Essen und Trinken.

Der Fastenmonat ist ein Monat der Besinnung, der Reinigung, der Gemeinschaft, der besonderen Traditionen und der speziellen Bräuche. Am frühen Morgen des ersten Feiertages des Ramadanfestes finden in den Moscheen Festgebete und Predigten statt. Im Anschluss an den Fastenmonat Ramadan wird das Ramadanfest, im Volksmund häufig Zuckerfest, gefeiert, welches drei Tage dauert.

Kurban Bayramı
{ kurban bajramı }
Opferfest

Das Opferfest beginnt 2 Monate und 10 Tage nach dem Ramadanfest und dauert vier Tage. Am frühen Morgen des ersten Feiertages des Opferfestes finden in den Moscheen Festgebete und Predigten statt. Jedes erwachsene Familienmitglied, das wirtschaftlich dazu in der Lage ist, sollte am ersten oder zweiten Tag des Festes ein Tier, Schaf oder Kalb, als Opfer schlachten lassen. Das Fleisch des Tieres soll in drei Teile aufgeteilt werden und sowohl den Familienangehörigen als auch den Verwandten, Nachbarn und Bedürftigen zukommen.

Alltagsdialoge

Ja.
Evet. { ewet. }
Nein.
Hayır. { hajır. }
Bitte.
Lütfen. { lütfen. }
(bei Bitten, Aufforderungen)
Danke!
Teşekkür ederim!
{ teschekkür ederim! }
Sağ olun! { ßa' olun! }
(Plural, Sie)
Sağ ol! { ßa' ol! }
(Singular, du)
Vielen Dank!
Çok teşekkürler!
{ tschok teschekkürler! }
Bitte!
Rica ederim!
{ rica ederim! }
Danke gleichfalls!
Ben de teşekkür ederim!
{ ben de teschekkür ederim! }
Gern geschehen!
Bir şey değil! { bir schej de'il! }
Nichts zu danken!
Bir şey değil! { bir schej de'il! }
Wie bitte?
Efendim? { efendim? }
Das habe ich nicht verstanden.
Anlamadım. { anlamadım. }

Angenehm!
Hoş! { hosch! }
Prima!
Şahane! { schahane! }
Das gefällt mir.
Beğeniyorum. { be'enijorum. }
Das gefällt mir nicht.
Beğenmiyorum. { be'enmijorum. }
Ich bin zufrieden.
Ben memnunum.
{ ben memnunum. }
Selbstverständlich!
Elbette! { elbette! }
Einverstanden!
Kabul! { kabul! }
Okay!
Peki! { peki! }
In Ordnung!
Tamam! { tamam! }
Oldu! { oldu! }
Entschuldigung!
Affedersiniz! { affederßinis! }
(Plural, Sie)
Affedersin! { affederßin! }
(Singular, du)
Verzeihung!
Affedersiniz! { affederßinis! }
(Plural, Sie)
Affedersin! { affederßin! }
(Singular, du)
Pardon! { pardon! }

Einen Augenblick, bitte.
Bir dakika, lütfen.
{ bir dakika, lütfen. }
Das reicht jetzt!
Yeter artık!
{ jeter artık! }
Hilfe!
İmdat! { imdat! }
Wer?
Kim? { kim? }
Wem?
Kime? { kime? }
Wen?
Kimi? { kimi? }
Was?
Ne? { ne? }
Wo?
Nerede? { nerede? }
Wohin?
Nereye? { nereje? }
Woher?
Nereden? { nereden? }
Wo ist/sind …?
… nerede? { … nerede? }
Warum?
Niçin? { nitschin? }
Neden? { neden? }
Weshalb?
Niye? { nije? }
Wozu?
Neye? { neje? }
Wie?
Nasıl? { naßıl? }
Wie viel?
Ne kadar? { ne kadar? }

Wie lange?
Ne kadar zaman?
{ ne kadar saman? }
Wann?
Ne zaman? { ne saman? }
Welche/-r/-s?
Hangi? { hangi? }
Hangisi? { hangißi? }
Ich hätte gern…
… istiyorum. { … ißtijorum. }
Gibt es…?
… var mı? { … war mı? }
Guten Morgen!
Günaydın! { günajdın! }
Guten Tag!
İyi Günler! { iji günler! }
Hallo!
Merhaba! { merhaba! }
Guten Abend!
İyi akşamlar! { iji akschamlar! }
Wie geht es Ihnen/euch?
Nasılsınız? { naßılßınıs? }
Danke, gut.
Teşekkür ederim, iyiyim.
{ teschekkür ederim, ijijim. }
Herzlich Willkommen!
Hoş geldiniz! { hosch geldinis! }
Wir freuen uns!
Angenehm! Hoş bulduk!
{ hosch bulduk! }
Ich verstehe Sie nicht.
Ben sizi anlamıyorum.
{ ben ßisi anlamıjorum. }
Haben Sie verstanden?
Anladınız mı? { anladınıs mı? }

Können Sie das aufschreiben?
Bana yazar mısınız?
{ bana jasar mıßınıs? }
Wie heißt das/(...) auf türkisch?
Bunun/(...) Türkçe adı ne?
{ bunun/(...) türktsche adı ne? }
Wiederholen Sie das, bitte.
Tekrar edin, lütfen.
{ tekrar edin, lütfen. }
Sind Sie Herr/Frau Müller/...?
**Siz Bay/Bayan
Müller/... misiniz?**
{ ßis baj/bajan müller/... mißinis? }
Wie ist Ihr Name?
Adınız nedir?
{ adınıs nedir? }
Mein Name ist ...
Adım ... { adım ... }
Wie alt sind Sie?
Kaç yaşındasınız?
{ katsch jaschındaßınıs? }
Ich bin ... Jahre alt.
... yaşındayım.
{ ... jaschındajım. }
Wo wohnen Sie?
Nerede oturuyorsunuz?
{ nerede oturujorßunus? }
Hier/... ist meine Adresse.
İşte/... adresim.
{ ischte/... adreßim. }
Kommen Sie bitte herein!
İçeri giriniz, lütfen!
{ itscheri girinis, lütfen! }

Nehmen Sie bitte Platz!
Oturun, lütfen!
{ oturun, lütfen! }
Möchten Sie etwas trinken?
Bir şey içmek ister misiniz?
{ bir schej itschmek
ißter mißinis? }

Ich hoffe Sie bald
wiederzusehen.
**Sizi yakında tekrar görmek
umuduyla.**
{ ßisi jakında tekrar
görmek umududjla. }
Besuchen Sie uns
bald wieder!
**Yakında bizi tekrar
ziyaret edin!**
{ jakında bisi tekrar
sijaret edin! }
Ich bleibe mit Ihnen
in Kontakt.
Sizin ile haberleşirim.
{ ßisin ile haberleschirim. }
Ich möchte mitkommen.
**Ben de birlikte gelmek
istiyorum.**
{ ben de birlikte gelmek
ißtijorum. }
Wie kann ich Ihnen
behilflich sein?
**Size nasıl yardımcı
olabilirim?**
{ ßise naßıl jardımdschı
olabilirim? }

Können Sie mir/uns
bitte helfen?
Bana/Bize yardım
edebilir misiniz?
{ bana/bise jardım
edebilir mißinis? }
Darf ich Sie etwas fragen?
Size bir şey sorabilir miyim?
{ ßise bir schej ßorabilir mijim? }
Wo bekomme ich …?
… nerede bulabilirim?
{ … nerede bulabilirim? }
Ich suche …
… arıyorum.
{ … arıjorum. }
Haben Sie …?
Sizde … bulunur mu?
{ ßisde … bulunur mu? }
Ich möchte …
Ben … istiyorum.
{ ben … ißtijorum. }
Ich nehme ….
Ben … alıyorum.
{ ben … alıjorum. }
Sehr gut!
Çok iyi!
{ tschok iji! }
Gern!
Memnuniyetle!
{ memnunijetle! }
Richtig.
Doğru. { do'ru. }
Gute Idee.
İyi bir fikir.
{ iji bir fikir. }

Ganz meiner Meinung.
Benim fikrim de böyle.
{ benim fikrim de böjle. }
Das kann ich leider
nicht tun.
Maalesef yapamam.
{ maalesef japamam. }
Ich habe keine Zeit.
Zamanım yok.
{ samanım jok. }
Vielleicht ein anderes Mal.
Belki bir başka zaman.
{ belki bir baschka saman. }
Ich weiß noch nicht.
Henüz bilmiyorum.
{ henüs bilmijorum. }
Das weiß ich nicht.
Bilmiyorum.
{ bilmijorum. }
Wie Sie möchten.
Nasıl isterseniz.
{ naßıl ißterßenis. }
Darf ich Sie/dich zum Essen/
Kaffee … einladen?
Sizi/Seni yemeğe/kahveye
… davet edebilir miyim?
{ ßisi/ßeni jeme'e/kahweje
… davet edebilir mijim? }
Ich komme gern.
Memnuniyetle gelirim.
{ memnunijetle gelirim. }
Wann können wir
uns treffen?
Ne zaman buluşabiliriz?
{ ne saman buluschabiliris? }

Birlikte Yaşamanın Dili

Wo können wir uns treffen?
Nerede buluşabiliriz?
{ nerede buluschabiliris? }

Vielen Dank für die Einladung!
Davetiniz için çok teşekkür ederim!
{ davetinis itschin tschok teschekkür ederim! }
(Plural, Sie)
Davetin için çok teşekkür ederim!
{ davetin itschin tschok teschekkür ederim! }
(Singular, du)

Das Essen hat ausgezeichnet geschmeckt!
Yemek çok lezzetliydi!
{ jemek tschok lessetlijdi! }

Es ist sehr gut gewesen.
Çok güzeldi.
{ tschok güseldi. }

Ich fühle mich hier sehr wohl.
Ben kendimi burada çok rahat hissediyorum.
{ ben kendimi burada tschok rahat hißedijorum. }

Darf ich mich vorstellen?
Kendimi tanıtabilir miyim?
{ kendimi tanıtabilir mijim? }

Ich bin ...
Ben ...   { ben ... }

Auf Wiedersehen!
(die gehende Person)
Allaha ısmarladık!
{ allaha ıßmarladık! }
Hoşça kal!
{ hoschtscha kal! }
(du)
Hoşça kalın!
{ hoschtscha kalın! }
(Sie, ihr)

Auf Wiedersehen!
(die bleibende Person)
Güle güle! { güle güle! }
Eyvallah! { ejwallah! }
Hoşça kal!
{ hoschtscha kal! }
(du)
Hoşça kalın!
{ hoschtscha kalın! }
(Sie, ihr)

Bis bald!
Yakında görüşmek üzere!
{ jakında görüschmek üsere! }

Gute Reise!
İyi yolculuklar!
{ iji joldschuluklar! }

Herzlichen Glückwunsch!
Kalpten tebrikler!
{ kalpten tebrikler! }

Gute Besserung!
Geçmiş olsun!
{ getschmisch olßun! }

Viel Glück!
Bol şanslar!
{ bol schanßlar! }
Bitte helfen Sie mir!
Lütfen bana yardım edin!
{ lütfen bana jardım edin! }
Bitte rufen Sie einen Arzt/...!
Lütfen bir doktor/... çağırın!
{ lütfen bir doktor/
... tscha'ırın! }
**Bitte benachrichtigen Sie
die Polizei/...!**
Lütfen polise/... haber verin!
{ lütfen polişe/...
haber werin! }

**Spricht hier jemand
deutsch/...?**
Burada Almanca/...
konuşan var mı?
{ burada almandscha/...
konuschan war mı? }
Das tut mir leid.
Çok üzgünüm.
{ tschok üsgünüm. }
Mein aufrichtiges Beileid.
Başınız sağolsun.
{ baschınıs ßa' olßun. }
Machen Sie sich keine Sorgen!
Merak etmeyin!
{ merak etmejinis! }
Ich verstehe schon.
Anladım.
{ anladım. }

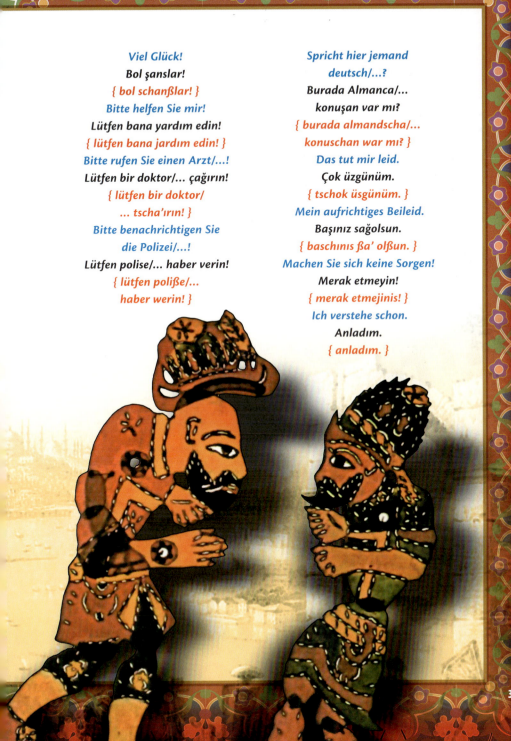

301

Search

Kent ve belediyelerin birçoğunda da özellikle göçmenleri bilgilendirmek için danışma büroları vardır. Aşağıdaki liste önemli resmi daire ve kuruluşlar hakkında genel bilgi vermektedir.

In den meisten Städten und Rathäusern gibt es Büros, die speziell für Informationen, die für die ausländischstämmigen Mitbürger in Deutschland wichtig sind, zuständig sind. Diese Liste soll einen ersten, generellen Überblick über wichtige Behörden und Institutionen geben.

Die in diesem Buch genannten Internet-Adressen können sich nach Drucklegung des Buches ändern. Bitte erkundigen Sie sich deshalb in wichtigen Angelegenheiten immer bei den zuständigen Behörden.

Kitapta anılan internet adresleri baskı sonrasında değişebilir. Bu nedenden ötürü önemli durumlarda her zaman lütfen yetkili mercilere başvurarak bilgi alın.

302

Erste Beratung für Neuankömmlinge
Yeni gelenler için ilk danışma hizmeti

Türkiye'den geliyorum. Ben Almanya'da yeniyim.
Ich komme aus der Türkei. Ich bin neu in Deutschland.
İlk önce hangi daireye bildirmem gerekir?
Bei welcher Behörde muss ich mich zuerst anmelden?

Daha fazla diyalog bakın sayfa: 234

Bilgi için bakın:
www.jugendmigrationsdienste.de
www.zuwanderung.de

Integrationskurs
Uyum kursu

Uyum kursuna katılmak istiyorum.
Ich möchte einen Integrationskurs besuchen.
Uyum kursu ne kadar sürüyor ve hangi konuları kapsıyor?
Wie lange dauert der Integrationskurs und welche
Themen beinhaltet er?

Daha fazla diyalog bakın sayfa: 257

Bilgi için bakın:
www.bmi.bund.de
www.integration-in-deutschland.de

Sprachkurs
Dil kursu

Almanca dil bilgimi geliştirmek istiyorum.
Ich möchte meine Deutschkenntnisse verbessern.
Gündüzleri/Akşamları yeni başlayanlar/ilerlemişler için
Almanca kursuna nerede gidebilirim?
Wo kann ich tagsüber/abends einen Deutschkurs für
Anfänger/Fortgeschrittene belegen?

Daha fazla diyalog bakın sayfa: 257

Bilgi için bakın:
www.integration-in-deutschland.de

Frühe Sprachförderung von Kindern
Çocuklar için erken dil teşviği

Çocuğum az Almanca konuşuyor.
Mein Kind spricht nur wenig Deutsch.
Çocukları Almanca'da ne yoğunlukta teşvik ediyorsunuz?
Wie intensiv fördern Sie die Kinder in der deutschen Sprache?

Daha fazla diyalog bakın sayfa: 253

Bilgi için bakın:
www.bmi.bund.de
www.bamf.de
www.integration-in-deutschland.de

Jugendförderung
Gençlere yönelik teşvik

Gençler için okul/meslek/sosyal/... konularında
uyum teşvikleri var mı?
Gibt es eine Förderung der schulischen/beruflichen/
sozialen/... Integration der Jugendlichen?

Daha fazla diyalog bakın sayfa: 234

Bilgi için bakın:
Yerel ve okul idareleri, gençlik daireleri,
çocuk yuvaları ve ilkokullar

Eyalet eğitim ve bilim bakanlıkları,
eğitim müdürlükleri ve
veli temsilcilikleri

Staatsangehörigkeitsrecht und Einbürgerung
Vatandaşlık mevzuatı ve vatandaşlığa geçiş

Alman vatandaşlığı almak istiyorum.
Ich möchte die deutsche Staatsangehörigkeit erlangen.
Bunun için hangi şartları yerine getirmem gerekir?
Welche Voraussetzungen muss ich dafür erfüllen?

Daha fazla diyalog bakın sayfa: 230

Bilgi için bakın:
www.bamf.de
www.integration-in-deutschland.de
www.bmi.bund.de

Gesundheitsvorsorge
Sağlık önlemleri

Hangi erken teşhis muayenelerini/önlem
muayenelerini yaptırabilirim?
Welche Früherkennungsuntersuchungen/Vorsorge-
untersuchungen kann ich machen lassen?

Daha fazla diyalog bakın sayfa: 161

Bilgi için bakın:
www.bmg.bund.de

Impfung
Aşı

Çocuğum … (ay/yıl) yaşında.
Mein Kind ist … (Monat/-e/Jahr/-e) alt.
Çocuğumu …'ya karşı aşı yaptırmak istiyorum.
Ich möchte mein Kind gegen … impfen lassen.

Daha fazla diyalog bakın sayfa: 176

Bilgi için bakın:
www.bmg.bund.de

Schwangerschaft
Hamilelik

Hamilelik konularında (hamilelikte danışma/hamilelik
önlemleri) kime başvurabilirim?
An wen kann ich mich bei Fragen über die
Schwangerschaft (Schwangerschaftsberatung/
Schwangerschaftsvorsorge) wenden?

Daha fazla diyalog bakın sayfa: 165

Bilgi için bakın:
www.bmfsfj.de
www.familienplanung.de
www.schwanger-info.de

Mutterschutz
Anneliğin korunması

Anneliği koruma yasası neleri kapsıyor?
Was beinhaltet das Mutterschutzgesetz?
Bakım izni/Ebeveyn süresi ne kadar?
Wie lange dauert der Erziehungsurlaub/die Elternzeit?

Daha fazla diyalog bakın sayfa: 228

Bilgi için bakın:
www.bmfsfj.de
www.familien-wegweiser.de

Elternzeit
Ebeveyn süresi

Ebeveyn süresi talebi için hangi şartların yerine getirilmesi gerekir?
Was sind die Voraussetzungen, um einen Anspruch auf Elternzeit zu haben?

Daha fazla diyalog bakın sayfa: 228

Bilgi için bakın:
www.bmfsfj.de
www.familien-wegweiser.de

Kindergeld
Çocuk parası

... yıl için süresiz oturma iznim/... yıl sınırlı oturma iznim/... var.
Ich habe eine unbefristete Aufenthaltserlaubnis/befristete Aufenthaltserlaubnis für ... Jahr/-e.
Çocuk parası alma hakkına sahip miyim?
Habe ich einen Anspruch auf Kindergeld?

Daha fazla diyalog bakın sayfa: 230

Bilgi için bakın:
www.familienkasse.de
www.bzst.de

Kinderzuschlag
Çocuk zammı

Çocuk zammı aldığım zaman, işsizlik parası II alma zorunda kalmadan gelirimle geçimimizi temin edebiliriz.
Wir können von meinem Einkommen leben, ohne auf Arbeitslosengeld II angewiesen zu sein, wenn ich Kinderzuschlag bekomme.
Çocuk zammı için başvurmak istiyorum.
Ich möchte Kinderzuschlag beantragen.

Daha fazla diyalog bakın sayfa: 230

Bilgi için bakın:
www.bmfsfj.de
www.familien-wegweiser.de
www.familienkasse.de

Unterhaltsvorschuss
Nafaka avansı

Ben çocuğunu yalnız yetiştiren anneyim/babayım.
Ich bin alleinerziehende Mutter/alleinerziehender Vater.
Çocuğun babası/annesi çocuğum için yasal asgari nafakayı ödemiyor.
Der Vater/Die Mutter des Kindes zahlt nicht den gesetzlichen Mindestunterhalt für mein Kind.
Çocuğum için nafaka avansı talep etmek istiyorum.
Ich möchte Unterhaltsvorschuss für mein Kind beantragen.

Daha fazla diyalog bakın sayfa: 230

Bilgi için bakın:
www.bmfsfj.de
www.familien-wegweiser.de
www.familienkasse.de

Kindertagesbetreuung
Çocuklara gündüz bakım hizmeti

Bochum'da/...'da oturuyorum.
Ich wohne in Bochum/...
Çocuğum ... yaşında.
Mein Kind ist ... Jahre alt.
Çocuğumu anaokuluna/çocuk yuvasına/kreşe/emekliyen
çocuk gruplarına/... kaydettirmek istiyorum.
Ich möchte mein Kind für den Kindergarten/Kinderhort/
die Krippenstube und Krabbelstube/... anmelden.
Çocuğumun günün bir kısmını/günün tamamını burada
geçirmesini istiyorum.
Ich möchte, dass mein Kind einen Teil des Tages/den
ganzen Tag hier verbringt.

Daha fazla diyalog bakın sayfa: 250

Bilgi için bakın:
www.bmfsfj.de

Vorschulische Angebote
Okul öncesi olanaklar

Almanca bilgilerini geliştirebilmeleri için okul öncesi
olanaklar nerede?
Wo gibt es vorschulische Angebote für die Kinder, in denen sie
ihre Deutschkenntnisse erweitern können?
Okul öncesi sunulan olanaklar için ödeme yapmam gerekir mi?
Muss ich für die zusätzlichen vorschulischen Angebote bezahlen?

Daha fazla diyalog bakın sayfa: 250

Bilgi için bakın:
www.bmfsfj.de

Schulpflicht
Zorunlu eğitim

Çocuğum okula gitmek zorunda.
Mein Kind ist schulpflichtig.
Çocuğum okula başlayacak.
Mein Kind wird eingeschult.
Çocuğum Almanya'da yeni olduğu için teşvik edilmesi gerekir.
Da mein Kind neu in Deutschland ist, muss es
gefördert werden.
Teşvik dersleri/Yardımcı dersler/Ev ödevleri yardımı/
... sunuluyor mu?
Werden Förderunterricht/Nachhilfeunterricht/
Hausaufgabenhilfe/... angeboten?

Daha fazla diyalog bakın sayfa: 253

Bilgi için bakın:
www.bmbf.de
www.kmk.org
www.bildungsserver.de

Schularten
Okul türleri

... okulunu bitirdikten sonra hangi olanaklar var?
Welche Möglichkeiten hat man nach dem Schulabschluss ...?

Daha fazla diyalog bakın sayfa: 253

Bilgi için bakın:
www.bmbf.de
www.kmk.org
www.bildungsserver.de

Yararlı Adresler ve İnternet Yönlendirme
Nützliche Adressen und Internet-Links

Studium
Yüksek öğrenim

... öğrenimi yapmak istiyorum. Hangi üniversite/meslek yüksek okulu/... öğrenim dalını sunuyor?
Ich möchte ... studieren. Welche Universität/Fachhochschule/... bietet den Studiengang an?
... Federal Eyalette yüksek okul (üniversite) ücreti ne kadar?
Wie hoch sind die Studiengebühren in dem Bundesland ...?

Daha fazla diyalog bakın sayfa: 256

Bilgi için bakın:
www.bmbf.de
www.daad.de
www.obs-ev.de
www.uni-assist.de
www.studentenwerk.de

Staatliche Ausbildungsförderung (BAföG)
Devlet tarafından verilen eğitim teşviği (BAföG)

Yaşlılara bakım mesleği öğreniyorum.
Ich lerne den Beruf Altenpfleger/...
Meslek yüksek okulunda okuyorum.
Ich studiere an der Fachhochschule/...
Yeteri kadar maddi gücüm yok.
Ich verfüge nicht über ausreichende finanzielle Mittel.
Devlet eğitim teşviği başvurusunda bulunmak istiyorum.
Ich möchte staatliche Ausbildungsförderung beantragen.

Daha fazla diyalog bakın sayfa: 228

Bilgi için bakın:
www.bmbf.de
www.obs-ev.de
www.begabtenfoerderungswerke.de
www.arbeitsagentur.de

Anerkennung von Zeugnissen
Diplomaların resmi olarak tanınması

Diplomalarımı/Belgelerimi tercüme/resmi tastik ettirmek istiyorum.
Ich möchte meine Zeugnisse/Dokumente übersetzen/ amtlich beglaubigen lassen.
Diplomalarımı/Belgelerimi resmi olarak tanıtmak istiyorum.
Ich möchte meine Zeugnisse/Dokumente anerkennen lassen.

Daha fazla diyalog bakın sayfa: 253

Bilgi için bakın:
www.arbeitsagentur.de
www.bmwi.bund.de
www.bmbf.de
www.daad.de
www.anabin.de
www.kmk.org
www.uni-assist.de

Erwachsenenbildung
Yetişkinlere yönelik eğitim

Okul diplomaları/Meslek eğitim diplomaları/ ... edinmek istiyorum.
Ich möchte Schulabschlüsse/Berufsausbildungsabschlüsse/... erwerben.
Yetişkinler için eğitim olanakları/mesleği ilerletme olanakları söyleyebilir misiniz?
Können Sie mir Fortbildungsangebote/Weiterbildungsangebote der Erwachsenenbildung nennen?

Daha fazla diyalog bakın sayfa: 228

Bilgi için bakın:
www.arbeitsagentur.de
www.vhs.de
www.bildungsserver.de
www.iwwb.de
www.obs-ev.de
www.meister-bafoeg.info

Berufsberatung
Meslek danışmanlığı

Meslekler/Aranan şartlar/Başvuru işlemleri/İş piyasasındaki şanslar hakkında bilgi almak istiyorum.
Ich möchte mich über Berufe/Zugangsvoraussetzungen/ Bewerbungsverfahren/Chancen auf dem Arbeitsmarkt informieren.
... meslek eğitimi konusunda danışma faaliyetleri düzenliyor musunuz?
Bieten Sie Informationsveranstaltungen über ... Berufsausbildungen an?

Daha fazla diyalog bakın sayfa: 228

Bilgi için bakın:
www.arbeitsagentur.de
www.bmas.bund.de

Berufsausbildung
Meslek eğitimi

... mesleğini öğrenmek istiyorum. Bunun için hangi okulu bitirmem gerekir?
Ich möchte den Beruf ... erlernen. Welchen Schulabschluss benötige ich dafür?

Daha fazla diyalog bakın sayfa: 228

Bilgi için bakın:
www.arbeitsagentur.de

Arbeitsmöglichkeiten für Ausländer
Yabancılar için iş olanakları

Türkiye'den geliyorum.
Ich komme aus der Türkei.
... oturma iznim var.
Ich habe den Aufenthaltstitel ...
... şirketinde ... olarak çalışmak istiyorum.
Ich möchte bei der Firma ... als ... arbeiten.
Bu iş için çalışma izni alabilir miyim?
Kann ich für diese Tätigkeit eine Arbeitserlaubnis bekommen?

Daha fazla diyalog bakın sayfa: 228

Bilgi için bakın:
www.bmas.bund.de

Arbeitssuche - İş arama
Arbeitsvermittlung - İş bulmada aracılık

İş başvuruları için hazırlık olanakları hakkında bilgi edinmek istiyorum.
Ich möchte mich über die Möglichkeiten eines Trainings für Bewerber informieren.
Bildirilen iş imkanları hakkında bilgi edinmek istiyorum.
Ich möchte mich über die gemeldeten Stellenangebote informieren.
Başvuru (mülakat) davetlerinin hepsine katılmam gerekir mi?
Muss ich alle Einladungen zu Bewerbungsgesprächen wahrnehmen?

Daha fazla diyalog bakın sayfa: 228

Bilgi için bakın:
www.arbeitsagentur.de

Jugendarbeitsschutz
Gençlere yönelik iş güvenliği

13 yaşından büyük olan çocuklar ve gençler için çalışma hakkında bilgi edinmek istiyorum.
Ich möchte mich über Tätigkeiten für Kinder und Jugendliche ab 13 Jahre informieren.

Daha fazla diyalog bakın sayfa: 228

Bilgi için bakın:
www.bmas.bund.de

Verbot der Kinderarbeit
Çocukları çalıştırmanın yasaklanması

Çocuğum … yaşında. Çocuğum haftada kaç saat çalışmaya müsadeli?
Mein Kind ist … Jahre alt. Wie viele Stunden in der Woche darf mein Kind arbeiten?

Daha fazla diyalog bakın sayfa: 228

Bilgi için bakın:
www.bmas.bund.de

Arbeitsrecht - İş hukuku
Arbeitszeit - Çalışma süresi
Arbeitsschutz - İş güvenliği

Çalışma yasası/İş güvenliği/Çalışma süresi hakkında bilgi almak istiyorum?
Ich möchte Informationen über das Arbeitsrecht/den Arbeitsschutz/das Arbeitszeitgesetz einholen.

Daha fazla diyalog bakın sayfa: 228

Bilgi için bakın:
www.bmas.bund.de

Anerkennung von beruflichen Dokumenten
Mesleki belgelerin resmi olarak tanınması

Mesleki belgelerimi ve evraklarımı resmi olarak tanıtmak istiyorum.
Ich möchte meine beruflichen Dokumente und Zeugnisse anerkennen lassen.

Daha fazla diyalog bakın sayfa: 228

Bilgi için bakın:
www.arbeitsagentur.de
www.bmwi.bund.de
www.kmk.org

Berufliche Weiterbildung für Akademikerinnen und Akademiker
Akademisyenlere yönelik meslek içi eğitim

Bundesagentur für Arbeit - Federal İş Ajansı akademisyenler için meslek içi eğitim olanakları sunuyor mu?
Bietet die Agentur für Arbeit Weiterbildungsmöglichkeiten für Akademiker an?
Uzmanlık eğitimi/Meslek değiştirme eğitimi/Meslek içi eğitim için akademisyenlere teşvik nereden alınabilir?
Wo kann man eine Förderung für Qualifizierungsmaßnahmen/ Umschulungsmaßnahmen/Weiterbildungsmaßnahmen für Akademiker/-innen bekommen?

Daha fazla diyalog bakın sayfa: 228

Bilgi için bakın:
www.arbeitsagentur.de
www.obs-ev.de

Selbstständigkeit
Serbest çalışma

İş yeri kurmak istiyorum.
Ich möchte mich selbstständig machen.
İş yeri kurma konusunda ayrıntılı bilgiyi nereden alabilirim?
Wo bekomme ich qualifizierte Beratung zu dem Thema Existenzgründung?

Daha fazla diyalog bakın sayfa: 228

Bilgi için bakın:
www.existenzgruender.de
www.foerderdatenbank.de
www.beratungsfoerderung.net
www.arbeitsagentur.de

Gesetzliche und private Krankenversicherung
Yasal ve özel hastalık sigortası

Stajer/... olarak hangi şartlarda yasal olarak hastalıklara karşı sigortalı olunur?
Unter welchen Voraussetzungen ist man als Praktikant/... gesetzlich krankenversichert?
Ben yasal olarak hastalıklara karşı sigortalı değilim.
Ich bin nicht in der gesetzlichen Krankenversicherung versichert.
Hastalık durumunda başka güvence sunan hakkım yok.
Ich verfüge über keine anderen Ansprüche auf Absicherung im Krankheitsfall.
Özel hastalık sigortası yaptırmak istiyorum
Ich möchte eine private Krankenversicherung abschließen.

Daha fazla diyalog bakın sayfa: 104

Bilgi için bakın:
www.bmg.bund.de
www.die-gesundheitsreform.de

Kostenlose Familienkrankenversicherung
Ücretsiz aile hastalık sigortası

Aidattan muaf aile sigortasından yararlanmak için hangi şartlar gerekmektedir?
Was sind die Voraussetzungen, um eine beitragsfreie Familienversicherung abschließen zu können?

Daha fazla diyalog bakın sayfa: 104

Bilgi için bakın:
www.bmg.bund.de

Hilfen für behinderte Menschen
Engelli insanlara yönelik yardımlar

Ben engelliyim.
Ich bin behindert.
İş piyasasında/Okul ve meslek eğitimi/... alanında hangi avantajlardan/yardımlardan yararlanabilirim?
Welche Vergünstigungen/Hilfen bekomme ich auf dem Arbeitsmarkt/im Schul- und Ausbildungsbereich/...?

Daha fazla diyalog bakın sayfa: 32

Bilgi için bakın:
www.bmas.bund.de
www.bmfsfj.de

Drogen- und Suchtberatung
Uyuşturucu madde bağımlılığı ile ilgili danışmanlık

Ben uyuşturucu madde (alkol bağımlısıyım/nikotin bağımlısıyım/...) bağımlısıyım.
Ich bin (alkoholabhängig/nikotinabhängig/...) drogenabhängig.
Uyuşturucu ve madde bağımlılığı/... hakkında danışma bürosu nerede?
Wo gibt es Beratungsstellen für Drogen- und Suchtberatung/...?

Daha fazla diyalog bakın sayfa: 226

Bilgi için bakın:
www.bzga.de
www.drugcom.de
www.rauchfrei.de
www.bist-du-staerker-als-alkohol.de
www.kinderstarkmachen.de
www.bzga-ernährung.de
www.gutdrauf.de
www.dhs.de

Ess-Störungen
Beslenme bozuklukları

Ben/... beslenme bozukluğundan şikayetçiyim.
Ich leide an Ess-Störungen.
Beslenme bozuklukları konusunda bilgi edinmek istiyorum.
Ich möchte über Ess-Störungen informiert werden.

Daha fazla diyalog bakın sayfa: 226

Bilgi için bakın:
www.bzga.de
www.drugcom.de
www.rauchfrei-info.de
www.bist-du-staerker-als-alkohol.de
www.kinderstarkmachen.de
www.bzga-ernährung.de
www.gutdrauf.net
www.dhs.de

Aidsberatung
Aids danışmanlığı

HIV-Enfeksiyonu ve Aids hastalığı konularında danışma merkezleri nerede?
Wo gibt es Beratungsstellen zu HIV-Infektionen und Aidserkrankungen?
Gizli kalmak istiyorum.
Ich möchte anonym bleiben.

Daha fazla diyalog bakın sayfa: 226

Bilgi için bakın:
www.aidsberatung.de
www.gib-aids-keine-chance.de
www.aidshilfe-beratung.de

Aufmerksamkeitsdefizit/Hyperaktivität ADHS
Odaklanma yetersizliği/hiperaktivite ADHS

Çocuğum dikkat çekici şekilde konsantresiz/huzursuz/ gürültülü/...
Mein Kind ist auffällig unkonzentriert/unruhig/laut/...
Çocuğumun odaklanma yetersizliği/hiperaktivite sendromu (ADHS) olduğunu tespit edebilir misiniz?
Können Sie feststellen, ob mein Kind Aufmerksamkeitsdefizit-Syndrom (ADS)/Aufmerksamkeitsdefizit- und Hyperaktivitäts-Syndrom (ADHS) hat?

Daha fazla diyalog bakın sayfa: 176

Bilgi için bakın:
www.bv-auek.de
www.bzga.de

Wohngeld
Kira yardımı

Ailem ... kişiden oluşuyor ve kazancım çok az.
Meine Familie besteht aus ...Personen und mein
Verdienst ist sehr niedrig.
Konut yardımı için başvurmak istiyorum.
Ich möchte Wohngeld beantragen.

Daha fazla diyalog bakın sayfa: 230

Bilgi için bakın:
www.bmvbs.de

Mieterschutz
Kiracı güvenliği

Kiracı haklarını da kapsayan hukuki yardım sigortası
yaptırmak istiyorum.
Ich möchte eine Rechtsschutzversicherung mit
Mietrecht abschließen.
Kira sözleşmesi yapmadan önce temel kira bedeli/işletme
giderleri/teminat/... hakkında bilgi almak istiyorum.
Bevor ich den Mietvertrag abschließe, möchte ich mich
über die Grundmiete/Nebenkosten/
Kaution/... informieren.

Daha fazla diyalog bakın sayfa: 94

Bilgi için bakın:
www.dmb.de

Sozialwohnung
Sosyal konutlar

Sosyal konut hak belgesini alabilmem için kazancımın
ne kadar olması gerekir?
Bis zu welchem Einkommen kann ich einen
Wohnberechtigungsschein bekommen?

Daha fazla diyalog bakın sayfa: 230

Bilgi için bakın:
www.bmvbs.de

Arbeitslosenversicherung
İşsizlik sigortası

İşsizlik parası alabilmem için ne kadar süre işsizlik
sigortası ödemem gerekiyor?
Wie lange muss ich in die Arbeitslosenversicherung einzahlen,
um Arbeitslosengeld zu bekommen?

Daha fazla diyalog bakın sayfa: 228

Bilgi için bakın:
www.arbeitsagentur.de

Arbeitslosengeld I nach dem
Sozialgesetzbuch III (SGB III)
Sosyal Yasa III'e (SGB III) göre işsizlik parası I

İşsizlik parası I alabilmem için ne kadar süre sigorta
yükümlülüğü olan bir işte çalışmam gerekir?
Wie lange muss ich versicherungspflichtig beschäftigt sein,
um Arbeitslosengeld I zu bekommen?

Daha fazla diyalog bakın sayfa: 228

Bilgi için bakın:
www.arbeitsagentur.de

Arbeitslosengeld II nach dem Sozialgesetzbuch II (SGB II)
Sosyal Yasa II'ye (SGB II) göre işsizlik parası II

... yıl ... şirketinde çalıştım ve şimdi işsizim.
Ich habe ... Jahre für die Firma ... gearbeitet und nun bin ich arbeitslos.
İşsiz olarak başvurmak istiyorum ve işsizlik parası almak için müracaat etmek istiyorum.
Ich möchte mich arbeitslos melden und Arbeitslosengeld beantragen.

Daha fazla diyalog bakın sayfa: 228

Bilgi için bakın:
www.arbeitsagentur.de

Gesetzliche Unfallversicherung
Yasal kaza sigortası

İş yerinde/İş yerine giderken/... kaza geçirdim.
Ich habe am Arbeitsplatz/auf dem Weg zur Arbeit/ ... einen Unfall gehabt.
Yasal kaza sigortası hangi tedavileri üstlenir?
Welche Behandlungen übernimmt die gesetzliche Unfallversicherung?

Daha fazla diyalog bakın sayfa: 104

Bilgi için bakın:
www.bmas.bund.de
www.unfallkassen.de

Private Absicherung
Özel güvence

Ben kendimi özel sigortalattırmak istiyorum.
Ich möchte mich privat versichern.
Biz kendimizi özel sigortalattırmak istiyoruz.
Wir möchten uns privat versichern.
Risklere karşı korunmak için bana/bize hangi sigortaları önerirsiniz?
Welche Versicherungen können Sie mir/uns für die private Absicherung empfehlen?

Daha fazla diyalog bakın sayfa: 104

Bilgi için bakın:
www.bafin.de
www.verbraucherzentrale.de

Haftpflicht
Mali sorumluluk

Reşit olmayan çocuklarım için de geçerli olan özel mali sorumluluk sigortası yaptırmak istiyorum.
Ich möchte eine private Haftpflichtversicherung abschließen, die auch für meine minderjährigen Kinder gilt.

Daha fazla diyalog bakın sayfa: 104

Bilgi için bakın:
www.bafin.de
www.verbraucherzentrale.de

Sozialhilfe
Sosyal yardım

... çocuğum var.
Ich habe ... Kinder.
Geçimimizi kendi gücümüzle karşılıyamıyoruz ve başka
yardım alma hakkımız da yok.
*Wir können unseren Lebensunterhalt nicht aus
eigener Kraft decken und haben auch keine Ansprüche
auf weitere Leistungen.*
Geçimimizi karşılayabilmemiz için sosyal
yardıma ihtiyacımız var.
*Wir benötigen Sozialhilfe, um unseren Lebensunterhalt
finanzieren zu können.*
Sosyal yardım miktarı çocuklarımın sayısına mı bağlı?
*Ist die Höhe der Sozialhilfe von der Anzahl
meiner Kinder abhängig?*

Daha fazla diyalog bakın sayfa: 230

Bilgi için bakın:
www.bmas.bund.de

Gesetzliche Rentenversicherung
Yasal emeklilik sigortası

Yasal emeklilik sigortası alabilmek için hangi
şartların yerine getirilmesi gerekir?
*Welche Voraussetzungen müssen erfüllt sein, um einen
Anspruch auf gesetzliche Rente zu bekommen?*
Zorunlu emekli sigortası yapmam için aylık kazancımın
ne kadar olması gerekiyor?
*Ab welchem Einkommen bin ich zur
Rentenversicherung verpflichtet?*

Daha fazla diyalog bakın sayfa: 104

Bilgi için bakın:
www.deutsche-rentenversicherung.de
www.bmas.bund.de

Zusätzliche Altersvorsorge
Yaşlılık ek sigortası

Özel emeklilik sigorta türlerinden bana
hangilerini önerebilirsiniz?
*Welche Arten der privaten Altersversorgung
können Sie mir empfehlen?*
Yaşlılıkta yaşam standartını koruyabilmek için devlet
tarafından teşvik edilen özel veya işletme ek emeklilik
sigortası yaptırmak istiyorum.
*Ich möchte mich mit der staatlich geförderten privaten
Altersvorsorge/betrieblichen Altersvorsorge zusätzlich
absichern, um den Lebensstandard im Alter zu halten.*

Daha fazla diyalog bakın sayfa: 104

Bilgi için bakın:
www.bmas.bund.de
www.bundesfinanzministerium.de
www.deutsche-rentenversicherung-bund.de
www.test.de

Grundsicherung für Rentnerinnen und Rentner und Erwerbsunfähige
Emekliler ve çalışma yeteneği olmayanlara temel güvence

Sadece emekliliğimden geçimimi temin edemiyorum.
Ich kann nur von meiner Altersrente mein Leben nicht finanzieren.
Maddi ek desteğe ihtiyacım var.
Ich benötige zusätzliche finanzielle Unterstützung.
Emekliler ve çalışamaz durumda olanlar için bakımın yanı sıra daha neler ödeniyor?
Was sind neben der Pflege die Leistungen der Grundsicherung für Rentner und Erwerbsunfähige?

Daha fazla diyalog bakın sayfa: 230

Bilgi için bakın:
www.bmas.bund.de

Pflege
Bakım

Evde ailemden birine bakıyorum.
Ich pflege zu Hause einen Familienangehörigen.
Bakım sigortasından bakım parası talep etmek istiyorum.
Ich möchte Pflegegeld von der Pflegeversicherung beantragen.

Daha fazla diyalog bakın sayfa: 104

Bilgi için bakın:
www.bmas.bund.de

Gleichberechtigung
Eşit muamele

Evde/İş yerinde ayrımcılığa/baskıya uğruyorum.
Ich fühle mich zu Hause/auf der Arbeit diskriminiert/unterdrückt.
Genel eşitlik yasası/Ayrımcılık yasağı hakkında danışma ve bilgilendirme bürosu nerede?
Wo gibt es Beratungs- und Informationsbüros zum allgemeinen Gleichbehandlungsgesetz/Diskriminierungsverbot?

Daha fazla diyalog bakın sayfa: 232

Bilgi için bakın:
www.behindertenbeauftragte.de
www.integrationsbeauftragte.de

Diskriminierungsverbot
Ayrımcılık yasağı

Kökenimden ötürü ... alanında dezavantaja uğruyorum.
Ich bin aufgrund meiner Herkunft in dem Bereich ... benachteiligt.
Nereye şikayetçi olabilirim?
Wo kann ich mich beschweren?

Daha fazla diyalog bakın sayfa: 232

Bilgi için bakın:
www.behindertenbeauftragte.de
www.integrationsbeauftragte.de

Verbot der sexuellen Belästigung
Cinsel taciz yasağı

İş yerinde/... cinsel tacize karşı kendimi korumak istiyorum.
Ich möchte mich vor sexueller Belästigung am Arbeitsplatz/... schützen.
Bu konu hakkında nereden bilgi alabilirim?
Wo kann ich mich über dieses Thema informieren?
Cinsel taciz edeni nereye şikayet edebilirim?
Wo kann ich die sexuell belästigende Person anzeigen?

Daha fazla diyalog bakın sayfa: 232

Bilgi için bakın:
www.integrationsbeauftragte.de

Misshandlung in der Familie
Aile içi kötü muamele

Aile içi kötü muamele/... danışma büroları nerede?
Wo gibt es Fachberatungsstellen für Misshandlungen in der Familie/...?
Kocam bana/müşterek çocuklarımıza kötü muamele yapıyor.
Mein/-e Mann/Frau misshandelt mich/ unsere gemeinsamen Kinder.
Şimdi kendimi/müşterek çocuğumuzu ondan (bay)/ ondan(bayan) uzak tutmak istiyorum.
Nun möchte ich mich/unsere gemeinsamen Kinder von ihm/ihr fernhalten.

Daha fazla diyalog bakın sayfa: 232

Bilgi için bakın:
www.integrationsbeauftragte.de

Kinder- und Jugendschutz
Çocukların ve gençlerin korunması

Çocukları ve gençleri koruma yasası hakkında nereden bilgi alabilirim?
Wo bekomme ich Informationen über das Gesetz zum Schutz von Kindern und Jugendlichen?

Daha fazla diyalog bakın sayfa: 232

Bilgi için bakın:
www.bmfsfj.de

Opferhilfe und Entschädigung
Mağdurlara yardım ve tazminat

Şiddet mağduruyum.
Ich wurde Opfer einer Gewalttat.
Şimdi elimde/kolumda/... kalıcı arıza kaldı.
Ich habe nun einen bleibenden Schaden an meiner Hand/meinem Arm/...
Mağdurlara yardım ve tazminat talebinde bulunabilir miyim?
Habe ich Anspruch auf eine Opferhilfe und Entschädigung?

Daha fazla diyalog bakın sayfa: 232

Bilgi için bakın:
www.bmas.bund.de
www.bmj.bund.de

Verbraucherberatung
Tüketici danışmanlığı
Preis- und Qualitätsvergleich
Fiyat ve kalite karşılaştırması

Ben bir araba/... aldım. Fakat fiyat kalite dengesinden memnun değilim.
Ich habe mir ein Auto/... gekauft. Ich bin aber nicht zufrieden mit dem Preis-Leistungsverhältnis.
Tüketiciyi koruma derneklerine müracaat etmek istiyorum.
Ich möchte mich an die Verbraucherschutzvereine wenden.

Daha fazla diyalog bakın sayfa: 234

Bilgi için bakın:
www.verbraucherministerium.de
www.verbraucherzentrale.de
www.stiftung-warentest.de

Haustürgeschäft und Internetkauf
Kapı önü ve internet üzerinden alış veriş

Oğlum/Kızım daha fazla internetten alış veriş yapmak isitiyor.
Mein/-e Sohn/Tochter will immer mehr Sachen im Internet kaufen.
Ben bu duruma şüpheli bakıyorum.
Ich stehe dem sehr kritisch gegenüber.
İnternet üzerinden alış verişler/Kapı önü alış verişleri riski hakkında nereden bilgi alabilirim?
Wo kann ich mich über das Risiko beim Internetkauf/ Haustürgeschäft informieren?

Daha fazla diyalog bakın sayfa: 234

Bilgi için bakın:
www.verbraucherministerium.de
www.verbraucherzentrale.de

Verbraucherkredite
Tüketici kredileri

Ev satın almak istiyorum ve krediye ihtiyacım var.
Ich möchte ein Haus kaufen und benötige dafür einen Kredit.
Önce kredi alabilecek durumda olduğumu inceletmek istiyorum.
Vorher möchte ich überprüfen lassen, ob ich mir einen Kredit leisten kann.

Daha fazla diyalog bakın sayfa: 88

Bilgi için bakın:
www.verbraucherzentrale.de

Schuldnerberatung
Borçlu danışmanlığı

Borçlu danışma büroları nerede?
Wo gibt es Schuldnerberatungsstellen?
Maddi olanaklarımı olduğundan daha fazla tahmin ettim ve şimdi borcum çok.
Ich habe meine finanziellen Möglichkeiten überschätzt und habe nun viele Schulden.
Borcumu düzenlemem için bana yardımcı olabilir misiniz?
Können Sie mir helfen, meine Schulden zu regulieren?

Daha fazla diyalog bakın sayfa: 226

Bilgi için bakın:
www.bmfsfj.de
www.verbraucherzentrale.de
www.bag-schuldnerberatung.de

Handyfallen
Cep telefonu tuzakları

Kendime yeni bir cep telefonu aldım.
Ich habe mir ein neues Handy gekauft.
Bu zamana kadar cep telefon numaram kötü amaçla kullanıldı ve yüksek fatura ödedim.
Bisher wurde häufig meine Handynummer missbraucht und ich hatte hohe Rechnungen.
Şimdi bunu engellemek istiyorum.
Das möchte ich nun vermeiden.
Cep telefon numaramın kötü amaçla kullanılmasını nasıl engelleyebilirim?
Wie kann ich mich vor dem Missbrauch meiner Handynummer schützen?
Çocuğum reşit değil ve yasalara aykırı bir şekilde sözleşme yapmış.
Mein Kind ist minderjährig und hat widerrechtlich einen Vertrag abgeschlossen.
Ebeveyn olarak reşit olmayan çocuğumun cep telefonu sözleşmesini iptal edebilme hakkım var mı?
Habe ich als Elternteil das Recht, den Handyvertrag meines minderjährigen Kindes zu kündigen?

Daha fazla diyalog bakın sayfa: 232

Bilgi için bakın:
www.bundesnetzagentur.de
www.bsi.bund.de
www.verbraucherzentrale.de
www.dialerschutz.de

Kultur für alle
Herkes için kültür

Bochum'a/...'ya yeni taşındım ve çevreyi daha iyi tanımak istiyorum.
Ich bin neu nach Bochum/... gezogen und möchte die Umgebung etwas besser kennenlernen.
Burada/...'da hangi kültürel etkinlikler var?
Welche Kulturveranstaltungen gibt es hier/in ...?

Daha fazla diyalog bakın sayfa: 46

Bilgi için bakın:
www.kulturserver.de
www.kulturportal-deutschland.de

Sport und Musik
Spor ve müzik

Beni ... sporu ilgilendiriyor.
Ich interessiere mich für die Sportart/...
Spor kulübünüze/Derneğinize/Koronuza/... üye olmak istiyorum.
Ich möchte Mitglied in Ihrem Sportclub/Verein/Chor/... werden.
Üyelik aidatı ne kadar?
Wie hoch ist der Beitrag?

Daha fazla diyalog bakın sayfa: 42

Bilgi için bakın:
Gençlik daireleri, halk yüksek okulları, spor kulüpleri, oturduğunuz yerin internet sayfaları

Medien **Medya**	**Daha fazla diyalog bakın sayfa:** 234

Yeni televizyon aldım.
Ich habe mir einen neuen Fernseher gekauft.
Televizyonumu/Radyomu Ücret Toplama Merkezine (GEZ) kaydettirmek istiyorum.
Ich möchte mein Fernesehgerät/Radiogerät bei der Gebühreneinzugszentrale (GEZ) anmelden.

Bilgi için bakın:
www.bmfsfj.de
www.gez.de

Internet **İnternet**	**Daha fazla diyalog bakın sayfa:** 87

Kendimi/Çocuklarımı internette olası sahtekarlıklardan/ tehlikelerden nasıl koruyabilirim?
Wie kann ich mich/meine Kinder vor eventuellen Betrügern/Gefahren im Internet schützen?

Bilgi için bakın:
www.bsi.bund.de
www.bmfsfj.de

Umwelt **Çevre**	**Daha fazla diyalog bakın sayfa:** 146

... hakkında bilgi almak istiyorum.
Ich möchte mich über ... informieren.

- *Çevrenin insanlara etkileri*
  Einflüsse aus der Umwelt auf die Menschen
- *Çocuklar için sağlıklı bir ev*
  Ein gesundes Zuhause für Kinder
- *Evlerde enerji tasarrufu*
  Energiesparen im Haushalt
- *Evlerde küf*
  Schimmel im Haushalt
- *Enerji tasarruflu lambalar*
  Energiesparlampen
- *Gürültü*
  Lärm

Bana evlerde enerji tasarrufu/... hakkında bilgi broşürü gönderebilir misiniz?
Können Sie mir Informationsmaterial über Energiesparen im Haushalt/... schicken?

Bilgi için bakın:
www.umweltbundesamt.de